DIE YANN ARTHUS-BERTRAND

ERDE VON OBEN

TAG FÜR TAG 3

Mit Fotografien von Yann Arthus-Bertrand
und Joakim Berglund, Hans Blossey, Helen Hiscocks,
Philippe Métois, Tomasz Stepien

Aus dem Französischen von Birgit Lamerz-Beckschäfer,
Ute Mauer, Dr. Cornelia Panzacchi und Andrea Unseld

KNESEBECK

Für eine nachhaltige Entwicklung

Seit 1950 verzeichnen wir ein rasantes Wirtschaftswachstum. Die weltweite Produktion an Waren und Dienstleistungen hat sich versiebenfacht. Während sich im selben Zeitraum die Weltbevölkerung nur verdoppelt hat, stiegen das Fischfangvolumen und die Fleischproduktion auf das Fünffache. Der Energiebedarf hat sich verfünffacht, der Verbrauch an Erdölprodukten – die Hälfte davon für den Transport – versiebenfacht, und der Ausstoß an Kohlendioxid als Hauptverursacher des Treibhauseffekts vervierfacht. Seit 1900 ist der Süßwasserverbrauch vor allem in der Landwirtschaft auf das Sechsfache gestiegen.

Zugleich haben 20 Prozent der Weltbevölkerung keinen Zugang zu Trinkwasser, 25 Prozent haben keinen elektrischen Strom, 40 Prozent keine sanitären Einrichtungen. 842 Millionen Menschen sind unterernährt. Die Hälfte der Menschheit hat zum Leben weniger als zwei US-Dollar pro Tag.

Anders gesagt: Ein Fünftel der Weltbevölkerung lebt in den Industrienationen und praktiziert exzessive, umweltschädigende Produktions- und Konsumweisen. Die übrigen vier Fünftel leben in Entwicklungsländern, die meisten von ihnen in Armut, und beuten ihre natürlichen Ressourcen gnadenlos aus, um überleben zu können.

Die Folge ist eine anhaltende Beeinträchtigung unseres Ökosystems »Erde«, deren Folgen überall sichtbar werden: Trinkwasser, Ozeane, Wälder, Luft, Ackerland und Freiflächen gehen zur Neige.

Aber das ist noch nicht alles. Im Jahr 2050 wird die Erdbevölkerung fast drei Milliarden Menschen mehr umfassen, überwiegend in den Entwicklungsländern.

Das Wirtschaftswachstum dieser Länder muss neben dem der Industrieländer einen Platz finden, ohne die natürlichen Belastungsgrenzen der Erde zu überlasten, weil diese sich nicht beliebig weit hinausschieben lassen.

Wenn alle Menschen auf der Erde wie die Bewohner der westlichen Länder lebten, bräuchte man zwei weitere Planeten, um ihren Bedarf zu decken. Es gibt jedoch einen Weg, um die Lebensbedingungen für alle zu verbessern und zugleich die Ressourcen der Natur für nachfolgende Generationen zu bewahren: Wir müssen umweltfreundlichere, wasser- und energiesparende neue Technologien entwickeln und fördern, das heißt auf eine nachhaltige Entwicklung setzen. Für die Menschheit ist dieser Weg durchaus ein Fortschritt, denn er bedeutet nicht, weniger zu konsumieren, sondern in besserer Qualität.

Die derzeitige Situation ist weder fatal noch unvermeidlich: Veränderungen sind nötig und vor allen Dingen auch möglich. Nachhaltige Entwicklung auf der Grundlage eines Wirtschaftswachstums, das die Menschen und die natürlichen Ressourcen unseres Planeten gleichermaßen respektiert, könnte die Lebensbedingungen aller Erdenbürger verbessern und ihre Zukunft sichern.

Das bedeutet, dass wir uns für neue Produktionsweisen entscheiden und unser Konsumverhalten bewusst ändern müssen. Alle Erdenbürger müssen mitmachen, damit jede und jeder die Zukunft unserer Erde und der Menschheit mitgestaltet – und zwar jetzt.

Anne Jankeliowitch für *Die Erde von oben*

Monatsthemen

Januar
Nachhaltigkeit geht uns alle an
Anne-Marie Sacquet

Februar
Klimaveränderung ... oder Klimaschock?
Jean-Marc Jancovici

März
Urwälder in Gefahr
François Chartier

April
Lebendige Vielfalt
François Letourneux

Mai
Meere und Ozeane
Alan Simcock

Juni
Süßwasser
Dr. Peter H. Gleick

Juli
Agro-Ökologie – eine Alternative für die Zukunft
Pierre Rahbi

August
Erneuerbare Energieformen
Alain Liébard

September
Globale Transportprobleme
John Whitelegg und Gary Haq

Oktober
Die Abschaffung der Armut
Pierre Sané

November
Hilfsaktionen und nachhaltige Entwicklung
Jean-Christophe Ruffin

Dezember
Für einen fairen Handel
Victor Ferreira

Unsere Erde in Zahlen

DERZEITIGE SITUATION

Die Weltbevölkerung hat sich in den letzten 50 Jahren mehr als verdoppelt. Bis 2050 wird sie voraussichtlich noch einmal um das 1,5 Fache zunehmen.

	Gesamtbevölkerung
1950	2,5 Milliarden
2005	6,5 Milliarden
2050	9 Milliarden

Würde man die Verhältnisse auf unserer Erde auf ein Dorf mit 100 Einwohnern übertragen, würden 58 von diesen Einwohnern in Asien leben, 13,5 in Afrika, elf in Europa, acht in Südamerika, fünf in Nordamerika, vier in der ehemaligen UdSSR und 0,5 in Ozeanien.

Ein großer Teil der Weltbevölkerung kann auf keine medizinische Versorgung und auf kein ausreichendes Bildungssystem zurückgreifen.

- 840 Millionen (d. h. jeder siebte Erdenbürger) sind unterernährt.
- 1,1 Milliarden (d. h. jeder sechste Erdenbürger) haben keinen Zugang zu Trinkwasser.
- 133 Millionen Kinder (d. h. jedes fünfte Kind) besuchen keine Schule. Von diesen Kindern leben 97 Prozent in den Entwicklungsländern.
- 19 Prozent der Kinder zwischen fünf und 14 Jahren gehen einer Lohnarbeit nach.
- 860 Millionen Erwachsene (d. h. jeder fünfte Erwachsene) können weder lesen noch schreiben. 544 Millionen dieser Analphabeten sind Frauen.

Angesichts des wachsenden Energiebedarfs und des hohen Verbrauchs an fossilen, nicht erneuerbaren Energieformen stellt sich die dringliche Frage der Nachhaltigkeit.

Energieform	*Anteil an der weltweiten Energieproduktion*
Erdöl	35,5 Prozent
Erdgas	21,2 Prozent
Kohle	23,1 Prozent
Kernenergie	6,7 Prozent
Erneuerbare Energie	13,5 Prozent (davon 10,8 Prozent aus biologischer Masse, vorwiegend Holz)

- Heute wird weltweit in sechs Wochen so viel Erdöl verbraucht wie 1950 innerhalb von 1,8 Jahren.
- Bis 2020 steigt der Energiebedarf voraussichtlich um 1,5 Prozent pro Jahr.
- Im Jahr 2002 decken die fossilen Energieträger 80,8 Prozent der weltweiten Energieproduktion.

DIE ZAHLEN KASCHIEREN SCHWERE MISSVERHÄLTNISSE

Eine gute medizinische Versorgung ist nicht für jedermann gewährleistet.

	Sterblichkeitsrate der Kinder unter fünf Jahren	*Sterberisiko im Wochenbett*
Ärmste Länder	157	1/16
Entwicklungsländer	89	1/61
Industrieländer	7	1/4085
Weltweit	82	1/75

- 2002 lag die durchschnittliche Lebenserwartung weltweit bei 67 Jahren. In Afrika lag sie bei 53 Jahren, in Nordamerika dagegen bei 77 Jahren und in Japan bei 81 Jahren.
- 2002 waren 42 Millionen Menschen mit HIV/AIDS infiziert. 90 Prozent von ihnen lebten in den Entwicklungsländern, 75 Prozent in den afrikanischen Ländern südlich der Sahara.

Die meisten Ressourcen werden von einer Minderheit verbraucht.

- 20 Prozent der Weltbevölkerung leben in den hoch entwickelten Industrieländern.
- Sie verbrauchen 52 Prozent der Energie weltweit.
- Sie konsumieren 44 Prozent des Fleisches weltweit.
- Sie besitzen rund 80 Prozent aller Kraftfahrzeuge.

Die unterschiedliche Verfügbarkeit von Trinkwasser schlägt sich auch in den unterschiedlichen Verbrauchszahlen nieder.

	Der tägliche Pro-Kopf-Verbrauch an Trinkwasser
Deutschland	190 Liter
Frankreich	290 Liter
USA	590 Liter
China	88 Liter
Mali	12 Liter

DIE MENSCHHEIT STEHT VOR GROSSEN HERAUSFORDERUNGEN

Der Klimawandel ist die Folge des Treibhauseffekts, den wir Menschen mit unseren Aktivitäten beschleunigen.

- Seit über 150 Jahren gibt die Industrie Kohlendioxid (CO_2) an die Atmosphäre ab, und zwar Millionen Mal schneller, als die Erde es zu binden vermag.
- Wenn es nicht gelingt, diese Entwicklung zu bremsen, werden die Temperaturen bis zum Jahr 2100 um schätzungsweise 6 °C ansteigen, was einschneidende Folgen für Umwelt, Wirtschaft und Gesellschaft hätte.
- Um die katastrophalen Folgen der Klimaerwärmung abzumildern, müssten die CO_2-Emissionen auf die Hälfte reduziert werden. Dies würde bedeuten, dass die reichen Länder ihre Abgase um 80 Prozent drosseln müssten.

Wenn wir unseren Energieverbrauch nicht einschränken wollen, müssen wir etwas unternehmen.

	CO_2-Emissionsmenge pro Einwohner im Jahr 2000	*Aktueller Emmssionswert im Vergleich zum umweltverträglichen Höchstwert 500 kg pro Einwohner und Jahr*
USA	6718 Kilogramm	das 13,5 Fache
Deutschland	3292 Kilogramm	das 6,5 Fache
Frankreich	2545 Kilogramm	das 5 Fache
Mexiko	1000 Kilogramm	das 2 Fache
Mosambik	416 Kilogramm	liegt unter dem Höchstwert

Die Abnahme der Artenvielfalt erschwert nicht nur die Entwicklung neuer Medikamente, sondern wirkt sich auch negativ auf die Fruchtbarkeit des Ackerbodens aus.

- 2002 waren 24 Prozent der Säugetiere, zwölf Prozent der Vögel und 30 Prozent der Fische vom Aussterben bedroht.
- Obwohl die Mangrovenwälder für drei Viertel der kommerziell genutzten Wassertierarten die Lebensgrundlage bilden, sind sie bereits auf die Hälfte reduziert.
- Die Tropenwälder, die wichtigsten Garanten der globalen Artenvielfalt, werden unaufhörlich in einem besorgniserregenden Tempo abgeholzt. Jedes Jahr fallen den Motorsägen 15 Millionen Hektar Wald zum Opfer (das entspricht der doppelten Fläche Irlands).

Anmerkung: Jede Zahl ist dokumentiert. In Fällen, in denen unterschiedliche Zahlen existieren, wurde der niedrigere Wert verwendet.

Quellen: Total Midyear Population for the World: 1950–2050, U.S. Bureau of the Census, International Data Base, http://www.census.gov/ipc/www/worldpop.html; World Population Data Sheet 2002, Population Reference Bureau, www.prb.org; FAO (Ernährungs- und Landwirtschaftsorganisation der UNO); Joint Monitoring Programme, September 2002, UNO; UNDP-Bericht über die Entwicklung der Menschheit 2002; UNESCO; UNICEF; EIA (Energy Information Administration), www.eia.doe.gov; IEA (Internationale Energie-Agentur), www.iea.org; Vital

TROTZDEM MEHREN SICH DIE ZEICHEN EINES VERÄNDERTEN BEWUSSTSEINS

- Seit dem Umweltgipfel in Rio de Janeiro 1992 reagieren die verantwortlichen Politiker sowohl im »Norden« als auch im »Süden« mehr und mehr auf die schlimmsten Bedrohungen für die Ressourcen der Natur.
- Die Zahl der Aktionen der mit ökologischen und sozialen Fragen befassten internationalen Organisationen nehmen stetig zu (seit 1990 wurden über 7000 neue Organisationen gegründet).
- Die zunehmende Verbreitung von Gütesiegeln für umweltschonend hergestellte Produkte macht dem Verbraucher das umweltbewusste Einkaufen immer leichter. In Frankreich ist beispielsweise die Marke »Max Havelaar« innerhalb von drei Jahren von 250 auf 3500 Verkaufsstellen angewachsen.

ES BLEIBT NOCH ZEIT ZUM HANDELN

- Unser Wohlstand stützt sich auf ein Wirtschaftswachstum, das die Verknappung der natürlichen Ressourcen beharrlich ignoriert. Bei der Festsetzung der aktuellen Preise werden die tatsächlichen Kosten für die Umwelt und die Gesellschaft nicht berücksichtigt. Beim Verkaufspreis beispielsweise für Getreide sind die Kosten für die Aufbereitung des durch die Düngung belasteten Wassers nicht einkalkuliert. Für den Wirtschaftsnobelpreisträger 1998, Amartya Sen, sind »die Grundprinzipien des Marktes dringend zu überdenken«.
- Es ist nun an uns zu handeln: Wir alle können unseren überflüssigen Konsum abbauen und so die Regierungen und Unternehmen zu einer Politik der Nachhaltigkeit zwingen. Noch haben wir die Wahl zwischen selbst festgelegten und erzwungenen Maßnahmen: Der Handlungsspielraum ist einfach nicht derselbe, wenn man sich für dasselbe Pensum eine Woche oder 20 Jahre als Ziel steckt.

Maximilien Rouer
Vorstandsvorsitzender von BeCitizen,
Ingenieur am Nationalen Agrarinstitut in Paris
und Maître ès sciences

Signs 2001, Worldwatch Institute; UNICEF; World Population Data Sheet 2002, Population Reference Bureau; UNO; Bericht über die weltweite Entwicklung der Menschheit von 2002, UNDP; FAO (Ernährungs- und Landwirtschaftsorganisation der UNO) 2002, http://www.fao.org/WAICENT/faoinfo/economic/giews/english/fo/fo0205/Y6668e13.htm; http://www.fao.org/ag/agl/aglw/aquastat/main/index.stm; die Daten für Mosambik und Mexiko stammen vom IPCC 2001, die übrigen Daten vom UNFCCC; Bericht über die weltweite Entwicklung der Menschheit von 2002, UND.

Die 2000 gegründete Organisation BeCitizen hat sich die Förderung der nachhaltigen Entwicklung zum Ziel gesetzt. BeCitizen ist in Frankreich als Gutachter und Berater in Bezug auf nachhaltige Entwicklung tätig und in dieser Funktion Mitglied des Nationalrats für nachhaltige Entwicklung.

Nachhaltigkeit geht uns alle an

»Ohne Träumen kein Mut. Ohne Mut keine Tat.«
Wim Wenders

Die Dringlichkeit eines nachhaltigen Umgangs mit den Ressourcen der Erde zwingt uns zu einem tief greifenden Wandel unserer Weltsicht und Lebensweise. Unbestritten hat das 20. Jahrhundert einem Teil der Menschheit Wohlstand und Bequemlichkeit beschert. Doch zu welchem Preis? Klimawandel, rücksichtslose Verstädterung und Ausbeutung der Rohstoffvorkommen, anhaltende Armut für den größten Teil der Weltbevölkerung bis hin zu Kriegen, die um Erdöl und Wasser geführt werden, sind die Resultate. Eine solche Entwicklung schadet der Weltgemeinschaft und gefährdet das Leben auf unserem Planeten.

Gestellt wurde eben diese Diagnose schon vor längerer Zeit, doch erst heute erkennen mehr und mehr Menschen die Zeichen der Zeit. Führen wir deshalb eine Wende herbei und sorgen wir dafür, dass das 21. Jahrhundert verantwortungsvoller, gerechter und menschlicher wird! Den Schlüssel zu dieser »neuen« Welt besitzen die Bürger, Verbraucher und Wähler. Viele sind sich der nötigen Veränderungen bereits bewusst. [*Anm. des dt. Übers.* Im Juni 1992 fand in Rio de Janeiro die Konferenz der Vereinten Nationen für nachhaltige Entwicklung statt, in deren Folge weltweit 179 Nationen die »Agenda 21« beschlossen. Mit ihren 40 Kapiteln, die alle wesentlichen Politikbereiche einer umweltverträglichen, nachhaltigen Entwicklung anspricht, ist die »Agenda 21« das Aktionsprogramm für das 21. Jahrhundert. Im Rahmen dieses entwicklungs- und umweltpolitischen Programms erklärten sich auch in Deutschland rund 2600 Kommunen bereit, für die nachhaltige Entwicklung einzutreten.]

Lösungen gibt es also durchaus, sowohl kulturelle als auch technologische. Medien und politische Repräsentanten spielen dabei eine tragende Rolle im Hinblick auf Umwelterziehung und Aufklärung. Die Vision ist, dass gut informierte, mündige Bürger Verantwortung übernehmen und dass im Bewusstsein Lebensweisen für einen respektvollen Umgang mit anderen Menschen und unserer Umwelt dauerhaft verankert werden.

Die Grundlagen der Nachhaltigkeit müssen zunächst an den Schulen und in sämtlichen Stufen der Berufsausbildung thematisiert werden. Das Bildungswesen muss sich dabei die Aufgabe stellen, jungen Menschen die wissenschaftlichen, technischen, wirtschaftlichen und politischen Optionen der Nachhaltigkeit begreifbar zu machen.

Erziehung muss darauf abzielen, »aufrechte« Menschen für das 21. Jahrhundert hervorzubringen, und ihnen eine Kultur der Umsicht, Verantwortung und Solidarität vermitteln – das ist das erklärte Ziel der im Jahr 2005 von der UNO eingeläuteten Dekade zum Nachhaltigkeitslernen. Das Programm wird quer durch Schulen und Hochschulen mit konzertierten Aktionen gestartet, die Kinder und Jugendliche gemeinsam mit Lehrern, Dozenten und örtlichen Gemeinden veranstalten. Es soll junge Leute aktiv vertraut machen mit politischen Entscheidungen hinsichtlich Ernährung, Energieversorgung und internationaler Kooperationen.

Weiteres Ziel der Dekade des Nachhaltigkeitslernens ist es, den Bürger gegenüber dem Markt, den Institutionen und Fachleuten mündig zu machen und ihn für seine persönliche Verantwortung in dieser Welt und für diese Welt zu sensibilisieren. Die Tyrannei der Mode, der Überfluss an technischen Geräten, die vorgezeichnete Produktalterung – im Konsumdenken und der »Ex-und-hopp«-Mentalität unserer Zeit wird der mündige Bürger unter dem Druck der Werbung allzu oft nur noch in die Rolle des Konsumenten gedrängt. Der Bürger soll das Ruder nun wieder selbst in die Hand nehmen.

Mit einer gezielten Erziehung zum verantwortungsvollen Konsum unterstützen ihn dabei diejenigen, die für eine nachhaltige Entwicklung eintreten. Diese Aufgabe stellt sich umso dringlicher, als ein Viertel der Weltbevölkerung heute zur Altersgruppe zwischen zehn und 24 Jahren gehört. Es ist der höchste Prozentsatz, der jemals in der Geschichte das Erwachsenenalter erreicht hat.

Wirkungsvolle Beispiele für eine solche Kommunikation, die den Bürger vom passiven Konsumenten zum aktiven Macher des Wandels erziehen soll, sind die Kampagnen »Youth X Change« im Rahmen des Umweltprogramms der Vereinten Nationen oder das Programm des französischen WWF »Du jetable au durable« (»Vom Einweg zur Nachhaltigkeit«).

Voraussetzung dafür, dass sich das Konzept der Nachhaltigkeit durchsetzen kann, ist eine gebildete und gut informierte Gesellschaft, die begreift, was heute auf dem Spiel steht und welche Veränderungen notwendig sind; eine Gesellschaft, die bereit ist, ihr Alltagsverhalten zu ändern und an den großen gesellschaftlichen Entscheidungen teilzunehmen. Heute sind immer mehr Franzosen dazu bereit, sich aktiv für Umweltschutz und Nachhaltigkeit einzusetzen. In den Kampagnen engagieren sie sich gemeinsam mit Kommunalvertretern der Städte und Regionen.

Auf internationaler Ebene gibt es zahllose Initiativen für Umweltschutz und Solidarität, die vor allem durch das Internet einen regen Zulauf verzeichnen. Dank der technischen Weiterentwicklung und der zunehmenden Professionalisierung der NGOs (nicht staatlichen Organisationen) vermittelt schon seit rund zehn Jahren ein gut funktionierendes Netzwerk Informationen an engagierte Bürger.

Diese Mobilisierung der Bürger macht eine Modernisierung der Politik und ihrer Kommunikationswege unumgänglich. Jeder Bürger hat einen Anspruch darauf, die Wahrheit über Risiken, Kosten und Verantwortlichkeiten der Politik zu erfahren. Die politischen Entscheidungsträger müssen lernen, mit Transparenz umzugehen, Wissen und Macht für konzertierte Aktionen zu teilen und eine Informationspolitik zu betreiben, die bei aller Rigorosität jedem Bürger Einblick gewährt.

Anne-Marie Sacquet

Generaldirektorin des »Comité 21«

Flugeinsatz der *Aviation sans Frontières* in der Casamance, Senegal

(12° 29' nördlicher Breite – 16° 33' westlicher Länge)

Die Casamance ist eine 30000 Quadratkilometer große, halbtrockene Region im Südosten des Senegal zwischen Gambia und Guinea-Bissau, über 600 Kilometer von Dakar entfernt. Das riesige Gebiet besitzt kaum medizinische Infrastruktur. Damit Kranke und Verletzte versorgt werden können, fliegen die Rettungsflugzeuge der *Aviation sans Frontières* (Luftfahrt ohne Grenzen) in der Casamance-Region ständig Patienten zur Versorgung ins lokale Krankenhaus Tambaconda oder bei Bedarf bis nach Dakar. Die auf die Notfallhilfe isoliert lebender Bevölkerungsgruppen spezialisierte *Aviation sans Frontières* gehört zu den Hunderten internationaler nicht staatlicher Organisationen (non-governmental organisation, NGO), die in Afrika tätig sind. Der in mehrfacher Hinsicht unterentwickelte Kontinent hat es bitter nötig: 40 Prozent der 650 Millionen Afrikaner leben unterhalb der absoluten Armutsgrenze von einem US-Dollar pro Tag. Die Lebenserwartung liegt derzeit bei 46 Jahren, in der übrigen Welt im Schnitt bei 66 Jahren. Bürgerkriege, politische Unruhen, AIDS und Hungersnöte verschärfen die Situation noch. Während weltweit über 63000 nicht- und zwischenstaatliche Organisationen den Ärmsten der Armen helfen, geht die staatliche Entwicklungshilfe kontinuierlich zurück.

AVIATION SANS FRONTIERES

Jökulsarlon-See südlich des Vatnajökull-Gletschers, Island

(64° 00' nördlicher Breite – 17° 03' westlicher Länge)

Die dunklen Streifen auf der Oberfläche des Gletschers entstanden im Laufe von Jahrhunderten durch den Ascheregen diverser Vulkanausbrüche. Das Bild wurde am Rand der Eiskappe des Vatnajökull aufgenommen, wo der Eisstrom in mehrere Zungen ausläuft und dann schmilzt. Der riesige Gletscher ist mit 8050 Quadratkilometern größer als Korsika und der ausgedehnteste Europas. Er ist 1000 Meter mächtig und bedeckt paradoxerweise eine Region mit aktiven Vulkanen wie dem Grimsvötn. Das aufsteigende Magma bringt die Basis der Eiskappe zum Schmelzen. Bei großen Eruptionen wie beispielsweise 2004 durchschlagen Gas- und Aschefontänen die Eisschicht. Die Hitzeentwicklung führt zur schlagartigen Freisetzung enormer Wassermassen, die sich durch Eis und Fels einen Weg zur Oberfläche bahnen. Dieses Hochwasser – Isländisch *jökulhlaup* (Gletscherlauf) – verteilt sich anschließend in den riesigen Ebenen und reißt dabei alles mit, was sich ihm in den Weg stellt.

3. Januar

Djemila, Kabylei, Algerien

(36° 19’ nördlicher Breite – 5° 42’ östlicher Länge)

Das rund 50 Kilometer von Sétif entfernte Djemila, in der Antike Cuicul genannt, wurde unter Kaiser Nerva (96–98) auf einem Felssporn zwischen zwei Wadis gegründet. Ihren Wohlstand verdankte die Garnisonsstadt vor allem der blühenden Landwirtschaft der Region, denn aufgrund des seinerzeit weniger trockenen Klimas war Algerien eine der »Kornkammern« Roms. Das reiche Cuicul wurde mit sämtlichen Attributen einer römischen Stadt ausgestattet: Tempel, Triumphbogen, Forum, Kapitol, Thermen und Theater. Angesichts des hervorragend erhaltenen Tempels, der Kaiser Septimius Severus (193–211) und seiner Gattin Julia Domna geweiht war, sowie des Triumphbogens, der 216 von ihrem Sohn Kaiser Caracalla (211–217) erbaut wurde, ernannte die UNESCO Djemila zum Weltkulturerbe. Algerien besitzt bemerkenswerte archäologische Schätze, die vor Schäden durch die Natur ebenso wie durch Menschenhand geschützt werden müssen: Während Sandstürme die antiken Stätten verwittern lassen, missbrauchen die Bewohner der Nachbardörfer die Steine für den Bau von Wohnhäusern.

Markt im Vorort Xochimilco, Mexiko-Stadt, Mexiko

(19° 20' nördlicher Breite – 99° 05' westlicher Länge)

Unter den bunten Sonnenschirmen verbirgt sich ein geschäftiger und stark frequentierter Straßenmarkt in der mexikanischen Hauptstadt. Vor den Sonnenstrahlen geschützt, warten Obst und Gemüse, Heilkräuter und Gewürze, aber auch Stoffe und Kunsthandwerk auf Käufer. Märkte sind in Mexiko eine echte Institution, und täglich schlagen irgendwo im Land Händler ihre Stände auf. Ebenso wie das Kunsthandwerk verraten die traditionelle Tracht und die Fassaden der Häuser die Vorliebe der Mexikaner für fröhlich bunte Farben, allen voran das leuchtende Rosarot. International steht Mexiko als Wirtschaftsmacht an zehnter Stelle, innerhalb Lateinamerikas sogar auf Platz eins. Doch obwohl die Wachstumsrate seit 2004 massiv zulegt, findet der wirtschaftliche Aufschwung auf Kosten eines Großteils der Bevölkerung statt: 40 Prozent der Mexikaner leben nach wie vor unterhalb der Armutsgrenze, 18 Prozent davon – vor allem in den ländlichen Gebieten – sind völlig mittellos.

Bananenplantage nahe der Punta del Becerro im Süden von La Gomera, Kanarische Inseln, Spanien

(28° 00' nördlicher Breite – 17° 15' westlicher Länge)

Auf der Insel La Gomera leben rund 8000 Menschen. Das nur 25 Kilometer lange und 24 Kilometer breite, gebirgige Stückchen Erde liegt vor der Küste Westafrikas. Die meisten Gebiete der Insel erreichen eine Höhe von mehr als 800 Metern. An den steilen Hängen über den abrupt zum Meer abfallenden Klippen werden Bananen, Tomaten, Weintrauben und anderes mediterranes Obst und Gemüse angepflanzt. Die Landwirtschaft bildet seit jeher die Haupteinnahmequelle der Inselbewohner. Neben den traditionellen Nahrungsmitteln, die schon die ersten, aus Afrika stammenden Siedler anbauten, spielte La Gomera eine wichtige Rolle in der Zuckerrohrproduktion, die einst rund 1000 afrikanische Sklaven beschäftigte. Bananen sind dagegen eine deutlich jüngere Kultur: Die ersten Plantagen entstanden zu Beginn des 20. Jahrhunderts. Heute macht die Landwirtschaft nur noch zehn Prozent der Produktion der Insel aus und deckt nicht mehr als 25 Prozent des Bedarfs ihrer Bewohner. Trotz einiger Quellen und Bewässerungsanlagen ist die Ausbeute wegen Wassermangels begrenzt. Spanien ist das trockenste Land Europas: 31 Prozent seiner Landfläche sind von zunehmender Versteppung betroffen.

Buddhistisches Heiligtum Bamiyan, Afghanistan

(34° 49' nördlicher Breite – 67° 31' östlicher Länge)

Um jede Erinnerung an eine andere Religion als den Islam auszulöschen, sprengten die Taliban am 10. März 2001 die beiden berühmten Buddhastatuen, die vor über 1500 Jahren aus dem Sandstein der Schlucht hoch über der Stadt Bamiyan gemeißelt wurden. Die 38 bzw. 55 Meter hohen Statuen standen vor Verwitterung geschützt in Felsnischen. Über fünf Treppen gelangten die Gläubigen bis zu den Köpfen der Buddhas. Freskengeschmückte Gänge und Galerien im Felsen führten rings um die Statuen herum und weiter zu Höhlen, die als Gebetshallen dienten und deren Decken reich mit Stuck und Malereien verziert waren. Im sechsten Jahrhundert lebten rund 1000 Mönche im Bamiyan-Tal, und bis ins neunte Jahrhundert existierten Buddhismus und Islam nebeneinander. Die Buddhas von Bamiyan überlebten ein weiteres Jahrtausend, bis die Taliban ihnen schließlich zu Leibe rückten. Die von den Sprengungen zertrümmerten Felswände müssen nun stabilisiert, die Malereien konserviert und die Stätte vor Plünderungen und Vandalismus geschützt werden, zumal bereits kurz nach der Zerstörung Bruchstücke der beiden Statuen auf dem Kunstmarkt auftauchten.

Commonwealth-Gletscher, Taylor-Tal, Antarktis

(77° 35’ südlicher Breite – 163° 19’ östlicher Länge)

1820 sichtete Fabian Gottlieb von Bellingshausen, Kapitän der kaiserlich-russischen Flotte, das antarktische Festland und bestätigte damit die Existenz der letzten *Terra incognita* der Erde. Wegen der riesigen Entfernung zu den übrigen Kontinenten (3600 Kilometer bis Afrika, 950 Kilometer bis Südamerika) begann die systematische Erkundung des Südkontinents erst gegen Ende des 19. Jahrhunderts. Im Wettlauf zum Südpol stattete jede Großmacht eine eigene Expedition aus. Noch heute erinnern die Ortsnamen an die Abenteurer dieser Zeit. Das Taylor-Tal beispielsweise ist nach Griffith Taylor benannt, der es 1911 durch Zufall entdeckte. Er war einer der Männer, die im Auftrag der britischen Krone zusammen mit Captain Scott den geografischen Südpol suchten. Vom Transantarktischen Gebirge im Südosten des Kontinents aus machte sich die Expedition auf den Weg zum Vorratslager auf der Ross-Insel. Scott und seine Männer entdeckten den Gletscher und folgten ihm bis zu einem See, der vor der Gletscherzunge in einem der Dry Valleys (Trockentäler) liegt. Dort stellten sie jedoch zu ihrer Verblüffung fest, dass diese Zone völlig frei von Schnee und Eis ist, sodass sie mit ihren Hundeschlitten umkehren mussten.

Kuppel des Reichstagsgebäudes, Berlin, Deutschland

(52° 31' nördlicher Breite – 13° 25' östlicher Länge)

In den Jahren seit der Wiedervereinigung hat sich das Gesicht der deutschen Hauptstadt nachhaltig gewandelt. Das einstige Symbol der Spaltung Europas ist inzwischen quirliger Treffpunkt von Ost und West. Im geschichtsträchtigen Berlin stehen supermoderne Glas- und Stahlbauten einträchtig neben Bauten des 19. und 20. Jahrhunderts. Mit der Neugestaltung des zwischen 1884 und 1894 nach Entwürfen Paul Wallots gebauten einstigen Reichstags, heute Sitz des Deutschen Bundestags, beauftragte man den britischen Stararchitekten Sir Norman Foster. Im Zuge der Arbeiten, die von 1995 bis 1999 erfolgten, erhielt das Gebäude eine neue Kuppel, nachdem die alte 1933 bei dem von den Nazis selbst gelegten Reichstagsbrand eingestürzt war. Im Innern des gläsernen Gewölbes führt eine Rampe spiralförmig bis zum Scheitelpunkt in 47 Meter Höhe hinauf. Die berühmte Kuppel gehört zu den beliebtesten Sehenswürdigkeiten Berlins, das jährlich rund fünf Millionen Touristen anlockt.

Apfelhaufen in Plougrescant, Côtes d'Armor, Bretagne, Frankreich

(48° 51' nördlicher Breite – 3° 14' westlicher Länge)

Für die Cidre-Herstellung gezogene Äpfel wurden als Viehfutter auf eine Wiese geschüttet. Die Bretagne baut 25 Prozent der französischen Cidre-Äpfel an, produziert jedoch schon seit Jahren Überschüsse, vor allem aufgrund des sinkenden Cidre-Konsums, der jedes Jahr um rund fünf Prozent abnimmt. Seit dem Zweiten Weltkrieg ist die Bretagne das wichtigste Agrargebiet Frankreichs und erwirtschaftet auf nur sechs Prozent des Staatsgebiets 40 Prozent der nationalen Produktion. Aufgrund der ausländischen Konkurrenz, insbesondere der osteuropäischen Länder, und des Preisdrucks durch den Großhandel sind die Preise für Obst und Gemüse in den letzten drei Jahren im Schnitt um 25 Prozent gefallen. Gegenmaßnahmen setzen auf Diversifizierung und die Entwicklung von qualitativ hochwertigen Produktlinien. Die Bretagne ist schon jetzt in Frankreich führend in der Produktion von »Bio«-Geflügel und steht im Milchsektor an zweiter Stelle.

Wasserfälle des Iguaçú, Provinz Misiones, Argentinien

(25° 41' südlicher Breite – 54° 26' westlicher Länge)

Im Grenzgebiet zwischen Argentinien und Brasilien ist der 70 Meter hohe, 2700 Meter weite Halbkreis der Iguaçú-Wasserfälle das Ziel von etwa anderthalb Millionen Touristen im Jahr. Auf der argentinischen Seite liegen sie innerhalb des Iguaçú-Nationalparks, der seit 1984 zum UNESCO-Weltnaturerbe gehört. Der Park bietet Lebensraum für 44 Prozent der Tierarten Argentiniens und bildet eines der intaktesten Restgebiete des südamerikanischen Atlantikregenwalds. Das einzigartige Ökosystem dieser subtropischen Wälder erstreckt sich entlang der brasilianischen Atlantikküste und reicht bis nach Paraguay und Argentinien hinein. Das Gebiet gilt als eine der fünf Schlüsselregionen für die Erhaltung der weltweiten Biodiversität. Hier wachsen rund 20000 Pflanzenarten, von denen 8000 endemisch – also nur dort heimisch – sind. Auch ein Drittel der 1670 hier lebenden Landwirbeltierarten sind endemisch. Doch dieser Artenreichtum ist gefährdet, denn die fortschreitende Entwaldung und Verstädterung haben die ursprüngliche Fläche des Atlantikregenwalds bereits um gut 90 Prozent schrumpfen lassen.

Polizeicorps bei der Truppenparade zum 14. Juli, Paris, Frankreich

(48° 52’ nördlicher Breite – 2° 20’ östlicher Länge)

Die öffentliche Ordnung wird in Frankreich durch zwei Organe überwacht: die Gendarmerie, die eine dem Verteidigungsministerium unterstellte Armeeeinheit ist und aus rund 104 000 Mitgliedern besteht, sowie die Polizei mit 240 000 Mitgliedern, die als zivile Behörde dem Innenministerium untersteht. Während die Gendarmerie vor allem in ländlichen Gebieten und Kleinstädten aktiv ist, konzentriert sich die Polizei auf die Großstädte. Diese Unterscheidung ist historisch bedingt: Ab dem zwölften Jahrhundert oblag die Verfolgung von Plünderern und Deserteuren den »gens d’armes« (bewaffneten Männern), die Polizeigewalt im gesamten Königreich außer den Städten ausübten, in denen städtische Sicherheitstruppen agierten. In Paris gründete König Ludwig der Heilige 1254 das erste Corps speziell für die Pariser Bürger. Es bestand aus einem »chevalier du guet« (bis zur Revolution war ausschließlich der Adel für die Reichssicherheit zuständig), 20 Sergeanten zu Pferd und 26 zu Fuß. Dieses Modell wurde von allen Großstädten Frankreichs übernommen. Erst 1667 erfolgte auf Betreiben Colberts die Trennung von Judikative und Exekutive. Der Erste Minister Ludwigs XIV. rief die »königliche Polizei« ins Leben, die Vorläuferin der heutigen Polizei. Seit 1996 sind französische Polizeicorps bei der Parade zum Nationalfeiertag am 14. Juli mit von der Partie.

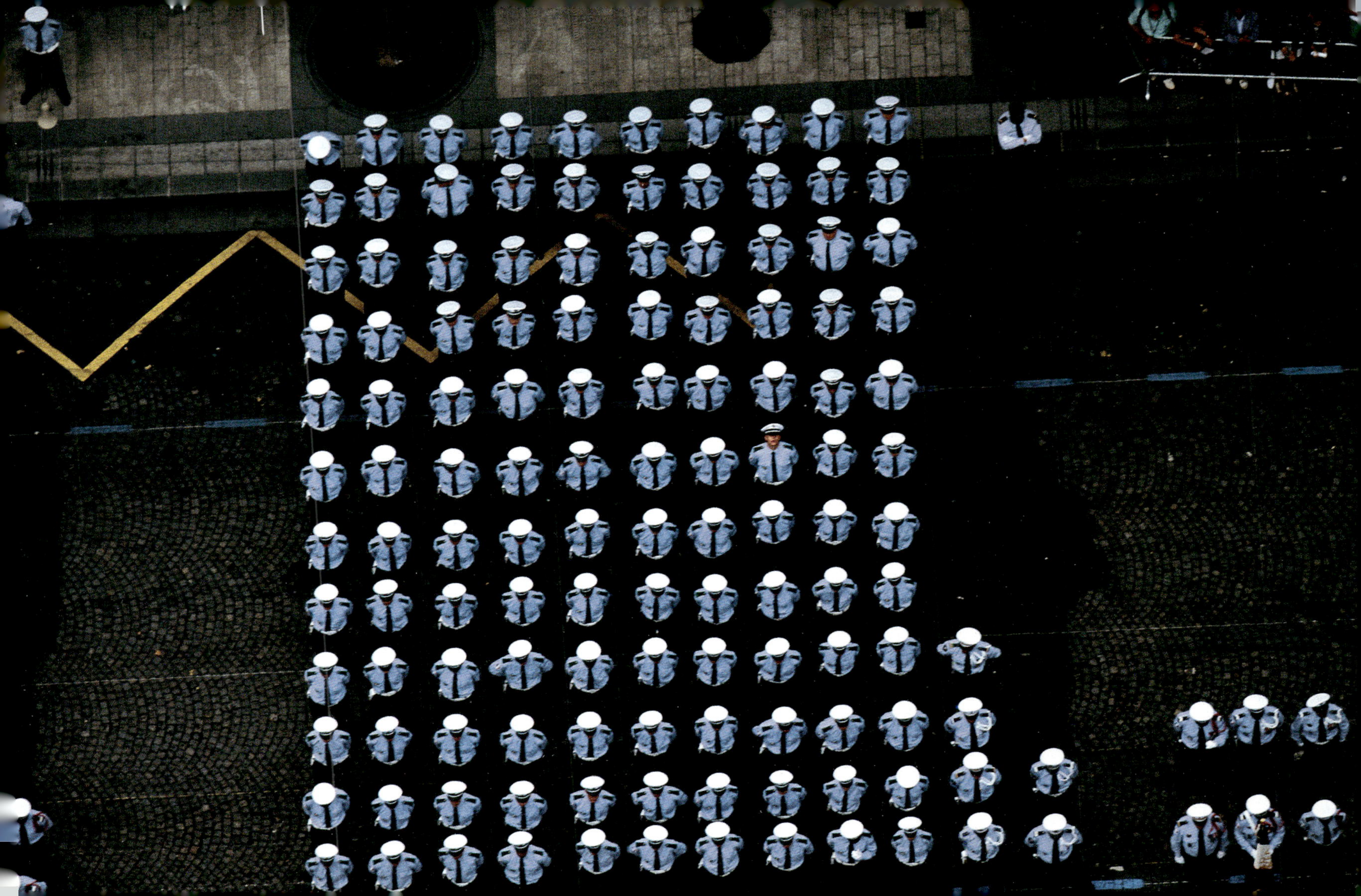

12. Januar

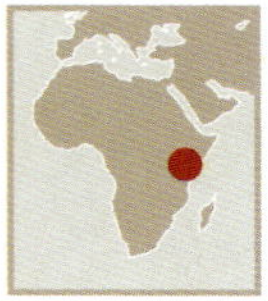

Fischerdorf nahe der Insel Mufangano, Viktoriasee, Kenia

(0° 27’ südlicher Breite – 33° 56’ östlicher Länge)

Der Viktoriasee ist das zweitgrößte Süßwasserreservoir der Erde. Uganda, Tansania und Kenia kontrollieren 45, 49 bzw. sechs Prozent seiner Fläche. Für die rund 35 Millionen Anwohner ist der Viktoriabarsch zur Haupteinnahmequelle geworden. Diese Raubfische wurden in den 1950er Jahren im See eingesetzt, um die Ernährung der Bevölkerung zu verbessern und die Sportfischerei zu fördern. Allerdings vermehrte sich die bis zu zwei Meter lange und 200 Kilogramm schwere Art sprunghaft und rottete dabei fast alle anderen Fischarten aus (rund 200 sind bereits verschwunden). Der Traum ist längst zum Albtraum geworden: Die weltweite Nachfrage nach Viktoriabarsch seit den 1980er Jahren lässt die Preise explodieren. Der größte Teil des Jahresfangs von 350 000 Tonnen wird per Flugzeug nach Europa, Israel und in den Mittleren Osten exportiert, wodurch der örtlichen Bevölkerung eine wichtige Eiweißquelle entzogen wird. Die Ablösung der traditionellen Fischerei durch diese moderne globale Wirtschaftsform bringt massive soziale und ökologische Probleme mit sich und ist obendrein nicht einmal nachhaltig, denn sowohl die Fangzahlen als auch die Größe der Fische gehen zurück. Trotz der alarmierenden Situation beabsichtigen die Behörden des vom Export abhängigen Kenia, die umstrittene Fischart erneut im See einzusetzen.

Dromedare und Jockeys nach einem Rennen im Januar 2004, ar-Rayyan, Katar

(25° 17' nördlicher Breite – 51° 25' östlicher Länge)

Wie in allen traditionellen Beduinenreichen auf der Arabischen Halbinsel begeistert man sich auch in Katar für den Nationalsport Dromedarrennen, fälschlich auch »Kamelrennen« genannt. Seit mehreren Jahren jedoch gelten diese Rennen als eine der schlimmsten Formen der Kinderarbeit, denn zu Jockeys werden illegal auf die Halbinsel gebrachte Jungen ausgebildet. Die oft gerade erst Sechsjährigen sind wegen ihres geringen Gewichts begehrt (sie dürfen nicht mehr als 20 Kilogramm wiegen). Die meisten sind unterernährt, dehydriert und erleiden bei Stürzen häufig Knochenbrüche, die mitunter sogar tödlich enden. Unter dem Druck internationaler Menschenrechtsorganisationen versuchen die Königshäuser behutsam, das Alter der Jockeys heraufzusetzen. Bei einem der letzten Rennen der Saison sorgte Katar im März 2004 für eine große Überraschung, als vor den Augen des verblüfften Publikums erstmals Jockeyroboter auf den Dromedarrücken saßen. Weltweit arbeiten 246 Millionen Kinder illegal, fast 171 Millionen davon unter gefährlichen Bedingungen. 20 Millionen von ihnen werden als Sklaven gehalten.

Laurentinische Berge, Provinz Quebec, Kanada

(48° 00' nördlicher Breite – 71° 00' westlicher Länge)

Die Laurentinischen Berge (franz. Laurentides) nördlich von Montréal erstrecken sich parallel zum Sankt-Lorenz-Strom, nach dem sie benannt sind. In der 22 000 Quadratkilometer großen Region mit ihrem herrlichen Baumbestand sowie den mehr als 4000 Seen und Flüssen ist der Wald eine kostbare nationale Ressource. Dank eines florierenden Naturtourismus sowie der Holz- und Papierwirtschaft, aber auch der Einkünfte durch forstliche Nebenprodukte wie Ahornsirup, Pilze und Beeren, bilden die riesigen Wälder das wirtschaftliche Rückgrat der Region. In Kanada, dessen Landfläche zur Hälfte bewaldet ist (400 Millionen Hektar), wird traditionell ein Drittel der Waldflächen kommerziell genutzt. Die Forstwirtschaft bringt jährlich rund 80 Milliarden US-Dollar ein. Kanada steht hinter den USA weltweit an zweiter Stelle in der Papierproduktion. Um Umweltverschmutzung und Entwaldung einzudämmen, hat die kanadische Papierindustrie eine nachhaltigere Herstellungsweise eingeführt, die ohne Einsatz von Chlor Hölzer aus FSC-zertifizierten Wäldern verarbeitet und zudem mehr Altpapier einsetzt. Kanadisches Papier besteht zu 24 Prozent aus Recyclingpapier und zu 56 Prozent aus Hobelspänen oder Sägemehl, also zu 80 Prozent aus Reyclingprodukten. Rund 40 Prozent des weltweit geschlagenen Holzes wandern in die Papierherstellung.

15. Januar

Blaue Lagune nahe Grindavik, Halbinsel Reykjanesskagi, Island

(63° 54’ nördlicher Breite – 22° 25’ westlicher Länge)

Aufgrund von Vulkanaktivität gibt es auf der isländischen Halbinsel Reykjanesskagi zahlreiche natürliche heiße Quellen. Die Blaue Lagune (Bláa Lónid) ist ein künstlicher See, der vom Geothermalkraftwerk Svartsengi gespeist wird. Wasser wird dort in 2000 Meter Tiefe gepumpt, wo das geschmolzene Magma es auf 240 °C erhitzt. Bei Erreichen der Oberfläche weist es noch eine Temperatur von 70 °C auf und wird in das Fernwärmenetz der umliegenden Städte eingeleitet. Die Farbe der Lagune entsteht durch die Vermischung von Silizium und Kalzium in Verbindung mit sich zersetzenden Algen. Das etwa 40 °C heiße Wasser der Blauen Lagune ist dank seines Reichtums an Mineralsalzen und organischen Stoffen für seine Heilwirkung bei Hautkrankheiten bekannt. Als noch relativ neue, erneuerbare, saubere und preiswerte Energiequelle wird die Erdwärme in Island inzwischen ausgiebig genutzt. Während 1960 noch unter 25 Prozent der Isländer Zugriff auf diese Wärmequelle hatten, deckt sie heute den Energiebedarf von 85 Prozent der Bevölkerung. Durch den Einsatz von Geothermalenergie zur Herstellung von Wasserstoffzellen will Island noch vor 2040 völlig unabhängig vom Erdöl werden.

Erdgeschoss der Basilika Notre-Dame-de-la-Paix, Yamoussoukro, Côte d'Ivoire

(6° 49' nördlicher Breite – 5° 17' westlicher Länge)

1983 erklärte der erste Präsident der Republik Côte d'Ivoire (Elfenbeinküste), Félix Houphouët-Boigny (†1993), anstelle von Abidjan seine Heimatstadt Yamoussoukro zur neuen Landeshauptstadt. Mit enormem Kostenaufwand machte er daraus eine moderne Stadt mit einem Gitternetz praktisch verwaister Prachtstraßen sowie einem monumentalen internationalen Flughafen, Luxushotels, Golfplätzen und Elitehochschulen. Obwohl in der Republik Côte d'Ivoire der Katholizismus hinter dem Islam nur die zweitgrößte Religion ist, erhielt Yamoussoukro die größte Kirche der Welt: Notre-Dame-de-la-Paix wurde 1990 von Papst Johannes Paul II. persönlich geweiht. Der frühere Präsident stiftete die Basilika dem Heiligen Stuhl unter Beteuerungen, er habe die exorbitanten Kosten dafür allein aus seinem Privatvermögen gedeckt, doch hält ein Großteil der Bevölkerung des Landes den Bau für eine ungeheure Verschwendung. Die Kirche gehört zu den umstrittensten Bauten der Republik, in der es an Schulen und Krankenhäusern fehlt und in der die Ausgaben des staatlichen Gesundheitswesens nur einen geringen Teil des Bruttosozialprodukts ausmachen.

17. Januar

Aluminium-Aufbereitungsanlage auf Noord-Beveland, Niederlande

(51° 35’ nördlicher Breite – 3° 45’ östlicher Länge)

Eingeschlossen zwischen Schelde, Nordsee und dem Veerse Meer, liegt die Insel Noord-Beveland in der niederländischen Provinz Zeeland. Seit 1989 konzentriert sich die nationale Umweltschutzpolitik vor allem auf die Wiederaufbereitung von Abfällen. Die ausgesprochen umweltbewusste Bevölkerung sortiert ihren Müll. Aluminium ist dabei besonderes interessant, denn das Metall lässt sich zu 100 Prozent beliebig oft und ohne Qualitätsverlust recyceln. Dank der Aufbereitung können 95 Prozent der Herstellungsenergie eingespart werden. Während es in der Natur etwa 10 000 Jahre dauert, bis eine Aluminiumdose abgebaut ist, verhindern Sammeln und Recycling schwere Umweltschäden: Die Niederlande verbrauchen jährlich rund 150 000 Tonnen Aluminium. Europaweit liegt der Anteil an Recycling-Aluminium in der Verpackungsindustrie allerdings nur bei rund 30 Prozent. Um diese Menge anzuheben, hat die EU-Kommission eine Überarbeitung der Abfallrichtlinie von 1975 vorgeschlagen, bei der Recycling-Normen für alle EU-Staaten festgelegt werden sollen.

Wineglass Bay, Tasmanien, Australien

(42° 10’ südlicher Breite – 148° 18’ östlicher Länge)

Auf der Ostseite Tasmaniens bildet die »Weinglas-Bucht« einen perfekten Bogen aus weißem Sandstrand vor der Kulisse der grauen und rosa Granitwände der Hazards Mountains. Die Gegend ist natürlich stark touristisch erschlossen, steht jedoch als Teil des Freycinet-Nationalparks ebenso unter Naturschutz wie die 17 weiteren Nationalparks, die sich über mehr als ein Drittel der Gesamtfläche Tasmaniens erstrecken. Auch die Tasmanian Wilderness World Heritage Area ist seit 1982 UNESCO-Weltnaturerbe. Das 1,38 Millionen Hektar große Schutzgebiet macht 20 Prozent der Inselfläche aus und bildet eines der größten naturbelassenen Gebiete der Südhalbkugel. Flora und Fauna zeichnen sich durch viele Arten aus, die nur hier heimisch sind, etwa den Tasmanischen Teufel, ein fleischfressendes Beuteltier, und das Nadelholzgewächs *Lagarostrobos franklinii*, eine Steineibenart, die auf der Insel unter dem Namen *Huon pine* bekannt ist. Um den Schutz dieses Erbes nicht zu gefährden, fördern die Inselbehörden einen umweltschonenden Tourismus. Unterkünfte und Infrastrukturen für Touristen liegen deshalb im Wesentlichen außerhalb der Schutzzonen.

Felsblock in der Wüste bei Tichit, Region Aoukar, Mauretanien

(18° 00' nördlicher Breite – 9° 30' westlicher Länge)

In der Region Aoukar im Herzen Mauretaniens findet man die Überreste verlassener Dörfer. Auf der Flucht vor Versteppung oder Heuschreckeninvasionen und auf der Suche nach immer selteneren Wasservorkommen sind die arabisch-berberischen Hirtenstämme der Mauren, Toucouleurs, Wolof und Fulbe an die nomadische Lebensweise gewöhnt. Im riesigen Wüstengebiet, das mit einer Million Quadratkilometern mehr als doppelt so groß wie Frankreich ist, leben nur rund drei Millionen Menschen. Das Nomadentum symbolisiert für sie mehr als nur die Suche nach besseren Böden für Mensch und Tier, es ist eine jahrtausendealte Lebensweise. Trotzdem siedelten sich seit der Unabhängigkeit 1960 und den anhaltenden Dürren der Jahre 1970 bis 1980 mehr Mauretanier im Dunstkreis der Großstädte an. Während noch zu Beginn des 20. Jahrhunderts 75 Prozent der Bevölkerung nomadisch lebten, waren es 2000 gerade noch sechs Prozent. Wenngleich die »Nomadenkultur« im Westen heute als schick gilt, sind diese Stämme mit ihren schätzungsweise rund 90 Millionen Angehörigen weltweit im Rückgang begriffen. Eingezwängt in Gebiete mit willkürlich festgelegten Grenzen, werden sie bedroht von Dürren und der Vernichtung ihrer Lebensräume.

Wat Pho (Tempel des liegenden Buddha), Bangkok, Thailand

(13° 44' nördlicher Breite – 100° 30' östlicher Länge)

Wat Pho ist der älteste und größte Tempel Bangkoks. Er wurde im 16. Jahrhundert erbaut, doch erst mit der Machtübernahme der von Rama I. 1782 begründeten Chakri-Dynastie erhielt er seine heutige Pracht. Die drei großen kuppelförmigen Stupas entstanden zur Erinnerung an die ersten Chakri-Herrscher. Berühmt ist der Tempel allerdings vor allem, weil er den größten liegenden Buddha der Welt beherbergt. Die 46 Meter lange, komplett mit Blattgold überzogene Statue illustriert den Übergang des Buddha ins Nirwana. Die Fußsohlen sind mit Perlmuttintarsien verziert. Sie repräsentieren die 108 *Laksana*, buddhistische Symbole für Eigenschaften und Daseinszustände wie Reichtum, Wohlergehen, Überfluss, aber auch Endlichkeit oder Leiden. Auf Befehl König Ramas III. (1824–1851) wurde der Tempel zum erstrangigen Zentrum der Volksbildung des Landes, in dem so unterschiedliche Fächer wie Literatur, Medizin und Pharmazeutik unterrichtet wurden. Noch heute lehrt dort eine berühmte Schule traditionelle Thai-Massage und -Medizin.

Ziergarten mitten in der Wüste von Wadi Rum, Jordanien

(29° 33' nördlicher Breite – 35° 39' östlicher Länge)

Dieser Wassergarten mitten in der Wüste ist mit seinem riedgesäumten Flechtwerk von Kanälen und Teichen zweifellos das Spielzeug eines steinreichen Mannes. Das Königreich Jordanien leidet dagegen unter ausgeprägtem Wassermangel. Schon jetzt verschlingt das Land mit seinen fast sechs Millionen Einwohnern mehr Wasser, als es sich leisten kann. Das Grundwasser wird doppelt so schnell verbraucht, wie es nachlaufen kann, soweit es sich nicht sogar um fossile Schichten handelt, die sich nicht regenerieren. Jährlich stehen jedem Einwohner nur 140 Kubikmeter erneuerbares Wasser zur Verfügung – eine der geringsten Mengen weltweit. Nach Schätzungen des jordanischen Ministeriums dürfte diese Menge aufgrund der Bewässerung und des schwindenden Wasservorrats bis 2050 auf jährlich 90 Kubikmeter pro Einwohner zurückgehen. Mithilfe von Aufklärungskampagnen versuchen die jordanischen Behörden, den Wasserverbrauch zu senken. Die Wiederaufbereitung von Wasser wird inzwischen in vielen Regionen praktiziert: Schon jetzt werden 60 Millionen Kubikmeter gereinigtes Abwasser für Bewässerung und Fischzucht eingesetzt.

Landwirtschaftlicher Betrieb westlich von Cottbus, Brandenburg, Deutschland

(51° 46' nördlicher Breite – 14° 18' östlicher Länge)

Mit 83 Millionen Einwohnern gehört Deutschland zu den am dichtesten besiedelten Ländern Europas (225 Einwohner pro Quadratkilometer). Im Norden und Süden des Landes herrschen Mischkultur und intensive Viehhaltung vor (Milchkühe, Schweine und Geflügel). Wie im übrigen Europa hat die Industrialisierung der Landwirtschaft seit den 1950er Jahren Umwelt- und Gesundheitsschäden mit sich gebracht. Weite Teile Norddeutschlands verzeichnen genau wie die Niederlande gewaltige Nährstoffüberschüsse, die in den Böden versickern und das Grundwasser verschmutzen. In Teilen Deutschlands ist die Konzentration so hoch, dass sowohl die Böden als auch die Ökosysteme in den angrenzenden Meeren den Güllemengen nicht mehr gewachsen sind. Zudem produziert die intensive Viehhaltung Treibhausgase wie Ammoniak, Methan, Kohlendioxid oder die noch schädlicheren Stickstoffoxide, die die Erwärmung der Erde beschleunigen. Vieh und Mist sind verantwortlich für 16 Prozent des Methanausstoßes weltweit, und Tierkot setzt sieben Prozent der gesamten Stickstoffmenge frei.

Metallskulptur von Richard Serra im Park eines Apartmenthauses, Yvelines, Frankreich

(48° 50' nördlicher Breite – 1° 50' östlicher Länge)

Die Metallskulptur des US-Künstlers Richard Serra gehört zur minimalistischen Kunst, die mit sparsamsten Mitteln ästhetisch unaufdringliche Werke hervorbringt. Der Raum als künstlerisches Konzept spielt im Schaffensprozess eine wesentliche Rolle, da die Skulptur unmittelbar auf dem Boden austariert ist. Minimal Art entwickelte sich zu Beginn der 1960er Jahre in einer Phase, die durch starkes Wirtschaftswachstum und die ersten wahrnehmbaren Umweltschäden geprägt war. Vertreter dieser Kunstrichtung verstehen ihre Arbeiten auch als Reaktion auf die Überflussgesellschaft der Nachkriegszeit und zugleich auf die gegenständliche Kunst. 50 Jahre nach ihrer Entstehung erkennt man heute eindeutig die visionären Züge dieses Stils. Die völlig überfrachtete und konsumorientierte westliche Lebensweise hat eine immer schnellere Zerstörung der natürlichen Ressourcen bewirkt und den Ausstoß an Treibhausgasen verdreifacht. Bei einer zweiprozentigen jährlichen Wachstumsrate in Westeuropa werden diese Emissionen schätzungsweise noch vor 2020 um die Hälfte ansteigen. Ohne zusätzliche Anstrengungen in den individuellen und kollektiven Bemühungen um Einsparungen und alternative Energiequellen wird sich die Klimaerwärmung immer weiter verschärfen.

Amerikanischer Militärfriedhof in Tunis, Tunesien

(36° 50' nördlicher Breite – 10° 15' östlicher Länge)

Über 2800 US-Soldaten liegen auf dem alten Friedhof von Tunis begraben, davon allein 240, die nie identifiziert wurden. Im Zweiten Weltkrieg trugen diese jungen Soldaten unter General George Patton dazu bei, die deutsch-italienische Besatzung Nordafrikas zu beenden. Die Landung der alliierten Truppen in Nordafrika begann im November 1942 in Marokko und endete im folgenden Jahr mit dem Tunesien-Feldzug. Mit rund 250 000 Mann gelang es britischen, französischen und amerikanischen Truppen gemeinsam, doppelt so viele Soldaten der Achsenmächte allmählich zur Küste zurückzudrängen. Höhepunkt der Offensive waren die Einnahme von Tunis am 7. Mai und die Kapitulation des deutschen Afrikakorps unter Generaloberst von Arnim am 12. Mai. Ein Jahr nach der Kapitulation der Deutschen in Nordafrika erfolgte der »D-Day« in der Normandie.

Gazellen, Somalia

(6° 00' nördlicher Breite – 48° 00' östlicher Länge)

Gazellen sind Säugetiere aus der Unterfamilie der Antilopen (Antilopinae) und zeichnen sich vor allem durch ihren grazilen Körperbau und beachtenswerte Schnelligkeit aus: Mit ihren hohen, weiten Sprüngen erreichen manche Arten Spitzengeschwindigkeiten von bis zu 90 Kilometern pro Stunde; über längere Strecken halten sie ein Tempo von rund 50 Kilometern pro Stunde. Die Nahrung dieser anspruchslosen Tiere besteht aus jungem Gras und Krautpflanzen. Dank dieser Genügsamkeit können einige wenige Arten sogar in den Dornbuschsavannen Somalias überleben. Um ihren Durst während der Trockenzeit zu stillen, begnügen sich die Tiere mit Tau und dem in den Pflanzen enthaltenen Wasser. Abgesehen vom bis zu rund 2400 Meter hohen Gebirge an der Nordküste, bildet Somalia eine riesige trockene Ebene, die zum Meer hin abfällt. Die einzige dauerhafte Vegetation findet sich in den Uferzonen der beiden Flüsse Webi Schebeli und Juba, die im äthiopischen Hochland entspringen. Seit den 1980er Jahren leidet Somalia unter Dürre und Armut. Der Krieg mit Äthiopien um die Region Ogaden und der nachfolgende Bürgerkrieg beschleunigten im Verbund mit katastrophalen Dürrephasen den Niedergang des Landes, das bis heute von politischer Unsicherheit und Nahrungsmangel geplagt wird.

Slum in Port-au-Prince, Haiti

(18° 32’ nördlicher Breite – 72° 20’ westlicher Länge)

Port-au-Prince, die Hauptstadt des ärmsten Staats in Lateinamerika, ist seit jeher ein Synonym für Elend und Gewalt. Das dicht besiedelte kleine Land, dessen Bevölkerung zu 80 Prozent unterhalb der Armutsgrenze lebt, bekommt von der internationalen Entwicklungshilfe kaum etwas ab. Wahlbetrug ist an der Tagesordnung. Als Umschlagplatz des Drogenhandels wird der Alltag in Haiti zudem von Waffengewalt geprägt, die jeden Monat Hunderte Menschenleben fordert. Das Land ist fest in der Hand der »Chimären«, Banden, die sich in den Slums rekrutieren und das Volk terrorisieren. Die Wahl René Prévals zum Präsidenten im Februar 2006 wurde 20 Jahre nach dem Sturz des Diktators Jean-Claude Duvalier als Durchbruch im Demokratisierungsprozess gefeiert. Trotz der chaotischen Organisation war die Wahlbeteiligung so hoch wie nie zuvor: 3,5 der acht Millionen Haitianer nahmen ihr Bürgerrecht wahr. Seit 1980 bemühen sich weltweit 80 Länder um den Aufbau einer Demokratie. 47 davon ist dies bereits gelungen, in 33 weiteren wurden immerhin bereits die Militärdiktaturen durch demokratischer geprägte Regierungen abgelöst.

Die Love-Parade im Tiergarten, Berlin, Deutschland

(52° 31' nördlicher Breite – 13° 25' östlicher Länge)

Kurz vor dem Fall der Berliner Mauer rief 1989 der Berliner Diskjockey »Dr. Motte« 150 Amateur-Techno-Musiker im Namen von »Toleranz, Respekt und Völkerverständigung« auf die Straßen der Hauptstadt. Seitdem geriet die Love-Parade immer mehr zum gigantischen Karnevalsevent mit jährlich über einer Million tanzenden »Ravern«, die von rund 50 bunt geschmückten Festwagen mit Techno-Rhythmen beschallt wurden. Als Höhepunkt der Veranstaltung trafen sich sämtliche Umzüge zu Füßen des Friedensengels im Tiergarten. Ähnliche Massenparaden finden inzwischen mit riesigem Zulauf in Paris, Zürich, Genf und Newcastle statt. Selbst in Moskau wäre 2001 beinahe eine Love-Parade zustande gekommen, hätte der Bürgermeister kein Veto eingelegt. Die oft als Produkt der 1997 gegründeten Schwulen- und Lesbenbewegung »Lesbian & Gay Pride« missverstandene und von Berliner Umweltschützern wegen der zurückgelassenen Müllberge heftig attackierte Veranstaltung musste 2004 aufgrund finanzieller Schwierigkeiten ihr 15. Jubiläum ausfallen lassen. Nach einer erneuten Absage 2005 fand die nächste Love-Parade erst wieder 2006 statt.

Cocktails
38
uboot

Schibam im Wadi Hadramaut, Jemen

(15° 55' nördlicher Breite – 48° 38' östlicher Länge)

Im Herzen der jemenitischen Bergregion lag die alte Karawanserei Schibam an der »Weihrauchstraße« zwischen Katar und dem Golf von Aden. Heute ist der Ort eine Art Freiluftmuseum. Die rund 500 fünf- bis sechsstöckigen Wohntürme von 25 Meter Höhe brachten ihm den Namen »Wüsten-Manhattan« ein. Die ockerfarbenen und weißen »Wolkenkratzer« wurden mit Ziegeln gebaut, die man aus Lehm, Stroh und Wasser formte und in der Sonne trocknete. Einige Wohntürme stammen aus dem 15. und 16. Jahrhundert und stehen rings um eine der ältesten Moscheen des Landes. Die kompakte Stadt wirkt auf ihrer mehr als 2650 Meter hohen Anhöhe wie eine Festung, die während der Regenzeit wie eine Insel von Wasser eingeschlossen ist. Die für ein Land auf der Arabischen Halbinsel relativ üppigen Niederschläge machten zwar aus dem Jemen ein fruchtbares Land, setzten jedoch den empfindlichen Lehmhäusern sehr zu. Deshalb sind regelmäßige Restaurierungen notwendig. Doch der Jemen ist angesichts seines niedrigen Bruttoinlandprodukts von rund 400 US-Dollar pro Kopf nicht in der Lage, sein Kulturerbe zu erhalten, zumal sich das Land nur allmählich vom Bürgerkrieg erholt, der 1994 im Gefolge des 1990 erfolgten Zusammenschlusses von Nord- und Südjemen ausbrach. 1984 erklärte die UNESCO Schibam zum Weltkulturerbe und subventioniert seither seine Erhaltung.

Mautstelle San Lazzaro di Savena, Emilia-Romagna, Italien

(44° 30' nördlicher Breite – 11° 25' östlicher Länge)

Die markierten Fahrspuren kündigen die Mautstelle für die Autobahnen rings um Bologna an, die Hauptstadt der Emilia-Romagna mit den Badeorten Rimini und Cervia. Die erste Autobahn der Welt entstand in Italien: Schon ab 1924 verband eine *autostrada* Mailand mit den 85 Kilometer entfernten norditalienischen Seen. Seither hat sich der Straßenverkehr vervielfacht. In Westeuropa verbraucht heute im Schnitt jeder Einwohner pro Jahr 427 Liter Treibstoff. Der Verkehr ist so dicht, dass mittlerweile Tag für Tag zehn Prozent der europäischen Straßen verstopft sind. Allein der Gütertransport auf der Straße macht 70 Prozent des Erdölverbrauchs weltweit aus. Die Entwicklung alternativer Treibstoffe und ökonomischerer Transportarten wird immer drängender, denn wahrscheinlich wird schon in 15 Jahren die Erdölförderung die steigende Nachfrage nicht mehr decken können. Die Energienutzung muss dringend in sämtlichen Industriesparten effizienter gemacht werden. Schon heute zeigen andere Arten von Autobahnen, etwa »Datenautobahnen« wie das Internet, mögliche Alternativen auf: Nie zuvor war der Mensch in der Lage, so viele Daten mit so geringem Energieaufwand zu transportieren.

Von Waldbränden zerstörtes Forstgebiet in Valensole, Alpes-de-Haute-Provence, Frankreich

(43° 49’ nördlicher Breite – 6° 01’ östlicher Länge)

2003 war das »Rekordjahr« für Waldbrände: In Südfrankreich gingen 61 545 Hektar Wald in Flammen auf. Jahr für Jahr bedrohen Feuer die Berggebiete und ihre Bewohner. Der überwiegend aus Nadelgehölzen (Aleppokiefern) zusammengesetzte Baumbestand ist sehr leicht entflammbar, und der Mistral facht das Feuer zusätzlich an. Zur Verhütung von Waldbränden nehmen die Behörden immer stärker die Bevölkerung in die Pflicht. So sind seit einigen Jahren Privatbesitzer, denen immerhin 71 Prozent der französischen Forstflächen gehören, zur regelmäßigen Rodung und Entfernung des Unterholzes aufgerufen. Die für die Landwirtschaft uninteressanten, von Gestrüpp überwucherten und von viel zu vielen Touristen besuchten Wälder des Mittelmeerraums fallen oftmals purer Nachlässigkeit zum Opfer, nicht selten aber auch böser Absicht. Trotz allem dehnen sich die Waldgebiete Frankreichs aus. Gegenüber sieben Millionen Hektar Ende des 18. Jahrhunderts bedecken sie heute 15 Millionen Hektar und somit 27,1 Prozent des Staatsgebiets ohne Überseeprovinzen. Dieses in Europa einmalige Erbe ist das Ergebnis einer gezielten Wiederaufforstungspolitik seit 1945. Allerdings kommt es immer häufiger zu Konflikten zwischen dem Naturschutz und den Interessen der Touristen.

Tempelberg und Klagemauer, Jerusalem, Israel und palästinensische Gebiete

(31° 45’ nördlicher Breite – 35° 15’ östlicher Länge)

Der Tempelberg, das muslimische Heiligtum Haram ash-Sharif, macht Jerusalem neben Mekka und Medina zur dritten heiligen Stadt des Islam. Der Felsendom und die große al-Aqsa-Moschee entstanden im siebten Jahrhundert aus den Trümmern eines jüdischen Tempels, von dem nur die Ostmauer erhalten blieb. Man bezeichnet sie als Klagemauer, weil die Juden dort seit jeher die Zerstörung des Tempels beweinen. Der Überlieferung zufolge ließ König Salomo vor fast 3000 Jahren an dieser Stelle einen ersten Tempel errichten, in dem man die Gesetzestafeln aufbewahrte. Der Tempel wurde zweimal zerstört und wieder aufgebaut, jedoch 135 von den Römern endgültig dem Erdboden gleichgemacht. Die Klagemauer ist heute eine der wichtigsten heiligen Stätten für gläubige Juden, die von weither kommen, um zu beten und Zettel mit Bitten in die Mauerritzen zu stecken. Die geringe Entfernung zwischen der Klagemauer und dem Grab Christi erinnert daran, dass die 3000 Jahre alte Stadt Jerusalem für drei Religionen zugleich heilig ist: Sie ist religiöses Zentrum der Juden, Christen und Muslime. Diese einzigartige spirituelle Dimension macht die Stadt zum Gegenstand religiöser Verehrung, aber auch weltlicher Spannungen.

Klimaveränderung ... oder Klimaschock?

Das Klima empfanden unsere Vorfahren vor 10 000 oder 20 000 Jahren sicherlich schon als einen unsicheren Faktor, doch beeinflussen konnten sie es beim besten Willen nicht – auch wenn sie die Naturkräfte mit noch so vielen Mammutopfern zu besänftigen versuchten: Am Klima der darauffolgenden Jahrhunderte änderte dies nichts.

Doch wir in der Gegenwart haben leider die Möglichkeit, das Klima zu unserem Nachteil zu verändern. Zum ersten Mal in der Geschichte der Menschheit kann es der Mensch aktiv mitgestalten. Wie? Indem er große Gasmengen in die Erdatmosphäre entlässt. Diese Gasemissionen verstärken auf fatale Weise einen seit Milliarden von Jahren auf unserer Erde existierenden Treibhauseffekt. Ohne diesen Effekt läge die Durchschnittstemperatur auf unserer Erde bei –15 °C. Das Leben, so wie wir es kennen, wäre bei solchen Temperaturen auf unserem Planeten nicht möglich.

Die Treibhausgase – es handelt sich hauptsächlich um Wasserdampf (0,3 Prozent der Atmosphäre), Kohlendioxid (0,04 Prozent) und Methan (0,0002 Prozent) – sind in hohem Maße durchlässig für die einfallende Sonnenstrahlung, die von der Erdoberfläche absorbiert wird. Sie sind jedoch nicht durchlässig für die infrarote Wärmestrahlung, die von der Erde wieder an die Atmosphäre abgegeben wird. So kann die Wärmeenergie nicht mehr so leicht in den Weltraum entweichen.

Der Mensch hat dieses Gleichgewicht empfindlich gestört: Seit 1850 hat der Anteil an Kohlendioxid in der Atmosphäre um 30 Prozent zugenommen, der an Methan hat sich sogar verdoppelt. Beide Phänomene sind seit mindestens 400 000 Jahren einmalig in der Weltgeschichte. Wenn die Emissionen weiterhin zunehmen, könnte die globale Durchschnittstemperatur, die seit 10 000 Jahren stabil war, innerhalb eines Jahrhunderts um mehrere Celsiusgrade steigen. Dass der Treibhauseffekt sich in dieser Größenordnung bewegen wird, ist schon seit Langem bekannt: Der schwedische Chemie-Nobelpreisträger Svante Arrhenius war der Erste, der 1896 dieses Phänomen beschrieb.

Ein globaler Temperaturanstieg von mehreren Celsiusgraden ist keine Kleinigkeit: Er entspricht dem Temperatursprung, der den Unterschied zwischen einer »warmen« Periode, wie wir sie heute haben, und einer Eiszeit ausmacht. Während der letzten Eiszeit waren Nordeuropa und Kanada von einer mehrere Kilometer dicken Eisschicht bedeckt, der Meeresspiegel lag 120 Meter tiefer, und Mitteleuropa bestand lediglich aus einer vereisten Steppenlandschaft, die unmöglich Millionen von Menschen ernähren konnte. Im Übrigen zieht sich eine Eisschmelze über 10 000 Jahre hin. Wir können heute noch nicht genau abschätzen, welche Folgen der globale Temperaturanstieg um mehrere Celsiusgrade wirklich hat. Es geht wahrscheinlich nicht nur um zwei oder drei Pullover, die wir weniger oder mehr brauchen. Es ist vielmehr ein Klimaschock zu befürchten.

Eine so schnelle Veränderung der globalen Temperatur führt sicherlich auch zu schweren Störungen des Wasserkreislaufs: Sowohl die Überschwemmungen als auch die Dürreperioden werden an Intensität zunehmen, auch die Orkanstürme werden heftiger werden. Innerhalb der nächsten fünf bis zehn Jahrhunderte werden möglicherweise sowohl Grönland als auch ein Teil der Antarktis dahinschmelzen, und der Meeresspiegel wird sich um zwölf Meter heben. Innerhalb weniger Jahrzehnte könnte der Golfstrom verschwinden, was in Westeuropa einen durchschnittlichen Temperatursturz von fünf bis sechs Grad Celsius zur Folge hätte. Dies wäre das Ende der Landwirtschaft in unseren Breiten. Möglicherweise erwartet uns aber auch ein allgemeines Korallensterben, und diverse Tropenkrankheiten wie Gelbfieber oder Malaria würden schnell in Richtung der Erdpole wandern. Wir haben natürlich keine Ahnung von all den bösen Überraschungen, die in diesem Fall auf uns warten würden. Es handelt sich hier nicht um Horrorvisionen der Science-Fiction-Literatur, sondern durchaus um seriös dokumentierte Wissenschaftsberichte.

Was können wir tun, wenn wir reagieren wollen? Die Lebensdauer der Treibhausgase reicht weit über ein Jahrhundert hinaus. Schon nach wenigen Monaten haben sie sich gleichmäßig in der Atmosphäre verteilt. Der konkrete Ort der Emissionsquelle ist also für die klimatischen Störungen unerheblich. Folglich ist die Menschheit zu einem gemeinsamen Beschluss gezwungen, wenn sie die Emissionen wirklich reduzieren will. Denn ein einziger »Quertreiber« macht sämtliche Bemühungen der anderen Länder zunichte. Trotzdem sollte man meines Erachtens mit gutem Beispiel vorangehen. Um wie viel Prozent soll man die Emissionen reduzieren? Um eine weitere Zunahme des Kohlenstoffdioxids in der Atmosphäre zu verhindern, müssten die Emissionen dieses Gases auf mindestens die Hälfte verringert werden. Wenn wir davon ausgehen, dass jeder Erdenbürger die gleichen »Emissionsrechte« besitzt (und dass auf der Welt eine absolute Gerechtigkeit herrscht!), müssten die Franzosen ihre Emissionen auf ein Viertel reduzieren. Das bedeutet: Auch der Öl-, Gas- und Kohleverbrauch müssten auf ein Viertel verringert werden (die Kernenergie und die erneuerbaren Energien dürften weiterhin im vollen Umfang zur Verfügung stehen). Die US-Amerikaner müssten ihre Emissionen auf ein Zwölftel reduzieren. Die Chinesen hingegen bräuchten zwar nichts einzusparen, dürften ihre gegenwärtige Emissionsmenge aber auch nicht wesentlich erhöhen. Beim augenblicklichen Stand der Technik hätte jeder Erdenbürger mit einem einzigen Transatlantikflug das ihm zustehende Emissionsquantum bereits voll ausgeschöpft. Statt des Transatlantikflugs dürfte er auch für wenige Monate mit Gas heizen oder eine Strecke zwischen 5000 und 10 000 Kilometern mit dem Auto zurücklegen. Oder er dürfte sich einige hundert Kilogramm Industrieprodukte kaufen (die Produktion und der Transport dieser Erzeugnisse setzen ja ebenfalls Emissionen frei). Oder er entscheidet sich für den Verzehr von 100 Kilogramm Rindfleisch (aufgrund der chemischen Düngung und der landwirtschaftlichen Maschinen kleben die »Treibhausgase« inzwischen nahezu an allem, was wir essen). Kurz: Wenn wir die klimatischen Störungen wirklich in den Griff bekommen wollen, müssen wir die Gesellschaft grundlegend verändern. Mit einigen wenigen Randkorrekturen ist es nicht getan. Aber haben wir wirklich die Wahl, wenn wir unseren Kindern eine lebenswerte Welt hinterlassen wollen?

Jean-Marc Jancovici

Ingenieurkonsulent für Energieprobleme

und den Treibhauseffekt

White Island, Grenada

(12° 15' nördlicher Breite – 61° 35' westlicher Länge)

Als Teil der Kleinen Antillen liegt der Inselstaat Grenada, ein 344 Quadratkilometer großer Archipel mit 100 000 Einwohnern, rund 200 Kilometer nördlich von Venezuela. Die drei Hauptinseln sind Grenada mit der Hauptstadt Saint George's, Carriacou und Petite Martinique. Alle drei befinden sich genau in der Zugbahn, die tropische Wirbelstürme überlicherweise nehmen. 2004 forderte der Zyklon »Ivan« auf Grenada 37 Menschenleben und verwüstete 90 Prozent der Infrastruktur der Hauptinsel. Im Jahr darauf richtete »Emily« auf Carriacou schwere Schäden an. Die ausgesprochen idyllische Landschaft der Kleinen Antillen lockt zahlreiche Touristen an. Die Wirtschaft des Landes ist weitgehend vom Fremdenverkehr abhängig, der darüber hinaus zahlreiche weitere Berufsgruppen ernährt, nicht zuletzt den Dienstleistungssektor, in dem insgesamt 60 Prozent der Bevölkerung tätig sind. Allerdings ist die Region massiv durch den Klimawandel bedroht, der sich in einer Verschärfung von Naturkatastrophen wie Hurrikans niederschlägt und den Meerwasserspiegel ansteigen lässt.

Markt in Marrakesch, Marokko

(31° 37' nördlicher Breite – 7° 59' westlicher Länge)

Frisches Obst und Gemüse, wie es auf diesem Markt reichhaltig angeboten wird, sind die wichtigsten für den Export bestimmten Agrarprodukte Marokkos. Den seit dem Jahr 2000 spürbaren Wirtschaftsboom erklärt aber nicht nur der Agrarsektor, in dem immerhin rund 40 Prozent der Bevölkerung beschäftigt sind, sondern der Tourismus. Zahlreiche Hotelkomplexe befinden sich im Bau, und der sprunghafte Anstieg der Bevölkerungszahlen bereitet den Städten schon jetzt große Probleme. Das teilweise veraltete Straßennetz kann die wachsende Zahl von Fahrzeugen nicht mehr verkraften, und die Schwierigkeiten bei der Abfall- und Abwasserbeseitigung nehmen für die Gesundheit der Bewohner bereits besorgniserregende Dimensionen an. 2005 verzeichnete Marrakesch die Rekordzahl von rund 1,3 Millionen Touristen, doch die marokkanischen Behörden wollen bis 2010 fast zehnmal so viele anlocken. Der Ferntourismus ist weltweit zum wichtigsten Industriezweig geworden: Er macht zwölf Prozent der weltweiten Einnahmen aus und beschäftigt mehr als 200 Millionen Menschen (das sind etwa acht Prozent aller Arbeitsplätze).

Lapacho-Baum am Berg Kaw, Französisch-Guayana

(4° 30' nördlicher Breite – 52° 00' westlicher Länge)

Vor seiner spektakulären Blüte hat dieser Baum im Regenwald Französisch-Guayanas alles Laub abgeworfen. Sein botanischer Name lautet *Tabebuia impetiginosa*, die Brasilianer nennen ihn *pau d'arco* (Bogenholz) oder *ipe roxo*, die Argentinier *lapacho*. Man findet die Art in tropischen Regenwäldern von Mexiko bis Argentinien. Das sehr harte Holz schwimmt nicht. In ganz Lateinamerika kennt man die Heilkräfte des Lapacho. In diesem Meer von Grün bezeugt der einzelne rosa blühende Baum, wie selten die Art ist. Im Gegensatz zu den Wäldern der gemäßigten Zonen, die verhältnismäßig wenig Baumarten wie etwa Fichten, Kiefern, Eichen und Buchen aufweisen, bestehen tropische Wälder aus Tausenden Pflanzenarten. In Französisch-Guayana wachsen rund 5500 verschiedene Spezies, darunter mehr als 1000 Baumarten. Auf nur einem Hektar Waldfläche findet man bis zu 300 verschiedene Baumarten – mehr als in ganz Europa zusammen. Angesichts dieser großen Artenvielfalt wird deutlich, dass man solche Wälder nicht wie andere wirtschaftlich nutzen kann. Ist es wirklich sinnvoll, für ein oder zwei finanziell lukrative Baumarten einen ganzen Wald zu vernichten?

Hochgebirgsgletscher im Wright Valley, Antarktis

(77° 50' südlicher Breite – 165° 10' östlicher Länge)

Die riesigen Fels- und Sandflächen der ausgedehnten Dry Valleys (Trockentäler), die zwei Prozent der Antarktis einnehmen, erinnern so sehr an den Mars, dass die NASA in den 1970er Jahren dort die *Voyager-1-* und *-2*-Expeditionen vorbereitete. Von den Bergen, die das Wright Valley flankieren, fließen die Zungen des Wright-Gletschers bis zu den schnee- und eisfreien Gebieten hinab, die geologisch und farblich verblüffende Kontraste zu den eisbedeckten Flächen aufweisen. Gleich neben dieser Felswüste gedeiht auf dem Packeis eine antarktische Tierwelt ohnegleichen: 19 Vogelarten, darunter fünf Pinguinarten, sowie sechs Robbenarten, darunter Krabbenfresser, Seeleopard, Weddelrobbe und Seeelefant, haben sich an diesen extremen Lebensraum angepasst, den sie nur mit Walen und etwa 200 Fischarten teilen. Als erstaunlichste Fische gelten die Antarktis- oder Eisfische, deren Blut kein Hämoglobin enthält, sodass sie praktisch durchsichtig sind. Ihr Körper produziert spezielle Proteine, die im eisigen Meerwasser als Frostschutzmittel dienen. Gemeinsam bilden diese Lebewesen ein vielfältiges, aber empfindliches Ökosystem, das sich nur dank seines isolierten Standorts bis heute halten konnte. In der Antarktis hängt das Leben ständig am seidenen Faden: Das geringste Ungleichgewicht kann bereits katastrophale Folgen haben.

Bohrinsel Al-Shaheen Ad, Katar

(25° 30’ nördlicher Breite – 51° 30’ östlicher Länge)

Die Halbinsel Katar ist eine flache, wenig einladende Wüste, verzeichnet aber dennoch eine der höchsten Zuwanderungsquoten weltweit. Zwar ist der Boden nicht allzu fruchtbar, doch dafür verbergen sich unter der Erdoberfläche ungeheuer reiche Erdöl- und Gasvorkommen. Das kleine Land mit gerade einmal einem Drittel der Fläche Belgiens steht international mit seinen Erdölvorräten an elfter Stelle der OPEC-Liste, im Hinblick auf Erdgas hinter Russland und dem Iran sogar an dritter Stelle. Dank seines Reichtums und der gesicherten Zukunft investiert Katar in klotzige Bauprojekte, wie Straßen, Universitäten, Krankenhäuser, Flughäfen, Sportanlagen und Hotels, sowie in die Weiterentwicklung seiner Ölindustrie. Das absolutistische Königshaus bemüht sich um eine schrittweise Demokratisierung des Staates. Allerdings stehen diese Annehmlichkeiten ausschließlich Staatsbürgern von Katar zur Verfügung, die jedoch nur 20 Prozent der Einwohner ausmachen. Die übrigen sind Fremdarbeiter, die noch immer keine Gewerkschaften und weder politische noch soziale Rechte besitzen – eine Ausnahme bilden lediglich die kostenlosen Grundschulen für die Kinder.

Ginsengfeld bei Cheorwon, Provinz Gangwon, Südkorea

(38° 14' nördlicher Breite – 127° 12' östlicher Länge)

Nur wenige Heilpflanzen sind so geschätzt wie Ginseng, dessen botanischer Name *Panax* so viel wie »Allheilmittel« (Panazee) bedeutet. Die ersten schriftlichen Berichte von den fabelhaften Eigenschaften der Ginsengwurzel stammen erst aus dem ersten Jahrhundert n. Chr., doch verwenden die Chinesen sie schon seit rund 3000 Jahren. Zwei Arten Ginseng bilden den Löwenanteil an Produktion und Vertrieb weltweit: der nordamerikanische Ginseng *(Panax quinquefolius)* und der asiatische Ginseng *(Panax ginseng).* Beide gedeihen im Unterholz und scheuen allzu viel Licht und Feuchtigkeit. Der amerikanische Ginseng wird in Wäldern kultiviert, der asiatische dagegen auf Feldern unter großen Sonnenschirmen aus Stoff oder Reisstroh, die fast 80 Prozent der Sonnenstrahlen fernhalten und damit die Lichtbedingungen im Unterholz nachahmen. Damit schafft man optimale Voraussetzungen für das Gedeihen der Pflanzen, die schon nach drei bis vier Jahren geerntet werden können. In Waldkultur gezogener Ginseng wird dagegen erst nach acht bis zehn Jahren erntereif. Neben China und Kanada zählt Korea zu den Hauptproduzenten von Ginseng.

Flussbett bei den Tsingy de Bemaraha, Madagaskar

(20° 00' südlicher Breite – 45° 15' östlicher Länge)

Nur Flüsse können ungehindert in das Gebiet der »Tsingy de Bemaraha« vordringen. Die riesige labyrinthische Karstlandschaft mit ihren Sandsteinnadeln inmitten tropischen Tockenwalds ist UNESCO-Weltnaturerbe. In diesem chronisch trockenen Landstrich sind die rund 3000 Flüsse und Bäche eine kostbare Ressource. Angesichts der wechselhaften, unvorhersagbaren Niederschlagsmengen – zwischen 3800 Millimeter pro Jahr im Norden und 380 Millimeter pro Jahr im äußersten Westen –, die auf Madagaskar niedergehen, und fehlender Gesetze zum Schutz der Wasserläufe vor chemischer und industrieller Verschmutzung ist Süßwasser ebenso begehrt wie bedroht. 95 Prozent der Abwässer des Landes fließen heute ungeklärt in die Natur. Nur 27 Prozent der Bevölkerung haben Zugang zu einem Trinkwassernetz. Damit nimmt Madagaskar weltweit einen der hintersten Ränge ein. Bei der internationalen Konferenz zum Thema Trinkwasser und Abwassersanierung im ländlichen Afrika einigten sich die beteiligten Staaten 2005 darauf, dass bis 2015 mindestens 80 Prozent der afrikanischen Bevölkerung an Trinkwasserversorgung und Abwassersanierung angeschlossen sein sollen.

Salzgewinnung am Ufer des Lac Rose (Lac Retba), Senegal

(14° 45' nördlicher Breite – 17° 25' westlicher Länge)

Vor 20 Jahren war der Lac Rose dank winterlicher Regenfälle wasser- und fischreich. Doch anhaltende Dürreperioden unterbrachen den Süßwasserzustrom und ließen den Wasserspiegel des Sees sinken. Aufgrund der enormen Verdunstung stieg der Salzgehalt so stark an, dass das Wasser nun mit 320 Gramm Salz pro Liter dem des Toten Meers ähnelt (zum Vergleich: 30 Gramm pro Liter im Atlantik). Der Fischfang wurde allmählich abgelöst durch die Verwertung des Salzes, von dem inzwischen rund 30 Tonnen pro Tag gewonnen werden. Mit Karitébutter schützen die Männer ihre Haut vor dem scharfen Salz, wenn sie auf ihren Einbäumen hinausfahren und mit Stangen die Salzkrusten am Seeboden losbrechen, um sie anschließend in die Boote zu schaufeln. Die Frauen schichten das Salz am Ufer zum Trocknen und Bleichen in der Sonne auf. Es dient zum Einsalzen von Fisch oder wird an die Nachbarländer vertrieben. Wie die anderen Länder der Sahelzone versteppt auch Senegal immer mehr. Immerhin ist die Trinkwasserversorgung dort dank der gezielten technischen Neuerungen der letzten Jahre eine der besten weit und breit: 78 Prozent der Bevölkerung haben Zugang zu dieser lebenswichtigen Ressource, was derzeit weltweit für über eine Milliarde Menschen noch immer nicht der Fall ist.

9. Februar

Bau eines Golfplatzes in Cap Cana im Südosten der Dominikanischen Republik

(18° 25' nördlicher Breite – 68° 25' westlicher Länge)

Der Süßwassersee inmitten frisch eingesäter Rasenflächen ist Teil eines neuen 18-Loch-Golfplatzes, der gerade in Cap Cana entsteht, einen Steinwurf von einem Nationalpark und einem Korallenriff entfernt. Für begüterte Touristen, die im karibischen Inselparadies Entspannung suchen, entsteht hier ein riesiger Hotelkomplex, der sich über Dutzende Kilometer feinsten Sandstrands erstrecken soll. Der Fremdenverkehr beschert dem Land 55 Prozent seiner Einkünfte und hat damit in den letzten Jahren die Einnahmen aus der traditionellen Produktion von Zuckerrohr, Bananen und Tabak überholt, die nur noch elf Prozent der Erträge ausmacht. Da die früher stark exportorientierte Dominikanische Republik inzwischen jedoch den größten Teil seiner Nahrungsmittel importieren muss, erwirtschaftet sie ein Minus von 3,5 Milliarden US-Dollar und vergrößert damit ihre Auslandsverschuldung. Während sich weniger als zehn Prozent der neun Millionen Einwohner 40 Prozent der Einkünfte des Landes teilen, lebt über ein Viertel unterhalb der Armutsgrenze.

10. Februar

Hyundai-Werft, Pusan, Südkorea

(35° 10' nördlicher Breite – 129° 05' östlicher Länge)

Pusan ist mit 4,2 Millionen Einwohnern die zweitgrößte Stadt und der wichtigste Seehafen Südkoreas. In der Stadt am Japanischen Meer im Südosten des Landes befindet sich eine der Werften des Reedereigiganten Hyundai Heavy Industries, der weltweit führend im Schiffsbau ist und noch vor Daewoo, Hanjin und Samsung den Markt dominiert. Diese drei Konzerne bauen zusammen ein Drittel aller Schiffe weltweit. Die florierende Industrie erlebt derzeit eine regelrechte Renaissance: Die Aufträge verdreifachten sich zwischen 2002 und 2005 und erreichten 2005 ein Volumen von 65,6 Millionen Tonnen, fast sechs Prozent mehr als im Vorjahr. Weltweit führend bei Containerschiffen, konzentrieren sich die koreanischen Schiffsbauer verstärkt auf die Entwicklung von Gastankern. Die mindestens bis 2008 vorgesehene Aufstockung der Produktion erklärt sich zum Teil durch den Kursanstieg bei Rohstoffen (Gas, Erdöl), der die Exploration neuer Vorkommen begünstigt. Diese Situation macht deutlich, welche geringe Bedeutung auf internationaler Ebene die Suche nach alternativen Energiequellen noch immer hat.

HYUNDAI
1500 t

Überschwemmung der Lippe bei Olfen, Kreis Recklinghausen, Nordrhein-Westfalen, Deutschland

(51° 40' nördlicher Breite – 7° 25' östlicher Länge)

Nordrhein-Westfalen ist eines der am dichtesten besiedelten Bundesländer und stellt mit 18 Millionen Einwohnern knapp ein Fünftel der Bevölkerung des wiedervereinigten Deutschland. Trotz der massiven Urbanisierung schlängelt sich die in den Rhein mündende Lippe großteils noch im natürlichen Lauf durch die Landschaft. Da sich keine Deiche dem winterlichen Hochwasser entgegenstellen, sind die Lippewiesen alljährlich überschwemmt. Das Ruhrgebiet besteht nach wie vor fast zur Hälfte aus Agrarflächen, 17 Prozent davon aus Wäldern, obwohl die Region mit ihren Kohlebergwerken und Stahlwerken eines der großen Zentren der Industriellen Revolution war. Seit den 1960er Jahren hat die Region ihr Gesicht nach harten Wirtschaftskrisen und drastischen Umstrukturierungen deutlich verändert. Mit inzwischen 5,3 Millionen Einwohnern bildet das Ruhrgebiet in Europa eines der größten Ballungsgebiete hinter London, Paris und Moskau. Die Industriebrachen sind inzwischen dekontaminiert und überwiegend in Gewerbeflächen für Dienstleistungsbetriebe und Technologieparks umgewandelt worden.

Foto © Hans Blossey

Konzertflügel in einem Blumenbeet, Nyon, Schweiz

(46° 23' nördlicher Breite – 6° 14' östlicher Länge)

Musik gehört untrennbar zu den Solidaritätskundgebungen, die weltweit anlässlich großer Ereignisse erfolgen, etwa beim Fall der Berliner Mauer 1989 oder nach dem verheerenden Tsunami von Weihnachten 2004. Im Jahr 2005 veranstalteten berühmte Rockstars im Kampf gegen die Armut in Afrika unter dem Namen »Live 8« eine Reihe von Konzerten, die simultan auf der ganzen Welt ausgestrahlt wurden. Von Johannesburg bis Edinburgh, von Tokio bis Paris, von London bis Philadelphia und Berlin konnten 5,5 Milliarden Fernsehzuschauer (also 85 Prozent der Weltbevölkerung) U2, Madonna, Pink Floyd, Björk, Coldplay und viele andere Stars live erleben. Diese Künstler, allen voran Bono (U2), stellten ihre Popularität in den Dienst ihres Engagements. Initiator war Bob Geldof, der schon 20 Jahre zuvor mit »Live Aid« ein Konzert organisierte, das Millionen Afrikaner vor dem Hungertod rettete. Angesichts der weltweit zunehmenden Kluft zwischen Arm und Reich ist internationale Solidarität heute nötiger denn je. Auf dem Weltgipfel in Rio de Janeiro 1992 versprachen die reichen Länder, 0,7 Prozent ihres Bruttosozialprodukts als Hilfe für arme Länder bereitzustellen. In Wahrheit sind es nicht einmal 0,3 Prozent.

Dorf im Nationalpark Niokolo-Koba, Senegal

(12° 59' nördlicher Breite – 13° 01' westlicher Länge)

Der 1954 gegründete Nationalpark Niokolo-Koba gehört seit 1981 als Biosphärenreservat zum UNESCO-Weltnaturerbe. Das fast eine Million Hektar große Gebiet umfasst zahlreiche Seen und Feuchtgebiete, die grandiose Savannenlandschaft bietet Lebensraum für 329 Vogelarten, 60 Fisch- und Reptilienarten sowie über 70 Säugetierarten. Rund 150 Löwen, 2500 Büffel, 2200 Flusspferde und 10 000 Warzenschweine teilen sich den Park unter anderem mit Schakalen, Hyänen und Krokodilen. Die größte Antilopenart, die heute vom Aussterben bedrohte Elenantilope, ist im Niokolo-Koba-Park zahlenmäßig noch einigermaßen gut vertreten, während Leoparden, Afrikanische Wildhunde und Schimpansen durch Wilderei selten geworden sind. Seit 1990 bildet der Niokolo-Koba-Nationalpark zusammen mit dem Badiar-Gebiet in Guinea das grenzübergreifende Biosphärenreservat Niokolo-Badiar. Das riesige Schutzgebiet entspricht eher den Lebensräumen der Arten und erleichtert die Abstimmung der Bemühungen beider Länder um deren Erhaltung. Heute sind weltweit ein Viertel aller Säugetierarten, ein Achtel der Vogelarten, ein Drittel der Fischarten und zwei Fünftel der Amphibienarten vom Aussterben bedroht.

Sumpf am Rio de la Plata, Provinz Buenos Aires, Argentinien

(35° 56' südlicher Breite – 57° 47' westlicher Länge)

Die natürliche Grenze zwischen Argentinien und Uruguay bildet der Fluss Rio de la Plata. Sein Mündungsgebiet am Atlantik ist die größte Flussmündung der Erde. 1832 erreichte Charles Darwin den La Plata und berichtete, sein Forschungsschiff *HMS Beagle* sei inmitten eines phosphoreszierenden Meers von zahllosen Seehunden und Pinguinen umschwärmt worden. Heute sieht diese Region ganz anders aus, weil Menschen kontinuierlich zur Verschmutzung, Erosion und Versandung der Flussmündung beigetragen haben. Die Fischer sind über den ständigen Rückgang der Fischbestände besorgt. Die Ufer des empfindlichen Lebensraums bevölkern rund 15 Millionen Menschen, allein 1,5 Millionen davon leben in der uruguayischen Hauptstadt Montevideo und 13 Millionen in Buenos Aires. Im Rahmen eines von uruguayischen und internationalen Wissenschaftlern ins Leben gerufenen Schutzprojekts bemüht man sich seit 1989 um die Rettung der La-Plata-Mündung. Experten erarbeiteten Vorschläge für den nachhaltigen Umgang mit diesem grenzübergreifenden Gebiet. 2001 erfolgte ein weiterer wichtiger Schritt in diese Richtung, als die Regierung Uruguays die Gründung einer Sonderkommission initiierte, die sich des küstennahen Flusslaufs des Rio de la Plata annimmt.

Festung Meherangarh, Jodhpur, Rajasthan, Indien

(26° 55’ nördlicher Breite – 75° 48’ östlicher Länge)

Hoch oben über einem Steilhang ragt die Festung Meherangarh auf. Ihr gelber Sandstein schimmert golden im Sonnenlicht, als sei sie eins mit dem Fels. Sie ist eine der zahlreichen Zitadellen Rajasthans, die von den Fürsten des Rajputen-Clans im Mittelalter als Bollwerke gegen muslimische Invasionen errichtet wurden. Die massigen Außenmauern weisen Einschüsse unzähliger Kanonenkugeln auf. Die Festung überragt heute die Altstadt von Jodhpur, das dem mächtigen Königreich Marwar unter dem Kriegerclan Rathor als Hauptstadt diente. Am Vorabend der Kolonialisierung durch Großbritannien im 19. Jahrhundert dominierte in Indien ein Mosaik aus über 500 Kleinreichen unter der Herrschaft von Fürsten *(Nawabs* oder *Rajas).* Diese Strukturen bestanden bis zur Unabhängigkeit Indiens 1947 und der Gründung des modernen demokratischen Staats, der sich angesichts seiner unzähligen regionalen Bevölkerungsgruppen für den Föderalismus entschied. Heute umfasst Indien 28 Bundesstaaten und sieben Unionsterritorien, jeweils mit eigener Sprache und Kultur.

Beginn der Namibwüste westlich vom Gamsberg, nahe Windhoek, Namibia

(22° 35' südlicher Breite – 17° 02' östlicher Länge)

Die Straße zwischen der namibischen Hauptstadt Windhoek und dem Küstenbadeort Walvis Bay führt am Gamsberg (2334 Meter) vorbei, einem gigantischen Tafelberg, von dessen Fuß sich die Wüste Namib bis zum Atlantik erstreckt. Die vor 100 Millionen Jahren entstandene Wüste gilt als älteste der Erde. Sie besteht vorwiegend aus Geröllwüsten, aber auch aus 34 000 Quadratkilometer Sandflächen mit Dünen, die mit einer Höhe von bis zu 300 Metern zu den höchsten der Welt zählen. Nur in der Namib wächst eine der geheimnisvollsten Vertreterinnen des Pflanzenreichs, die *Welwitschia mirabilis*, die offenbar bis zu 1500 Jahre alt werden kann! Ein Viertel der Namib nehmen zwei Nationalparks mit insgesamt 66 400 Quadratkilometer Fläche ein: der Namib-Naukluft-Park, von dem ein Teil bereits seit 1907 besteht, und die »Skelettküste«, die 1971 zur Schutzzone ausgerufen wurde. Beide tragen zur Erhaltung des Gleichgewichts in diesem extrem trockenen Ökosystem bei. Der streng kontrollierte Fremdenverkehr ist naturnah und soll möglichst wenig eingreifen.

Neubaugebiet am Stadtrand von Nikosia, Zypern

(35° 10' nördlicher Breite – 33° 20' östlicher Länge)

Wie in allzu vielen rasch wachsenden Ballungsgebieten gibt man auch in der zypriotischen Hauptstadt Nikosia dem Autoverkehr den Vorrang und lässt dafür energiesparende, umweltfreundlichere Transportmittel wie das Fahrrad außer Acht. Die 206 000 Einwohner zählende Stadt musste bereits den Massenzustrom griechischer Flüchtlinge verkraften, die nach der Annexion 1974 durch die Türkei aus dem besetzten Norden vertrieben wurden. Heute dehnt sie sich immer mehr in die Nachbargemeinden aus, wie beispielsweise hier das stadtrandnahe Wohnviertel Engomi. Der Bau eines Straßennetzes ist von vornherein eine Selbstverständlichkeit, ohne dass eine Einbeziehung alternativer Transportmittel überhaupt in den Blick rückt. Dabei wird der zukünftige Charakter der Stadtviertel größtenteils von der Straßenführung und ihrer Eignung für Autoverkehr, Radfahrer und Fußgänger bestimmt. Die Weltgesundheitsorganisation schätzt, dass in europäischen Großstädten fast 80 000 Todesfälle jährlich auf das Konto der Luftverschmutzung durch den Kraftverkehr gehen.

Dorf inmitten von Reisfeldern nahe Antananarivo, Madagaskar

(18° 57' südlicher Breite – 47° 31' östlicher Länge)

In der Umgebung der madagassischen Hauptstadt Antananarivo leben die Merina, eine ursprünglich indonesische Volksgruppe, vom Reisanbau. Die Reisfelder in den Ebenen rings um die Dörfer werden nach traditionellen Methoden bestellt. Um den Bedarf zu decken, hat sich die Reiskultur immer weiter ausgedehnt, sodass die Felder heute zwei Drittel der Ackerflächen des Landes ausmachen. Auf Madagaskar praktiziert man zwei Anbaumethoden: den Nassreisanbau auf überschwemmten Terrassen entlang den Flussufern der Täler sowie die Trockenkultur an brandgerodeten Steilhängen. Beim Reisverzehr pro Einwohner (rund 129 Kilogramm jährlich) steht Madagaskar weltweit hinter Myanmar an zweiter Stelle (210 Kilogramm), doch ist seine Produktion begrenzt: Die Insel rangiert mit rund 2,8 Millionen Tonnen im Schnitt weltweit auf Platz 20. Seit Langem importiert es deshalb Reis mittlerer Qualität, exportiert jedoch Reis der Luxusklasse. Neben Weizen und Mais gehört Reis zu den meistverzehrten Getreidesorten der Welt.

Traditioneller Fischfang zwischen Abidjan und Grand-Bassam, Côte d'Ivoire

(5° 13' nördlicher Breite – 3° 53' westlicher Länge)

Fischfang nach altem Vorbild wird noch an der 550 Kilometer langen Küste der Côte d'Ivoire praktiziert. Beschäftigt sind allerdings überwiegend Ausländer (vorwiegend Ghanaer), die rund 90 Prozent der ungefähr 10 000 Küstenfischer stellen. Von Abidjan aus fahren sie mit großen Einbäumen aus und fischen nachts mit einwandigen Treibnetzen. Dieses Verfahren ermöglicht den Fang großer Fischarten wie Hochseehaie, Marline, Fächer- oder Schwertfische und macht den größten Teil des Fischfangs der Côte d'Ivoire aus. Allerdings verfangen sich in den großmaschigen Netzen nicht nur die für die Ernährung der Bevölkerung wichtigen Fische, sondern auch unzählige Meeressäuger, Vögel und Reptilien.

Shell-Lager mit Ölfässern, Singapur

(1° 22' nördlicher Breite – 103° 48' östlicher Länge)

An der Straße von Malakka zwischen Malaysia und Indonesien gelegen, war Singapur jahrhundertelang die Heimat von Fischern und Piraten. Heute bildet die mit 690 Quadratkilometern winzige Republik einen strategischen Knotenpunkt des Seehandels: Ein Viertel des Welthandels und praktisch sämtliche Ölimporte Chinas und Japans werden dort umgeschlagen. Mit 390 Millionen Tonnen abgefertigten Waren steht der Hafen von Singapur inzwischen im Welthandel an erster Stelle noch vor Rotterdam. Möglich machte dies eine ehrgeizige Strategie, die die zuständigen Behörden seit der Unabhängigkeit der Insel 1965 verfolgen. Die Entwicklung basiert auf Zwischenlagern und Export sowie auf Veredelungsverfahren mit hohem Wertzuwachs wie der Raffinerie. Die Insel wirkt zweifellos dynamisch: Singapur ist heute weltweit – noch vor den USA – führend in Sachen Informationstechnologie. Die Entscheidung für diese Sparte fiel nicht zufällig: Der IT-Sektor bildet mittlerweile den Schlüssel zur Beherrschung des Welthandels, so wie in den letzten Jahrzehnten das Erdöl. Das »schwarze Gold« dagegen wird in immer geringeren Mengen gefördert.

11
12
13
14
15
16

Banda Aceh nach dem Tsunami vom 26. Dezember 2004, Sumatra, Indonesien

(5° 32’ nördlicher Breite – 95° 19’ östlicher Länge)

Die Flutwelle, die Ende Dezember 2004 die Küsten Südostasiens heimsuchte, war eine der verheerendsten, die diese Region je erlebte. Doch sie hatte einen tragischen Vorläufer. 1883 verursachte der Ausbruch des indonesischen Vulkans Krakatau bis zu 40 Meter hohe Flutwellen, die eine Insel vollständig verschlangen und die umliegenden Küsten verwüsteten. Die Stoßwelle der Explosion war selbst in Europa zu spüren. Da Flutwellen in dieser seismisch hochaktiven Region eine ernst zu nehmende Gefahr sind, soll 27 Anrainerstaaten des Indischen Ozeans noch vor 2007 ein mit internationalen Spenden finanziertes Frühwarnsystem zur Verfügung stehen. Im Pazifik gibt es bereits seit 1949 ein solches System, das vom »Pacific Tsunami Warning Center« in Hawaii gesteuert wird, Tokio verfügt über ein eigenes. Der nordöstliche Atlantikraum und das Mittelmeer mit den angrenzenden Meeren sollen ebenfalls in Kürze mit einem derartigen System ausgestattet werden.

Felder nahe Halba, Akkar, Libanon

(34° 33' nördlicher Breite – 36° 01' östlicher Länge)

Die meisten Felder in der Küstenebene bei Akkar im Nord-Libanon sind künstlich bewässert und dienen dem intensiven Gemüseanbau. Salat, Tomaten, Kartoffeln, Buschbohnen und Auberginen gedeihen im milden küstennahen Mittelmeerklima. Die Äcker machen 85 Prozent der Flächen aus, der Rest ist Zitrusfrüchten vorbehalten. Allerdings spiegelt die blühende Landwirtschaft der Region Akkar nicht die libanesische Agrarsituation im Gesamten wider. Dass sich ein Viertel des Landes (rund 260 000 Hektar) überhaupt für den Ackerbau eignet, ist für ein arabisches Land die Ausnahme. Doch hat sich die Landwirtschaft noch immer nicht von den Folgen des Bürgerkriegs und der anschließenden Wirtschaftskrise erholt. Es wird von den staatlichen Behörden seit Langem vernachlässigt. Die meisten Höfe sind vergleichsweise klein (im Schnitt vier Hektar), und die Bauern machen nur 3,7 Prozent der erwerbstätigen Bevölkerung des Libanon aus. Alle 4,3 Millionen Einwohner des Landes können sie jedenfalls nicht ernähren.

Ushuaia, Feuerland, Argentinien

(54° 47' südlicher Breite – 68° 18' westlicher Länge)

Im äußersten Süden des amerikanischen Kontinents liegt die Inselgruppe Feuerland. Seinen Namen verdankt *Tierra del Fuego* dem portugiesischen Seefahrer Magellan, der 1520 bei der Fahrt entlang der Küste die Lagerfeuer der dort lebenden Ureinwohner erspähte. Die Hauptstadt Feuerlands ist das 1884 gegründete Ushuaia, das heute 50000 Einwohner zählt. Im Winter fallen die Temperaturen in der südlichsten Stadt der Erde auf unter –20 °C ab. Die schwindelerregenden Eisklippen der Patagonischen Anden sind bereits ein Vorgeschmack auf die einsamen Weiten der Antarktis. Neben Wirtschaftszweigen wie Schiffsbau, Forstwirtschaft und Fischfang weist Ushuaia vor allem auch ein wichtiges touristisches Zentrum auf. Der Nationalpark Feuerland ist ein Schutzgebiet mit Steppen, Seen, Wäldern und Torfmooren, in denen unter anderem Biberratten und Biber sowie zahllose Vogelarten leben. Als einziger Nationalpark Argentiniens verfügt er über eine Küste, an der Meeressäuger wie Wale, Robben und Delfine beobachtet werden können. Diese geschützte Wildnis wählten die Argentinier aus, um dort die »Zeitkapsel« zu errichten: Das kleine Denkmal wurde 1992 versiegelt und darf vor dem Jahr 2492 nicht geöffnet werden. Es enthält Videofilme, CDs und Botschaften, die zukünftigen Generationen einst ein Bild von den Denkweisen unserer Epoche vermitteln sollen.

Diamantmine in Tortiya, Katiola, Côte d'Ivoire

(8° 08' nördlicher Breite – 5° 06' westlicher Länge)

Die Geschichte von Katiola im Herzen der Côte d'Ivoire begann 1947, als ein Mitarbeiter der Bergwerksgesellschaft Saremci bei der Erkundung des Gebiets ein Diamantenvorkommen entdeckte. Er nannte den Ort »Tortiya«, als Hommage an John Steinbecks *Tortilla Flat*, das er gerade las. Rings um die Diamantmine schoss eine Siedlung aus dem Boden. Die handwerkliche Verarbeitung wurde bald durch moderne Industrieanlagen mit eigenem Kraftwerk und einer Fabrik verdrängt, die jährlich 150 000 bis 200 000 Karat verarbeitete. Als Saremci 1974 in Konkurs ging und die Förderung einstellte, begann die Zeit der kleinen Schürfer, die von überall her zusammenströmten, um ihr Glück zu versuchen. Noch heute schrecken sie selbst vor schlimmsten Arbeitsbedingungen nicht zurück: Mit Schaufeln graben sie tiefe Schächte und kriechen durch einsturzgefährdete Stollen, das Ganze in einem mörderischen Klima. Im Gegensatz zur Côte d'Ivoire, wo die Diamantenförderung nie wirklich lukrativ war, sind Sierra Leone und Angola die bedeutendsten Diamantregionen Afrikas. Allerdings schürt dieser Reichtum eher Konflikte, als die wirtschaftliche Entwicklung zu fördern.

Der »verpackte« Gurschen-Gletscher, Andermatt, Schweizer Alpen

(46° 37' nördlicher Breite – 8° 35' östlicher Länge)

Eine 2500 Quadratmeter große Fläche des Gurschen-Gletschers oberhalb von Andermatt wurde im Frühjahr 2005 auf Initiative der dort ansässigen Seilbahnbetreiber mit riesigen Vliesfolien eingepackt, in der Hoffnung, ein weiteres Abschmelzen zu verhüten und die Skipisten zu erhalten. Der Rückgang der Gletscher überall auf der Welt ist ein drastisches Anzeichen für die Erderwärmung. In den letzten 150 Jahren schrumpften die Gletscher im Schnitt um die Hälfte ihrer Ausdehnung. Den Bergdörfern im Süden wie im Norden bereitet das große Sorgen, denn wirtschaftlich gesehen, macht der Skitourismus 15 bis 20 Prozent des Fremdenverkehrs weltweit aus. Inzwischen gelten jedoch schneesichere Winter immer mehr als Ausnahme. Das dringlichste Problem ist derzeit allerdings die Trinkwasserversorgung der Täler im 21. Jahrhundert: Die Gletscher spielen eine wesentliche Rolle als Wasserspeicher, indem sie während der niederschlagsreichen Zeiten Wasser in Form von Eis »lagern« und es in der warmen, trockenen Jahreszeit durch die Schmelze wieder freigeben. UNO-Schätzungen zufolge ist die Hälfte der Weltbevölkerung auf die Wasserversorgung durch Gletscher angewiesen.

Taubenschläge in Mit Ghamr (Nildelta), Ägypten

(30° 42' nördlicher Breite – 31° 16' östlicher Länge)

Die an Wachtürme erinnernden Taubenhäuser sind den steilen Felswänden nachempfunden, die den Felsentauben vor ihrer Domestizierung vor 5000 Jahren als Lebensraum dienten. Die Vögel wurden zunächst zur Erweiterung des Speisezettels gehalten, nach und nach jedoch auch als Boten eingesetzt. Denn als sich zeigte, dass sie immer wieder zu ihrem Heimatschlag zurückkehren, machten sich Ägypter, aber auch Griechen, Römer, Perser und Chinesen diese Fähigkeit zunutze. Noch im Zweiten Weltkrieg setzten britische Flieger 16 500 Tauben über Frankreich ab, um Nachrichten zu versenden. Ähnlich wie ein Kompass hilft das im Gewebe der Tauben enthaltene Magnetit den Vögeln beim Wiederfinden ihres Schlags. Nach ihrer Ablösung durch Telegrafen, Telefon und Funk ist die große Zeit der Brieftauben längst vorüber. In Ägypten allerdings ist die Taubenzucht noch immer als Liebhaberei weit verbreitet. Hoch geschätzt sind Tauben dort auch als Delikatesse, zumal gefüllte Taube als eine Art Nationalgericht gilt.

Fischkutter vor der Île de Sein, Finistère, Frankreich

(48° 02' nördlicher Breite – 4° 50' westlicher Länge)

»Qui voit Sein ... voit sa fin« (etwa: Wer Sein sieht, blickt dem Tod ins Auge) heißt es unter Fischern nicht von ungefähr, denn bei ihrem gefahrvollen Slalom zwischen den Klippen im Raz de Sein riskieren sie Leib und Leben. Der Meeresarm zwischen der Pointe du Raz und der Île de Sein im Departement Finistère ist durch starke Strömungen geprägt und häufig Schauplatz von Schiffsunglücken. Diese haben schon viele Fischer das Leben gekostet, etwa wenn sie von den Brechern über Bord gespült wurden. Auch Zusammenstöße mit Frachtschiffen, die diesen Küstenbereich stark frequentieren, enden für die Fischkutter meist fatal. Die Alten erzählen zudem, durch den Raz de Sein gelange man in »die andere Welt«, nach Avalon, der Insel der ewigen Jugend. Für die anstrengende, äußerst gefahrvolle Arbeit eines Fischers findet sich heute in Frankreich kaum noch Nachwuchs. Um 1900 gab es noch 100 000 Hochseefischer, 1960 waren es nur noch 50 000, und heute verzeichnet die Seefahrtbehörde nicht einmal mehr 28 000 Arbeiter in Hochseefischerei sowie Austern- und Muschelkultur. Innerhalb von zwölf Jahren ging die Zahl um ein Viertel zurück.

KEREON

Feld bei Larissa, Thessalien, Griechenland

(39° 39' nördlicher Breite – 22° 25' östlicher Länge)

Die einsame Windmühle in der thessalischen Ebene ist vermutlich ein Überbleibsel traditioneller bäuerlicher Verfahren, die bis in die 1960er Jahre hier noch lebendig waren. Seit dem Beitritt zur Europäischen Gemeinschaft (heute Europäische Union) 1981 nimmt Griechenland Entwicklungshilfe für die Modernisierung seiner Landwirtschaft in Anspruch. In Thessalien, der fruchtbarsten Region ganz Griechenlands, hat sich die Landschaft im Gefolge von Traktoren, Mähdreschern und des systematischen Einsatzes von Düngemitteln und Pestiziden drastisch verändert. Mit intensivem Ackerbau produziert man heute Olivenöl, Tabak und Baumwolle, in erster Linie für den Export. Im Zentrum der Ebene liegt Larissa, ein Umschlagplatz ersten Ranges für Agrarprodukte, vor allem Nahrungsmittel. Thessalien ist einer der »Kornspeicher« Griechenlands, obwohl die landwirtschaftlich nutzbaren Flächen nur 20 Prozent der ansonsten trockenen, bergigen Region ausmachen. Allerdings ist der intensive Ackerbau heute immer heftiger umstritten. In Griechenland wird derzeit nur auf 6,2 Prozent der Nutzflächen biologisch-dynamischer Anbau praktiziert (gegenüber 12,9 Prozent in Österreich, das in Europa bei Bioprodukten führend ist), doch steigt dieser Prozentsatz von Jahr zu Jahr stetig an.

Urwälder in Gefahr

Sind die letzten Urwälder unseres Planeten dem Untergang geweiht? Schon heute sind fast 80 Prozent der einst vorhandenen so genannten Primärwälder verschwunden. Im Wesentlichen geschah dies innerhalb der letzten 30 Jahre. Und dies betrifft sämtliche Waldgebiete auf unserer Erde: den gewaltigen, geheimnisvollen tropischen Regenwald im Amazonasgebiet von Südamerika, den herrlichen Nebelwald mit seinen Waldelefanten und Primaten im afrikanischen Kongobecken, die Urwälder im Südosten Indonesiens und die Waldgebiete im entlegenen Papua-Neuguinea, den gemäßigten Regenwald mit seinen Mammutbäumen in der kanadischen Provinz British Columbia und nicht minder den riesigen borealen Wald, den am nördlichsten gelegenen Waldtyp der Erde, der in den weiten Gebieten der Taiga Russlands gedeiht.

Primärwälder sind Wälder, deren Wachstum von Menschen nicht beeinflusst wurde. Sie brauchten Jahrmillionen, um heranzuwachsen, und bieten 80 Prozent der Landtierarten der Erde einen Lebensraum. Wenn heute und in der Zukunft nichts geschieht und die Menschen diese Wälder immer weiter hemmungslos ausbeuten, werden sie bald unwiederbringlich vernichtet sein. Mit den Waldflächen werden aber auch unsere engsten Verwandten im Tierreich verschwinden, die Orang-Utans, Gorillas, Schimpansen und Bonobos – und mit ihnen Hunderttausende weiterer Tier- und Pflanzenarten einschließlich vieler, die heute noch nicht einmal entdeckt sind.

Vom Sterben der Wälder wären unmittelbar auch Millionen von Menschen betroffen, deren Lebensunterhalt von diesen Wäldern abhängt und deren Kulturen bedroht sind. Verschwinden die Wälder, erodieren die Böden sehr rasch. Die Wasserspeicher werden nicht ohne Weiteres wieder aufgefüllt, das wiederum zwingt die Bevölkerung dieser Gebiete zur Abwanderung. Im Laufe der Geschichte haben nur wenige Kulturen eine massive Entwaldung ihres Lebensraums überlebt. Das Sterben der Urwälder wäre ein irreparabler Verlust für die Biodiversität und die davon abhängigen Völker.

Wegen ihrer wichtigen Rolle als Kohlenstoffspeicher und der Regulierung der Niederschläge hätte der Tod der Wälder aber zugleich auch massive Auswirkungen auf das Weltklima. Außerdem sind diese Wälder auch eine einzigartige Fundgrube an kostbaren, weitgehend noch unentdeckten Schätzen, allen voran für die medizinische Forschung.

Aber bietet Holz nicht auch Wohlstand und Entwicklungschancen, besonders für arme Länder? Genau da liegt das Problem. Tropische Urwälder werden in der Regel von europäischen oder asiatischen Unternehmen abgeholzt, die an ihren Profiten allenfalls korrupte Regierungsvertreter teilhaben lassen, nicht jedoch die ortsansässige Bevölkerung. Was diese Unternehmen praktizieren, ist eine zerstörerische und oft völlig illegale Ausbeutung des Waldes. Angesichts des weltweit ständig steigenden Bedarfs an Papier ist die Papierindustrie der Hauptgrund für die Vernichtung der borealen Wälder in Kanada, Nordskandinavien, Russland und Südostasien.

Zudem führt die Ausbreitung der intensiven Landwirtschaft in steigendem Maße zur Zerstörung der Waldgebiete. Das ist zum Beispiel in Brasilien der Fall: Der Anbau von Sojabohnen, die als Viehfutter nach Europa und in die USA gehen, bedingt dort eine Abholzung des Amazonas-Regenwalds in nie da gewesenem Umfang. Zufällige und zur Rodung oder Holzkohlenproduktion absichtlich gelegte Waldbrände, wachsende Bevölkerungszahlen und die Überweidung der Gebiete verschärfen die ohnehin oft schon kritische Situation. Was also tun? Ist es nicht bereits zu spät? Reicht es nicht, einfach neue Wälder anzupflanzen?

Die Wiederaufforstung, vor allem in Form von Monokulturen handelsüblicher Gehölze wie Eukalyptus, ist keine Lösung. Ein Wald ist nicht einfach nur ein Stück Land mit Bäumen darauf, sondern ein komplexes Ökosystem, das bei aller eindrucksvollen Üppigkeit stets extrem verwundbar ist. Die Abhängigkeiten und Vernetzungen in diesem System sind so enorm, dass manchmal schon das Verschwinden oder der deutliche Rückgang einer Art eine tödliche Kettenreaktion auslöst, der letztlich ein ganzer Wald zum Opfer fällt.

Kann der in Gang befindliche Prozess überhaupt noch gestoppt werden? Ja, unter der Voraussetzung, dass die vorhandene Bewirtschaftung nachhaltig erfolgt, keine neuen Abholzungskonzessionen vergeben werden und hinreichend große Teile von Urwäldern unter Schutz gestellt werden, damit sie überleben können.

Wichtig ist aber auch die Sensibilisierung der Konsumenten in den Industrienationen. Gerade in weiten Teilen Europas und in Nordamerika könnte das Problem gelöst werden, denn diese Länder sind die Hauptabnehmer für einen Großteil der auf der Südhalbkugel geschlagenen tropischen Hölzer. Daher muss die Nutzung lokaler Hölzer für das Bauwesen ebenso gefördert werden wie die Verwendung von Recyclingprodukten für den gesamten Papier- und Kartonbedarf.

Sollte man tropische Hölzer völlig boykottieren? Damit könnte man unter Umständen genau das Gegenteil erreichen, denn dann würden die Machthaber der Länder, die noch über Urwälder verfügen, womöglich auf die Idee kommen, die Wälder zugunsten gewinnbringenderer Einnahmequellen abzuholzen.

Sinnvoller ist die Einführung nachhaltiger Methoden in Verbindung mit der Bekämpfung von illegaler Abholzung und Armut, indem mit der nachhaltigen Bewirtschaftung der Wälder auch Arbeitsplätze geschaffen werden für die lokale Bevölkerung. Absichern lässt sich eine solche Vorgehensweise durch die Einführung vertrauenswürdiger unabhängiger Zertifizierungen.

Der Verbraucher sollte beim Kauf von Holz, Möbeln – vor allem Gartenmöbeln – und von Papier die Möglichkeit haben, auf Produkte mit einem Ökosiegel zurückzugreifen, die nicht aus dem Amazonas-Regenwald oder anderen bedrohten Waldgebieten stammen. Schon jetzt gibt es diverse Gütesiegel, doch muss hier zwischen seriösen Kennzeichnungen und reinen Marketinginstrumenten unterschieden werden.

Für Tropenhölzer und Papierprodukte existiert bislang nur ein glaubwürdiges und von den internationalen nicht staatlichen Umweltschutzorganisationen anerkanntes Siegel: die internationale, unabhängige Zertifizierung durch das FSC (Forest Stewardship Council). Das ebenfalls im Handel anzutreffende PEFC-Siegel (Pan-European Forest Certification) wird von den Holzproduzenten selbst ohne Überprüfung der Forstbetriebe vergeben und garantiert deshalb – zumindest bei tropischen Hölzern – keine nachhaltige Nutzung. Für einheimische europäische Holzarten ist diese Zertifizierung in Ordnung, doch sollte der Verbraucher die Herkunft der Hölzer – wenn möglich – überprüfen. Es ist Aufgabe jedes Einzelnen, im Alltag die richtige Wahl zu treffen und als Bürger auf die Politik Druck auszuüben, damit internationale Forstwirtschaftsabkommen ausgehandelt, abgeschlossen und auch eingehalten werden.

François Chartier

Arbeitsgruppe Wald, Greenpeace

Sonnenschirme am Strand bei Agia Napa, Region Famagusta, Zypern

(34° 59' nördlicher Breite – 33° 54' östlicher Länge)

Der Inselstaat Zypern ist das östlichste Land der Europäischen Union. Seine außergewöhnliche geografische Lage am Schnittpunkt der mediterranen Hochkulturen und dreier Kontinente hat das kleine Land nachhaltig geprägt, nicht zuletzt wegen der immerhin 17 Invasionen, die es in seiner 9000 Jahre dauernden Geschichte hinnehmen musste. Bis heute sind die Narben der osmanisch-byzantinischen Invasion des 16. Jahrhunderts auf Zypern sichtbar. Im türkischsprachigen Norden der Insel leben Nachfahren der osmanischen Besatzer von einst. Unter dem Vorwand, ihre Interessen seien in der Regierung nicht hinreichend vertreten, spaltete sich dieser Teil der Insel im Jahre 1974 ab. Heute ist Zypern deutlicher denn je ein geteiltes Land mit einem isolierten, verarmten türkischsprachigen Norden und einem wohlhabenden griechischsprachigen Süden, der seit 2004 vollwertiges Mitglied der EU ist. Die zypriotische Hauptstadt Nikosia besitzt ein trauriges Renommee als einzige geteilte Hauptstadt Europas. Da das »Image« des Landes im Ausland sehr unter dieser Situation leidet, lockt Zypern trotz all seiner Vorzüge bisher nicht mehr als 2,5 Millionen Touristen pro Jahr an.

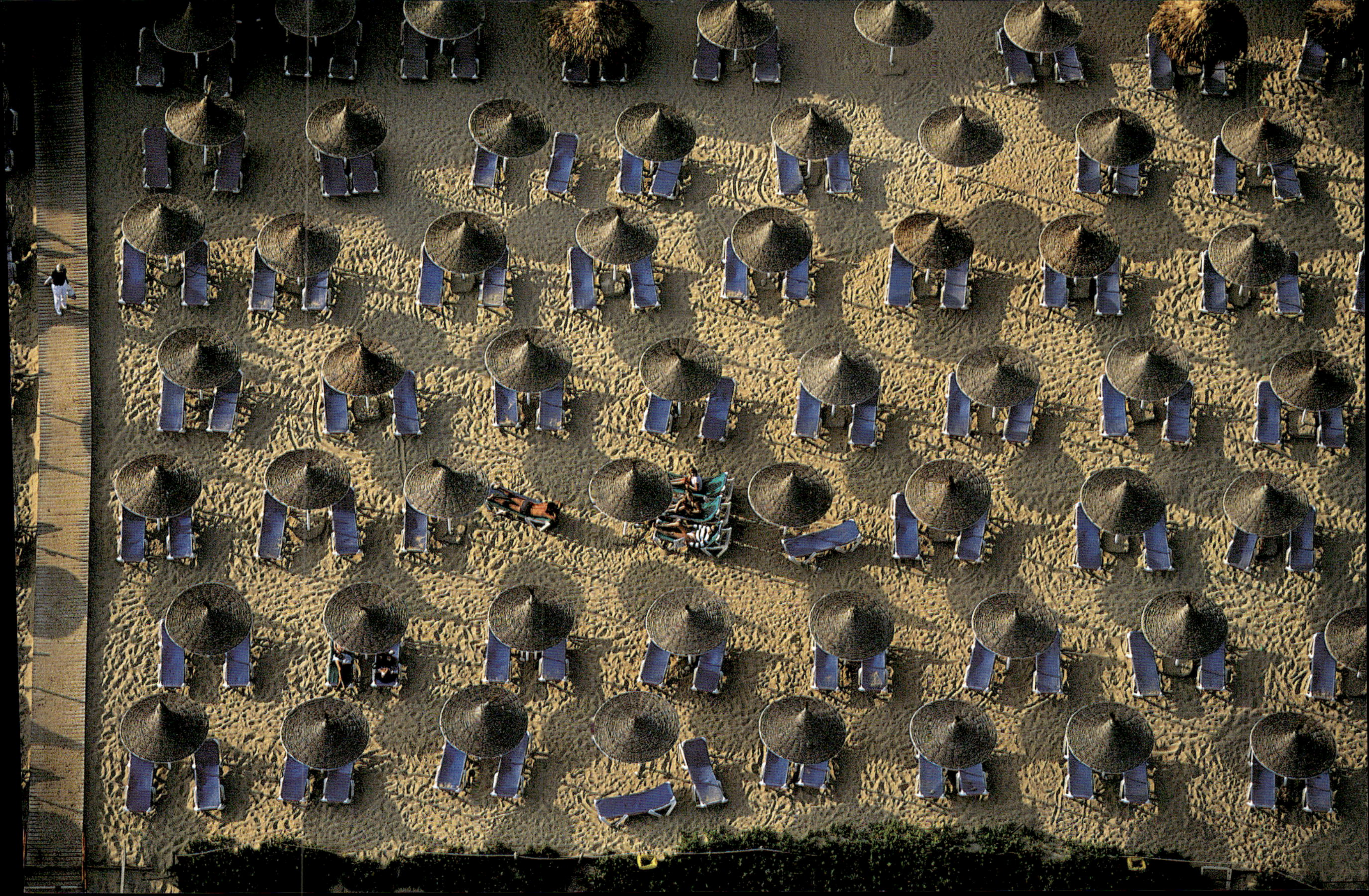

Gastanker im Hafen Ras Laffan, Al-Khor, Katar

(25° 41' nördlicher Breite – 51° 30' östlicher Länge)

Auf halber Strecke zwischen den europäischen und asiatischen Märkten mitten im Golf von Arabien liegt die Hafenstadt Ras Laffan, von der aus vor allem Flüssigerdgas (LNG = Liquified Natural Gas) in alle Welt exportiert wird. Nach Russland und dem Iran besitzt Katar die drittgrößten Erdgasvorkommen der Welt. Da die wichtigsten Lagerstätten im »North Field« weit von den Hauptverbrauchern entfernt liegen, sind Gastanker die preiswertesten Transportmittel über große Entfernungen. Durch chemische Umwandlung von Gas in flüssige GTL-Produkte (Gas-to-Liquids) lassen sich »saubere« GTL-Dieseltreibstoffe herstellen. Eine riesige GTL-Anlage – die größte weltweit – soll demnächst in Katar entstehen, die pro Tag 33000 Barrel produzieren und in Ras Laffan rund 1000 Arbeitsplätze schaffen soll. Angesichts des erwarteten Wachstums bemüht man sich in Katar um Ausgleichsmaßnahmen wie die Wiederaufforstung der Mangrovenwälder mit der Grauen Mangrove *(Avicennia marina)* und um die Sanierung der Strände, an denen Suppenschildkröten *(Chelonia mydas)* und Echte Karettschildkröten *(Eretmochelys imbricata)* ihre Eier ablegen. In den Küstengewässern wurden so genannte Reef Balls angebracht (künstliche Korallenriffe), damit sich die natürlichen Riffe schneller erholen.

»Barrage vert« in Hassi Bahbah, Algerien

(35° 04’ nördlicher Breite – 3° 01’ östlicher Länge)

85 Prozent des algerischen Staatsgebiets – zwei Millionen Quadratkilometer südlich des Saharaatlas – bestehen aus Wüste. Die drei Prozent, die sich als Anbauflächen eignen, liegen dicht gedrängt in den Ebenen an der Nordküste. Um sie vor der vorrückenden Wüste zu schützen, wurde in den 1970er Jahren unter der Bezeichnung »Barrage vert« (grüner Damm) ein spektakuläres Projekt in Gang gesetzt: Ein vier bis 25 Kilometer breiter, 1200 Kilometer langer Waldgürtel sollte von der Grenze zu Tunesien bis zur marokkanischen Grenze angepflanzt werden. Von den geplanten drei Millionen Hektar wurden seinerzeit nur 160 000 verwirklicht. In Hassi Bahbah, 54 Kilometer nördlich von Djelfa, scheint der Grüngürtel sich zu behaupten, doch weite Teile davon sind bereits jetzt ausgetrocknet, durch illegalen Holzschlag dezimiert oder von den Raupen des Prozessionsfalters kahl gefressen, zumal sich die verantwortlichen Militärs seinerzeit gegen die Empfehlungen der Fachleute für die Monokultur aus Aleppokiefern entschieden. Im Zuge der Ratifizierung der UN-Konvention zur Bekämpfung der Wüstenbildung (1994) bemüht sich die algerische Regierung seit dem Jahr 2000 erneut um eine Festigung und Erweiterung des Grüngürtels auf drei Millionen Hektar sowie um eine vergrößerte Artenvielfalt der Pflanzungen.

4. März

Canale Grande und Rialto-Brücke, Venedig, Italien

(45° 35' nördlicher Breite – 12° 34' östlicher Länge)

Venedig besteht aus 118 einzelnen Inseln in einem Gewirr von 180 Kanälen, über die mehr als 400 Brücken führen. Die »Hauptschlagader«, der Canale Grande, ist von rund 100 Renaissance- und Barockpalästen einstiger reicher Kaufleute gesäumt. Sie bezeugen Bedeutung und Einfluss der venezianischen Händler in einer Zeit, als Venedig sich der Außenwelt öffnete. Seit dem Jahr 1000 behauptete sich die Stadtrepublik mit zahlreichen Handelskontoren als stärkste Macht der Adria und später im ganzen Mittelmeer. Als gegen Ende des 17. Jahrhunderts der Seehandel zunehmend vom Warenverkehr auf dem Landweg abgelöst wurde, stand Venedig unversehens abseits vom internationalen Handel. Heute droht ihr ein viel konkreterer Niedergang, denn die »Serenissima« ertrinkt. Immer häufiger kommt es wegen der Erweiterung der Kanäle, der Bodensenkung und des jährlich um sechs Millimeter steigenden Meeresspiegels zu Hochwasser. Ein ebenso ehrgeiziges wie kostspieliges Bauvorhaben, das »progetto MOSE«, wurde 2002 begonnen und soll bis 2011 mit knapp 79 mobilen Fluttoren die Fahrrinnen zwischen Meer und Lagune bei Bedarf verschließen.

TESORI D'EURASIA

5. März

Markt in Yamoussoukro, Côte d'Ivoire

(6° 48' nördlicher Breite – 5° 17' westlicher Länge)

Die großen afrikanischen Märkte bilden eine Stadt in der Stadt. Oft finden sich die Warengruppen säuberlich nach Straßen sortiert, in denen Schmuck, Lederwaren, Nahrungsmittel oder – wie hier in Yamoussoukro – Altkleider und Schuhe angeboten werden. Solche Geschäftsviertel können beachtliche Ausdehnungen erreichen, wie zum Beispiel Dantokpa in Cotonou (Benin): Hier werden auf 18 Hektar 15 000 Stände von rund 100 000 Kauflustigen besucht. Die Märkte sind offizielle Warenumschlagzentren, locken jedoch auch jede Menge Schwarzhändler an, die Zigaretten, Taschentücher oder technische Apparate wie Telefone feilbieten. Abidjan etwa ist berühmt für seine *maquis*, von Hausfrauen nebenbei geführte illegale Mini-Restaurants. All diese inoffiziellen Geschäfte gehen am Staat vorbei und sind natürlich gesetzwidrig, doch zugleich der Beweis für die ungeheure Vitalität der afrikanischen Volksgemeinschaften, die auf diese Weise ihre Armut bekämpfen. Die Dynamik der afrikanischen Wirtschaft wird unterschätzt, weil die offiziellen Zahlen diese wirtschaftliche Grauzone nicht berücksichtigen. Diese macht jedoch offenbar mindestens 40 Prozent des Bruttoinlandsprodukts Afrikas und 50 Prozent der Arbeitsplätze aus.

6. März

Vom Orkan »Gudrun« im Januar 2005 verwüsteter Tannenwald, Småland, Südschweden

(57° 20' nördlicher Breite – 15° 00' östlicher Länge)

Die Silhouette könnte eine Eiche darstellen: Die Wirtschaftswege des Forstes bilden scheinbar den Stamm und die Hauptäste, der von trockenen Zweigen übersäte Boden das herbstfarbene Laub. Der Orkan »Gudrun« fegte im Januar 2005 über Schweden hinweg und unterbrach die Stromversorgung Hunderttausender Privathaushalte. Starke Schneefälle, umgestürzte Bäume und bitterer Frost verzögerten die Arbeit der Rettungskräfte so stark, dass mehrere Menschen starben, weil die Hilfe sie zu spät erreichte. Die schwedischen Forstbetriebe mussten die von »Gudrun« massenhaft umgeknickten Bäume beseitigen. Die Produktion von drei Jahren ging verloren, in der Folge fielen die Holzpreise ins Bodenlose. In den letzten Jahrzehnten ist es der Forstwirtschaft generell nicht gut ergangen. Im Süden Schwedens pflanzte man statt der dort eigentlich heimischen Laubwälder (Buchen und Eichen) schneller wachsende Nadelgehölze, die jedoch den Winterstürmen längst nicht so gut gewachsen sind wie Laubbäume. Es entbehrt nicht einer gewissen Ironie, wenn das »Phantombild« auf dem Foto an eine Eiche erinnert. Den Forstbetrieben sollte es vielleicht eine Warnung sein. Die Forst- und Holzwirtschaft macht vier Prozent des Bruttoinlandsprodukts von Schweden aus.

Foto © Joakim Berglund

Baueninsel im Chiemsee, Bayern, Deutschland

(47° 51’ nördlicher Breite – 12° 24’ östlicher Länge)

Der Chiemsee, auch das »Bayerische Meer« genannt, ist mit 80 Quadratkilometern der zweitgrößte See Deutschlands. Begeistert von ihrer abgeschiedenen Lage, kaufte der bayerische König Ludwig II. 1873 die Herreninsel und ließ dort Schloss Herrenchiemsee als sein privates Versailles bauen. Der Grundstein wurde 1878 gelegt, doch der König hielt sich insgesamt nur eine Woche im Schloss auf, nämlich 1885, nicht lange vor seinem tragischen Tod im 80 Kilometer entfernten Starnberger See. Immerhin war er stolz auf sein Bauwerk, denn die Spiegelgalerie ist glatte 100 Meter länger als die in Versailles, und der Barockpark mit seinen Brunnen und Wasserspielen konnte mit den prächtigen französischen Gärten durchaus mithalten. Noch lange nach dem »Märchenkönig« wurden wichtige Kapitel der deutschen Geschichte auf der stillen Insel mitten im Chiemsee geschrieben: Der Verfassungskonvent erstellte hier 1948 den ersten Entwurf für das deutsche Grundgesetz.

Feldarbeit südlich von Jaisalmer, Rajasthan, Indien

(26° 46' nördlicher Breite – 70° 47' östlicher Länge)

Rajasthan im Nordwesten des Subkontinents ist mit einer Fläche von 342 240 Quadratkilometern der zweitgrößte indische Bundesstaat. Zu zwei Dritteln besteht das Gebiet aus Sandwüsten. Der Mangel an Oberflächenwasser ist weitgehend verantwortlich für die geringen landwirtschaftlichen Erträge. Allerdings können heute dank Bewässerungsanlagen, wie sie mittlerweile 40 Prozent der Anbauflächen Indiens versorgen, Hirse, Sorghum, Weizen und Gerste angebaut werden. Die Getreideernte am Ende der Trockenzeit ist in der Regel Sache der Frauen, die selbst bei der Feldarbeit die traditionellen langen Kopftücher *(orhni)* in leuchtenden Farben tragen. Die Landwirtschaft beschäftigt 65 Prozent der Erwerbstätigen. Sie erwirtschaftet knapp ein Viertel des Bruttoinlandsprodukts und erstreckt sich auf über die Hälfte des Staatsgebiets. Mit einer jährlichen Ausbeute von rund 210 Millionen Tonnen ist Indien einer der größten Getreideproduzenten der Welt. Allerdings wird der uralte Wettlauf zwischen der Erhöhung der Produktion und dem Bevölkerungswachstum mittlerweile durch den Rückgang der unterirdischen Wasserreservoirs erschwert, die zudem von Klimakatastrophen wie der großen Dürre im April 2000 bedroht werden, unter der in Rajasthan 20 Millionen Menschen litten.

Kraftwerk »Ohau A«, Südinsel, Neuseeland

(40° 40' südlicher Breite – 175° 15' östlicher Länge)

Die Südinsel Neuseelands weist ein kontrastreiches Relief auf, das dominiert wird von der Gebirgslandschaft der Neuseeländischen Alpen, die sich immerhin bis auf knapp 3800 Meter erheben. Von dort ergießen sich zahlreiche Flüsse zu den Ebenen hinab. Wie viele andere wurde auch der Ohau künstlich begradigt, um den Strombedarf des Landes decken zu können. Das Wasserkraftwerk »Ohau A« bildet ein gewaltiges Netz von Stauseen und Kanälen. Im Zuge der 1971 begonnenen Bauarbeiten wurden zwei Millionen Kubikmeter Fels von den Ufern des Ohau ausgeschachtet, und eine weitere halbe Million Kubikmeter für den Bau der Rohrleitungen. Riesige Staudämme wie diese sind für die jeweiligen Ökosysteme eine große Belastung. Nach Angaben der Umweltschutzorganisationen versiegen einige Flüsse vollständig, aus anderen verschwinden die Lachse sowie andere Tier- und Pflanzenarten. Gekoppelt mit der Bodenerosion und Entwaldung, gibt diese Bedrohung der biologischen Artenvielfalt Anlass zur Sorge, vor allem in einem Land, das weitgehend auf den Tourismus angewiesen ist.

Atomkraftwerk in Saint-Laurent-Nouan, Loir-et-Cher, Frankreich

(47° 42' nördlicher Breite – 1° 35' östlicher Länge)

Frankreich betreibt 59 der weltweit 441 Atomreaktoren und produziert damit rund 80 Prozent seines Stroms. Damit steht es, wenn auch weit hinter den USA, international in der nuklearen Stromerzeugung an zweiter Stelle. Seit den 1960er Jahren setzt Frankreich komplett auf Atomstrom, um seine Abhängigkeit von anderen Energiequellen zu verringern. Bis heute hat sich an diesem Standpunkt nichts geändert, zumal man davon überzeugt ist, dass von Atomkraftwerken keine Luftverschmutzung ausgeht. Auch China, Finnland und vor kurzem Indien haben sich für diese Lösung entschieden, um den wachsenden Strombedarf zu decken, der zudem bis 2030 noch um 60 Prozent ansteigen dürfte. Ebenso wie anderswo auf der Welt haben auch in Frankreich die meisten Reaktoren mehr als die Hälfte ihrer Lebensdauer überschritten, und Debatten über ihre Erneuerung sind bereits im Gang. Deutschland, Schweden und andere Länder beschreiten einen anderen Weg. Sie entschieden sich vorsichtshalber für den Atomausstieg, denn die bei der Nutzung von Nuklearenergie anfallenden radioaktiven Abfälle müssen Tausende von Jahren sicher gelagert werden – was für die künftigen Generationen ein unerfreuliches Vermächtnis wäre.

Kuppel der Sultan-Ahmet-Moschee (Blaue Moschee), Istanbul, Türkei

(41° 01' nördlicher Breite – 28° 58' östlicher Länge)

Die Türkei ist ein muslimisches Land – 99,8 Prozent der Bevölkerung sind Anhänger des Islam –, zugleich jedoch seit Gründung der Republik unter Kemal Atatürk 1923 ein laizistischer Staat, seit 1949 Mitglied des Europarats und seit 1952 Mitglied der NATO. Der größte Teil des Staatsgebiets (97 Prozent) liegt in Asien, doch besitzt das Land mit Ost-Thrakien eine kleine Enklave auf europäischem Boden, die unter anderem die Altstadt von Istanbul einschließt. Seit 1987 bemüht sich die Türkei um Aufnahme in die Europäische Union, doch erst 2005 wurden zögerlich Beitrittsverhandlungen aufgenommen. Die Grenzen Europas sind nach wie vor flexibel, und die Identität der Europäer ist nicht durch ein gemeinsames Staatsgebiet, sondern eine gemeinsame Geschichte mit einer Abfolge von Reichen, Siegen und Unterwerfungen geprägt. Seit dem 18. Jahrhundert hat sich das europäische »Wir-Gefühl« nicht zuletzt auch anhand gemeinsamer politischer Visionen herausgebildet, darunter die Aufklärung, die Revolutionen, die Geburt des modernen laizistischen Prinzips (Trennung von Staat und Kirche) bis hin zum Wohlfahrtsstaat. Obwohl die Türkei zum großen Teil an dieser gemeinsamen Geschichte Anteil hatte, sind die Beitrittsverhandlungen langwieriger, schwieriger und ungewisser als bei jedem anderen Land.

Giraffen, Naturschutzgebiet Massai Mara, Kenia

(1° 15' südlicher Breite – 35° 15' östlicher Länge)

Zusammen mit der angrenzenden Serengeti in Tansania bildet Massai Mara mit 25 000 Quadratkilometern das flächenmäßig größte Naturschutzgebiet der Welt, bietet jedoch den zahlreichen dort lebenden Wildtieren keinen wirksamen Schutz vor den ökologischen Auswirkungen insbesondere des enormen Bevölkerungswachstums. Die Einwohnerzahl Kenias ist von fünf Millionen Menschen in den 1950er Jahren auf heute mehr als 30 Millionen sprunghaft gestiegen. Die immer schnellere Umwandlung von Wildnis in Äcker und Viehweiden, die massive Abholzung der Wälder zur Herstellung von Holzkohle, das Austrocknen von Flüssen, die Wilderei und nicht zuletzt die intensive Landwirtschaft und die Verstädterung stellen für die Tierwelt Kenias eine unmittelbare Bedrohung dar. Von 1977 bis 1994 verlor das Land schätzungsweise 44 Prozent seiner Wildtiere; mehr als 200 Arten sind offenbar vom Aussterben bedroht. Eine Lösung könnte der »sanfte« Tourismus bieten, der verantwortungsbewusst mit der Natur umgeht und zugleich eine lukrative Einnahmequelle bildet, damit der Erhalt der Artenvielfalt nicht auf Kosten der ortsansässigen Bevölkerung geht.

In der Sonne trocknende Kuhfladen bei Agra, Uttar Pradesh, Indien

(27° 10' nördlicher Breite – 78° 00' östlicher Länge)

Da die Hindus die Kuh als heiliges Tier verehren, bleibt ihr Fleisch für sie tabu. Nichts einzuwenden jedoch ist gegen die Verwendung der Milch und des Dungs. Jährlich werden in Indien fast eine Milliarde Kuhfladen »recycelt«: Getrocknet und mit Ton vermischt, dient der so genannte *gobar* als Grundstoff für Ziegel, Wandverkleidungen und Fußböden. Mit trockenem Stroh vermengt, macht man daraus auch einen Brennstoff zum Kochen und Heizen. Außerdem ergibt der Dung einen ausgezeichneten Dünger, der noch dazu gratis »nachwächst«! Die indischen Bauern verwenden *gobar* hauptsächlich als Dünger und sparen damit chemische Mittel ein. Um gegen die massive Entwaldung vorzugehen und den Bauern zugleich die Möglichkeit zu geben, den Kuhdung statt zum Heizen zum Düngen zu verwenden, betreibt die Regierung eine »soziale Forstwirtschaft«: An den Feldrainen werden Bäume angepflanzt, um die Bodenerosion einzudämmen und Brennholz zu liefern. In Indien schrumpfen die Wälder in erheblichem Umfang. Während 1950 noch 30 Prozent des Staatsgebiets mit Wäldern bedeckt waren, sind es heute nur noch elf Prozent.

Grab in einem Ginsengfeld nördlich von Pocheon, Provinz Gyeonggi, Südkorea

(38° 10' nördlicher Breite – 127° 15' östlicher Länge)

Die Koreaner bestatten ihre Toten überwiegend nach konfuzianischen Riten und den Regeln der Geomantie (der Weissagung aus bestimmten Qualitäten eines Ortes anhand von positiven und negativen Energieströmen). Ein Geomantiker oder *djikouan* streut eine Handvoll Erde auf den Sarg und studiert die Zeichen. Aus der Art, wie die Krume fällt, zieht er Rückschlüsse auf den Ort, wo der oder die Verstorbene bestattet werden soll. Da es sich um einen beliebigen Ort handeln kann, gibt es in Korea keine Friedhöfe. Die Gräber liegen überall in der freien Natur verstreut und sind wie in diesem Ginsengfeld völlig zugewuchert. Grabsteine sind nicht üblich, sodass nur die engsten Angehörigen wissen, wo der oder die Tote begraben ist. Außenstehende sehen lediglich einen kleinen, wie zufällig wirkenden halbmondförmigen Erdhügel. Jedes Grab ist völlig individuell angelegt, da es den Zeichen der Erde auf dem Sarg entsprechend ausgewählt wird.

Äcker bei Châlons-en-Champagne, Marne, Frankreich

(48° 59' nördlicher Breite – 4° 21' östlicher Länge)

Die einst als »staubtrocken« bezeichnete *Champagne pouilleuse* ist heute eine der lebendigsten Agrarlandschaften Frankreichs. Bis zur Erfindung eines Düngers speziell für ihre Kreideböden war die Champagne trotz reichlicher Niederschläge ständig trocken und deshalb so gut wie wertlos. Durch eine gezielte Mechanisierung, gekoppelt mit intensiver Düngung, konnten die Böden beachtlich verbessert werden, vor allem für den Getreideanbau. Inzwischen produziert die Champagne von allen Regionen Frankreichs die zweitgrößte Menge an Weizen und Gerste. Die Gegend wird beherrscht von Großbetrieben, und die Landwirte sind keine Bauern mehr, sondern wohlhabende Unternehmer. Die Entwicklung der Champagne zeigt, wie sich in den letzten 50 Jahren die Einstellung zum Ackerbau gewandelt hat: Die einstigen Patrimonialstrukturen sind kommerzieller und produktiver Dynamik gewichen. Während ein französischer Landwirt 1946 noch Nahrung für 5,5 Personen produzierte, sind es heute schon zwölf, das heißt, der Mehrbedarf wird erfolgreich gedeckt. Allerdings steht Frankreich auch weltweit an dritter Stelle, was den Einsatz von Pestiziden angeht, die Umwelt und Gesundheit gleichermaßen schaden.

Jugendliche an den Thermalquellen von Hammam Meskoutine, Algerien

(36° 26' nördlicher Breite – 7° 16' östlicher Länge)

In Kabylien nordwestlich von Constantine liegt Hammam Meskoutine (»Höllenbad« oder »Bad der Verdammten«). Der Ort ist berühmt wegen seiner Thermalquellen und fantastisch geformten Felsen, die das Wasser zu Wänden, Kegeln und Treppen formte. Über seinen Wert als Touristenattraktion hinaus ist Hammam Meskoutine möglicher Kandidat für ein Erdwärmekraftwerk. Um seine Energiequellen auf eine breitere Basis zu stellen, hat die algerische Regierung ein groß angelegtes Programm zur Ermittlung erneuerbarer Energieformen in Gang gesetzt. Heutzutage sind Kohlenwasserstoffprodukte (Erdöl und Erdgas) im Alltag Algeriens allgegenwärtig. Sie erzielen allein 25 Prozent des Bruttoinlandsprodukts sowie 97 Prozent der Deviseneinnahmen des Staates. Fachleute gehen jedoch davon aus, dass die algerischen Ölvorräte nur noch für rund 16 Jahre reichen werden und das Land ab 2020 seinerseits Erdölprodukte wird importieren müssen.

Gesunkene Boote im Naturschutzgebiet Khao Lak nach dem Tsunami vom 26. Dezember 2004, Thailand

(8° 36' nördlicher Breite – 98° 14' östlicher Länge)

Am 26. Dezember 2004 verursachte ein Seebeben der Stärke neun auf der Richterskala vor der indonesischen Insel Sumatra eine so gewaltige Flutwelle (Tsunami), dass sie die Küsten von zwölf Anrainerstaaten des Indischen Ozeans verwüstete. Die Wellen waren stellenweise mehr als zehn Meter hoch und rissen insgesamt rund 230 000 Menschen in den Tod. In Thailand traf der Tsunami nicht nur diejenigen hart, die vom Tourismus leben, sondern auch die Fischerdörfer, wo Gerätschaften und Netze schwer beschädigt wurden. Allein rund 4500 Fischerboote gingen verloren. Für die einfachen Fischer bedeutet das eine Katastrophe. Zu den Kosten für neue Gerätschaften und Boote kamen durch die erzwungene Inaktivität 2005 Ausfälle in Höhe von schätzungsweise 16,6 Milliarden US-Dollar hinzu. Dank seiner guten Logistik konnte das Militärregime die internationalen Hilfszahlungen sinnvoll nutzen, konzentrierte sich jedoch zunächst auf die touristisch erschlossenen Gebiete. Wann die Fischer ihre Häuser und ihre Arbeit wiedererlangen sollen, steht in den Sternen.

Abgelegenes Gehöft im Nordwesten von La Gomera, Kanarische Inseln, Spanien

(28° 10' nördlicher Breite – 17° 18' westlicher Länge)

La Gomera ist nach El Hierro die zweitkleinste der sieben Kanarischen Inseln und ebenfalls wie die anderen vom Vulkanismus geprägt. Ein flaches Relief weist La Gomera nicht auf, denn durch Erosion entstanden zahlreiche tiefe Schluchten *(barrancos)* und Steilhänge, zwischen deren Terrassenfeldern Maultierpfade zu kleinen Bauernhöfen führen. Auf La Gomera leben nur noch rund 20 000 ständige Einwohner, verteilt auf etwa ein Dutzend abgelegene Dörfer. Die meisten Ureinwohner, die aus Nordwestafrika stammenden Guanchen, hatten nach der Eroberung durch die Spanier zu Beginn des 15. Jahrhunderts einen schweren Stand, und seit die Insel ab 1494 der kastilischen Krone unterstand, wurden ihre Sprache – etwa die nur hier entwickelte Pfeifsprache El Silbo – und Bräuche massiv unterdrückt. Einige von ihnen dürften dennoch Zeugen eines historischen Moments gewesen sein: Auf La Gomera hörte Kolumbus 1492 zum letzten Mal die Messe, bevor er sich von der Bucht von San Sebastián aus nach Indien einschiffte und Amerika entdeckte.

Landwirtschaftlich geprägtes Gebiet der Quiché, Guatemala

(15° 30' nördlicher Breite – 91° 00' westlicher Länge)

Im Westen Guatemalas erheben sich die steilen Kegel von über 30 Vulkanen, deren Ausbrüche immer wieder fruchtbare Lava und Asche an die Erdoberfläche befördern. In einem Land, in dem nach wie vor über die Hälfte der Einwohner in der Landwirtschaft arbeitet, obwohl nur 13 Prozent der Fläche überhaupt kultivierbar sind, bildet die Fruchtbarkeit der Böden die Grundlage der Wirtschaft. Die für den Export bestimmten Anbauflächen liefern fast 25 Prozent des Bruttoinlandsprodukts, allen voran Kaffee (Guatemala ist seit mehr als einem Jahrhundert der größte Kaffeeexporteur der Welt), Zucker, Bananen, Kardamom sowie Obst und Gemüse aus den Latifundien entlang der Pazifikküste. Die meisten guatemaltekischen Bauern decken jedoch gerade eben ihren eigenen Bedarf an Mais, Reis oder Bohnen auf ihren winzigen Äckern, die für Traktoren zu steil sind. Die Verwüstungen des Hurrikans »Mitch« 1998, die verheerende Dürre der letzten Jahre, der drastische Preisverfall für Kaffee seit 2001 in Verbindung mit politischer Instabilität und Korruption verschärfen das soziale Ungleichgewicht, das die wirtschaftliche Weiterentwicklung des Landes hemmt. In Lateinamerika und der Karibik leben 221 Millionen Menschen in Armut, vor allem in ländlichen Gebieten, wo bis zu 64 Prozent der Bevölkerung mittellos sind.

Gehege mit Rindern im Naturschutzgebiet Massai Mara, Kenia

(1° 13' südlicher Breite – 35° 00' östlicher Länge)

Nach den Vorstellungen der Massai bestimmte sie Gott *(Enkaï)* zu Eigentümern sämtlicher Rinder der Erde. Der Reichtum einer Massai-Familie bemisst sich daran, wie viel Vieh ihr gehört; Grundbesitz dagegen spielt keinerlei Rolle. Zum Schutz vor Raubtieren treiben die Massai ihre Herden abends in Gehege, deren Dornen spitzer und schärfer sind als Stacheldraht. Hier werden auch die Kühe von den Frauen gemolken. Kenia ist zu 75 Prozent auf Landwirtschaft ausgerichtet, und auch die Massai sind dabei, allmählich sesshaft zu werden, vor allem seit den aufeinanderfolgenden Dürrejahren 1999 und 2000, die sich für den Viehbestand katastrophal auswirkten. Die neue Lebensweise bringt allerdings schwerwiegende Probleme für die Böden mit sich, die eine ständige Überweidung nicht verkraften. Die Massai impfen ihre Rinder meist nicht. Zum einen fehlt ihnen dazu das Geld, vor allem aber verlassen sie sich lieber auf die traditionelle Naturheilkunde. Die uralten Kenntnisse werden von der FAO (Welternährungs- und Landwirtschaftsorganisation der UN) mit Interesse gesammelt und weiterverbreitet, damit sie nicht völlig von der modernen Veterinärmedizin verdrängt werden.

Viehtransport bei Kununurra, East Kimberley, Australien

(15° 46' südlicher Breite – 128° 44' östlicher Länge)

East Kimberley ganz im Norden Australiens ist eine Region mit extensiver Viehzucht. Die überwiegend von kommerziellen Firmen geführten Gehöfte sind im Schnitt rund 4000 Quadratkilometer groß und halten nicht einmal acht Stück Vieh pro Quadratkilometer. Trotz der riesigen verfügbaren Fläche sind die trockenen Savannen vielerorts durch Überweidung stark angegriffen, vor allem im Umkreis der Flüsse und Wasserstellen. Durch die Anlage von Gehegen und neuen Brunnen konnten diese empfindlichen Lebensräume geschützt werden. Die Entfernung zwischen Kimberley und den Abnehmern der Rinder – bis nach Perth und Sydney sind es über 1500 Kilometer – bremst jedoch die Entwicklung der Viehzucht in dieser Region. Heutzutage bringen Lastwagen das Vieh zu den Schlachthöfen oder immer öfter zu den Häfen, von wo aus es lebend nach Südostasien verschifft wird. Die BSE-Problematik bescherte australischem Rindfleisch neue Märkte in Nordafrika, insbesondere Ägypten. Zu 2000 bis 3000 Stück pro Ladung auf Schiffen zusammengepfercht, leiden die Tiere jedoch unter den miserablen Bedingungen auf den oft wochenlangen Überfahrten. Zahlreiche Tierschutzorganisationen prangern die unerträglichen Transportbedingungen an und fordern die generelle Einstellung von Lebendtransporten.

ROAD TRAINS OF AUSTRALIA

Beni Izguen, M'Zab-Tal, Algerien

(32° 29' nördlicher Breite – 3° 40' östlicher Länge)

Die fünf Ortschaften El Atteuf, Bou Noura, Melika, Beni Izguen und Ghardaia bilden zusammen die »Pentapolis« des M'Zab. Erbaut wurden die konföderierten Städte im elften Jahrhundert von den »Ibaditen«, Anhängern einer strikten Form des Islams, die sich in das Sahara-Tal 600 Kilometer von Algier entfernt geflüchtet hatten. Die religiöse Unterweisung besitzt im Leben der Mozabiter (der Bewohner des Wadi M'Zab) noch immer einen hohen Stellenwert. Regiert werden die acht Ibaditen-Städte (die Pentapolis plus drei jüngere Städte) von einem Rat für religiöse Fragen *(Halka Azzaba),* dem einzigen islamischen Regierungsgremium der Welt. Der Rat überwacht die Einhaltung der religiösen Vorschriften nach ibaditischem Gesetz und entscheidet sämtliche Streitigkeiten im Gemeinschaftsleben, von der Goldmenge, die Frauen als Aussteuer mitzugeben ist, über die Dauer von Hochzeitsfeiern bis zur gefürchteten Ausstoßung. Seit jedoch in diesem Tal Erdöl und Erdgasvorkommen entdeckt wurden, sind die Städte des M'Zab zur Drehscheibe Südalgeriens geworden. Für viele ist es dadurch einfacher geworden, die zahlreichen Verbote der Ibaditen-Gemeinschaft zu umgehen.

Hochhäuser am Südufer des Han in Seoul, Südkorea

(37° 29' nördlicher Breite – 126° 57' östlicher Länge)

Mit über 10,7 Millionen Einwohnern allein im Stadtgebiet ist die Hauptstadt Südkoreas heute die elftgrößte Metropole der Welt. 2005 lebten dort ein Viertel der Koreaner und über 80 Prozent der Städter des ganzen Landes, die 1970 noch 35 Prozent ausgemacht hatten. Dieser sprunghafte Anstieg hat die Infrastrukturen der Stadt völlig verändert: Heute bestimmen die strengen Betonfassaden der Gebäuderiegel und -türme das Stadtbild, während die traditionellen Privathäuser, die nach geomantischen Grundsätzen erbaut wurden (der Weissagung anhand positiver und negativer Energieströme des Erdbodens), sich kaum noch neben den Betonklötzen behaupten können. Die großen Wohnanlagen *(tanji)* sind bei den Koreanern, vor allem den Einwohnern von Seoul, heute besonders als Wahrzeichen der Moderne beliebt. Ganz andere Bauformen finden sich dagegen an den Stadträndern, wo sich die koreanische Oberschicht Luxusvillen nach den altehrwürdigen Prinzipien der Geomantie errichten lässt. Diese Entwicklung steht in auffallendem Gegensatz zu den Tendenzen im Abendland, wo die Stadtzentren mehr und mehr zu einer Art Freilichtmuseum werden.

관악드림타운
103
106
관악드림타운
110
관악드림타운
113
122

Felder bei Bozeman, Montana, USA

(45° 40' nördlicher Breite – 111° 02' westlicher Länge)

Auf einer Fläche von 376 990 Quadratkilometern lebt in Montana nur eine Million Menschen. Trotz der geringen Bevölkerungsdichte (in Frankreich etwa ist sie 46-mal so hoch) gilt dieser Bundesstaat im Norden der Rocky Mountains als einer der größten Getreideproduzenten der USA, vor allem von Weizen, der ein Drittel der Gesamtproduktion Montanas ausmacht. Das Getreide ist für den Export bestimmt. Die USA sind nach wie vor der größte Nahrungsmittelexporteur der Welt und beliefern beispielsweise Algerien, das 75 Prozent seiner Nahrungsmittel importiert, Ägypten, das rund 60 Prozent einführt, und die gesamte Arabische Halbinsel. Die Globalisierung der Wirtschaft zieht diejenige der Landwirtschaft nach sich, und die Produktionsmethoden sind immer stärker auf den internationalen Markt abgestimmt. Die Entscheidungen über Preis, Vorräte oder Mangel an Weizen fallen jedoch nicht in Algier oder Kairo, sondern in Chicago und Washington.

Start zur Regatta um den »Bol d'Or«, Genfer See, Schweiz

(46° 15' nördlicher Breite – 6° 10' östlicher Länge)

1939 fand die erste Regatta noch unter dem Namen »Tour du lac des faces pâles« statt. Inzwischen ist der »Bol d'or« mit über 600 teilnehmenden Jachten pro Jahr die größte Süßwasser-Segelregatta Europas. Startpunkt des Rennens ist Genf, das vor allem als Stadt des Friedens und der großen internationalen Konventionen bekannt ist. Diese Rolle spielt Genf schon seit der zweiten Hälfte des 19. Jahrhunderts, genauer seit der Gründung des Internationalen Roten Kreuzes. 1919 entschied sich der Völkerbund, seinen Hauptsitz in Genf einzurichten: Die Vorläuferorganisation der Vereinten Nationen wurde nach dem Ersten Weltkrieg als internationaler pazifistischer Staatenbund im Zuge der Versailler Verträge gegründet. Heute haben in Genf rund 170 nicht staatliche Organisationen (NGO) und über 20 internationale Organisation ihren Sitz, darunter die Vereinten Nationen (UNO), die Internationale Arbeitsorganisation (IAO) und die Welthandelsorganisation (WTO). Über 40 Prozent der Einwohner von Genf sind Staatsangehörige von insgesamt 180 Nationalitäten, die diese Stadt zu einer fantastischen kulturellen Drehscheibe machen.

Insel in der Straße von Malakka, Singapur

(1° 22' nördlicher Breite – 103° 48' östlicher Länge)

Südöstlich der Malaiischen Halbinsel liegt die Republik Singapur, deren 690 Quadratkilometer großes Staatsgebiet sich auf eine Hauptinsel und 64 kleinere Inseln verteilt. Zur Erweiterung dieses vergleichsweise kleinen Territoriums gewinnt das Land seit 1960 durch gezielte Eindeichung »Polder«, die allmählich die Gesamtfläche der Republik von 585 Quadratkilometern auf heute 683 Quadratkilometer vergrößert haben, sowohl auf der Hauptinsel als auch den davorliegenden kleinen Inseln. Als wichtige Achse des Welthandels hat die Straße von Malakka schwerwiegende Probleme mit Piraterie, die mit dem Wirtschaftsboom der Region wieder zugenommen hat. Bewaffnete Raubüberfälle, Geiselnahmen und Verschleppungen ganzer Schiffe sind keine Seltenheit: Gut 100 Gewaltakte wurden im Jahre 2000 verzeichnet. Während das Piratentum dank modernerer Ausrüstung der Seepolizei und der Kooperation mit Nachbarländern in der Meerenge selbst allmählich eingedämmt wird, ziehen sich die Freibeuter in weniger gut bewachte Bereiche zurück.

27. März

Sudanesisches Flüchtlingslager in Goz Amer nahe der Grenze zum Sudan, Tschad

(12° 00' nördlicher Breite – 21° 23' östlicher Länge)

Der Sudan ist ein afrikanischer Riesenstaat, der seine Grenzen mit neun Nachbarstaaten teilt. Seit der Unabhängigkeit Sudans im Jahr 1955 durften die Menschen gerade einmal elf Jahre lang Frieden genießen. Ursache des Bürgerkriegs ist der Gegensatz zwischen dem dominanten arabisch-muslimischen Norden und dem schwarzafrikanischen, überwiegend christlichen oder animistischen Süden. Seit 2003 hat sich der Konflikt vor allem in der Region Darfur im Südwesten des Landes verschärft, wo sich arabischstämmige und schwarzafrikanische Muslime gegenüberstehen. Vor den arabischen Janjaweed-Milizen, die von der Regierung mit Waffen versorgt werden, sind innerhalb nur eines Jahres über eine Million Menschen geflüchtet, davon allein mehr als 200 000 in den benachbarten Tschad. Bürgerkriege sind heute weitaus häufiger als zwischenstaatliche Kriege. Von den 59 Kriegen auf der Welt seit 1990 fanden 55 auf nationaler Ebene statt und betrafen unmittelbar die Zivilbevölkerung. Über zwei Millionen Kinder wurden bei den Kämpfen getötet, 20 Millionen Menschen wurden obdachlos. Verbrannten Dörfern, Plünderungen, Vergewaltigungen, Morden und der systematischen Zerstörung der Lebensgrundlage ist die Bevölkerung hilflos ausgeliefert, zumal die Gewalt zum Gutteil von der eigenen Regierung ausgeht.

Polygonboden im Beacon Valley, McMurdo-Trockentäler, Antarktis

(77° 50' südlicher Breite – 160° 50' östlicher Länge)

Der Boden der Trockentäler bei McMurdo, eine der wenigen eisfreien Regionen der Antarktis, ist mit Polygonen übersät, die ihn wie einen ausgetrockneten See mit aufgesprungenem Grund wirken lassen. Die extremen Temperaturschwankungen zwischen Sommer und Winter (im Winter herrscht monatelang Nacht mit Temperaturen von über –50 °C) lassen das Wasser im Boden abwechselnd gefrieren und tauen, bis diese seltsamen mineralischen Strukturen entstehen. Während die Herkunft dieser Strukturböden nicht vollständig geklärt ist, bereitet ihre Lokalisierung keine Probleme: Sie finden sich stets auf Permafrostböden, in der Antarktis ebenso wie in der Arktis und sogar auf dem Mars! Die vom Mars Global Surveyor und den Raumsonden Rover Spirit und Opportunity gesendeten Bilder beweisen, dass Polygonböden ganz ähnlich wie diejenigen in den Trockentälern auch in den Polarregionen des Roten Planeten zu finden sind, wenn auch gigantisch vergrößert. Dort erreichen die Polygone mehrere Kilometer, während ihre irdischen Pendants es gerade einmal auf 10 bis 30 Meter bringen.

Ausrangierte Militärflugzeuge (B-52) am Luftwaffenstützpunkt Davis Monthan, Arizona, USA

(32° 11' nördlicher Breite – 110° 53' westlicher Länge)

In einem Wüstental inmitten von Bergen stehen auf der Militärbasis Davis Monthan über 5000 Flugzeuge. Das trockene, sonnige Wüstenklima Arizonas sorgt für eine hervorragende Konservierung der Maschinen. Die ausrangierten Militärmaschinen warten darauf, demontiert, zu Drohnen (unbemannte Spionageflugzeuge) umgebaut oder ins Ausland verkauft zu werden. Die Rüstungsindustrie ist einer der dynamischsten Wirtschaftssektoren der USA. Für Waffen gibt die größte Wirtschaftsmacht der Erde weltweit das meiste Geld aus: 2005 waren es 518 Milliarden Dollar – mehr als das gesamte Wirtschaftsprodukt Argentiniens im selben Zeitraum. Auch im frühen 21. Jahrhundert wachsen die Verteidigungsbudgets weltweit ständig weiter, derzeit auf 1,2 Trillionen (1200 Milliarden) US-Dollar, während der Weltumweltfonds für die nächsten vier Jahre insgesamt über ein 380-mal geringeres Budget verfügt. Dieser von der Weltbank sowie dem Entwicklungs- und Umweltprogramm der Vereinten Nationen (UNDP und UNEP) verwaltete Fonds finanziert Projekte zur Bekämpfung des Klimawandels sowie zum Schutz der internationalen Gewässer, der Ozonschicht und des Bodens.

Dodgers

Traditionelle Zuckermühle, Kenia

(1° 00' nördlicher Breite – 38° 00' östlicher Länge)

Viele tropische Länder bauen Zuckerrohr für den eigenen Bedarf an. In Kenia ist dies Aufgabe der Kleinbauern: Sie produzierten 90 Prozent der 2003 geernteten 4,5 Millionen Tonnen Zuckerrohr, die zu 448 000 Tonnen Zucker raffiniert wurden. In Kenia leben rund fünf Millionen Menschen direkt oder indirekt von der Zuckerfabrikation. Allerdings ist der kenianische Zucker im internationalen Preisgefüge alles andere als wettbewerbsfähig. Um den Wirtschaftszweig und die damit verbundenen Arbeitsplätze zu erhalten, sind die Importe beschränkt (Kenia deckt nur 70 Prozent seines Bedarfs selbst), doch aufgrund illegaler Billigimporte findet ein Teil seines eigenen Zuckers keinen Abnehmer. Einen geringen Teil der kenianischen Zuckerproduktion kauft die Europäische Union zu Vorzugspreisen über Weltmarktkurs im Rahmen des Lomé-Abkommens als eine Art Entwicklungshilfe für die AKP-Staaten (Afrika, Karibik, Pazifik), doch die angesichts der weltweiten Überproduktion niedrigen internationalen Zuckerpreise benachteiligen die Entwicklungsländer, die zudem die Meinung vertreten, dass die an europäische Zuckerrübenproduzenten gezahlten Subventionen den Wettbewerb verzerren.

Straße von Hormuz nahe der Halbinsel Musandam, Oman

(26° 34' nördlicher Breite – 56° 15' östlicher Länge)

Die Enklave Musandam, auch »Golf-Wächterin« genannt, liegt an der äußersten Nordspitze Südostarabiens und ist vom übrigen Staatsgebiet von Oman durch einen Streifen der Vereinigten Arabischen Emirate getrennt. Die in Richtung Iran in den Persischen Golf hineinragende Halbinsel grenzt an die Straße von Hormuz, die den Persischen Golf mit dem Golf von Oman verbindet. Wegen ihrer strategischen Bedeutung war die Enklave lange Zeit militärisches Sperrgebiet, ist heute jedoch wieder zugänglich. Obwohl Zankapfel zwischen mehreren Ländern, zählt die Straße von Hormuz inzwischen zu den meistfrequentierten Seestraßen der Welt, zumal sie eine strategische Route für den Öltransport bildet. Tag für Tag werden 15 Millionen Barrel Erdöl aus den Golfanrainerstaaten durch die Meerenge nach Asien, in die USA und nach Europa verschifft. Die Arabische Halbinsel besitzt 65 Prozent der bekannten Ölvorkommen weltweit und kontrolliert rund 40 Prozent der heutigen Ölförderung. Da die Meerenge angesichts der steigenden Nachfrage nach Mineralölprodukten inzwischen restlos ausgelastet ist, wurden bereits mehrere Pipelines als alternative Transportwege gebaut, die jedoch bisher nicht die Kapazität der Meerenge erreichen.

Lebendige Vielfalt

Schätzungsweise sind heute etwa 1,7 Millionen Tier- und Pflanzenarten bekannt. Manche Arten darunter sind spektakulär wie der Elefant oder die Schirmpinie, andere geradezu unsichtbar wie mikroskopisch kleine Algen oder winzige Insekten. Manche – etwa Panda und Orchidee – sind beliebt, und jeder will sie schützen, während andere Arten wie der Skorpion oder der Giftsumach wenig Freunde haben. Alle sind jedoch nützlich und kostbar.

Zahlreiche weitere Arten wurden bisher noch nicht entdeckt. Wie viele? 15 Millionen – oder mehr? Wie viele Unterarten und Populationen mit besonderen Merkmalen aber gibt es zudem innerhalb der Arten, die zur Vielfalt beitragen? Der nordamerikanische Grizzly etwa ist ein Koloss mit einem Gewicht von 700 Kilogramm und gehört dennoch derselben Art an wie der Europäische Braunbär *(Ursus arctos),* der kaum mehr als 200 Kilogramm schwer wird. All diese Arten sind untereinander verflochten, jede einzelne davon ist unersetzlich. Verschwindet eine Art, geht das gesamte Potenzial verloren, das sie in sich trägt. Zugleich werden all die labilen Verknüpfungen zwischen dieser Art und anderen Arten empfindlich gestört. Den Organismen, die sich von der ausgestorbenen Art ernährten, drohen nun Mangelerscheinungen bis hin zum Hungertod, während diejenigen, von denen sie selbst lebte, sich ungebremst vermehren können.

Bisher bildeten sich neue Arten ungefähr im gleichen Rhythmus, wie vorhandene Arten ausstarben. Dies hielt sich unter dem Strich immer etwa die Waage. Heute verschwinden jedoch schätzungsweise hundertmal – womöglich sogar tausendmal – mehr Arten von unserem Planeten, als neue Arten entstehen. Natürlich gab es in der Erdgeschichte immer wieder Krisen ähnlichen Ausmaßes. Fünfmal wurden Flora und Fauna auf der Erde durch Naturkatastrophen, Meteoriteneinschläge oder Vulkanausbrüche ausgelöscht. Bei einer dieser Katastrophen starben die Dinosaurier aus. Es dauerte Jahrmillionen, bis sich wieder neues Leben in einer anderen Form, aber in der gleichen Vielfalt und Üppigkeit wie zuvor entfaltet hatte.

Anders als beim Artensterben, das bislang in der Erdgeschichte stattfand, ist für das »sechste Aussterben«, dessen Zeugen wir sind, der Mensch selbst verantwortlich – und auch selbst betroffen. Ursache ist keine Naturkatastrophe, sondern das massive Schrumpfen der Biodiversität. Bestimmte Arten wurden zu stark ausgebeutet, und natürliche Lebensräume wurden durch Rodung, Brände, Urbanisierung, Luft-, Wasser- und Bodenverschmutzung, Klimawandel und die Einführung nicht einheimischer Arten beeinträchtigt oder gar vernichtet. Dieser Prozess dauerte einige Jahrhunderte. Uns mag das lange erscheinen, doch gemessen an geologischen Zeiträumen, ist es nur ein Wimpernschlag.

Die Weltnaturschutzorganisation IUCN vereinigt unter ihrem Dach über 1000 staatliche und nicht staatliche Institutionen sowie 10 000 Wissenschaftler und Fachleute aus 181 Ländern. Mithilfe ihres Systems zur Beobachtung der Artenvielfalt kann sie messen, wie stark jede der rund 40 000 überwachten Arten gefährdet ist. Die Rote Liste der gefährdeten Tierarten liegt derzeit in der Fassung vom 2. Mai 2006 vor. Die Zahlen sind beängstigend: Ein Drittel aller Amphibien wie Frösche und Salamander, ein Viertel aller Säugetiere, ein Achtel aller Vögel und ein Viertel aller Nadelgehölze weltweit gelten heute als vom Aussterben bedroht. Die Lage verschärft sich kontinuierlich, obwohl die internationalen Umweltgipfel sich zum Ziel gesetzt hatten, das Artensterben noch vor dem Jahr 2010 zu verlangsamen! Oft wird das Sterben der Arten auch direkt vom Menschen verursacht, beispielsweise im Mittelmeerraum, wo Urbanisierung, Massentourismus, die intensive Landwirtschaft und die damit verbundene Verschmutzung die Hälfte aller Süßwasserfischarten und zudem zahlreiche endemische (nur dort heimische) Pflanzenarten gefährden. In der Demokratischen Republik Kongo starben in den vergangenen Jahren infolge von politischen Unruhen rund 95 Prozent der Flusspferde aus. Die Eisbärenbestände werden in den nächsten Jahren aufgrund der Auswirkungen der Klimaerwärmung auf das Packeis um voraussichtlich 30 Prozent sinken.

Das massive Sterben der Arten, das wir hier beschreiben, ist keine fixe Idee der Fachleute. Reichtum und Vielfalt der Lebewesen auf der Erde, zu denen wir ja auch gehören, ist unser aller Erbe. Wenn wir dieses kostbare Erbe weiterhin verschleudern und keinerlei Abhilfe schaffen, wird davon für unsere Kinder nichts mehr übrig bleiben.

Wesentlich ist die Produktivität der Natur. In riesigen Teilen der Welt hängt das Überleben von Milliarden Männern, Frauen und Kindern tagtäglich von den natürlichen Ressourcen ab, die ihnen unmittelbar zur Verfügung stehen. Selbst in unseren Städten dienen uns Naturprodukte als Nahrung, Heilmittel, Wohnraum und Kleidung. Erdöl und Kohle sind nichts anderes als die Produkte einer einstigen Artenvielfalt, die im Laufe von Hunderten Jahrmillionen in den riesigen Wäldern und Ozeanen der Erdfrühgeschichte heranwuchs.

Die biologische Vielfalt ist letzten Endes Voraussetzung für die Anpassungsfähigkeit unserer Lebenswelt und für ihre Fähigkeit, selbst nach Katastrophen ein Gleichgewicht wiederherzustellen.

Der globale Klimawandel bringt diese Balance stark ins Wanken. Schon ein Temperaturanstieg um wenige Grad würde für zahlreiche Arten ihren Lebensraum unbewohnbar machen. Andere könnten ihre Stelle einnehmen – vorausgesetzt, wir sorgen dafür, dass sie noch vorhanden sind. Wenn es gelänge, eine möglichst große Artenvielfalt zu erhalten, könnten die Auswirkungen der vom Menschen provozierten Klimaerwärmung minimiert und abgedämpft werden.

Sind wir dazu in der Lage? Und was können wir tun? Auf jeden Fall müssen wir handeln! Programme zur Rettung der seltensten und am meisten gefährdeten Arten sind bereits erfolgreich gestartet: Seitdem die Ringelgänse bei ihren Zwischenstopps in Frankreich nicht mehr gejagt werden, hat sich ihre Zahl von ein paar Tausend auf über 300 000 Paare vervielfacht, und Bartgeier sind wieder über den Alpen zu beobachten, wo ihre Eltern einst ausgerottet wurden. Wir können zudem weitere Schutzgebiete und Naturparks im Hinblick auf den Erhalt der Biodiversität schaffen.

Vor allem aber muss jeder Einzelne von uns sein Verhalten ändern, denn an sich unbedeutende Dinge summieren sich zu einer schweren Bürde: Die Rückstände von Pestiziden sammeln sich in Flüssen und Bächen und töten das Leben darin; jede überflüssige Autofahrt verschmutzt die Umwelt und trägt zur Gefährdung der Tierwelt am Polarkreis bei; der gedankenlose Kauf von Möbeln aus Tropenhölzern begünstigt die Rodung der letzten Zufluchtsgebiete der Bonobos und Schimpansen in den Primärwäldern. Der Mensch hat die Zivilisation nach und nach zu seinem Wohlergehen geschaffen, dabei jedoch häufig die Umwelt verschmutzt und die Natur zerstört.

Werden wir uns noch auf der Erde wohl fühlen, wenn mehr und mehr Arten verschwunden und Lebensräume auch für Menschen unbewohnbar geworden sind?

François Letourneux

Präsident der französischen Kommission

der Weltnaturschutzorganisation IUCN

Pilger auf dem Weg nach San Juan Parangaricutiro, Michoacán, Mexiko

(19° 27' nördlicher Breite – 102° 14' westlicher Länge)

Im Februar 1943 entdeckte ein Bauer in der Nähe des Dorfes San Juan Parangaricutiro eine Rauchfahne, die aus einem Maisfeld aufstieg. Wenige Monate später hatte sich an dieser Stelle ein 450 Meter hoher Aschekegel gebildet: Die quer durch Mexiko verlaufende Kette von 300 Vulkanen hatte Nachwuchs bekommen. Während der neunjährigen Aktivität des jungen Vulkans waren zum Glück keine Menschenopfer zu beklagen, doch die Lava verschlang die Dörfer Paricutín und San Juan Parangaricutiro. Übrig blieben lediglich der Name des Weilers Paricutín, nach dem der Vulkan benannt wurde, sowie der Glockenturm und das Kirchenschiff von San Juan Parangaricutiro, die aus dem harten schwarzen Lavabett herausragen. Jahr für Jahr wird die Stelle von Touristen und vor allem Pilgern besucht, die wie hier am Ostersamstag zahlreich herbeiströmen. Angesichts der zu 90 Prozent katholischen Bevölkerung spielen christliche Feste und Riten im mexikanischen Alltagsleben eine große Rolle. Allein das Fest der Jungfrau von Guadalupe, der Nationalheiligen Mexikos, lockt alljährlich 100 000 Pilger an.

Ziegelei östlich von Agra, Uttar Pradesh, Indien

(27° 04' nördlicher Breite – 78° 53' östlicher Länge)

In der Peripherie der nordindischen Stadt Agra gibt es viele Ziegeleien. Die Arbeit in Fabriken dieser Art wird oft Kindern als geschickten und vor allem willigen und billigen Arbeitskräften übertragen. In Asien arbeiten 19 Prozent der Kinder zwischen fünf und 14 Jahren, nicht selten unter gefährlichen Bedingungen (in Bergwerken, an Maschinen oder in Kontakt mit Schadstoffen). Die Mädchen müssen im Haushalt, in der Landwirtschaft und im Kleinhandel arbeiten. Da der Lohn der meisten Kinder ihre bitterarmen Familien ernährt, lässt sich diese Problematik nicht mit drakonischen Maßnahmen regeln: Wenn die Kinder nicht mehr in regulären Werkstätten arbeiten dürfen, werden sie in noch härtere Jobs oder in die Sexindustrie gedrängt. Manche Regierungen und internationale Organisationen bieten dagegen Übergangslösungen an, die den Kindern die Möglichkeit geben, neben der Arbeit zur Schule zu gehen. Sie unterstützen mitunter die Familien finanziell, damit sie ihre Kinder zur Schule schicken können. Weltweit arbeiten heute 246 Millionen Kinder zwischen fünf und 17 Jahren, davon 70 Prozent unter gefährlichen Bedingungen, die ihrer körperlichen und geistigen Entwicklung schaden.

3. April

Fischzucht vor der Insel Wando, Jeolla, Südkorea

(34° 18' nördlicher Breite – 126° 47' östlicher Länge)

Aquakulturen werden meist in eingezäunten Meeresbassins in Küstennähe angelegt, wie hier vor der Insel Wando. Südkorea besitzt eine höchst effiziente Fischfangflotte und gehört heute zu den zehn Hauptproduzenten weltweit. Seit rund einem Jahrzehnt löst die Aquakultur den Fischfang jedoch zunehmend ab. In dieser Industrie ist das Land derzeit neben China, den USA, Japan und Frankreich international führend. In der Nahrungsmittelindustrie nimmt die Aquakultur einen immer höheren Stellenwert ein. Angesichts der zurückgehenden Wildfischbestände und des zunehmenden Bedarfs an Fisch als Eiweißquelle entstehen überall auf der Welt Meeresfarmen, die neben Fischen in Form von Lachszuchten, Teichwirtschaft und Marikultur (Aquakultur im Meer) auch Muscheln und Austern produzieren. Diese Zuchtform geht mit dem Einsatz zahlreicher Chemikalien, Dünger und Antibiotika einher, die eine massive Umweltverschmutzung mit sich bringen. Die 1595 Inseln, die wie Wando in unmittelbarer Nähe des Nationalparks Tadohae Haesang liegen und gerade wegen ihrer noch glasklaren Gewässer geschützt sind, befinden sich heute in akuter Gefahr durch die Aquakultur.

Viaduc de Millau, Aveyron, Frankreich

(44° 06' nördlicher Breite – 3° 05' östlicher Länge)

Über eine Länge von 2460 Metern erstreckt sich in 340 Meter Höhe über dem Erdboden die höchste Brücke der Welt: das Viadukt von Millau. Ihre 16 Streckenabschnitte zu je 2230 Tonnen Gewicht werden von sieben Betonpylonen und 1700 Kilometer Drahtseilen gehalten. Die Brücke bildet das Endstück der Autobahn A75 und führt über das Dörfchen Millau hinweg. Im Sommer überqueren sie tagtäglich mehr als 25 000 Fahrzeuge. Die meisten Einwohner der Gegend begeistern sich für die versprochene Erschließung, die ihnen das Viadukt bescheren soll, und freuen sich auf neue Gewerbebranchen, Unternehmen und Touristen. Manche sehen »ihr« Viadukt schon als die meistbesuchte Attraktion Frankreichs nach dem Mont Saint-Michel. Innerhalb weniger Jahrzehnte hat der Ausbau des Autobahnnetzes und der Trassen des Hochgeschwindigkeitszuges TGV die Wirtschaftslandschaft Frankreichs nachhaltig verändert und die aktiven Regionen flächendeckender über das Staatsgebiet verteilt.

Markt in Las Purgas, Santo Domingo, Dominikanische Republik

(18° 28' nördlicher Breite – 69° 53' westlicher Länge)

Südwestlich von Santo Domingo, im kleinen Marktflecken Las Purgas, spannen dominikanische und haitianische Händler Tag für Tag Sonnenschirme über ihren Ständen auf, als Sonnenschutz genauso wie als »Firmenschild«. Die Atmosphäre ist fröhlich, die Menge bunt gemischt. Küchengeräte, Möbel, Kleidung: Alles wird hier an- und verkauft oder getauscht, teils fabrikneu, teils gebraucht, von offiziellen Kaufleuten und Gelegenheitshändlern. Märkte wie dieser, die überall auf der Insel stattfinden, spiegeln die Zunahme der »grauen« Wirtschaft wider, die sieben von zehn Haitianern und fast jeden zweiten Bürger der Dominikanischen Republik ernährt. Die Expansion dieser Wirtschaftsform in den südlichen Ländern hängt direkt mit dem Überschuss an Arbeitskräften und der Landflucht zusammen. Zudem gehen seit einigen Jahrzehnten immer mehr Frauen freiwillig oder notgedrungen arbeiten. Aufgrund ihrer geringeren Schulbildung sind sie oft weniger qualifiziert als Männer und haben nur begrenzten Zugang zu Ausbildung, Kapital und Krediten. Das wiederum bedeutet, dass sie zahlreiche Benachteiligungen hinnehmen und sich mit den schlechtesten Arbeitsplätzen begnügen müssen.

Slum bei Algier entlang des Wadi El-Hamiz, Algerien

(36° 43' nördlicher Breite – 3° 14' östlicher Länge)

Die rasche Urbanisierung Algeriens (1966 lebten nur 31 Prozent der Bevölkerung in Städten, 2005 waren es schon 61,5 Prozent) ohne gezielte Städtebaupolitik hat in den letzten 30 Jahren die Herausbildung von *gourbi* (wilde Siedlungen) gefördert. Ursprünglich war ein *gourbi* in Algerien ein einfaches Häuschen auf dem Lande, kaum mehr als eine Hütte; heute bezeichnet man so die Slums des Landes. In der Hauptstadt leben mehr als zwei Millionen Menschen, von denen sich die meisten in den Elendsvierteln der Innenstadt drängen. Inzwischen erstrecken sich die Slums mehr und mehr in die Stadtrandgebiete und bis in Agrarflächen hinein, beispielsweise entlang des Wadi El-Hamiz, dessen Wasserlauf den Slumbewohnern als offene Abwasserkloake dient. Da privater Grundbesitz eine seitliche Ausdehnung unmöglich macht, drängt sich der Slum an den Ufern des Wadi, die von den Stadtvätern als nicht erschließbar eingestuft werden. Nicht zuletzt aufgrund der katastrophalen sanitären Zustände leiden viele der Bewohner an schweren Hauterkrankungen. Die Verseuchung der Wadis (Flusstäler) bildet in Algerien eine ernst zu nehmende Gefahr für die Gesundheit der Bevölkerung.

US-amerikanische Forschungsstation McMurdo, Ross-Insel, Antarktis

(77° 50' südlicher Breite – 166° 50' östlicher Länge)

In der Antarktis fehlt von uralten Kulturen jede Spur. Es gibt auch keine verfallenen, verwitterten Ruinen, denn die Antarktis ist der einzige Kontinent der Erde, auf dem sich Menschen nie auf Dauer ansiedeln konnten. Seit den 1950er Jahren haben sich jedoch Forschungsstationen von mittlerweile mehr als 80 Ländern niedergelassen. Die größte davon, die US-amerikanische McMurdo-Station am Fuß des Vulkans Erebus, ist ganzjährig bewohnt, im Sommer von 1200 und im Winter von 200 Personen. Die kleine Stadt am Südpol, ein Kuriosum in der Antarktis, erinnert an die Bergarbeiterstädtchen Alaskas: eine Kirche, zwei Kneipen, Krankenhaus, Bank, Postamt, Unterkünfte und Treibhäuser, wo man in Hydrokultur Salat, Tomaten und Blumen zieht. Selbst eine Bowlingbahn gibt es hier am Ende der Welt. Aber McMurdo ist auch einer der am schlimmsten verschmutzten Häfen der Erde, vor allem in Form von Treibstoffrückständen und PCB, die als Krebserreger heute in der Industrie verboten sind. Aufgrund der extremen Kälte kann sich in der Antarktis nichts zersetzen. Seit 1988 wird der Abfall von McMurdo samt und sonders in die USA zurückbefördert.

Schafe auf Lavafeldern, Halbinsel Snaefellsness, Island

(64° 45' nördlicher Breite – 24° 30' westlicher Länge)

Island ist die zweitgrößte Insel Europas und ein vergleichsweise junges Land. Es ist vulkanischen Ursprungs, trocken und zumindest im Landesinnern menschenleer. Der Boden besteht zu 99 Prozent aus Vulkangestein (Basalt) und bietet daher keine günstigen Voraussetzungen für eine Vegetation: Über die Hälfte der Fläche des Landes ist kahl. Auf den Lavafeldern, die elf Prozent der Landesfläche ausmachen und als Schafweiden genutzt werden, gedeihen lediglich Flechten und Moose, deren Bronzeton der Landschaft ihre typische Färbung verleiht. Nur an manchen Stellen können sich höhere Pflanzen ansiedeln – falls die Schafe sie nicht vorher abfressen. Die Hälfte der Pflanzendecke verschwand seit der Kolonisierung der Insel im neunten Jahrhundert. Waldflächen machen heute nur noch knapp 1,5 Prozent der Inselfläche aus, bedeckten jedoch zur Zeit der Ankunft der ersten Siedler vermutlich noch 30 Prozent. Seit 100 Jahren versuchen die Isländer, die Bodenerosion durch Wiederaufforstung einzudämmen. 215 000 Hektar sollen in den nächsten 40 Jahren in Wälder umgewandelt werden.

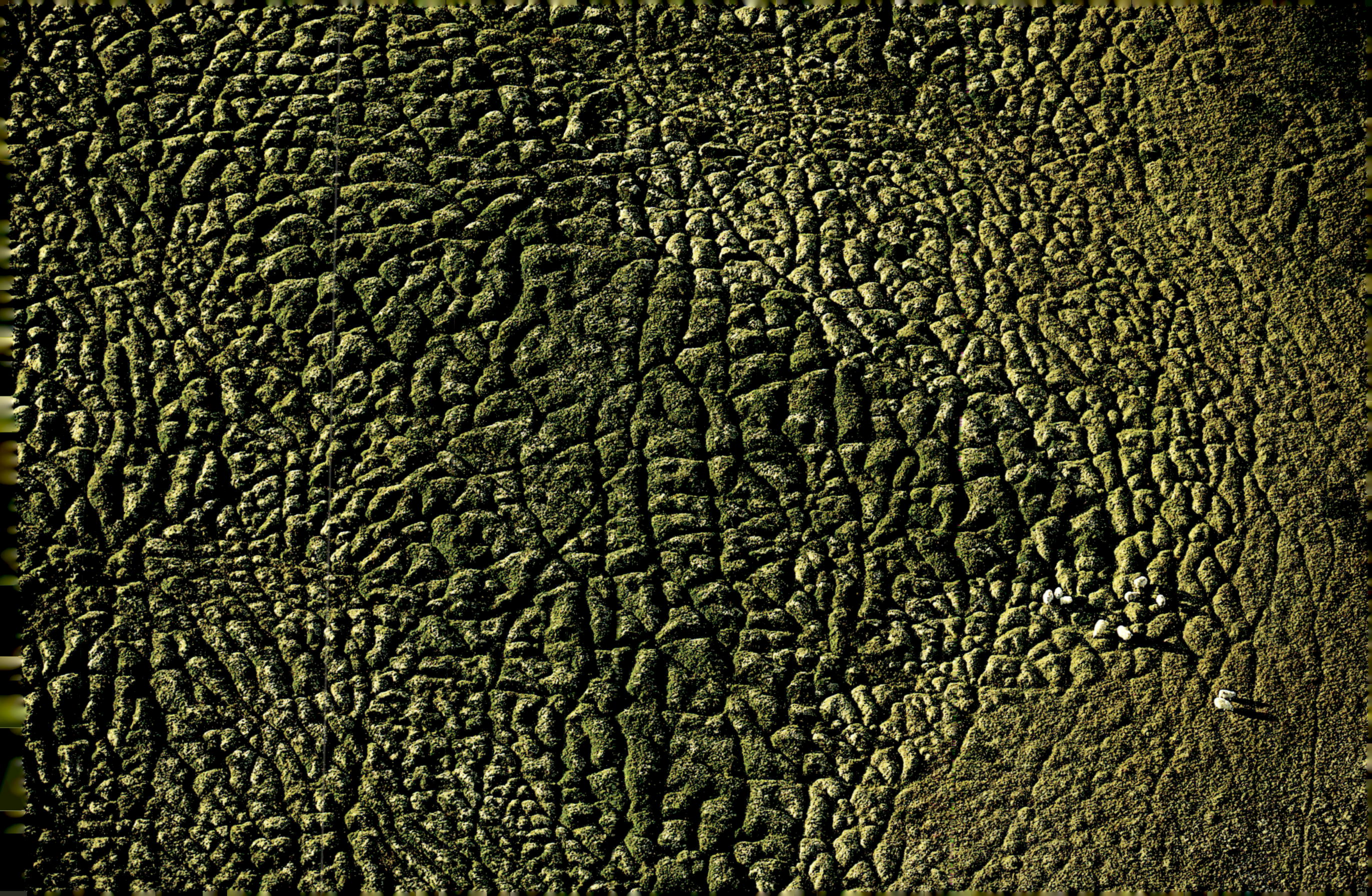

In der Sonne trocknende Baumwollstoffe in Jaipur, Rajasthan, Indien

(26° 55' nördlicher Breite – 75° 49' östlicher Länge)

Rajasthan ist ein bedeutendes Zentrum der Textilindustrie und seit Jahrhunderten berühmt für kunstvolle Färber- und Stoffdruckarbeiten auf Baumwolle und Seide. Die bei Touristen äußerst begehrten Stoffe werden von Frauen gefertigt. Unter den 25 Prozent der indischen Bevölkerung, die in Armut leben, sind sie besonders betroffen, denn traditionell hofft jede Familie auf männlichen Nachwuchs: Jungen erhalten den Familiennamen und sichern die Zukunft des Familienbetriebs, sei er noch so bescheiden. Von indischen Knaben wird erwartet, dass sie ihre Eltern im Alter unterstützen und nach deren Tod die Bestattungsrituale vollziehen. Da die Mädchen hingegen die Familie bei ihrer Heirat verlassen und ihre Eltern zudem eine Mitgift aufbringen müssen, gelten sie meist als Last. Die heute erschwerte, aber allseits akzeptierte Abtreibung weiblicher Föten und der Tod vieler neugeborener Mädchen, ganz zu schweigen von Todesfällen durch (meist präparierte) brennende Saris, finden sich quer durch alle sozialen Schichten. Die Regierung ist besorgt über die Zunahme und bemüht sich um eine entsprechende Gesetzgebung, denn in einigen Bundesstaaten kommen schon heute auf 1000 Männer nur 800 Frauen.

Ölbohrlöcher in Puesto Hernández, Argentinien

(39° 00' südlicher Breite – 70° 00' westlicher Länge)

Die Provinz Neuquén in der riesigen Wüste Patagoniens ist mit einem Mosaik von Ölbohrlöchern überzogen. Trotz der ansehnlichen Vorkommen an Erdöl und Erdgas durchläuft Argentinien derzeit eine schwere Energiekrise, die durch das Finanzdesaster von 1998 noch verschärft wird. Seit der Privatisierung der nationalen Erdölfördergesellschaft YPF im Jahr 1993 schöpft die spanische Repsol-YPF die Vorkommen ab, ohne die Gewinne wieder in Argentinien zu investieren oder auch nur für die von ihr verursachten Umweltschäden aufzukommen. Die Abwässer der Bohrlöcher gelangen teilweise ins Grundwasser, aus dem die Bevölkerung der Region ihr Trinkwasser bezieht. Durch Gerichtsbeschluss muss das Unternehmen inzwischen Trinkwasser in Containern bereitstellen. Um die nationale Produktion anzukurbeln, wurde 2004 das gemischtwirtschaftliche Erdölunternehmen Energia Argentina SA gegründet, doch verglichen mit der bolivianischen Energiepolitik, wirkt diese Maßnahme sehr bescheiden. Im Mai 2006 ordnete Präsident Evo Morales die Rückverstaatlichung sämtlicher Ölfelder an, damit das Land wieder Herr seiner Ressourcen wird. Bolivien besitzt nach Venezuela die zweitgrößten Erdöl- und Erdgasvorkommen des Kontinents, ist jedoch das ärmste Land Südamerikas.

Château Saint-Léger, Saint-Germain-en-Laye, Yvelines, Frankreich

(48° 54' nördlicher Breite – 2° 03' östlicher Länge)

Dieses schöne Herrenhaus, heute Firmensitz der französischen Ford-Niederlassung, entstand Ende des 19. Jahrhunderts in Saint-Germain-en-Laye. Die ebenso kunstsinnige wie geschichtsträchtige Stadt war Residenz der Könige von Karl dem Großen bis zu Ludwig XIV., der hier 1638 geboren wurde, jedoch 1689 nach Versailles übersiedelte. Auch von Paris aus kamen der Sonnenkönig und seine Nachfolger weiterhin nach Saint-Germain-en-Laye zum Jagen, denn das zum Schloss gehörige Waldgebiet war das größte aller königlichen Jagdreviere. 1669 erließ Ludwig XIV. ein Gesetz, das als »Große Verordnung über die Gewässer und Forste von Saint-Germain-en-Laye« in die Annalen einging. In seinen Revieren jagte der König mit seinem Gefolge ohne Rücksicht auf die Äcker, die unter dem fliehenden Wild ebenso litten wie unter den Jägern. Im Wald von Saint-Germain veranstalteten Könige und Kaiser noch bis 1870 Parforcejagden. Der heute vom französischen Forstamt verwaltete Staatsforst Saint-Germain-en-Laye umfasst eine Fläche von 3450 Hektar. Zehn Prozent der französischen Wälder gehören dem Staat, 19 Prozent örtlichen Gemeinden und 71 Prozent privaten Besitzern.

Arbeiter in den Salinen des Assalsees, Dschibuti

(11° 41' nördlicher Breite – 42° 25' östlicher Länge)

Das Wasser des Assalsees weist eine der höchsten Salzkonzentrationen der Welt auf – 35 Gramm pro Liter, also zehnmal so viel wie das Rote Meer. Durch Verdunstung sammeln sich Salzkristalle zu einer bis zu 60 Meter mächtigen festen Schicht an, die sich 52 Quadratkilometer weit im Nordteil des Sees ausdehnt. Seit 1998 arbeiten die Salinen im industriellen Maßstab. Die Füße in der Sole, die Köpfe ungeschützt der Sonne ausgeliefert, füllen die Arbeiter das von Schaufelbaggern aus den seichten, extrem salzhaltigen Flächen rings um die Bank geförderte Salz in Säcke. Trotz der attraktiven Löhne gibt es in der Belegschaft eine hohe Fluktuation, weil niemand lange unter diesen Bedingungen arbeiten kann. Die Lebenserwartung in der Republik Dschibuti ist eine der niedrigsten der Welt (43 Jahre gegenüber im Schnitt weltweit 66 Jahren), und die Hälfte der Bevölkerung lebt unterhalb der Armutsgrenze. Um Abhilfe zu schaffen, fördert die Regierung aufgrund der günstigen Lage des Landes am südlichen Ende des Roten Meers vor allem den Dienstleistungs- und Tourismussektor. Angesichts der hochgradigen Unterernährung der Bevölkerung und der anhaltenden Landflucht versuchen die Behörden, die schwach entwickelte Agrarwirtschaft zu beleben, um die Nahrungsversorgung zu verbessern.

Der Fels von Gibraltar, britische Kronkolonie Gibraltar

(36° 08' nördlicher Breite – 5° 21' westlicher Länge)

An der äußersten Südspitze der Iberischen Halbinsel liegt Gibraltar, dessen rund 30 000 Einwohner sich auf 5,8 Quadratkilometern rings um den berühmten Felsen drängen. Seit der Eroberung des Felssporns im Spanischen Erbfolgekrieg 1704 durch die englisch-niederländische Flotte ist Gibraltar bis heute eine britische Exklave und Zankapfel zwischen Großbritannien und Spanien. Die in unmittelbarer Nachbarschaft gelegene Straße von Gibraltar verbindet das Mittelmeer mit dem Atlantik. Nur 15 Kilometer Wasser trennen die Küsten Marokkos von Europa und locken zahllose illegale Einwanderer ins »gelobte Land« jenseits der Meerenge. Bei ruhiger See unternehmen sie zu Hunderten das Wagnis, die meisten auf überladenen kleinen Booten. 4000 Leichen wurden zwischen 1998 und 2005 allein an der Küste Spaniens angeschwemmt, überwiegend ertrunkene junge Marokkaner.

Olivenhaine, Galiläa, Israel

(32° 54' nördlicher Breite – 35° 20' östlicher Länge)

Die Landwirtschaft spielte bei der Gründung Israels eine zentrale Rolle, zumal sich die ersten Siedler vornahmen, »die Wüste zum Blühen zu bringen«. Über ein halbes Jahrhundert später ist es ihnen fast gelungen, wenn auch auf Kosten der Wasserressourcen. Als Grenze zwischen Israel, Syrien und Jordanien ist der Jordan einer der am häufigsten in den Nachrichten genannten Flüsse der Welt und völlig übernutzt. Die Zuläufe unterhalb des Westjordanlands werden schneller abgepumpt, als sie sich wieder auffüllen können, obwohl auch die Palästinenser Ansprüche anmelden. Um den Wassermangel zu beheben, ohne auf die Weiterentwicklung seiner Agrarwirtschaft zu verzichten, musste Israel wassersparende Tropfbewässerungsanlagen entwickeln, Brackwasser verwenden, Abwässer zu Brauchwasser aufbereiten und Meerwasser-Entsalzungsanlagen bauen. Letztere bewältigen rund 60 000 Kubikmeter Meerwasser täglich. Der zur Bewässerung benutzte Trinkwasseranteil sank in der Folge von 80 Prozent in den 1970er Jahren auf heute rund 60 Prozent. Allerdings reicht auch das nicht aus, sodass die Landwirtschaft generell umdenken muss. An die Stelle bewässerungsintensiver Kulturen wie Zitrusfrüchte und Baumwolle sollen traditionelle Feldfrüchte wie Oliven, Weizen oder Mandeln treten. Auch die Sonderkonditionen für die Bauern sollen abgebaut werden. Weltweit dienen rund 70 Prozent des Süßwassers zur Bewässerung in der Landwirtschaft.

Altstadt von Sana'a, Al-Kabir-Moschee, Jemen

(15° 21' nördlicher Breite – 44° 12' östlicher Länge)

Der Zauber der jemenitischen Hauptstadt Sana'a blieb lange Zeit den neugierigen Augen abendländischer Reisender verborgen, denn in ihrem Talkessel in 2350 Meter Höhe war sie nur schwer zu erreichen. Noch heute ist die Altstadt ein Labyrinth von Gassen, in denen es nach Gewürzen, Myrrhe und Weihrauch duftet, wobei Letzterer eines der Hauptprodukte des Jemen ist. Im Herzen des Souk hebt sich das weiße Minarett der Al-Kabir-Moschee vom warmen Braun der 5000 traditionellen Turmhäuser ab. Die hohen Bauten aus sonnengetrockneten Lehmziegeln (einer Mischung aus Stroh, Wasser und Lehm) mit ihren reich verzierten Stuckfassaden verleihen Sana'a ein höchst eindrucksvolles Stadtbild. Während es 1975 nicht mehr als 80 000 Einwohner zählte, musste Sana'a abrupt mit einer Million jemenitischer Flüchtlinge zurechtkommen, die 1990 wegen der Irak-freundlichen Haltung des Jemen im Golfkrieg aus Saudi-Arabien ausgewiesen wurden. Um diese Menschenmassen unterzubringen, stampfte man an den Stadträndern in aller Eile hässliche Betonhochhäuser aus dem Boden. Strenge Bauvorschriften verhüten heute solche städtebaulichen Monstrositäten. Seit 1994 gehört die Stadt zum UNESCO-Weltkulturerbe.

Favelas in Rio de Janeiro, Brasilien

(22° 55' südlicher Breite – 43° 15' westlicher Länge)

Anderthalb Millionen »Cariocas«, also ein Siebtel der Einwohner von Rio de Janeiro, bevölkern die Slums des Ballungsgebiets. Die über 600 Favelas dehnten sich seit dem Beginn des 20. Jahrhunderts rasch aus und sind heute Brutstätten des Verbrechens. Zahlreiche Bewohner der in steilen Hügellagen behelfsmäßig errichteten Elendsviertel fallen bei starken Regenfällen in regelmäßigen Abständen tödlichen Erdrutschen zum Opfer. Unterhalb der Favelas bevölkern die wohlhabenden Schichten Rios die Wohnviertel entlang der Küste. Die sozialen Gegensätze spiegeln die Realität ganz Brasiliens: Der Wohlstand des Landes verteilt sich auf zehn Prozent der Bevölkerung, während fast die Hälfte unterhalb der Armutsgrenze lebt. Seit 1996 verbessert die Stadtverwaltung von Rio die Situation in den Slums nach und nach durch Infrastrukturen wie Straßen, Stromnetze, Wasserleitungen, Abwasserkanäle und Müllabfuhr, aber auch durch die Einrichtung von Arbeitsvermittlungsstellen. Weltweit leben über eine Milliarde Menschen in Slums – ein Drittel der in Städten angesiedelten Weltbevölkerung.

Bodenerosion südwestlich des Ysyk-Köl-Sees nahe Kara-Koo, Kirgisistan

(42° 12' nördlicher Breite – 76° 37' östlicher Länge)

Das im Herzen Zentralasiens gelegene Kirgisistan ist traditionell der Viehzucht verbunden, während Ackerbau nur an den Berghängen und in den wenigen, zwischen 4000 und 7000 Meter hohen Tälern betrieben wird. Der brüchige Boden ist in diesen extremen Lebensräumen äußerst erosionsgefährdet: 60 Prozent der kirgisischen Böden sollen so stark von Verwitterung betroffen sein, dass ein Verlust der Anbauflächen droht. Seit der Unabhängigkeit des Landes 1991 und der Abkehr vom kommunistischen Regime der damaligen Sowjetunion wirft die Rückkehr zur privaten Viehzucht große Probleme aufgrund der Überweidung auf. Angesichts der wirtschaftlichen Ungewissheit vergrößerten viele Züchter ihre Herden massiv, weil die Tiere traditionell als »Kapital auf Beinen« angesehen werden. 1994 zählte Kirgisistan schon zweimal so viele Rinder wie zuvor, viel mehr, als die vorhandenen Wiesen ernähren können. Bei zu starker Beweidung kann das Gras nicht mehr nachwachsen, und die ungeschützten Böden sind der Erosion ausgesetzt.

Teegarten, Umgebung von Kericho, Kenia

(0° 24' südlicher Breite – 37° 00' östlicher Länge)

Kericho liegt in 2200 Meter Höhe zwischen dem Rift Valley und dem Viktoriasee im kenianischen Hochland. Der Boden ist durch Erosion ausgelaugt, eignet sich jedoch dank täglicher Niederschläge und starker Sonneneinstrahlung für den Teeanbau. Bei der Ernte werden lediglich die jungen äußeren Blätter abgezupft. Jeder Strauch ist ein Individuum mit eigener Färbung. Die vielen Grüntöne bezeugen die hohe Qualität des Tees. Schmale Wege trennen die einzelnen Parzellen voneinander. Eigentümer sind Kleinbauern, die 60 Prozent der Ernte hervorbringen und Kenia damit Platz vier in der internationalen Teeproduktion sichern. Anderswo bewirtschaften internationale Konzerne große Plantagen mit geklonten Pflanzen und bieten vielen Menschen einen Arbeitsplatz. Eine Mechanisierung der Produktion wurde auch hier schon erwogen, doch verbietet die unregelmäßige Form der Teegärten die maschinelle Ernte, sodass die Kosteneinsparungen bei den Arbeitskräften durch die geringere Qualität des Tees im Handel zunichte gemacht würden.

Griechisches Kloster Mar Saba, Wüste Judäa, Israel

(31° 35' nördlicher Breite – 35° 00' östlicher Länge)

Das 439 vom Einsiedler und späteren Heiligen Julian Sabas erbaute Kloster Mar Saba (Sankt Saba) thront wenige Kilometer vor den Toren Bethlehems über den ockergelben Steilhängen der Wüste Judäa. Das Gewirr steiler Gassen und Klosterzellen war eines der ersten bewohnten Klöster der Welt. Während in den vergangenen sieben Jahrhunderten zeitweise bis zu 4000 Mönche gleichzeitig das Kloster bevölkerten, lebt heute kaum mehr ein knappes Dutzend in dem Gebäude. Mar Saba ist eines der Heiligtümer der orthodoxen Kirche Jerusalems unter dem Patriarchen Theophilos III. von Jerusalem und Palästina, zu der sich 130000 Gläubige bekennen. Sie wacht über die heiligen Stätten Palästinas. Zu ihren unzähligen Schätzen gehören unter anderem die Grabeskirche in Jerusalem und die Geburtskirche in Bethlehem, aber auch das Grundstück, auf dem die Knesset steht. De facto ist die orthodoxe Kirche von Jerusalem die größte Grundbesitzerin Israels. Ein Drittel der Menschheit (zwei Milliarden Menschen) sind Christen, davon eine Milliarde Katholiken, 356 Millionen Protestanten, 218 Millionen Orthodoxe, 83 Millionen Anglikaner und 245 Millionen Christen ohne Kirchenbindung, vor allem in Lateinamerika und Afrika.

20. April

Die schneebedeckten Hodna-Berge bei El-Hammadia, Algerien

(35° 55’ nördlicher Breite – 4° 47’ östlicher Länge)

Die Hodna-Berge im Nordosten Algeriens erstrecken sich parallel zur Küste und erreichen eine Höhe von bis zu 1900 Metern. Dieses Gebiet wird überwiegend für die Schafzucht genutzt. Auf den kleinen Parzellen werden Obst und Gemüse, Weizen, Weintrauben und Oliven angebaut. An den Hängen unterhalb der Gipfel standen früher ganze Wälder von Ölbäumen, Zedern und Eichen, die jedoch mittlerweile stark gelichtet sind. Zurück blieb ein überweideter, der Erosion preisgegebener Boden. In 150 Jahren hat Algerien fast 40 Prozent seiner Wälder eingebüßt. Im semiariden Kontinentalklima des Gebirges wechseln sich trockene, heiße Sommer mit strengen Wintern ab. Die Niederschläge erreichen 700 bis 1000 Millimeter im Jahr. Als seltenes Schauspiel bedeckte Anfang 2005 eine üppige Schneedecke die ganze Region. Nach Einschätzung der Einwohner war dies die höchste Schneemenge seit 60 Jahren, was angesichts der derzeitigen globalen Klimaerwärmung paradox erscheint. Meteorologen bestätigen jedoch, dass solche extremen Phänomene der generellen Erwärmung keineswegs widersprechen. Sie prophezeien langfristig eine früh einsetzende Schneeschmelze in den Hochgebirgen und eine massive Abnahme der Schneemengen in den Mittelgebirgen.

Ausflugsboote in den Schwimmenden Gärten von Xochimilco südlich von Mexiko-Stadt, Mexiko

(19° 16' nördlicher Breite – 99° 06' westlicher Länge)

Mexikaner und zunehmend auch ausländische Touristen strömen in großer Zahl zu den »Schwimmenden Gärten« von Xochimilco, 28 Kilometer südlich der mexikanischen Hauptstadt, um zu flanieren, zu speisen und den *Mariachi*-Orchestern zu lauschen. Typisch sind dort die bunten Ausflugsboote *(trajineras* oder *chalupas),* die mit Tischen und Stühlen mit Strohsitzen ausgestattet sind. Xochimilco besteht aus einem Gewirr von Kanälen und künstlichen Inseln, die von Schilfrohrgeflecht gehalten werden, und ist eines der wenigen Zeugnisse dafür, wie geschickt die Azteken ihr unwirtliches Umfeld zu ihren Gunsten umgestalteten. Die Schwimmenden Blumengärten *(chinampas)* und das 180 Kilometer lange Kanalnetz sind so hervorragend erhalten, dass die gleichermaßen von der Natur und von Menschenhand geschaffene Anlage seit 1987 zum UNESCO-Weltkulturerbe gehört. Die unkontrollierte Ausbreitung von Mexiko-Stadt in das umliegende Tal, das heute von 18 Millionen Menschen besiedelt ist, die Überbeanspruchung der Wasserressourcen und das Fehlen von Kläranlagen bedrohen allerdings mehr denn je den Fortbestand des kleinen Inselparadieses. Xochimilco steht deshalb derzeit auf der Roten Liste des gefährdeten Weltkulturerbes.

FELICIDADES
VIVA LUPITA
VIVA
LILIANA
KAREN
CARMELITA
ANGELITA
JACQUELINE
VIVA
MARIABONITA

Jüdisches Museum in Berlin, Deutschland

(52° 30' nördlicher Breite – 13° 25' östlicher Länge)

Die Fassade ist mit Zink verkleidet, das unter Witterungseinflüssen oxidiert, und der Grundriss bedeutungsvoll dem Davidsstern nachempfunden: Daniel Libeskinds eindrucksvoller Bau stimmt nachdenklich. Den Eindruck der Leere vertiefte der Architekt noch, indem er als Sinnbild für die Abwesenheit der Opfer und all derer, die nie geboren werden, bestimmte Säle leer beließ. Das Jüdische Museum in Berlin zeigt die 1700 Jahre alte Geschichte der Juden in Deutschland und erinnert an den Zweiten Weltkrieg und vor allem an den Holocaust, den größten Völkermord des 20. Jahrhunderts, dem allein sechs Millionen Juden zum Opfer fielen. Seinen über 700 000 Besuchern im Jahr bietet das Museum seit 2001 neben der ständigen Ausstellung Informationen in Sonderausstellungen und Buchreihen und regt bewusst zum Gedenken an. Seit 1948 ist Genozid nach internationalem Strafrecht ein Verbrechen. Dennoch fanden im Laufe der zweiten Hälfte des 20. Jahrhunderts weitere Massenmorde statt, darunter der Völkermord an den Kambodschanern durch die Roten Khmer 1975 bis 1979 und der Massenmord an den Tutsi in Ruanda 1994.

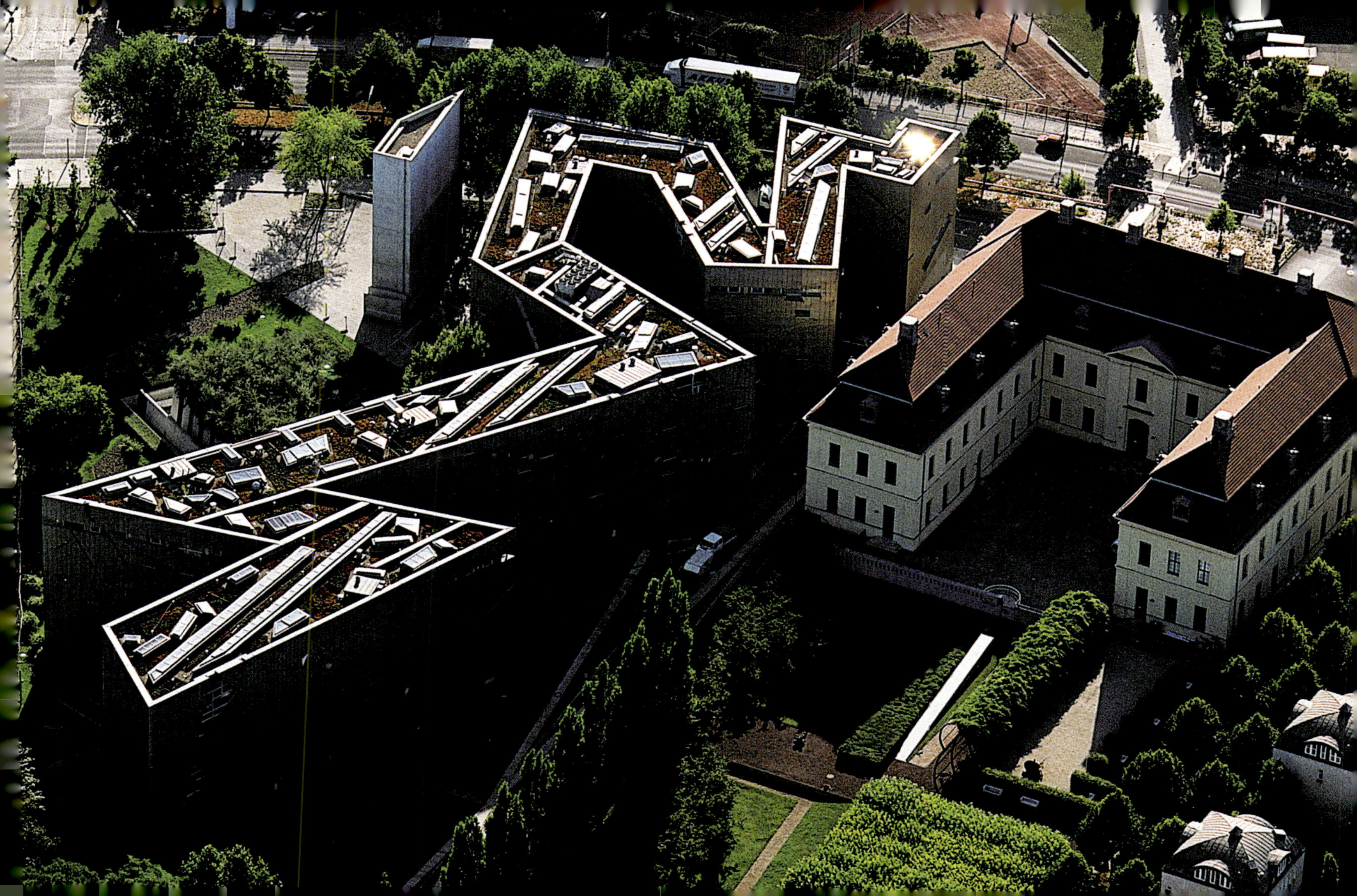

Verschneiter Wald auf dem Berg Seorak-san, Südkorea

(8° 30' nördlicher Breite – 128° 20' östlicher Länge)

Der Seorak-san an der Grenze zu Nordkorea erreicht eine Höhe von 1708 Metern und ist damit der dritthöchste Berg Koreas. Das während der Schneeschmelze abfließende Wasser wird von Pflanzen aufgenommen oder versickert im durchlässigen Gestein bis zu einer undurchlässigen Schicht, wo es sich als Grundwasser sammelt. Bei so starken Höhenunterschieden wie in dieser Region steigt der Grundwasserspiegel oft bis über Talhöhe an, bricht dann in Quelle aus der Erde hervor und rinnt in Bächen und Flüssen ab. Dieser Ablauf der Gewässer über Land ist Teil des Wasserkreislaufs. Von den Niederschlägen über Landflächen verdunsten im Durchschnitt 65 Prozent, 24 Prozent fließen ab, und elf Prozent versickern. Das in der Atmosphäre vorhandene Wasser dagegen entsteht zu 97 Prozent durch Verdunstung der Ozeane aufgrund der Sonneneinstrahlung. Wasserpartikel kondensieren und bilden Wolken, die das Wasser bei ausreichendem Feuchtigkeitsgehalt als Regen wieder abgeben. Durch die Verdunstung innerhalb des Wasserkreislaufs wird salziges Meerwasser in Süßwasser – und damit als Trinkwasser für alle Lebewesen – umgewandelt.

Eingefriedetes Himba-Dorf, Kaokoland, Namibia

(18° 15' südlicher Breite – 13° 00' östlicher Länge)

Von der Haupthütte aus wacht das Oberhaupt über das heilige Feuer neben dem Kral, dem Viehgehege. Die übrigen Dorfbewohner bewohnen kleinere Reisighütten, die mit einer Mischung aus Lehm und Kuhdung verputzt werden. Die 10 000 bis 15 000 Himba im Kaokoland sind auf kleine Clans verteilt, um das Überleben der Viehherden in dieser Wüstenregion sicherzustellen. Allerdings ist die verstreute Lebensweise für das halbnomadische Hirtenvolk nicht immer von Vorteil gewesen. Im 19. Jahrhundert machten sich andere Stämme diese Schwäche für Plünderungen zunutze, sodass die Himba zu einem Dasein als Jäger und Sammler, oft aber auch als Bettler gezwungen waren, was schon der Name ihres Volkes (»Bittsteller«) bezeugt. Heute besitzen die Hirten wieder Viehherden. Von Touristen belagert, werden sie sich zunehmend ihres Status als exotische Attraktion bewusst. Sie weigern sich, ihre althergebrachten Lebensweisen aufzugeben, verkaufen Schmuck und bieten sich als Führer an. Dass die Häuptlinge sogar die Medien einsetzen, um ihre Rechte zu verteidigen, ist ein Beispiel dafür, wie man Moderne und Tradition miteinander versöhnen kann.

Innenhof in Mahdia an der Ostküste Tunesiens

(35° 30' nördlicher Breite – 11° 04' östlicher Länge)

In den Wohnvierteln der Medinas (muslimische Städte) findet das Familienleben abseits von Lärm und Hektik des Stadtzentrums statt. Während die Straßen und Gassen von fensterlosen Mauern gesäumt sind, spielt sich das häusliche Leben im schattigen Innenhof des Gebäudes ab, zu dem sich alle Türen und Fenster des Hauses öffnen. Größe und Ausstattung der Höfe spiegeln den Wohlstand der Besitzer, denn die meisten Tunesier (80 Prozent) sind Eigentümer ihrer Häuser, seien sie protzig oder bescheiden. Traditionell darf ein Mann erst dann heiraten, wenn er ein Haus besitzt. Gelingt ihm das nicht, muss er mit seiner Frau bei den Eltern leben. Da die Bevölkerung Tunesiens jung ist (33 Prozent der Tunesier sind unter 18 Jahren), kann man davon ausgehen, dass der Wohnungsbau herrlichen Zeiten entgegensieht, auch wenn sich der Trend in den nächsten Jahrzehnten sicherlich abschwächen wird. Die meist gebildeten und häufig auch berufstätigen Frauen bringen heute weniger Kinder zur Welt als ihre Mütter, und mit 1,9 Kindern pro Frau etwa so viele wie ihre Geschlechtsgenossinnen in Europa oder Nordamerika.

Reisfelder in der Casamance, Senegal

(12° 49' nördlicher Breite – 16° 09' westlicher Länge)

Die Casamance im Süden von Senegal ist eine der wenigen Regionen Afrikas, in der ein dichtes Netz von Wasserläufen den Reisanbau auf bewässerten Feldern möglich macht. Das Wasser stammt aus dem Fluss Casamance und seinen Zuflüssen. Das Mosaik grüner und gelber Reisfelder wird mit einer asiatischen Reisart bestellt *(Oriza sativa),* die vor 450 Jahren mit portugiesischen Seefahrern nach Senegal gelangte. Seit 3500 Jahren baut man dort zudem eine lokale Art an *(Oryza glaberrima),* die sehr gut an Klima und Boden angepasst, aber weniger ergiebig ist. Reis stellt in Westafrika inzwischen ein Grundnahrungsmittel dar, doch macht der Rückgang der Niederschläge den Reisanbau allmählich unmöglich. In der Folge müssen die afrikanischen Länder mehr Reis importieren (schon jetzt 25 Prozent der insgesamt verzehrten Menge) und schwächen damit unter Umständen ihre Wirtschaft. Um diesem Teufelskreis zu entkommen, führte die zwischenstaatliche Organisation »Westafrikanische Vereinigung zur Reisentwicklung« 1996 die neue Sorte NERICA (NEw RICe for Africa) ein. Die Kreuzung lokaler und asiatischer Arten besitzt die Qualitäten beider Sorten, ist gut an das afrikanische Klima angepasst und liefert zudem hohe Erträge. In einem knappen Dutzend westafrikanischer Länder trägt NERICA heute zur Sicherung der Nahrungsmittelversorgung bei.

27. April

Reiter nahe Barskoon, südöstlich des Ysyk-Köl-Sees, Kirgisistan

(42° 10' nördlicher Breite – 77° 38' östlicher Länge)

»Wer kein Pferd besitzt, hat keine Füße«, besagt ein kirgisisches Sprichwort. Die aus zahlreichen Einkreuzungen hervorgegangenen Pferde Kirgisistans unterscheiden sich zwar je nach Region etwas, sind jedoch durchweg klein, ausdauernd, schnell und wendig. Die Geschichte Zentralasiens ist seit jeher eng mit Pferden verknüpft: Schon die Kleinkinder lernen reiten, denn die Nomaden verlagern immer wieder ihren Standort. Auch im Mittelpunkt bildlicher Darstellungen und Legenden steht immer wieder das Pferd, das zudem die Völker Mittelasiens auf ihren Eroberungszügen nach Europa begleitete. Pferdesportarten sind in Kirgisistan sehr beliebt. Bei den traditionellen Festen im Spätsommer treten Reiter beim »Kok-Par« gegeneinander an, einem Reiterspiel nach dem Vorbild der alten Wolfsjagden. Mädchen und Jungen im heiratsfähigen Alter praktizieren »Kyzkumaï«, die Entführung der auserwählten Braut durch einen Bewerber. Im Sommer dienen die Pferde nach wie vor zum Viehhüten und als Lasttiere, die sämtliche Güter der Familie tragen, im Winter in erster Linie zum Warentransport. Auf den steilen Wegen dieser Landschaft sind die Tiere jedem anderen Transportmittel weit überlegen.

Verschneite Berge nahe der Band-e-Amir-Seenkette, Afghanistan

(34° 25' nördlicher Breite – 69° 20' östlicher Länge)

Band-e-Amir, der erste Nationalpark Afghanistans in der Provinz Bamiyan, hat eine spektakuläre Landschaft zu bieten. Das 41 000 Hektar große Gebiet umfasst fünf Seen mit kristallklarem, tiefblauem Wasser, die durch natürliche Gesteinsriegel aus Travertin aufgestaut werden. Dem Volksglauben zufolge geht ihre Entstehung auf Ali zurück, den Schwiegersohn des Propheten Mohammed und Begründer der Shia. Zahlreiche Pilger besuchen die Seen, nicht zuletzt wegen der angeblichen Heilkraft des Wassers, in dem sie freitags (Tag des Gebets) baden. Das für den Tourismus des Landes unschätzbare Naturschutzgebiet Band-e-Amir könnte in Zukunft auch wieder ausländische Besucher anlocken, die bis in die 1970er Jahre in großer Zahl kamen. Die afghanischen Behörden haben vor, den Park in Kürze der UNESCO als Weltnaturerbe vorzuschlagen. Für die lokale Bevölkerung, die von Landwirtschaft und Fischfang lebt, wäre dies sicherlich ein großer Gewinn.

29. April

Schiffe vor Al-Jahra, Kuwait

(29° 20' nördlicher Breite – 47° 40' östlicher Länge)

Das am Rand der Arabischen Halbinsel gelegene Kuwait besitzt knapp 500 Kilometer Küstenlinie. Davor liegen neun kleine Inseln, darunter das berühmte Failaka. Die Seegrenzen Kuwaits zu Iran und Irak im Persischen Golf sind noch nicht festgelegt. Der 233 000 Quadratkilometer große Golf trennt die Arabische Halbinsel vom Iran. Der Name bezieht sich auf das ehemalige Persien, das einst die Fläche des heutigen Iran einnahm. 1981 schlossen sich sechs Golf-Anrainerstaaten (Kuwait, die Vereinigten Arabischen Emirate, Bahrain, Saudi-Arabien, Oman und Katar) unter der Schirmherrschaft des Golf-Kooperationsrats zusammen. Mit Ausnahme von Bahrain und Oman gehören diese Staaten zur OPEC (Organisation der erdölexportierenden Länder) und besitzen 45 Prozent der weltweiten Erdölvorkommen. Seit 2003 besteht zwischen den Staaten des Kooperationsrates eine Zollunion, die schon 2007 in einen gemeinsamen Markt münden soll, ab 2010 mit gemeinsamer Währung. Sitz der künftigen Zentralbank des Kooperationsrates sollen die Vereinigten Arabischen Emirate sein.

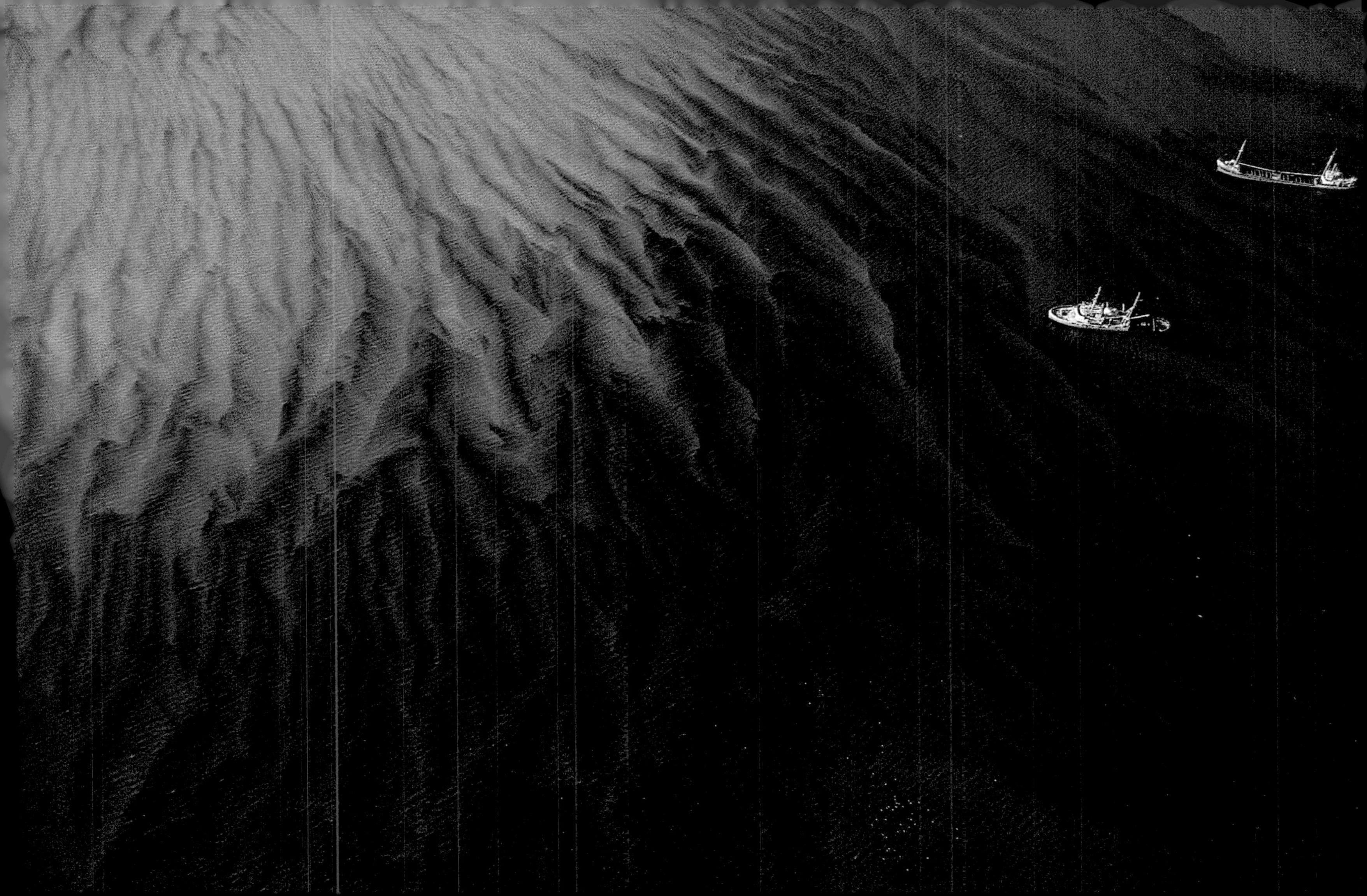

Fußballspiel auf einem Sandplatz in Beirut, Libanon

(33° 53' nördlicher Breite – 35° 29' östlicher Länge)

Weltweit spielen 240 Millionen Menschen in 200 Ländern regelmäßig Fußball. Im Jahr 2002 verzeichnete das Endspiel der Fußballweltmeisterschaft mit 1,1 Milliarden Fernsehzuschauern das zahlenmäßig größte Publikum in der Geschichte dieses Volkssports. Fußball ist international verbreitet wie keine andere Sportart. Die Spielregeln sind simpel, und zum Spielen braucht man nur einen Ball und einen Platz. In den ärmsten Ländern bastelt man sich einen Ball und nutzt als Spielfeld, was gerade da ist – Straßen, Höfe oder ein Brachland, wo die Spieler barfuß gegeneinander antreten. Selbst in den USA, wo Fußball (dort als *soccer* bezeichnet, um ihn von American Football zu unterscheiden) lange Zeit hinter den anderen Mannschaftssportarten zurückstand, zeichnet sich jedoch ein Wandel ab: In manchen Städten sind Fußballspiele bereits besser besucht als Baseball-, Basketball- oder Football-Veranstaltungen. Überall auf der Welt weckt Fußball Hoffnungen und Träume, vor allem angesichts der Gehälter von Starspielern wie David Beckham, der bei Real Madrid 30 Millionen US-Dollar pro Jahr verdient.

Meere und Ozeane

Unser Planet ist ein Planet der Meere und Ozeane. Sie sind die Teile, die Leben ermöglichen. Sie sind der Motor unseres Klimas. Wo auch immer wir auf der Welt sind, spüren wir den Einfluss des Meeres.

Die fast schon altvertrauten Satellitenaufnahmen der Erde zeigen, dass sie in der Tat ein »Blauer Planet« ist. Die Ozeane bedecken sieben Zehntel ihrer Oberfläche. Die Biosphäre, derjenige Teil des Planeten, in dem Leben möglich ist, umfasst auch die Meere. Noch 4000 Meter unter ihrer Oberfläche, in den schwarzen Tiefen des Atlantiks, gibt es Lebewesen. Im Meer finden wir Lebensformen mit einer völlig anderen Grundlage als auf dem Land. In der Regel ist auch dort das Leben von der Strahlungsenergie der Sonne abhängig, die vor allem von den Pflanzen genutzt und umgewandelt wird. Aber in den Tiefen der Meere wurden vor Kurzem Lebensformen entdeckt, die ihre Energie aus den thermischen Strömungen beziehen, deren Ursprung der flüssige Kern der Erde ist. Das Leben in den Ozeanen ist überaus vielfältig: Die Artenvielfalt in einem Meeresarm ist nicht geringer als im tropischen Regenwald. Deshalb sind die Meere ein gewaltiges Sammelbecken des Lebens. Sie bilden ein riesiges, weltumspannendes Kreislaufsystem, das an dasjenige der Atmosphäre gekoppelt ist. Beide beeinflussen sich gegenseitig und bilden den Motor des Klimas, in dem und mit dem wir leben und leben müssen. New York in den Vereinigten Staaten hat sehr kalte Winter, während im Sommer die Luftfeuchtigkeit fast unerträglich ist. Lissabon in Portugal liegt auf derselben geografischen Breite und ist ebenfalls eine Hafenstadt, hat aber nicht unter solchen Klimaextremen zu leiden. Den Unterschied machen Meeresströmungen aus. Diese Kreislaufsysteme sind allerdings nicht stabil. Schwankungen in den großen Systemen des Stillen Ozeans haben Auswirkungen auf die ganze Erde. Von Zeit zu Zeit führen solche Schwankungen dazu, dass die normale kalte Südströmung vor der Küste Perus von warmem Wasser verdrängt wird. Vor den Küsten Perus wird dann weniger Fisch gefangen, und da diese Strömungsänderung meistens um die Weihnachtszeit eintritt, erhielt das Phänomen die Bezeichnung El Niño (spanisch »Christkind«). Dessen Auswirkungen bleiben nicht auf diese Weltregion begrenzt. El Niño kann das Wetter weltweit beeinflussen. Stürme, Überschwemmungen und Dürre, die 1982/1983 durch El Niño ausgelöst wurden, verursachten von Indien über Tahiti bis Bolivien Schäden von über acht Milliarden Dollar.

Die meisten Menschen leben in den Küstenregionen. Wir sind ganz erheblich auf Nahrung aus dem Meer angewiesen: In Asien stammen 40 Prozent des vom Menschen aufgenommenen Eiweißes vom Fisch. Die Meere und das pflanzliche Leben in ihnen binden einen großen Teil des auf der Erde vorhandenen Kohlendioxids. Wie die Kommission für nachhaltige Entwicklung der Vereinten Nationen festgestellt hat, bieten die Meere lebenswichtige Ressourcen, die für das Wohlergehen heutiger und künftiger Generationen, für wirtschaftliches Gedeihen, die Bekämpfung von Armut und die Ernährung der Menschheit genutzt werden müssen.

Unser Wohlergehen hängt daher vom Wohlergehen der Meere ab. Und doch schädigen wir sie in vielfältiger Weise. Es gibt heute sieben Hauptbedrohungen:

1. Die Überfischung der Meere gefährdet die künftige Verfügbarkeit einer der bedeutendsten Nahrungsmittelressourcen. Nur ein nachhaltig betriebener Fischfang kann die weltweite Nahrungsversorgung und den Lebensunterhalt für gegenwärtige und künftige Generationen sicherstellen. Aber wir haben viele Fischbestände geplündert – und bei fast allen wichtigen Arten ist nun die Grenze der Nachhaltigkeit erreicht. Deshalb machen wir uns auf die Suche nach weiteren nutzbaren

Arten. Die Evolution hat es mit sich gebracht, dass es auf vielen unterseeischen Bergen wie auf Inseln Arten gibt, die nirgendwo sonst zu finden sind. Auch diese einzigartigen Ressourcen sind heute durch Überfischung bedroht.

2. Ohne die Seefahrt wäre kein Welthandel möglich. Die Weltwirtschaft ist auf den Seetransport angewiesen. Aber Schiffe in schlechtem technischem Zustand dürfen potenziell gefährliche Fracht wie Öl transportieren, das bei Unfällen das Meer und die Küsten in verheerender Weise verschmutzt.

3. Nach wie vor wird Müll in großem Umfang im Meer »entsorgt«. Manche Staaten sind nicht bereit, ihren Abfall in ihrem eigenen Land zu beseitigen, weshalb sie ihn ins Meer kippen.

4. Abfall von Aktivitäten an Land wird über Flüsse und Rohrleitungen ins Meer geleitet. Mit industriellen Abfällen gelangen Schadstoffe in das maritime Ökosystem, die die Brut von Fischen und Schalentieren bedrohen und dazu führen, dass diese nicht mehr für den menschlichen Verzehr geeignet sind. Die Abwässer von Städten können zu einer lokalen Anreicherung von Nährstoffen führen, die das natürliche Ökosystem aus dem Gleichgewicht bringt. Der Sauerstoffgehalt des Meeres sinkt, und die Fische sterben.

5. Die Zersiedlung der Küsten bedeutet eine weitere Belastung des Meeres durch den Menschen. Man denke nur an die Touristenhochburgen am Mittelmeer: Mehr Abwässer und Erosion vernichten durch Sedimentation von Schwebstoffen die Laichgründe der Fische. Die Zerstörung von Feuchtgebieten raubt wild lebenden Tieren natürlichen Lebensraum. Weltweit wächst der Druck.

6. Weiterhin werden die Ozeane immer mehr als Rohstofflager entdeckt. Auf dem Meeresboden werden bereits Öl und Gas gefördert. Sand und Kies für den Bau werden vom Meeresgrund gewonnen, wodurch Laichplätze zerstört werden. Selbst der Abbau von Erzen vom Meeresboden ist schon geplant. Von der

Rohstoffindustrie gehen immer erhebliche Eingriffe in die Umwelt aus; daran ändert die Tatsache nichts, dass der Abbau weniger augenfällig ist, weil es irgendwo draußen vor den Küsten geschieht.

7. Die Veränderung des globalen Klimas durch menschliche Aktivitäten wirkt sich ebenfalls auf die Meere aus. Die erhöhte UV-Strahlung in manchen Teilen der Welt aufgrund des Ozonlochs schädigt die Fischbrut. Die globale Erwärmung wird Auswirkungen auf die Meeresströme haben – mit schwer abschätzbaren Folgen.

Aber noch ist nicht alles verloren.

Die internationale Gemeinschaft hat in den vergangenen 30 Jahren ernsthafte Anstrengungen unternommen, diesen Bedrohungen zu begegnen. Die Internationale Seeschifffahrtsorganisation versucht, die Standards des Seeverkehrs zu verbessern. Die Ernährungs- und Landwirtschaftsorganisation der Vereinten Nationen hat Aktionspläne für die Fischerei erarbeitet. Im Rahmen des UN-Umweltprogramms wurde ein globaler Maßnahmenkatalog gegen die Umweltverschmutzung zu Lande beschlossen. Weltweit setzen sich die 18 regionalen Meeresorganisationen mit den Problemen auseinander. Allerdings benötigen diese Anstrengungen mehr politischen Rückhalt, damit die erzielten Vereinbarungen auch umgesetzt werden. Zusagen wurden gegeben. Aufgabe der Regierungen und der Interessenvertreter ist es jetzt, die Vereinbarungen durchzusetzen, damit angesichts der Bedrohungen die Chance genutzt wird, eine nachhaltige Nutzung der Meere zum Wohle des ganzen Planeten zu erreichen.

Alan Simcock

Sekretariat der OSPAR-Kommission zum Meeresumweltschutz im Nordostatlantik,

Ko-Präsident beim beratenden Verfahren der Vereinten Nationen zu den Ozeanen in den Jahren 2000, 2001, 2002

Elendsviertel in Guayaquil, Guayas, Ecuador

(2° 13' südlicher Breite – 79° 54' westlicher Länge)

Die Elendsviertel an der Mündung des Flusses Guayas deuten auf die immense Größe der Stadt Guayaquil hin. Sie wurden auf einem künstlichen, von den Gezeiten aus Abfällen angehäuften Untergrund errichtet. Das große Industrie- und Handelshafenzentrum Guayaquil ist die Stadt mit der höchsten Bevölkerungsdichte des Landes (2,5 Millionen Einwohner gegenüber 1,6 Millionen in der Hauptstadt Quito). Viele Jahre lang zog ihr Wohlstand eine wachsende Zahl von Migranten aus den ländlichen Gebieten der Umgebung an, die diese Elendsviertel ständig vergrößerten. Nach der schweren Finanzkrise Ende der 1990er Jahre wurde jedoch der US-Dollar im September 2000 als offizielle Währung eingeführt und ersetzte die ehemalige Währung, den Sucre. Diese wirtschaftliche Depression führte dazu, dass in fünf Jahren über 500 000 Einwohner abwanderten. Derzeit gelingt es dem Land, allmählich aus dem wirtschaftlichen Chaos herauszukommen, insbesondere dank der Dynamik des Erdölsektors, der etwa 20 Prozent des Bruttoinlandsprodukts erwirtschaftet. Doch der dadurch entstandene Reichtum ist ungleich verteilt: In dem Land beanspruchen zehn Prozent der reichsten Haushalte über 40 Prozent der Einkünfte für sich.

Moschaw (genossenschaftliche Siedlung) Nahalal, Jesreelebene, Israel

(32° 41' nördlicher Breite – 35° 13' östlicher Länge)

Im Norden Israels wurden in der fruchtbaren Jesreelebene, die im Osten vom See Genezareth und vom Jordan sowie im Westen vom Mittelmeer gesäumt ist, die ersten *Moschawim* eingerichtet. Diese am Sozialismus und Zionismus orientierten Genossenschaftssiedlungen wurden während der zweiten jüdischen Einwanderungswelle im Laufe des 20. Jahrhunderts gegründet und spielten eine sehr wichtige Rolle bei der Gründung des Staates Israel. Im Gegensatz zu den in den *Kibuzzim* geltenden Prinzipien bewahren die Farmer der *Moschawim* ihr Privateigentum, doch die Arbeitskräfte und die natürlichen Ressourcen (beispielsweise Wasser) werden geteilt, und die Gewinne gehen an die Gemeinschaft. Die Familie steht im Zentrum des sozialen Lebens dieser Siedlungen, und die Kinder genießen eine kostenlose und sehr gute Erziehung. Seit der wirtschaftlichen und politischen Krise der 1980er Jahre haben die Schulen jedoch Probleme, alle Kinder aufzunehmen. Mehr und mehr Angehörige der *Moschawim* sind in nicht landwirtschaftlichen Bereichen beschäftigt oder gehen zum Arbeiten in die nahe gelegenen Städte. Angesichts der derzeitigen finanziellen Instabilität, der Globalisierung und des allgemeinen Liberalismus ist die Erfahrung dieser kollektiven und solidarischen Produktionsformen in vielerlei Hinsicht interessant.

Feuchtgebiet im West-Coast-Nationalpark bei Langebaan, Südafrika

(33° 12' südlicher Breite – 18° 09' östlicher Länge)

Die Langebaan-Lagune nördlich von Kapstadt ist ein weitläufiges Feuchtgebiet, in dem mehr als 55 000 Vögel nisten. Hinzu kommen unzählige Zugvögel, die in Eurasien gebrütet haben und dem dortigen Winter entfliehen, um ihn im sommerlichen Südafrika zu verbringen. Mit mehr als 200 Naturschutzgebieten und Wildreservaten auf fast 70 000 Quadratkilometern (sechs Prozent der Landesfläche) zählt Südafrika zu den bedeutendsten Ländern, die Wildtiere und ursprüngliche Landschaften schützen. So kann man hier unter anderem auch die *Big Five* (»Großen Fünf«) – Löwe, Leopard, Elefant, Nashorn und Kaffernbüffel – erleben. Südafrika gehört weltweit zu den Vorreitern im Naturschutz. Bereits zu Beginn des 20. Jahrhunderts wurden auf Initiative von Jägern die ersten Schutzgebiete eingerichtet. Inzwischen wurde der Jagdtourismus fast völlig durch den Naturtourismus ersetzt, bei dem nur noch mit dem Teleobjektiv »gejagt« wird. Sein wirtschaftlicher Nutzen ist sehr groß, denn jährlich reisen rund 5,5 Millionen Touristen an, um vor allem auch die Wildtiere zu sehen. Mit Südafrika an der Spitze entwickeln andere afrikanische Länder südlich des Äquators gemeinsam ein System für grenzübergreifende Schutzgebiete – so genannte Transfrontier- oder Peace Parks – die dem Platzbedarf der wandernden Tiere gerecht werden.

Felsformation in der Nähe des Nurek-Sees, Tadschikistan

(38° 10' nördlicher Breite – 72° 44' östlicher Länge)

Kein Gebirge kann der Erosion entgehen. Unter der Einwirkung von Luft und Wasser verwittert auch das härteste Gestein. Diese abwechselnd dunkelgrauen und hellgrauen Schichten haben sich einst am Grund eines Sees oder eines Meeres abgelagert, bevor sie verformt und in die Höhe gehoben wurden. Gemäß dem Prinzip vom Gesteinszyklus, der vor über 200 Jahren von James Hutton entwickelt und in jüngerer Zeit durch die Theorie von der Plattentektonik bekräftigt wurde, unterliegt die Erdoberfläche einer ständigen Neuformung. Einerseits führt die Tektonik durch Plattenkollisionen zur Auffaltung von Gebirgen und durch das Phänomen der Ozeanbodenspreizung (Sea floor spreading) an den Mittelozeanischen Rücken zur Vergrößerung der Ozeane. Andererseits tragen jedoch die vielfältigen Wirkungen der Erosion die Bergmassive wieder ab und schütten mit den abgelagerten Sedimenten die Ozeane wieder zu. Die Phänomene treten gleichzeitig auf. Doch in diesem Prozess darf die Rolle der Lebewesen nicht vergessen werden. Denn viele Gebirgswände sind das Werk von Korallen, und manche Gesteinsschichten entstanden aus riesigen Anhäufungen von Muscheln oder Pflanzen – wie es etwa bei Kohle der Fall ist. Auch Bakterien, Flechten und Pflanzen tragen zur Veränderung der Gesteine bei und bilden schließlich die Böden.

Zebuherde nahe Cáceres, Mato Grosso, Brasilien

(16° 05' südlicher Breite – 57° 40' westlicher Länge)

Mato Grosso gehört zu den reichsten Agrarregionen Brasiliens. Ackerbau und Viehzucht werden auf riesigen, extensiv bewirtschafteten Anwesen, den *Fazendas*, betrieben. So gehören in diesem Land fast zwei Drittel der anbaufähigen Fläche weniger als vier Prozent der Bevölkerung. Die Hälfte dieser Fläche bleibt unbewirtschaftet, während über 25 Millionen arme Bauern – von denen fünf Millionen kein Land besitzen – nur dank unsicherer Arbeitsstellen in der Landwirtschaft überleben. Diese Situation führt zu gewalttätigen Konflikten, die in den letzten zehn Jahren über 1000 Menschenleben gekostet haben. Die Bewegung der Landarbeiter ohne Boden (*Movimento dos Trabalhadores Rurais sem Terra*; MST), seit 1984 die treibende Kraft des Kampfes, versucht eine gerechtere Verteilung der Agrarflächen durchzusetzen. Im Zeitraum von 20 Jahren zwangen ihre Landbesetzungsaktionen den Staat, Besitztitel an über 350 000 Familien auszustellen. Nur eine Landreform könnte eine dauerhafte Lösung bringen, doch die Politiker scheuen sich davor, den Interessen der reichen Landbesitzer und der multinationalen Unternehmen zu schaden. Bei seiner Wahl im Jahre 2002 hatte Präsident Lula da Silva, damals Hoffnungsträger der Ärmsten, versprochen, sich dieser Frage anzunehmen. Heute verurteilt MST seine Unbeweglichkeit.

6. Mai

Trocknen des Meersalzes in den Salinen von Punta Vigia in der Bucht von Ocoa, Dominikanische Republik

(18° 20' nördlicher Breite – 70° 44' westlicher Länge)

Wie viele Inseln der Antillen produziert die Dominikanische Republik Salz, da die Salinen ein kaum kostspieliger und leicht an den Küsten einzurichtender Industriezweig sind. Die Salzkristalle werden sechs Monate im Jahr geerntet, eine wenig qualifizierte Arbeit, die häufig von Frauen verrichtet wird. Die Salzherstellung ist weltweit ein wichtiger Industriezweig. Das Salz, das sich im Meerwasser in einer Konzentration von durchschnittlich 30 Gramm pro Liter und in den Steinsalzvorkommen maritimen Ursprungs findet, ist sehr weit verbreitet auf der Erde. Es wird durch Abbau (Steinsalz) oder auch, wie auf diesem Foto, durch die natürliche Verdunstung von Meerwasser (Meersalz) gewonnen: 225 Millionen Tonnen werden jedes Jahr erzeugt. Davon produzieren die USA 20 Prozent und China 15 Prozent; zu weiteren wichtigen Produzenten zählen Deutschland, Kanada und Indien. Auf die chemische Industrie entfallen 60 Prozent des pro Jahr weltweit verbrauchten Salzes, während zehn Prozent zum Enteisen der Straßen verwendet werden. Der Rest gelangt in die Fischindustrie (Konservieren), die Nahrungsmittelindustrie und in die Salzstreuer bei Tisch.

Zweifarbige Agrarlandschaft zwischen Ankara und Hattusa, Anatolien, Türkei

(40° 00' nördlicher Breite – 33° 35' östlicher Länge)

Die Gleichmäßigkeit der Agrarlandschaften der anatolischen Hochebene, nördlich einer Linie von Ankara bis Sivas, fällt mit ihren klar abgegrenzten Feldern sofort ins Auge. Die Felder zeugen von der in den 1950er Jahren begonnenen Modernisierung des Primärsektors. Doch Landwirtschaft und Forstwirtschaft stellen nur noch 13 Prozent des Bruttoinlandsprodukts dar. Der landwirtschaftliche »Gemeinschaftsfonds« fasst den Getreideanbau mit der Groß- und Kleinviehzucht zusammen. Seit dem 19. Jahrhundert haben sich manche Anbaukulturen regional konzentriert: Oliven- und Feigenbäume, Wein und Zitrusfrüchte in den am Meer gelegenen Regionen; Baumwolle und Gemüse unter Glas in einem Streifen am Mittelmeer; Tabak in der Ege und in den Deltaebenen am Schwarzen Meer; Haselnüsse und Teesträucher an der Schwarzmeerküste; Zuckerrüben in den höher gelegenen Ebenen. In der Türkei arbeiten 46,6 Prozent der erwerbstätigen Bevölkerung im landwirtschaftlichen Sektor (im Vergleich: 3,5 Prozent in Frankreich), wobei 72 Prozent der erwerbstätigen Frauen dieser Beschäftigung nachgehen.

Seepalast und Stadtpalast, Udaipur, Rajasthan, Indien

(24° 35' nördlicher Breite – 73° 41' östlicher Länge)

Die 728 gegründete Stadt Udaipur erlebte ihre Glanzzeit, als der Maharaja Udai Singh II. sie im Jahre 1567 zur Hauptstadt Mewars machte. Mewar, ein fruchtbares Land im Südosten Rajasthans, ist von Marwar, dem »Land des Todes«, durch die präkambrische Kette des Aravalligebirges getrennt, das sich auf 700 Kilometern von Norden nach Süden hinzieht und Rajasthan in zwei Teile teilt. Die eine Hälfte profitiert vom angrenzenden Meer, während in der anderen, wüstenartigen Hälfte nur 200 Millimeter Niederschläge im Jahr fallen. 1746 ließ Jagat Singh II. in Udaipur den Seepalast errichten, ein Schmuckstück aus Marmor, das auf einer kleinen Insel steht und der Königsfamilie als Sommerresidenz dienen sollte. Der herrliche Palast, der nach der Unabhängigkeit Indiens 1947 in ein Hotel umgewandelt wurde, profitiert vom Wechselspiel des Wassers mit dem Marmor. Seine Fassaden spiegeln sich im Wasser, das sich in einer Folge von Fontänen, Becken und hängenden Gärten in das Bauwerk einfügt. Den Maharajas gelang es so, die Fata Morgana der schwimmenden Paläste der Wüste Thar Wirklichkeit werden zu lassen.

Ölabscheidebecken einer Kläranlage, Marne, Frankreich

(49° 00' nördlicher Breite – 4° 20' östlicher Länge)

In diesem Ölabscheidebecken für Abwässer kann durch Einleiten von Luft das im Wasser enthaltene Öl abgetrennt werden. Es sammelt sich als weißer Schaum, der dann entsorgt oder verbrannt werden kann. Die Reinigung geschieht in zwei aufeinanderfolgenden Behandlungen: der physikalischen und chemischen Trennung der Feststoffe und der anschließenden biologischen Reinigung. Bei der Reinigung werden die für das Sterben der verschmutzten Flüsse verantwortlichen organischen Stoffe abgebaut. Mit 15 000 Kläranlagen besitzt Frankreich eines der besten Klärnetze der Welt. Doch nur 49 Prozent des Wassers werden letztendlich gereinigt, da die Anlagen lediglich einen begrenzten Wirkungsgrad haben und nicht alle Haushalte angeschlossen sind. Es werden zudem weitere Verfahren zur Wasserreinigung entwickelt, wie zum Beispiel der Klärteich. Dieses alte natürliche Klärverfahren nutzt die Sonne, den Wind und geeignete Pflanzen, wie Bambus, um den Schmutz aufzunehmen. So werden beispielsweise die Abwässer der Stadt Rochefort-sur-Mer in Frankreich vollständig mithilfe von Klärteichen gereinigt.

Feldarbeiter südlich von Pokhara, Tal des Kali Gandaki, Nepal

(27° 42' nördlicher Breite – 84° 25' östlicher Länge)

Von den hohen Gipfeln des Himalaja, die Bergsteiger aus aller Welt anziehen, schießen zahlreiche reißende und ungezähmte, mit Stromschnellen durchsetzte Flüsse hinab. Der Kali Gandaki, der die Stadt Pokhara in südlicher Richtung umfließt, ist einer der heiligen Flüsse Nepals. Sein Lauf, an dem sich immer wieder Leicheneinäscherungsstellen befinden, windet sich vom Himalaja bis ins fruchtbare Pokharatal. Die Stadt war in den 1960er Jahren bei Hippies sehr beliebt und ist heute das zweitwichtigste Touristenziel Nepals. Seine Bevölkerung gibt das ethnische Mosaik der gesamten Region gut wieder: Die hinduistischen Kasten bilden die Mehrheit, während die ursprünglichen Bewohner, die Gurung, vorwiegend in den umliegenden Dörfern leben. Für die Nepalesen sind die Volksgruppen oder Kasten die grundlegenden Elemente ihrer Identität, mehr als die Staatszugehörigkeit. Die hinduistischen Kasten stehen in der Hierarchie an oberster Stelle, und ihre Werte haben sich in der gesamten Gesellschaft verbreitet. In Nepal gehören 90 Prozent der Einwohner dem Hinduismus an, fünf Prozent sind Buddhisten und der Rest Animisten. In Wirklichkeit jedoch hat sich im Laufe der Jahrhunderte eine Synthese aus den Religionen vollzogen, wobei sich animistische Glaubensüberzeugungen lokal besonders hartnäckig halten.

In Korallen verfangener Baumstamm, Dominikanische Republik

(18° 20' nördlicher Breite – 68° 55' westlicher Länge)

In der Karibik, zwischen den Inseln Saona und Catalina, dreht sich ein in Korallenstöcken verfangener Baumstamm um sich selbst und zeichnet dabei seltsame Muster in den Sand. Die Dominikanische Republik liegt im östlichen Teil der zu den Großen Antillen gehörenden Insel Hispaniola. Die Südküste der Insel wird an der karibischen Seite von Korallenriffen gesäumt, die insgesamt eine Fläche von rund 26 000 Quadratkilometern einnehmen. Diese Riffe spielen eine wichtige Rolle für die Bevölkerung als Schutzwall vor den Auswirkungen der Hurrikans, denen sich die Riffe als natürliche Barrieren in den Weg stellen. Heute sind die Korallenriffe in der Karibik stark gefährdet. Als Ursachen dafür kommen die immer häufiger auftretenden Hurrikans infrage, aber auch die Meeresverschmutzung durch die Landwirtschaft und die von Jachten ausgestoßenen Kohlenwasserstoffe. Man schätzt, dass bereits zwei Drittel der Korallen in dieser Region vom Absterben bedroht sind. Wenn die Schädigung weiterhin in dem Ausmaß anhält, könnte dies die gesamte Wirtschaft des Landes zu spüren bekommen. Die Dominikanische Republik, das Haupttouristenziel der Region, verdankt den wesentlichen Teil ihrer Einnahmen den rund zwei Millionen Besuchern jährlich, die in erster Linie anreisen, um die Strände und das Meer zu genießen.

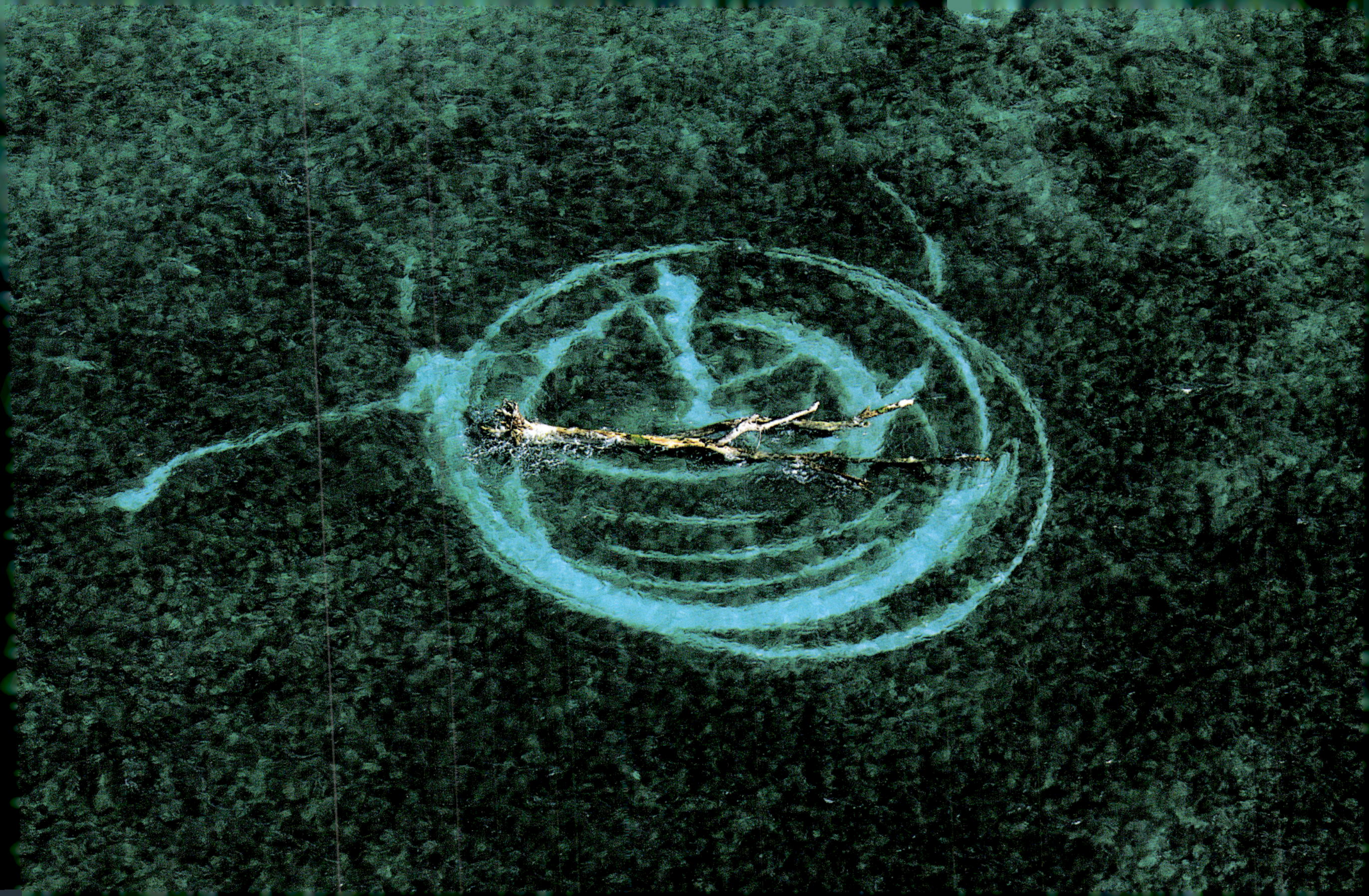

Universität für Wissenschaft und Technik, Education City, Doha, Katar

(25° 17' nördlicher Breite – 51° 32' östlicher Länge)

Das Dach der Universität für Wissenschaft und Technik im Forschungs- und Technologiezentrum Education City in Doha: Hier mischen sich die traditionellen islamischen Motive – die an die kristalline Struktur des Sandes erinnern – mit den klaren Linien, die die Werke des japanischen Architekten Arata Isozaki charakterisieren. Katar nutzt die Einkünfte aus seinen überreichen Erdöl- und Gasreserven, um in die Zukunft zu investieren. Es bietet angesehensten internationalen Universitäten an, sich neben den katarischen Universitäten niederzulassen, und fördert so die Entstehung einer technischen Elite. Die amerikanischen Universitäten sind diesem Aufruf als Erste gefolgt, und vier von ihnen besitzen mittlerweile Zweigstellen in diesem Teil der Arabischen Halbinsel. Im Rahmen von Privatkursen bilden diese Universitäten die Studierenden in Unternehmensführung und Informatik, Chemie, Elektrotechnik, Mechanik, Erdölingenieurswesen, medizinischer Forschung und Praxis sowie in Kunst und Medienwesen aus.

Mülldeponie, Santo Domingo, Dominikanische Republik

(18° 28' nördlicher Breite – 69° 53' westlicher Länge)

Seit 1996 hat die Dominikanische Republik ein spektakuläres Wirtschaftswachstum erlebt, das hauptsächlich auf dem Tourismus beruht. Die Touristen bringen zwar Devisen ins Land, doch die Millionen Menschen, die alljährlich in den Hotels am Meer wohnen, produzieren auch eine riesige Menge an Müll, dessen Volumen sich von 1994 bis 2000 verdoppelt hat. In dem Land herrscht allerdings ein großer Mangel an Müllverarbeitungsanlagen, sodass weniger als zwei Prozent der festen Abfälle recycelt werden und Deponien unter freiem Himmel die Küste und die unmittelbare Umgebung von Santo Domingo verschmutzen. Die von der Stadt gesammelten Abfälle werden auf freiem, nicht bewachtem Gelände abgeladen; den Müllbergen entströmen giftige Gase und in der Umgebung herrscht ein bestialischer Gestank. Die Folgen sind die Verbreitung von Krankheiten und die Beeinträchtigung des Landschaftsbildes. Die periodische Verbrennung der Abfälle ist verantwortlich für 20 Prozent der Luftverschmutzung. Beunruhigend ist auch die Tatsache, dass die giftigen Abfälle der Krankenhäuser nicht getrennt entsorgt werden. In einer Region, die sich im Zentrum des Hurrikangürtels befindet und die regelmäßig von starken Unwettern heimgesucht wird, sind die Folgen für die Gesundheit der Bevölkerung, den Tourismus und die Umwelt besonders groß.

14. Mai

Celsus-Bibliothek, Ausgrabungsstätte von Ephesos, Anatolien, Türkei

(37° 56' nördlicher Breite – 27° 21' östlicher Länge)

Diese monumentale Fassade ist der Überrest der Celsus-Bibliothek. Er blieb wundersamerweise von den Invasionen, Bränden und Erdbeben, die Ephesos verwüsteten, verschont. Die riesigen Statuen, die die beiden Geschosse mit ihren korinthischen Säulen einrahmen, stellen Weisheit, Tugend, Intelligenz und Wissenschaft dar. Diese Eigenschaften wurden dem Proconsul Iulius Celsus Polemaeanus zugeschrieben, dem zu Ehren sein Sohn, Consul Iulius Aquila, das Monument um 135 n. Chr. errichten ließ. Die Bibliothek fasste bis zu 12 000 Manuskriptrollen, die in Wandnischen des großen Lesesaals aufbewahrt wurden. Sie gehört zu der weitläufigen Ausgrabungsstätte von Ephesos, einer der bedeutendsten antiken Hafenstädte des griechisch-römischen Kulturkreises, die durch die Schlammmassen des Kaystros verlandete. Ephesos besaß auch eines der sieben Weltwunder der antiken Welt, den Tempel der Artemis. Dieser wurde zerstört, ebenso wie die meisten anderen Weltwunder: der Leuchtturm von Alexandria, der Koloss von Rhodos, die Hängenden Gärten von Babylon, die Zeusstatue in Olympia und das Mausoleum von Halikarnassos. Nur die Pyramiden von Gizeh sind heute noch erhalten.

Dromedarkarawane nahe Fachi, Ténéré-Wüste, Niger

(18° 14' nördlicher Breite – 11° 40' östlicher Länge)

Seit Jahrzehnten ziehen die Tuareg mit ihren Karawanen auf den 610 Kilometern, die die Stadt Agades von den Salinen von Bilma trennen, durch die Wüste und betreiben traditionellen Salzhandel. Die Dromedare bewegen sich mit einer Geschwindigkeit von 40 Kilometern pro Tag in der Kolonne fort – trotz der enormen Temperaturen von bis zu 46 °C im Schatten und trotz einer Last von fast 100 Kilogramm pro Tier. Fachi, der einzige größere Ort an der Piste der *Azalai* (Salzkarawanen), stellt einen unumgänglichen Halt dar. Die Karawanen, die einst bis zu 20000 Tiere zählten, bestehen heute kaum noch aus 100 Dromedaren, da sie nach und nach durch Lkws ersetzt werden. Diese Verringerung und die Dürreperioden der 1970er und 1980er Jahre, durch die der Viehbestand beträchtlich abnahm, sowie die Konflikte der 1990er Jahre lassen die Volksgruppen der Tuareg langsam sesshaft werden. Gleichwohl nimmt die Dromedarzucht im Land wieder zu. Die Dromedare werden wegen ihrer ausgezeichneten Anpassung an das trockene Klima geschätzt und immer häufiger als Zugtiere in den landwirtschaftlichen Betrieben eingesetzt. Sie könnten irgendwann vielleicht sogar die Rinder ersetzen.

Im Eis festgefrorenes Fischernetz, Paro-See, Südkorea

(38° 11' nördlicher Breite – 127° 50' östlicher Länge)

In Korea ist das Süßwasserfischen, wie hier im Paro-See, von geringerer Bedeutung und in erster Linie für den häuslichen Nutzen bestimmt. Fisch gilt als wesentlicher Ernährungsbestandteil in Korea wie auch in den meisten Ländern Südostasiens. In Korea hat sich im Übrigen eine mächtige Fischfangindustrie entwickelt, wodurch das Land die Küstengewässer seiner drei ans Meer angrenzenden Seiten (Gelbes Meer, Ostchinesisches Meer, Japanisches Meer) intensiv befischen konnte. Heute gehört es zu den zehn wichtigsten Fischfangländern der Welt. Doch diese Politik hat zu einer übermäßigen Ausbeutung der Fischreserven geführt. Innerhalb weniger Jahre ging der Fang um ein Drittel zurück, von 1,8 Millionen Tonnen im Jahr 1990 auf 1,2 Millionen Tonnen im Jahr 2000. Dieses Phänomen der Überfischung ist allgemein typisch für die industrialisierten Länder, deren Gewässer durch die großen Fangzahlen der letzten Jahrzehnte erschöpft sind. Derzeit halten Experten bereits 70 Prozent der weltweiten Fanggebiete für voll ausgebeutet oder sogar schon überfischt.

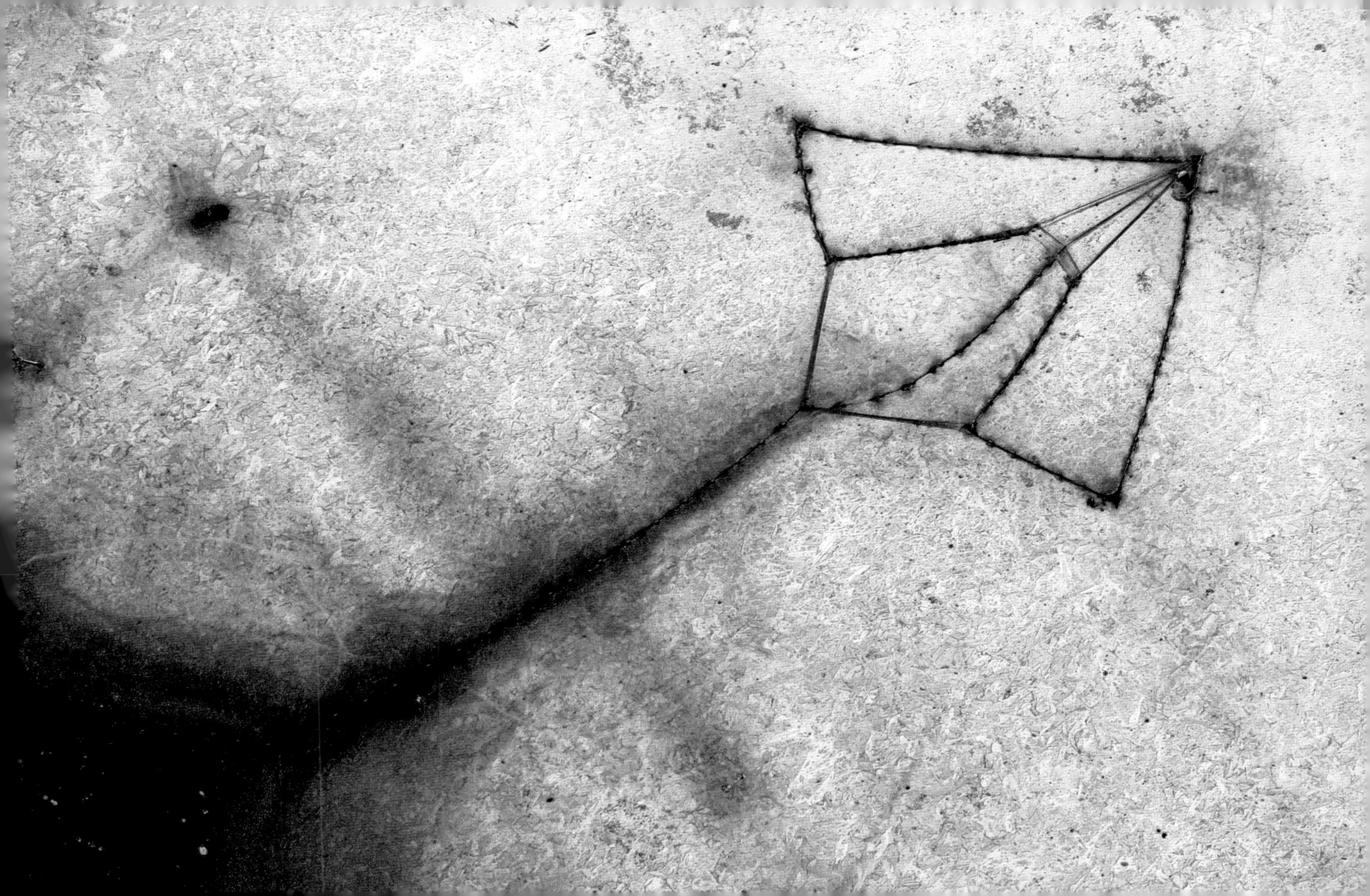

Vulkankette der Laki-Krater, Island

(64° 04' nördlicher Breite – 18° 15' westlicher Länge)

Die Region der Laki-Krater (isländisch *Lakagigar*) im Süden Islands weist noch immer Anzeichen von einem der gewaltigsten Vulkanausbrüche in historischen Zeiten auf. 1783 öffneten sich zwei Spalten mit einer Gesamtlänge von 25 Kilometern beiderseits des Laki und förderten 15 Kubikkilometer geschmolzenes Gestein an die Oberfläche, das 580 Quadratkilometer der Inselfläche bedeckte. Dies war der größte Lavastrom seit Menschengedenken. Eine Wolke aus Kohlendioxid, Schwefeldioxid und Asche breitete sich über der gesamten Insel aus und vergiftete die Weidegründe sowie das Oberflächenwasser. Drei Viertel des Viehs wurden dahingerafft, und nach einem erneuten Ausbruch im Jahr 1785 starb ein Viertel der Bevölkerung (über 10 000 Menschen) an den Folgen einer bitteren Hungersnot. Gekrönt von 115 Vulkankratern, sind die Spalten der Laki-Krater heute wieder geschlossen, und die alten Lavaströme werden von einer dicken Schicht aus Sedimenten und Moosen bedeckt. Ein Drittel der weltweit in den letzten 500 Jahren durch Vulkanausbrüche ausgestoßenen Gase stammen aus den 200 aktiven Vulkanen Islands.

Zehntausend Herzen für ein »rotes Band«, Le Mans, Frankreich

(47° 60' nördlicher Breite – 0° 10' östlicher Länge)

Seit Anfang der 1980er Jahre hat das HIV-Virus 25 Millionen Menschen getötet. Allein im Laufe des Jahres 2005 starben drei Millionen Menschen an dieser Krankheit – darunter über 500 000 Kinder –, und mehr als fünf Millionen Menschen wurden infiziert. Damit steigt die Zahl der Menschen, die das Virus in sich tragen, auf 40,3 Millionen weltweit. In den afrikanischen Ländern südlich der Sahara ist diese Epidemie nach wie vor am weistesten verbreitet. Alle fünf Jahre verlieren zehn Länder dieser Region zehn Prozent ihrer erwerbstätigen Erwachsenen durch Aids. Auf der ganzen Welt wurden zahlreiche Vereine gegründet, um die Kranken zu unterstützen. So kamen am Samstag, den 25. September 2004, um 17.15 Uhr fast 6000 Frauen, Männer und Kinder in Le Mans zusammen, um auf einer Wiese der »Arche der Natur« ein riesiges Herz zu bilden – das Motiv für eine Postkarte, die später herausgegeben wurde. Die gesammelten Gelder werden vom Koordinator dieser Aktion, dem Kollektiv »1er décembre Sarthe«, zur Finanzierung der Präventiv- und Pflegemaßnahmen des Vereins »Kénédougou Solidarité« in Mali verwendet.

Der zugefrorene Fluss Pukhan, Südkorea

(37° 56' nördlicher Breite – 127° 39' östlicher Länge)

Der Pukhan entspringt an der Grenze zwischen Nord- und Südkorea in der Mitte der Halbinsel und schlängelt sich nach Süden bis in die Randgebiete von Seoul, wo er in den Han fließt. Aufgrund dieser strategischen Position war das Pukhan-Tal Schauplatz zahlreicher Kämpfe im Koreakrieg (1950–1953), der die Teilung der Halbinsel untermauerte. In Südkorea wurde jedoch der 6. Juni zum Erinnerungstag erklärt, und seit zwölf Jahren wird in der Provinz Gangwon-do zum Gedenken an den Krieg ein Festival veranstaltet. Am Rande der traditionellen Militär- und Veteranenparade wehte 2005 eine riesige südkoreanische Flagge (75 auf 50 Meter) über dem Fluss. Sie war von Kindern gewoben worden und sollte ein besonderes Symbol darstellen, denn Pukhan bedeutet »Nordkorea« und steht so für die noch nicht erloschene Hoffnung auf eine Wiedervereinigung.

Salzformationen an der Westküste des Toten Meers, Israel

(31° 20' nördlicher Breite – 35° 25' östlicher Länge)

Das Tote Meer, ein Binnenmeer mit einer Länge von 75 Kilometern und einer Breite von 15 Kilometern, ist mit 418 Metern unter dem Meeresspiegel der tiefste Punkt der Erde. Seine Farbe variiert von Region zu Region, und es ist von weißen Strukturen durchsetzt. Diese sind ein Zeichen seines extrem hohen Salzgehalts, der neunmal höher ist als der durchschnittliche Salzgehalt der Meere. Das macht jedes pflanzliche oder tierische Leben in diesem Teil des Tales unmöglich. Drei Länder grenzen an das Tote Meer: Israel und das Westjordanland an der Westküste sowie Jordanien an der Ostküste. Seit 1972 hat das Tote Meer jedoch 30 Prozent seiner Fläche verloren, und sein Wasserspiegel sinkt um fast einen Meter pro Jahr, da sein Wasser und das des ihn speisenden Jordan zur Bewässerung der Negev-Wüste umgeleitet werden. Für die drei angrenzenden Länder liegen die erneuerbaren Wasserreserven unter oder gerade bei 500 Kubikmetern pro Jahr und Einwohner. Damit erreichen sie die kritische Schwelle des Wassermangels. Mehr denn je ist der Zugang zu den Wasserreserven – Wasserläufe, Seen und Grundwasser – für diese Länder von strategischer Bedeutung, und ihre Kontrolle ist ein Quell neuer Konflikte.

Rangierbahnhof in Maschen, Niedersachsen, Deutschland

(53° 23' nördlicher Breite – 10° 04' östlicher Länge)

Der 1977 südlich von Hamburg gebaute Bahnhof von Maschen ist der größte Rangierbahnhof Europas. Die allzu zahlreichen Eisenbahnknotenpunkte, an denen die international verkehrenden Güterwagen an- und abgekuppelt werden, verlangsamen in der Tat den Eisenbahnverkehr. Die häufig Anfang des 19. Jahrhunderts erbauten Anlagen sind angesichts eines modernen, flexiblen und überaus wettbewerbsfähigen Straßennetzes überholt. Dies hat zur Folge, dass heute 50 Prozent der europäischen Güter auf der Straße transportiert werden, dagegen nur acht Prozent mit der Bahn und vier Prozent auf dem Wasser. Es gibt dreimal mehr Lkws auf den Straßen als vor 30 Jahren, und wenn diese Tendenz anhält, wird sich die Zahl noch vor 2010 verdoppelt haben. Die großen Verkehrswege werden dieses Wachstum nicht verkraften können. Bereits jetzt gibt es in Europa jeden Tag Staus von einer Länge von 7500 Kilometern (das heißt, zehn Prozent des Straßennetzes sind verstopft). Die Kosten der Verspätungen stellen 0,5 Prozent des Bruttoinlandsprodukts der Europäischen Union dar und könnten 2010 ein Prozent erreichen. Es ist an der Zeit, unter Berücksichtigung dieser Kosten, »den gerechten Preis der Straße« neu zu bewerten.

Strauße im West-Coast-Nationalpark bei Langebaan, Südafrika

(33° 01' südlicher Breite – 18° 14' östlicher Länge)

Mit einem Gewicht von bis zu 150 Kilogramm und einer durchschnittlichen Scheitelhöhe von mehr als zwei Metern ist der Afrikanische Strauß *(Struthio camelus)* der größte und schwerste lebende Vogel. Er kann nicht fliegen, ist aber sehr flott zu Fuß unterwegs. An jedem Fuß besitzt er zwei Zehen und erreicht mühelos eine Sprintgeschwindigkeit von 70 Kilometern pro Stunde. Damit kann er den Titel des schnellsten zweibeinigen Lebewesens der Welt für sich beanspruchen. In Afrika leben Strauße heute noch in freier Wildbahn, vorzugsweise in trockeneren Regionen bis hin zu Wüsten. Ihren Flüssigkeitsbedarf decken sie aus der Feuchtigkeit, die sie in ihren Nahrungspflanzen finden. Im Laufe des 19. und Anfang des 20. Jahrhunderts waren Straußenfedern in der Modewelt äußerst begehrt. Sie avancierten zu einem wichtigen Handelsgut, von dem besonders Südafrika profitierte. Inzwischen hat die Nachfrage nach dem Federschmuck drastisch abgenommen, und so werden Strauße heute vor allem wegen ihres Fleisches und ihres Leders gezüchtet. Hauptproduzenten sind Südafrika, die USA und Australien.

Ölfelder nahe Bakersfield in Kalifornien, USA

(35° 22' nördlicher Breite – 119° 01' westlicher Länge)

Das kalifornische Öl ist zähflüssig und schwer wie Teer. Bevor es an die Erdoberfläche gepumpt werden kann, muss es erhitzt und verflüssigt werden, wozu man Wasserdampf in den Schacht leitet. Dadurch wird das in dieser Region ohnehin rare Wasser verbraucht. Diese Technik ist teuer, doch die USA können auf ihre kalifornischen Reserven nicht verzichten. Sie sind nach Saudi-Arabien der zweitwichtigste Erdölproduzent und zugleich der größte Erdölimporteur. Alle entwickelten Länder hängen von dem Kohlenwasserstoff ab, insbesondere für die Transport- und die Kunststoffindustrie. Nun entspricht aber die heute verbliebene Menge an Erdöl in etwa der Menge, die der Mensch bislang bereits verbrannt oder weiterverarbeitet hat. Erdöl wird also immer schwerer zu gewinnen sein und damit auch immer seltener und teurer. Daher ist es zwingend notwendig, die Energiequellen zu diversifizieren und vor allem in die Entwicklung erneuerbarer Energien wie Windkraft, Solarenergie oder Erdwärme zu investieren.

Mündung des Wadi Kalou am Assalsee, Dschibuti

(11° 37' nördlicher Breite – 42° 23' östlicher Länge)

Die Republik Dschibuti befindet sich in einer der instabilsten tektonischen Zonen der Welt. Sie liegt an der Nahtstelle zweier großer Grabenbrüche der Erdkruste, des Ostafrikanischen Grabens (Rift Valley) und der Kante, an der die arabische und die sudanesische Platte aufeinandertreffen. Die geologischen Abläufe sind dort besonders intensiv, da die Platten nicht auf gleicher Höhe liegen, sondern sich überlagern. Die eine erreicht eine Höhe von 2000 Metern, während die andere, an der Stelle, an der der salzhaltige Assalsee liegt, mit 155 Metern unter dem Meeresspiegel den tiefsten Punkt Afrikas bildet. Die Untiefen des Assalsees ähneln einem lodernden Feuer, das die Verdunstung beschleunigt. Ein- oder zweimal im Jahr füllen starke, nur wenige Stunden andauernde Regenfälle die Flüsse, die sich in den See ergießen. Das Süßwasser ist mit Trümmersedimenten (Sand, Kies und Ton) und Mineralsalzen angereichert, die durch die starke Verdunstung auf dem Basaltbett kristallisieren und so die Spur des tosenden Wassers erstarren lassen.

Vom Hurrikan Mitch verwüstetes Eiland in der Nähe der Insel Guanaja, Islas de Bahía, Honduras

(16° 27’ nördlicher Breite – 85° 53’ westlicher Länge)

Die paradiesische Insel Guanaja, die größte Insel der Islas de Bahía, wurde 1998 vom Hurrikan Mitch heimgesucht. Innerhalb nur weniger Tage verwüstete der Sturm die Korallenriffe, die Strände, die Mangroven und die Wälder. Fast 7000 Honduraner fanden den Tod, über 10 000 Menschen flohen, und die Sachschäden beliefen sich auf fast vier Milliarden Dollar. Nur allmählich kehrten das Leben und der Tourismus wieder in die Region zurück. Pflanzungen von Karibischen Kiefern ersetzen heute die vom Sturm und Salzwasser vernichteten Wälder; die Ökosysteme regenerieren sich langsam. Auch Reiher und Pelikane sind inzwischen wieder zu beobachten, doch die Schäden an den Mangroven scheinen irreversibel. Die zunehmende Häufigkeit und Stärke extremer meteorologischer Phänomene wie des Hurrikans Mitch sind sehr wahrscheinlich auf die globale Erwärmung zurückzuführen, die von menschlichen Aktivitäten verursacht wird.

Dorf Fachi, Aïr-Massiv, Niger

(18° 06' nördlicher Breite – 11° 34' östlicher Länge)

Die Oase Fachi, die sich in eine Senke zu Füßen der Steilklippe von Agram in der Ténéré-Wüste schmiegt, wird dauerhaft von 3000 Kanuri, einer Volksgruppe dieser Region, bewohnt. Die Wirtschaft der Oase beruht auf der Nutzung der Palmenpflanzung, die mehr als 300 000 Dattelpalmen auf zehn Quadratkilometer Fläche umfasst. Außerdem besitzt die Oase südlich des Dorfes Salzgärten unter freiem Himmel, deren Böden in Verdunstungsbecken von je zwei Quadratmetern unterteilt ist. Das Salz wird in mit Kamelhaut umhüllten Formen aus Palmholz oder Lehm zu »Broten« geformt, die als Salzlecksteine dienen. Die Nutzung dieser Salinen reicht bis ins 15. Jahrhundert zurück. Seitdem empfängt die Oase jedes Jahr die *Taghlamt* (Salzkarawanen), die lange Zeit ihren Wohlstand ausmachten. Diese 600 Kilometer lange, mythische Reise der Karawanen dauert rund 40 Tage und wird im Oktober – mit Beginn der kalten Jahreszeit – durchgeführt, um gegen Juni zu enden. Heute sind die Karawanen weniger zahlreich, doch durch das Aufkommen des sanften Tourismus in der Region können die lokalen Volksgruppen überleben.

27. Mai

Farm und Baumpflanzung nahe Christchurch, Region Canterbury, Südinsel von Neuseeland

(43° 28' südlicher Breite – 172° 34' östlicher Länge)

Mit dem Ende der Agrarsubventionen und der Mitte der 1980er Jahre begonnenen Deregulierung der Wirtschaft hat sich die Produktpalette der neuseeländischen Landwirtschaft vervielfältigt, die Erträge sind gestiegen. Obwohl die finanziellen Unterstützungen für die Produktion und den Export bis zu 30 Prozent des Werts der Agrarproduktion darstellten, leben die Landwirte heute besser als zuvor. Die Probleme der Überproduktion und der Umweltbeeinträchtigung wurden gemeistert. Die übermäßige Verwendung von Dünger, die einst durch die Produktionshilfen gefördert wurde, gibt es nicht mehr, und die Flächen, deren Bewirtschaftung sich ohne Subventionen nicht mehr rentierte, wurden in ihren natürlichen Zustand zurückversetzt oder wieder aufgeforstet. Dies führte zwar zu einer Reduktion der Agrarflächen, doch bleibt die Zahl der Farmen – 80 000 – stabil. Innerhalb von 20 Jahren ist der Anteil der Landwirtschaft von 14 auf 17 Prozent des Bruttoinlandsprodukts gestiegen. Dieser Sektor, der über elf Prozent der erwerbstätigen Bevölkerung beschäftigt, bleibt weitgehend exportorientiert (90 Prozent der Produktion wird ausgeführt) und gewinnt Märkte in Ländern, in denen die Landwirtschaft stark subventioniert wird. Weltweit geben die entwickelten Länder immer noch 365 Milliarden Dollar im Jahr für Agrarsubventionen aus.

Taj Mahal in Agra, Uttar Pradesh, Indien

(27° 10’ nördlicher Breite – 78° 03’ östlicher Länge)

Der Großmogul Shah Jahan ließ zwischen 1632 und 1653 den Taj Mahal errichten. Er war seiner Ehefrau Mumtaz Mahal (»Auserwählte des Palasts«) gewidmet, die bei der Geburt ihres 14. Kindes gestorben war. Mit 74 Meter Höhe überragt das Bauwerk den Fluss Jamuna in Agra im Norden des Landes. Dieses mit feinen Skulpturen (Koranverse, florale und geometrische Motive) und Halbedelsteinen verzierte Mausoleum aus weißem Marmor ist das Werk von rund 30 Architekten und 20 000 Arbeitern. Das 1983 zum UNESCO-Weltkulturerbe erklärte Bauwerk zeigt inzwischen erste Spuren der Beschädigung durch die industrielle Verschmutzung des 20. Jahrhunderts. Um seine weiße Färbung zu bewahren, wurden im Jahr 1993 rund 210 Fabriken in Agra geschlossen. Die Farbe symbolisiert im islamischen Glauben die Reinheit des Geistes. Zwar ist Indien, bezogen auf die Zahl der Gläubigen, nach Indonesien das zweitgrößte islamische Land der Welt (etwa 140 Millionen, also 13,4 Prozent der Inder sind Muslime), doch für 80 Prozent der Bevölkerung ist der Hinduismus nach wie vor die wichtigste Religion. Die etwa 800 Millionen Hindus stellen fast die Gesamtheit der Anhänger dieser Religion, der drittgrößten Religion der Welt, dar.

Lagerung von weißem Mais, Naturschutzgebiet Massai Mara, Kenia

(1° 30' südlicher Breite – 35° 10' östlicher Länge)

Das weltweit für seine Landschaften und seine wilden Tiere berühmte Naturreservat Massai Mara bildet mit seiner tansanischen Verlängerung, dem Serengeti-Nationalpark, das größte Schutzgebiet der Welt (25 000 Quadratkilometer). Die am Rande des Naturschutzgebiets untergebrachten Massai wurden vom Land ihrer Vorfahren vertrieben und können dort weder auf die Jagd gehen noch ihr Vieh weiden lassen. Sie waren gezwungen, sesshaft zu werden, und leben zwar immer noch vom Vieh, verpachten ihr Land aber immer häufiger an landwirtschaftliche Unternehmer. Das ist weitaus rentabler als die traditionelle extensive Viehzucht. So hat sich in dem Naturschutzgebiet die für die mechanisierte Bewirtschaftung verpachtete Fläche innerhalb von 20 Jahren verhundertfacht. Der weiße Mais, der die Nahrungsgrundlage in Afrika darstellt, wird der gelben Sorte deutlich vorgezogen, da diese als Produkt der Ernährungshilfe angesehen wird und für die Tiere gerade gut genug ist. In Afrika stellt der weiße Mais fast ein Viertel der gesamten Agrarproduktion dar. Er wird ausschließlich für den menschlichen Verzehr angebaut und hat in diesen vom Hunger betroffenen Ländern eine große Bedeutung.

30. Mai

Wal in der Bucht von Samaná, Dominikanische Republik

(18° 20' nördlicher Breite – 69° 50' westlicher Länge)

Die Wale, die den Sommer in der Arktis verbringen, kehren im Winter in südlicher gelegene, wärmere Meere zurück, um sich dort fortzupflanzen. Die wandernden Meeressäuger wurden bis in die 1950er Jahre wegen ihres Fleisches und des aus ihrem Fett gewonnenen Trans fast ausgerottet. Das in den 1940er Jahren weltweit aufgekommene Bewusstsein für die Gefährdung dieser Tiere führte 1946 zur Gründung der Internationalen Walfangkommission. 1982 untersagte ein internationales Moratorium den kommerziellen Walfang. 1994 kam eine Schutzzone im Südpolarmeer zu der 15 Jahre zuvor im Indischen Ozean eingerichteten Schutzzone hinzu. Trotz dieser Mobilisierung schätzt man, dass seit Durchführung des Moratoriums 1986 über 21 000 Wale getötet wurden, hauptsächlich durch die Länder Japan und Norwegen. Nach Jahrzehnten des Schutzes sind sieben der 13 Walarten immer noch bedroht. Einige Arten zählen nur noch wenige Tausend Tiere. Das sind zwischen zehn und 60 Prozent weniger Tiere als zu Beginn des 20. Jahrhunderts.

Umzäunte Viehweiden nahe Cáceres, Mato Grosso, Brasilien

(15° 59' südlicher Breite – 57° 42' westlicher Länge)

Mit 193 Millionen Tieren (also mehr als einem Tier pro Einwohner) besitzt Brasilien heute den größten kommerziellen Viehbestand der Welt. Er besteht hauptsächlich aus Zebus – Rindern indischen Ursprungs, die sehr gut an das tropische Klima angepasst sind und im 19. Jahrhundert nach Brasilien eingeführt wurden. Die meisten Rinder finden sich im Bundesstaat Mato Grosso, in dem sie auf den natürlichen Weiden des Pantanal gezüchtet werden. In der Trockenzeit ist dieses Sumpfgebiet an der Grenze zu Paraguay mit Gräsern bedeckt, und die Zucht erfolgt auf extensive Weise in riesigen Betrieben. Heute sind fast 80 Prozent der brasilianischen Fleischproduktion für den Binnenmarkt bestimmt. Der Fleischverbrauch pro Einwohner gehört zu den höchsten der Welt (36 Kilogramm pro Jahr). Um den internationalen Markt zu erobern, bemühen sich die Züchter des Pantanal, ihre Tätigkeit aufzuwerten und zu diversifizieren. Sicherlich sind durch ihre Praktiken die Kriterien für eine Zertifizierung als »biologische Landwirtschaft« erfüllt, doch reicht dies aus, um sie wettbewerbsfähig zu machen?

Süßwasser

Wir nennen unseren Planeten »Erde«, die wichtigste und wertvollste Ressource aber, die wir am wenigsten entbehren können, ist Süßwasser. Von der Verfügbarkeit von Süßwasser hingen und hängen das Schicksal ganzer Völker, der Wohlstand von Gesellschaften und die Gesundheit der Bevölkerung ab. Der Mensch kann lange Zeit ohne feste Nahrung überleben, aber nur wenige Tage ohne Wasser.

Die Geschichte der menschlichen Zivilisation ist eng mit der Geschichte unseres Umgangs mit dem verfügbaren Süßwasser verbunden. Die ersten Ackerbaugesellschaften entstanden dort, wo regelmäßige Niederschläge und ständig Wasser führende Flüsse den Anbau von Feldfrüchten ermöglichten. Mithilfe einfacher Bewässerungssysteme konnten mehr Früchte angebaut und mehr Münder gestopft werden. Mit dem Wachsen der menschlichen Siedlungen musste die Wasserversorgung verbessert werden; so entstanden die Ingenieurskünste der Wasserbautechnik und der Abwasserentsorgung. Die ersten Industrienationen nutzten die Wasserkraft, um Maschinen anzutreiben und die Muskelkraft des Menschen zu vervielfältigen. Riesige Mengen von Wasser sind in den Ozeanen, den Polkappen, im Grundwasser, in Flüssen, Seen, Wolken und im Gewebe von Lebewesen vorhanden. Durch Verdunstung, Niederschlag und Abfluss befindet es sich in einem ständigen Kreislauf. Aber nur ein winziger Bruchteil des vorhandenen Wassers ist Süßwasser, nicht einmal drei Prozent der gesamten Vorräte, und davon ist wiederum der größte Teil in den Polkappen, in den Gletschern Grönlands und im Tiefengrundwasser gebunden. Mit dem Rest muss der Bedarf der Menschen und derjenige der natürlichen Ökosysteme gedeckt werden. Mit der wachsenden Weltbevölkerung wird der Wettbewerb um dieses Wasser zunehmen, was zu politischen, wirtschaftlichen und ökologischen Spannungen führen wird. Wir leben heute im Zeitalter des Wassers. Die Ernährung von sechs Milliarden Menschen ist nur mit intensiver Bewässerung möglich. Nur 20 Prozent der Ackerflächen der Welt sind bewässert, aber von diesen Flächen stammen 40 Prozent der Nahrungsmittel der Welt. Die übervölkerten Städte wären ohne die komplexen Systeme von Speicherbecken, Versorgungs- und Abwasserleitungen nicht überlebensfähig. Fast alle unsere größeren Flüsse wurden aufgestaut, um ihre in elektrischen Strom verwandelte Energie an unersättliche Verbraucher zu liefern. Dank verbesserter Abwassersysteme sind in den wohlhabenderen Ländern Cholera, Typhus und andere hygienebedingte Krankheiten, einst Geißel ganzer Landstriche, praktisch ausgerottet.

Aber während für viele Religionen Wasser ein Geschenk Gottes ist, behandeln wir es mehr und mehr als Ware oder einen Rohstoff, den wir verkaufen und ausbeuten und um den wir gewaltsame Auseinandersetzungen führen. Trotz gewisser Fortschritte bei der Bekämpfung der Armut, trotz des Siegeszugs der Informationstechnik in den reicheren Ländern muss sich die Hälfte der Weltbevölkerung mit einer Wasserversorgung begnügen, die schlechter ist als diejenige der alten Griechen und Römer.

Über eine Milliarde Menschen haben keinen Zugang zu sauberem Trinkwasser; fast 2,5 Milliarden Menschen verfügen über keine angemessenen sanitären Einrichtungen. Durch vermeidbare, durch Wassermangel bedingte Krankheiten sterben Tag für Tag 10 000 bis 20 000 Kinder, und es scheint, dass wir immer weniger imstande sind, dieses Problem zu lösen. In den ärmsten Regionen Lateinamerikas, Afrikas und Asiens wütet weiter die Cholera. Millionen von Menschen in Bangladesch und Indien trinken Wasser, das gefährlich hoch mit Arsen belastet ist. Durch unseren Umgang mit Wasser schaden wir nicht nur unserer Gesundheit.

Ganze Städte und Siedlungen wurden und werden für den Bau von Stauseen evakuiert. Über 20 Prozent der Süßwasserfischarten sind durch die menschlichen Eingriffe in Flüsse und Seen mehr oder weniger akut gefährdet. Der Aralsee wird bald verschwunden sein, weil ihm sein Wasser für die Bewässerung von Baumwollfeldern entzogen wird. Bewässerung kann die Boden- und Wasserqualität beeinträchtigen. In Teilen Indiens, Chinas, der Vereinigten Staaten, des Persischen Golfs und anderswo wird das Grundwasser schneller verbraucht, als es sich regenerieren kann. Immer mehr wichtige Flüsse wie der Hwangho in China, der Colorado in den Vereinigten Staaten und Mexiko, der Jordan im Nahen Osten und der Nil in Nordafrika erreichen heute das Meer nicht mehr, weil der Mensch ihr ganzes Wasser verbraucht. Auseinandersetzungen über die gemeinsame Nutzung von Wasserressourcen haben bereits zu lokalen und internationalen Spannungen und Gewalt geführt.

Wir haben heute zwei Möglichkeiten. Wir können fortfahren wie bisher und den Bau von großen Infrastrukturen wie Dämmen, Aquädukten, Stauseen und zentralen Wasseraufbereitungsanlagen vorantreiben. Dieser im 20. Jahrhundert verfolgte Weg hat für Hunderte von Millionen Menschen außerordentliche Verbesserungen gebracht, aber es wird uns erst allmählich bewusst, welchen wirtschaftlichen, ökologischen und gesellschaftlichen Preis wir dafür bezahlt haben. Und Milliarden von Menschen blieben von diesen Entwicklungen ausgeschlossen.

Die Alternative ist ein »sanfter« Weg, der auf die Vorzüge einer angemessenen Infrastruktur nicht verzichtet, zugleich aber verstärkt auf dezentrale Einrichtungen, wirksame Technologien und Verfahren und die kluge Nutzung von Kapital und menschlicher Arbeitskraft setzt. Der sanfte Weg versucht, die Wassernutzung zu optimieren, statt unaufhörlich neue Ressourcen erschließen zu wollen. Wenn wir effektiver mit Wasser umzugehen lernen, können wir mehr Nahrungsmittel, mehr Stahl und mehr Computer erzeugen und trotzdem den Wasserverbrauch senken. Der sanfte Weg erfordert, dass Regierungen, Gemeinden und private Betriebe im Hinblick auf die Wassernutzung enger zusammenarbeiten, statt bloß die Versorgung sicherzustellen. Es müssen die lokalen Gemeinden gehört und leistungsfähige neue Techniken ebenso wie traditionelle Verfahren genutzt werden, die einem jahrhundertealten Erfahrungs- und Wissensschatz entspringen.

Das Wasser, das unsere Landschaften durchfließt, erfreut uns mit seiner Kraft und Schönheit; es inspiriert Dichter und Sänger. Aber es ist noch mehr: Wasser ist eine lebenswichtige und kostbare Ressource, die für die grundlegenden menschlichen Bedürfnisse und die natürlichen Ökosysteme unverzichtbar ist. Am Beginn des neuen Jahrtausends müssen wir einsehen, dass wir ohne den Schutz unseres kostbaren Trinkwassers zukünftig weder eine gesunde Umwelt noch eine gesunde Gesellschaft haben werden. Die Zeit ist reif für ein Umdenken hinsichtlich des Wassers.

Die Geschichte hat gelehrt, dass der Zugang zu sauberem Trinkwasser das Überleben einer Zivilisation nicht garantieren kann, aber umgekehrt können ohne Wasser Zivilisationen ganz sicher nicht überleben.

Dr. Peter H. Gleick

Mitbegründer und Präsident des Pacific Institute

(Forschungsinstitut für Umwelt,

Entwicklung und Sicherheit),

Wasserwirtschafts-Experte der Vereinten Nationen

Haus im Überschwemmungsgebiet südlich von Dhaka, Bangladesch

(23° 41' nördlicher Breite – 90° 25' östlicher Länge)

Seit 1971 hat Bangladesch etwa 200 Naturkatastrophen (Stürme, Tsunamis, Wirbelstürme, Überflutungen, Erdbeben und daran anschließende Epidemien) erlebt, die über 500 000 Opfer forderten. Diese dicht bevölkerte Region gilt als eine der ärmsten der Welt. 2004 verwüsteten furchtbare Überschwemmungen ein weiteres Mal das Land und überfluteten die Hauptstadt Dhaka, in der zwischen neun und elf Millionen Menschen leben. Neun Zehntel des Landes werden vom Deltabereich des Ganges und seiner Zuflüsse – darunter Brahmaputra und Meghna – gebildet und liegen knapp zehn Meter über dem Meeresspiegel: Jedes Jahr setzt der Monsun 50 Prozent des Landes unter Wasser. Die Welternährungsorganisation schätzt, dass bis zum Jahr 2030 rund 16 Prozent des bewirtschafteten Landes infolge der Auswirkungen der globalen Erwärmung (Schmelzen der Gletscher des Himalaja, Verstärkung des Monsuns, Zunahme der Häufigkeit von Wirbelstürmen, Anstieg des Meeresspiegels) verschlungen sein könnten. Dadurch müssten zehn Prozent der Bevölkerung umgesiedelt werden. Tausende von Menschen müssten sich entschließen, ins Exil zu gehen und in den Norden Bangladeschs oder nach Indien zu flüchten. Die UNO rechnet noch vor dem Jahr 2010 weltweit mit 50 Millionen »Klimaflüchtlingen«.

Schafherde in der Umgebung von Murgia, Baskenland, Spanien

(42° 57' nördlicher Breite – 2° 49' westlicher Länge)

Das Baskenland – *País Vasco* auf Spanisch oder *Euskadi* auf Baskisch – ist eine Bergregion mit einer Fläche von 26 665 Quadratkilometern, von denen 84 Prozent zu Spanien und 16 Prozent zu Frankreich gehören. Das mit Wäldern bedeckte spanische Baskenland lässt den Bauern kaum 30 Prozent als Nutzfläche. Die Rinderzucht, die nach wie vor traditionell ausgeübt wird, strukturiert das Land, sichert Arbeitsplätze und stellt heute fünf Prozent des landwirtschaftlichen Bruttoinlandsprodukts dar. Um gegen die Verringerung von Nutzfläche und Schafmilchquoten anzugehen, hat sich die baskische Landwirtschaft auf Produkte mit Qualitätszeichen und starker regionaler Identität spezialisiert. Der Schafskäse *Idiazabal*, der seit 25 Jahren eine kontrollierte Herkunftsbezeichnung trägt, gilt als Beispiel dafür. Dieses Produkt, von dem 80 Prozent in der Region verzehrt werden, stellen rund 500 Produzenten her. Für die Bauern des spanischen Baskenlandes, deren Betriebe selten größer als 15 Hektar sind, ist das Qualitätszeichen zu einem Marketingargument geworden. Zwölf Produkte tragen bereits das Symbol *Eusko Label Kalitatea*, unter dem 3500 baskische Bauernhöfe, also ein Drittel der Betriebe der Region, zusammengefasst sind.

Jungsteinzeitliches Grab mit Umfriedung südlich von Djanet, Tassili N'Ajjer, Algerien

(24° 26' nördlicher Breite – 9° 34' östlicher Länge)

In der Sahara findet man sehr viele Gräber aus der Jungsteinzeit (der Zeit vom ersten Auftreten der Landwirtschaft vor etwa 10000 Jahren bis zum Aufkommen der Schrift vor 5000 bis 4000 Jahren). Zumeist handelt es sich um einfache, mit einer Anhäufung gleichartiger Steine bedeckte Gräber – so genannte Tumuli. In der Gebirgskette Tassili N'Ajjer sind Gräber mit Umfriedung besonders zahlreich. Die ältesten stammen aus der Zeit vor etwa 5500 Jahren. Sie wurden grundsätzlich auf Hügeln angelegt und sind bereits aus einiger Entfernung sichtbar. Ein erster Kreis umgibt den Tumulus, unter dem sich die Grabkammer befindet. Ein zweiter Kreis umrahmt das gesamte Bauwerk. In den Gräbern wurden nur Männer bestattet – auf der Seite liegend, der Kopf nach Osten gerichtet. In der Sahara finden sich Hunderte geritzter oder gemalter Dokumente, die Tausende von Jahren vor unserer Zeitrechnung entstanden und diese Wüste zum größten Freilichtmuseum der Jungsteinzeit machen.

Satellitenstadt Cité du Lignon, Genf, Schweiz

(46° 12' nördlicher Breite – 6° 09' östlicher Länge)

Die 1962 errichtete Satellitenstadt Cité du Lignon umfasst 2780 Wohnungen und beherbergt 6500 Menschen aller Nationalitäten. Heute leben 70 Prozent der Schweizer Bevölkerung in den rund 60 Städten und 800 Gemeinden, die das Land zählt. In Genf haben der Bevölkerungszuwachs und die Immobilienkrise bereits zahlreiche Einwohner dazu veranlasst, in die nahen Vororte abzuwandern, wodurch das Pendleraufkommen immer weiter steigt. Jedes Jahr werden auf diese Weise 2100 Hektar Naturfläche der städtebaulichen Entwicklung geopfert, davon die Hälfte allein dem Wohnungsbau. So wurden etwa innerhalb von nur 20 Jahren Wohnungen und Straßen auf einer Fläche gebaut, die der Größe des Genfer Sees entspricht. Seit den 1980er Jahren ist die bebaute Fläche pro Einwohner um vier Prozent gestiegen. Wenn diese Tendenz anhält, wird das Genfer Plateau bald komplett verstädtert sein. Den neu bebauten Zonen fallen überwiegend Wiesen, Obsthaine, Gärten und Weinberge zum Opfer. Weltweit gehen durch die Ausbreitung der Städte und Ballungsgebiete jährlich 5000 Quadratkilometer an Agrarfläche verloren.

Ackerfurchen, Misiones, Argentinien

(26° 53’ südlicher Breite – 54° 35’ westlicher Länge)

Die argentinische Provinz Misiones an der Grenze zu Brasilien wurde nach den Missionen der Jesuiten benannt, die sich vom 16. bis zum 18. Jahrhundert hier niederließen. Sie wird von den Flüssen Paraná und Uruguay bewässert und war ursprünglich mit Tropenwäldern bedeckt. Diese wurden weitgehend zugunsten weitläufiger landwirtschaftlicher Pflanzungen abgeholzt. Das Muster des Pfluges folgt hier den Vorgaben des Geländes und lässt breite grasbewachsene Streifen zwischen den einzelnen Furchen stehen. Diese charakteristische Art zu pflügen wurde 1953 zwingend vorgeschrieben, um das Kulturland vor der Erosion zu schützen, die die häufig wolkenbruchartig niedergehenden Regenfälle nach sich ziehen. Neben Baumwolle, Tabak, Tee und Reis wird vor allem der Matestrauch in großen Kulturen angebaut. Er dient der Produktion des nicht nur bei Argentiniern beliebten Matetees. Argentinien zählt heute zu den sechs bedeutendsten Agrarländern der Welt. Dies liegt am Sojaanbau, der ein Viertel seines Exports darstellt. Dabei handelt es sich vor allem um genverändertes Soja. Argentinien ist nach den USA der weltweit zweitgrößte Produzent von genveränderten Pflanzen (22 Prozent der Produktion). Gentechnisch manipulierte Pflanzen bedecken bereits 5,4 Prozent der Anbauflächen des Planeten.

Krokodilvorführer in der Nähe des Banco-Nationalpark, Abidjan, Côte d'Ivoire

(5° 24' nördlicher Breite – 4° 03' westlicher Länge)

Félix Houphouët-Boigny, der erste ivorische Präsident, pflegte mit großem Prunk die Krokodile des Präsidentensees von Yamoussoukro zu füttern. Dieses Ritual machte aus dem Reptil eine nationale Ikone. Heute nimmt die Zahl der Krokodile an der Côte d'Ivoire drastisch ab. Dies liegt zum einen an der Wilderei, da die Häute der Tiere an Lederwarenhersteller verkauft werden. Zum anderen leiden die Krokodile unter dem zunehmenden Verlust ihres Lebensraums in der Umgebung von Abidjan, in der dank der Lagunen und Wälder für sie besonders günstige Bedingungen herrschten. Nach 30 Jahren intensiver städtebaulicher Entwicklung zählt Abidjan heute über zwölf Millionen Einwohner. Doch nicht alle Wildtiere lassen sich davon beeindrucken. So sorgten im Juni 2005 vier Krokodile in der Stadt Yopougon für Aufregung, die sich unter einer Brücke in einem Tümpel aus Regenwasser niedergelassen hatten. Der Zoo von Abidjan konnte sie schließlich einfangen. Weltweit werden eine von vier Säugerarten, eine von acht Vogelarten, eine von drei Fischarten und zwei von fünf Amphibienarten als gefährdet eingestuft.

Illegales Goldwäscherlager, Französisch-Guayana

(4° 00' nördlicher Breite – 53° 00' westlicher Länge)

Französisch-Guayana sieht sich infolge der Goldgewinnung mit einer außerordentlich schweren Umweltverschmutzung konfrontiert. Diese beruht sowohl auf legalen als auch auf illegalen Aktivitäten. Der Schlamm der Flüsse, der Goldstaub enthält, wird mithilfe leistungsstarker Pumpen aufgesogen und mit einer Quecksilberlösung gewaschen, die das Gold vom Schlamm trennt. Die in die Flüsse zurückgeführte quecksilberhaltige Brühe zerstört das Ökosystem und belastet die gesamte Nahrungskette. Die Bevölkerung und insbesondere die Ureinwohner, die sich von Fisch ernähren, werden durch dieses Metall vergiftet, das das zentrale Nervensystem angreift. Fast neun Tonnen Gold werden jährlich auf legale Art gewonnen, fünf Tonnen durch illegale Goldwäsche. Durch diese Aktivitäten gelangen jedes Jahr zwischen fünf und zehn Tonnen Quecksilber in die Flüsse Französisch-Guayanas. Seit 1. Januar 2006 besteht zwar ein Gesetz, das die Verwendung von Quecksilber verbietet, doch hat diese Maßnahme bisher keinerlei Auswirkungen auf die illegale Goldgewinnung.

Traditioneller Fischfang vor der Insel Bubiyan, Kuwait

(29° 48' nördlicher Breite – 48° 10' östlicher Länge)

Das Bild wurde in der Nähe eines Strands aufgenommen. Die Fischer haben eine *Al-hazra* genannte Fischfalle ausgelegt. Sie besteht aus einem Zaun aus Schilfrohr, der zu zwei zweiteiligen Kammern führt. Die größere Kammer, *Al-housh* genannt, grenzt an die kleinere, *Al-ser*, die sich an der Seite zum seichten Wasser hin befindet. Bei Flut gehen die Fische in die Falle, und bei Ebbe wird die Fang eingeholt. Der Fischfang Kuwaits hat sich immer noch nicht von der katastrophalen Situation erholt, die der Golfkrieg 1991 hinterließ. Die Bildung eines Heeres und die Plünderung durch die irakischen Truppen während der Besetzung von August 1990 bis Februar 1991 (auf 75 Milliarden Dollar geschätzt) haben kaum Gelder für die Entwicklung des Fischfangs übrig gelassen. Infolgedessen stellt dieser Sektor nur 0,05 Prozent der Wirtschaft des Landes dar.

Bau einer Jurte nahe Kara-Saz, nördlich von Naryn, Kirgisistan

(41° 30' nördlicher Breite – 76° 00' östlicher Länge)

Von der Türkei bis in die Mongolei bildet die Jurte die traditionelle Wohnform der Nomaden Zentralasiens. Das Gerüst aus flexiblem, durch Gelenke verbundenem Holz wird mit mehreren Schichten Wollfilz abgedeckt. Die Jurte hat die Form einer Glocke und eine Fläche von etwa 20 Quadratmetern. Die relativ leichte Behausung wiegt nur 200 bis 250 Kilogramm und wird ohne Nieten auf dem Boden montiert. Dadurch kann sie auf jeder Art von Gelände aufgestellt werden, und sie hält sogar Unwettern stand. In der kreisrunden Jurte hat alles eine Bedeutung, denn sie stellt symbolisch die Welt dar. Die Öffnung an der Spitze ist mit einer Klappe ausgestattet, durch die der Rauch des Ofens austreten kann. Sie symbolisiert das Fenster zum Himmel, während die Gerüststangen für die Strahlen der Sonne stehen. Bewohner wie auch Gäste bewegen sich nur in eine Richtung, nämlich im Uhrzeigersinn, der für die Nomaden Zentralasiens die Richtung jeder harmonischen Bewegung darstellt.

Kleine Insel in der Ostsee, Porkkala, Finnland

(60° 00' nördlicher Breite – 24° 20' östlicher Länge)

Die Ostsee ist eines der am stärksten verschmutzten Meere der Welt. Da sie durch die Meerengen des Großen und Kleinen Belts praktisch abgeriegelt wird, dauert es mehr als 30 Jahre, bis sich ihre gesamte Wassermenge erneuert. Zudem wird der biologische Abbau der Schadstoffe durch die niedrige Wassertemperatur beträchtlich verlangsamt. So sind die in der Ostsee lebenden Fische heute durch Dioxine und PCBs (chlorierte chemische Derivate, die im Organismus nicht abgebaut werden) oft derart belastet, dass ihr Verkauf auf den Märkten der Europäischen Union schon bald verboten werden könnte. Die Verschmutzung des Meeres wird hauptsächlich durch Aktivitäten an Land (Industrie und Landwirtschaft) verursacht, denn über 40 Millionen Menschen in neun Ländern besiedeln die Ufer der Ostsee. Seit der Gründung des Ostseerats im Jahre 1992 ist der Schutz dieses fragilen Lebensraums zur Priorität geworden. 2004 wurde der Ostsee von der Internationalen Meeresorganisation ein Sonderstatus verliehen, der den Anrainerstaaten erlaubt, Schifffahrtsnormen für den Öltransport festzulegen. Im Gegensatz zu seinen Nachbarn verweigerte Russland die Unterzeichnung. Da die Verschmutzung jedoch keine Grenzen kennt, greifen die Maßnahmen zum Umweltschutz nur, wenn sich alle Länder dazu verpflichten.

Gemüseanbau am Fluss Senegal in der Umgebung von Kayes, Mali

(14° 34' nördlicher Breite – 11° 46' westlicher Länge)

Die im Westen Malis, nahe der senegalesischen und der mauretanischen Grenze gelegene Stadt Kayes ist ein bedeutendes ethnisches und wirtschaftliches Zentrum. Die gesamte Region wird vom Fluss Senegal durchflossen, an dessen Ufern der Gemüseanbau stark verbreitet ist. Das Wasser des Flusses, das in dieser Sahelzone als begehrte Ressource gilt, wird von den Frauen gesammelt und in die landwirtschaftlich genutzte Hochebene transportiert. Mit ihm können die kleinen Parzellen, auf denen man die für den lokalen Markt bestimmten Früchte und Gemüse anbaut, von Hand gegossen werden. Der Senegal, der erst nach dem flussaufwärts von Kayes gelegenen Zusammenfluss von Bafing (»schwarzer Fluss«) und Bakoy (»weißer Fluss«) so heißt, fließt auf 1600 Kilometer Länge durch die drei Länder Senegal, Mali und Mauretanien. Die an ihm errichteten Wasserkraftwerke bewässern 600 Quadratkilometer Anbaufläche und ermöglichen damit eine Steigerung sowohl der Agrarerträge als auch der Einkünfte der Einwohner.

Gletscher nahe dem Berg It-Tish in der Region Ysykköl, Kirgisistan

(41° 50' nördlicher Breite – 78° 10' östlicher Länge)

Die Gletscher Kirgisistans sind so zahlreich (etwa 8000) und bedecken eine derart große Fläche (8200 Quadratkilometer), dass viele von ihnen noch immer keinen Namen tragen. Die mächtigen Eisströme schürfen durch ihre erodierende Fließbewegung Täler in die Gebirgskette des Tienschan, der – gemessen an der Anzahl seiner Gipfel – die zweitgrößte Gebirgskette der Welt nach dem Himalaja ist. Der höchste Gipfel, der Pik Pobedy, ist 7439 Meter hoch. Das im Herzen Zentralasiens gelegene und von Usbekistan, Tadschikistan, Kasachstan und China eingeschlossene kirgisische Staatsgebiet liegt auf einer mittleren Höhe von mehr als 3000 Metern. Die steil aufragenden Berge bedecken fast 95 Prozent des Landes und lassen für eine Landwirtschaft an festen Orten nur sehr wenig Raum. Daher ist das Land traditionell dem Nomadentum verhaftet, das auch heute noch sehr stark ausgeprägt ist.

Pirogen auf dem Tschadsee bei Bol, Tschad

(13° 28' nördlicher Breite – 14° 43' östlicher Länge)

Inmitten des Dickichts aus Schilf und Papyrus lassen schmale Pirogen eine der zahllosen Fahrrinnen des Tschadsees erahnen. Der viertgrößte See Afrikas, der sich im Ländereck Tschad, Niger, Nigeria und Kamerun befindet, wird von Fischern stark frequentiert. Dieser unkontrollierbare Bootsverkehr beunruhigt die Behörden, da in den Gewässern des Tschad auch großflächig illegaler Fischfang betrieben wird. Gut ausgerüstete Fischer aus Nigeria, aber auch aus Ghana und Mali, machen den einheimischen Fischern des Tschad Konkurrenz, denn deren Ausrüstung ist dürftig, und der Fischfang selbst ist zudem mit hohen Steuern belegt. Durch die Entwässerung des Sees geriet das gesamte Ökosystem der Region empfindlich durcheinander. Man hofft, dass die geschwächte Wirtschaft des Landes dank der Erdölindustrie wieder auf die Beine kommt. So förderte der Tschad im Jahre 2005 rund 9000 Tonnen Öl und konnte nicht zuletzt auch dank der Pipeline Tschad–Kamerun sein Bruttoinlandsprodukt spürbar steigern. Doch dieser wachsende Reichtum des Landes wird kaum Auswirkungen auf die Bevölkerung haben, sofern er nicht zu ihren Gunsten eingesetzt wird – wie etwa zur Verbesserung des Gesundheits- und Erziehungswesens sowie zum Ausbau der Infrastruktur.

Robben auf einem Felsen bei Duiker Island, Kapprovinz, Südafrika

(34° 05' südlicher Breite – 18° 19' östlicher Länge)

Die geselligen Südafrikanischen Seebären *(Arctocephalus pusillus pusillus)* versammeln sich an den Küsten in Kolonien von mehreren Hundert oder Tausend Tieren, um sich zu paaren und ihre Jungen zur Welt zu bringen. Diese Säugetiere, die im Wasser und an Land leben, fühlen sich im Wasser am wohlsten. Den größten Teil ihrer Zeit verbringen sie damit, die Küstengewässer auf der Suche nach Nahrung – Fischen, Tintenfischen und Krebstieren – zu durchstreifen. Die am Kap der Guten Hoffnung vorkommende Unterart lebt nur an den Küsten des südlichen Afrikas – vom Kreuzkap in Namibia bis zur Algoa-Bucht in Südafrika. Sie zählt rund 850 000 Vertreter. Südafrikanische Seebären gehören der Unterordnung der Wasserraubtiere (Pinnipedia) an, die sich in drei Familien aufspaltet. Die Familie der Ohrenrobben (Otariidae), zu der die Seebären zählen, umfasst 14 Arten, darunter Seebären, Seelöwen und Seeelefanten. Die Familie der Hundsrobben (Phocidae) spaltet sich in 18 Arten auf. Ihr gehören Robben, Seehunde sowie Seeleopard, Krabbenfresser und Klappmütze an. Die dritte Familie, Odobenidae, zählt nur eine Art, das Walross. Wasserraubtiere finden sich in den meisten Meeren und bilden einen Gesamtbestand von rund 50 Millionen Tieren, wovon allein 90 Prozent auf die Familie der Hundsrobben entfallen.

15. Juni

Dorf inmitten von Kulturflächen nahe Ambatolampy, Region Antananarivo, Madagaskar

(19° 22’ südlicher Breite – 47° 26’ östlicher Länge)

Die Hochebene südlich der Hauptstadt Antananarivo gehört zu den fruchtbarsten Gebieten der Insel Madagaskar, auf der die Hälfte der Bevölkerung an Unterernährung leidet. Neben Reisfeldern, die das Grundnahrungsmittel der Madagassen liefern, werden hier Erdbeeren, Mais und Bohnen gezogen. Doch die landwirtschaftlichen Anbaumethoden erlauben keine ausreichenden Erträge – und das, obwohl in den letzten zehn Jahren der Reisverbrauch sogar noch von 135 Kilogramm auf 107 Kilogramm pro Einwohner und Jahr zurückgegangen ist. Die traditionellen Praktiken zur Erneuerung der Böden wurden von den Volksgruppen eingeführt, die aus Südostasien einwanderten. Dazu zählen hauptsächlich die Brandkultur, aber auch absichtlich entfachte Buschbrände. Deren Auswirkungen auf die Umwelt sind katastrophal, insbesondere für die Wälder, von denen 85 Prozent bereits verschwunden sind. Jedes Jahr verringern sich die Waldbestände in Madagaskar um 150 000 Hektar. Doch obwohl man das Holz verkauft, bekämpft man mit den Erträgen dennoch nicht die Armut, die 70 Prozent der Bevölkerung betrifft.

Königsgräber, Petra, Region Ma'an, Jordanien

(30° 20' nördlicher Breite – 35° 26' östlicher Länge)

Lawrence von Arabien bezeichnete sie einst als den schönsten Ort der Welt: Die im siebten Jahrhundert vor unserer Zeitrechnung gegründete Höhlenstadt Petra war die Hauptstadt des arabischen Nomadenvolks der Nabatäer. Der Sandstein der Steilklippen, in die Petra gehauen wurde, gibt der Stadt eine ocker- und rosafarbene Färbung, die je nach Tageszeit ins Malvenfarbene, Scharlachrote oder Blaue spielt. Auf den Bauwerken – etwa 800 Tempel und Gräber – stehen geheimnisvolle Inschriften, die wahrscheinlich von den Nomaden und Kaufleuten hinterlassen wurden, die Petra lange Zeit als Durchgangs- und Handelsort nutzten. Seit einigen Jahren jedoch sieht sich der Ort mit einer beunruhigenden Bedrohung konfrontiert: Die im Grundwasser gelösten Mineralsalze erreichen durch Kapillarwirkung den Fuß der Monumente, lagern sich im Stein ab und machen ihn porös. Der Wind trägt ebenfalls zur fortschreitenden Schädigung der Höhlenstadt bei, die 1985 in die Liste des UNESCO-Weltkulturerbes aufgenommen wurde.

Transport von Holzkohle, Haiti

(18° 35' nördlicher Breite – 72° 00' westlicher Länge)

Dieses Boot transportiert Holzkohle, die in der Stadt verkauft wird, um die Küchen mit Brennstoff zu versorgen. In Haiti, wo 80 Prozent der Bevölkerung keinen Zugang zu elektrischem Strom haben, kommt die Verbrennung von Holz für über 70 Prozent des Energiebedarfs auf. Die Folge ist eine massive Rodung des Landes, sodass die Wälder nur noch 1,4 Prozent der Landesfläche bedecken. Trotz der kahlen Berge, der Bodenerosion, der Wasserversorgungsprobleme und der wiederholten Dürreperioden nimmt der Grad der Abholzung nicht ab. Die Bauern in den Bergen sind sich der Katastrophe bewusst, doch auf ihren erodierten Böden erschließen sich ihnen häufig keine anderen Einkommensquellen. Am Ende der Kette, in den Haushalten, sind bis heute leistungsschwache und sehr brennstoffintensive Herde verbreitet, da die Mittel zur Erneuerung der Geräte fehlen. Die Abholzung des Landes stellt jedoch ein globales Problem dar. Es kann nicht gelöst werden, solange den Bergbewohnern keine wirtschaftlichen Alternativen geboten werden und solange nicht endlich eine konkrete Politik zur Energiewende eingeleitet wird.

F.K. DAITI

Siedlung in Kapstadt, Südafrika

(33° 54' südlicher Breite – 18° 34' östlicher Länge)

Die Siedlungslandschaft am Kap ist ein Überbleibsel aus der Zeit der Apartheid. Dieses rassistische, ideologische und politische Programms wurde von den weißen Regierungen Südafrikas von 1948 bis 1994 verfolgt und zielte darauf ab, eine systematische Rassentrennung in allen Bereichen des Lebens zu erwirken. Die Behörden errichteten ausschließlich Schwarzen vorbehaltene Wohnviertel (Townships) und bebauten sie mit Häusern, die aufgrund ihrer geringen Größe »Streichholzschachteln« *(matchboxes)* genannt wurden. Die sehr schlecht ausgestatteten Townships waren durch einen äußerst beschränkten Rechtsstatus geregelt: kein Zugang zum Grundeigentum, kein Handelsrecht, keine gewählte Gemeindebehörde bis in die 1980er Jahre. Die 1994 abgeschaffte Apartheid ist immer noch an den Stadtlandschaften erkennbar, wenngleich inzwischen zahlreiche Häuser renoviert und vergrößert und Geschäfte eröffnet wurden. Inzwischen akzeptieren die Einwohner diese einst aufgezwungenen Viertel. Allerdings hat das Gesetz des Marktes die Apartheid ersetzt: Die Viertel am Kap können zwar theoretisch von der gesamten Bevölkerung bewohnt werden, doch bleiben sie sozial homogen. Zumindest im Wohnbereich bleibt die Rassentrennung weiterhin bestehen.

Erdölraffinerie auf der Insel Pulau Bukom, Singapur

(1° 22’ nördlicher Breite – 103° 50’ östlicher Länge)

Das flächenmäßig kleine Singapur leitete eine Politik zur optimalen Verwaltung seines Staatsgebiets ein, indem es die Inseln im offenen Meer als Industriezentren nutzt. Singapur etablierte vor allem eine »Industrie auf dem Wasser«. So befindet sich auf der Insel Pulau Bukom eine der drei größten Erdölraffinerien des Landes. Singapur besitzt bedeutende Erdölverarbeitungskapazitäten (1,3 Millionen Barrel pro Tag), die ihm einen der vorderen Plätze in Südostasien sichern. Diese Kapazitäten, gepaart mit der strategisch günstigen Lage an der Straße von Malakka, machen Singapur zu einem wichtigen Treibstoffversorgungszentrum des Fernen Ostens und zu einem wesentlichen Knotenpunkt für die Öltanker. Doch die sich ankündigende Ölkrise wird jedes Land der Welt betreffen, die bislang nicht ausreichend darauf vorbereitet ist. Vermutlich wird auch Singapur angesichts der immer knapperen Ölreserveneinen Teil seiner Aktivitäten verlagern müssen. Der Transport des Rohstoffs Öl ist zu 97 Prozent vom Treibstoff Öl abhängig, und so halten immer mehr Nationen Ausschau nach kostengünstigeren und näherliegenden Alternativen für ihre Energieversorgung.

Jurte nahe dem Jukuu-Tal, östlich von Ysykköl, Kirgisistan

(42° 30' nördlicher Breite – 78° 30' östlicher Länge)

Die ehemalige Sowjetrepublik Kirgisistan ist seit dem 31. August 1991 unabhängig. Die russische Vorherrschaft war ein schweres Joch für die Nomaden. Viele von ihnen wurden im Laufe der Agrarreformen der 1920er Jahre und während der Kollektivierungskampagnen der 1930er Jahre unter Zwang sesshaft gemacht. Die Umwelt bekam dies ebenfalls zu spüren, denn Kirgisistan leidet noch immer unter den Folgen des geheimen Uranabbaus und der Rüstungsindustrie in Ysykköl. Die Regierung Askar Akajews, die nach dem Zusammenbruch des sowjetischen Reiches frei gewählt worden war, legte den Ort Ysykköl still, doch Experten befürchten, dass von den Abbaustätten noch immer Strahlung freigesetzt wird. Inzwischen ist Akajew aus dem Land geflohen: Sein autoritär gewordenes Regime wurde durch die so genannte Tulpenrevolution im März 2005 abgesetzt. Nach den von internationalen Beobachtern als manipuliert anerkannten Wahlen forderten 15 000 Partisanen der Opposition den Rücktritt der Regierung und stürmten das Regierungsgebäude. Sie schworen sich, den Präsidenten »noch vor dem Aufblühen der Tulpen« zum Rücktritt zu bewegen. Dieses Ereignis folgte auf weitere »farbige Revolutionen«: die »Rosenrevolution« in Georgien Ende 2003, die »Orangefarbene Revolution« in der Ukraine Ende 2004 sowie die »Zedernrevolution« im Libanon 2005.

Oase Timimoun, Algerien

(34° 02' nördlicher Breite – 6° 06' östlicher Länge)

Timimoun (15 000 Einwohner) wird aufgrund der kräftigen Farbe des Sandes und vor allem aufgrund des für die Gebäude verwendeten Tons auch die »rote Oase« genannt. Der ehemalige französische Militärposten und Kontrollpunkt des westlichen »Großen Erg« gilt als berühmtes Wüstengebiet, das inzwischen zu einem Zentrum des Kunsthandwerks aufstieg, in dem schöne Stoffe wie Burnusse und Schleier sowie rote und grüne Teppiche hergestellt werden. Wie bei allen Oasen war es die Verfügbarkeit von Wasser, die die Menschen veranlasste, sich an diesem Ort im Herzen der algerischen Sahara niederzulassen. Dank der Einrichtung eines Gemeinschaftswassersystems konnten ein befestigtes Dorf, der *Ksar*, gegründet und eine Palmenpflanzung angelegt werden. Die Oasenlandschaft weist auf drei Stufen angelegte Kulturflächen auf: Die erste Stufe ist die der Dattelpalmen, die 20 Meter hoch werden können. Die zweite ist die der Obstbäume (wie Oliven-, Feigen-, Granatapfel- und Mandelbäume). Im Schatten dieser Bäume schließlich breiten sich die Gemüseanbauflächen aus, die von einem dichten Netz aus Bewässerungsgräben gespeist werden. Die Pflanzen, die ihre Wurzeln tief in die Erde bis zum Grundwasser graben, werden laufend von wabenähnlichen Strukturen aus Sand umbaut, mit deren Hilfe sich die Menschen gegen das Versanden ihrer Anbauflächen zur Wehr setzen.

Sennhütten am Hahnenkamm, südlich von Kitzbühel, Tirol, Österreich

(47° 26' nördlicher Breite – 12° 24' östlicher Länge)

Für begeisterte Skifahrer hat der Name Kitzbühel eine besondere Bedeutung. In der Tat findet hier das sagenhafteste Rennen des alpinen Skiweltcups statt, das Hahnenkammrennen, das nach dem über der Stadt aufragenden Berg benannt ist. Österreich, das zu zwei Dritteln vom Ostrand des Alpenbogens eingenommen wird und etwa 680 Gipfel über 3000 Meter Höhe aufweist, gilt als Wintersportparadies. In den Dörfern, die sich nicht der Landflucht angeschlossen haben, konnten sich die touristischen Aktivitäten leicht ins lokale Gefüge integrieren. Im Gegensatz etwa zu den französischen Wintersportorten, die mit ihren Hotelbunkern in den 1970er Jahren aus dem Nichts gegründet wurden, sind die Ferienanlagen in den Tiroler Dörfern mit Augenmaß entwickelt worden. Als Faustregel gilt dort, die Bettenzahl nicht über das Zehnfache der einheimischen Bevölkerung steigen zu lassen. Die Gebäude wurden der lokalen Architektur angepasst, um eine Harmonie zwischen touristisch genutzter Infrastruktur und Natur zu bewahren. Dies sind die Schlüssel des »Tiroler Modells«, das von den europäischen Städteplanern gerühmt wird. Heute nimmt sich Frankreich ein Beispiel daran. Gewachsene Wintersportorte wie Bonneval-sur-Arc in Savoyen werden auf diese Weise aufgewertet.

Sesostris-II.-Pyramide in El-Lahun, südlich des Fayyum-Beckens, Ägypten

(29° 17' nördlicher Breite – 30° 50' östlicher Länge)

Diese Pyramide aus rohem Ziegelstein wurde während des Mittleren Reiches (2010–1793 v. Chr.) auf einem kleinen, felsigen Berg erbaut und birgt den aus Rosengranit bestehenden Sarkophag Sesostris' II. Ihre Bauweise ist charakteristisch für das Mittlere Reich. Sie basiert auf einer Stützmauer, die strahlenförmig vom Zentrum ausgeht, das mit rohen Ziegeln gefüllt ist. Eine heute verschwundene Steinverkleidung schloss das Bauwerk ab. Nördlich dieser Grabanlage findet man eine Anlage aus acht in den Fels gehöhlten Gräbern. Der Begriff »Pyramide« lässt sich auf *pyramis* zurückführen, was sowohl im Lateinischen als auch im Griechischen einen Körper mit quadratischer Grundfläche und vier dreieckigen Seiten bezeichnet. Die erste Stufenpyramide wurde vom Baumeister Imhotep für Pharao Djoser (ca. 2644–2623 v. Chr.) errichtet. Die klassische und bekannteste Pyramide wurde mit Cheops (2620–2580 v. Chr) geboren; sie umfasst eine Nebenpyramide und verschiedene Tempel. In den Pyramiden des Alten Reiches gefundene Inschriften drücken die Rolle dieser Grabstätten aus, die den Königen und Königinnen von der dritten bis zur zwölften Dynastie geweiht sind.

24. Juni

Boot an der Küste zwischen Kas und Myra, Türkei

(36° 08' nördlicher Breite – 29° 40' östlicher Länge)

Die Küste Anatoliens, seit über neun Jahrtausenden ein Kreuzungspunkt der Kulturen, gehört zu den wenigen geschützten Küsten des Mittelmeers. Ihre Inseln und deren Umgebung bergen archäologische Überreste. Sie wurden von den ersten griechischen Handelsniederlassungen und von der lykischen Kultur hinterlassen, die vom fünften Jahrhundert v. Chr. bis zum siebten Jahrhundert n. Chr. von einer Föderation von Städten, darunter Myra (Demre auf Türkisch), regiert wurden. Die Küste ist die Heimat der seltenen Mönchsrobben und zahlreicher Meeresschildkröten, sodass der WWF (World Wide Fund For Nature) sie unter die vorrangig zu schützenden Mittelmeergebiete einreihte. Das Gleiche gilt für die Ägäis und das liguro-korso-provenzalische Becken, in dem viele Wale und Delfine leben. Die Mittelmeerküste, die 150 Millionen Menschen bewohnen, leidet unter der übermäßigen städtebaulichen Entwicklung, dem CO_2-Ausstoß sowie der starken Verschmutzung durch Landwirtschaft und Industrie. Etwa 15 Prozent der Küsten sind bereits geschädigt, insbesondere die Adriaküste (Italien), die Ostküste von Syrien bis zum Nildelta, die Küste zwischen Barcelona und Valencia sowie die Küste von der Rhonemündung bis Spanien. Schutzmaßnahmen betreffen hingegen nur weniger als ein Prozent der Küstenbereiche.

Elefanten im Okawango-Delta, Botswana

(19° 26' südlicher Breite – 23° 03' östlicher Länge)

Afrikanische Elefanten *(Loxodonta africana)* legen viele Kilometer zurück, um die 100 bis 200 Kilogramm Pflanzen zu finden, die sie täglich zu sich nehmen. In einer Reihe folgen sie der Leitkuh und kommunizieren durch Rüssel- oder Ohrenbewegungen, Gerüche, zärtliche Gesten und eine ganze Reihe niederfrequenter, für den Menschen unhörbarer Töne. Diese Tiere, die wegen ihres Elfenbeins intensiv gejagt wurden und noch immer werden, sind vom Aussterben bedroht. Ihre Gesamtzahl sank von 2,5 Millionen Tieren im Jahr 1945 auf 500 000 im Jahr 1989, als der Elfenbeinhandel verboten wurde. Heute gibt es noch etwa 300 000 Tiere, die sich auf die Schutzgebiete konzentrieren. Diese sind jedoch häufig zu klein, denn durch den großen Appetit der Dickhäuter werden nicht nur intakte Ökosysteme gefährdet, sondern auch die Ernten der Menschen – und das in Ländern, die bereits an Unterernährung leiden. Trotz dieser Schäden haben elf Länder Zentral- und Westafrikas vergebens beantragt, das totale Verbot des Elfenbeinhandels aufrechtzuerhalten, um der Wilderei Einhalt zu gebieten und gemeinsam die Probleme des Elefantenschutzes lösen zu können. Die zur Kontrolle des Elfenbeins eingesetzten Mittel reichen bei Weitem nicht aus, und durch die – wenn auch begrenzte – Wiederaufnahme des internationalen Handels mit Elfenbein haben die Wilderer erneut freie Hand.

Palmenpflanzung und Palmölfabrik, Monte Plata, Dominikanische Republik

(18° 48' nördlicher Breite – 69° 47' westlicher Länge)

Die weltweite Produktion von Palmöl verdreifachte sich in den letzten zehn Jahren und könnte bald das Sojaöl als meistverwendetes Pflanzenöl der Welt ablösen. Das in der afrikanischen und brasilianischen Küche bereits sehr beliebte Palmöl erschließt sich neue Märkte wie Indien und China und wird für die Herstellung einer wachsenden Zahl von Produkten, darunter Margarine, Lippenstift, Shampoo und Biotreibstoff, verwendet. Angesichts dieser weltweiten Begeisterung nehmen die Pflanzungen von Ölpalmen *(Elaeis guineensis)* zu. Dies geschieht jedoch oft auf Kosten der Tropenwälder. Die Lage ist in Malaysia und Indonesien, den Hauptproduktionsländern, ganz besonders kritisch. In Indonesien stieg die für Ölpalmen genutzte Fläche von 120 000 Hektar im Jahr 1968 auf 5,5 Millionen Hektar im Jahr 2004. Jede Minute verschwindet dort Wald auf der Fläche von vier Fußballfeldern. Allerdings ist dieser äußerst rentable Anbau auch für eine große Zahl neu entstandener Arbeitsplätze verantwortlich.

27. Juni

Justizpalast von Palermo, Sizilien, Italien

(38° 07' nördlicher Breite – 13° 22' östlicher Länge)

Das an einer Bucht an der Nordküste Siziliens liegende Palermo wird überragt vom Monte Pellegrino und Monte Catalfano. Unter seinen Baudenkmälern erinnert der Justizpalast, der 1882 von dem aus Palermo stammenden Architekten Ernesto Basile errichtet wurde, an florentinische Paläste. Das Gebäude gilt als berühmte Stätte des Kampfes gegen die Mafia. So verbrachte der Richter Giovanni Falcone hier elf Jahre damit, unermüdlich gegen das organisierte Verbrechen vorzugehen, bevor er 1992 von der Cosa Nostra (sizilianische Mafia) ermordet wurde. Die organisierte Kriminalität kostet Süditalien jedes Jahr 7,5 Milliarden Euro. Schätzungen zufolge hätte – ohne die von der Mafia begangene Plünderung – die Wirtschaft des Südens die im Norden seit 1981 eingeholt. Der so im Mezzogiorno (Kampanien, Kalabrien, Apulien, Basilicata, Molise, Abruzzen, Sardinien und Sizilien) unterschlagene Reichtum entspricht 2,5 Prozent des Bruttoinlandsprodukts von Süditalien. Immerhin wurde der Chef der Cosa Nostra, Bernardo Provenzano, kürzlich nach 42 Jahren Flucht festgenommen, nachdem die Fahnder ihn anhand einer Wäschesendung, die ihm seine Frau zukommen ließ, entdeckt hatten.

The Big Indian, Navajo-Reservat, Arizona, USA

(36° 25’ nördlicher Breite – 110° 00’ westlicher Länge)

Die Landschaften des Monument Valley sind weltweit bekannt. Seit den 1930er Jahren dienten sie als Kulisse für zahlreiche Western. Monument Valley, das Touristenziel schlechthin, ist kein amerikanischer Nationalpark, sondern ein Stammespark. Denn hinter diesen hohen Bergen aus rotem Sandstein lebt das Volk der Navajo, dessen Gebiet auf einer Fläche von 65 000 Quadratkilometern das nordöstliche Viertel Arizonas einnimmt und bis nach Utah und New Mexico hineinreicht. Seine Hauptstadt ist Window Rock. Das Volk der Navajo zählt rund 300 000 Menschen, von denen 174 000 in diesem Reservat leben. Wie die anderen 563 von der amerikanischen Bundesregierung anerkannten Stämme besitzen die Navajo ihre eigene Regierung. Im Gegensatz zu den meisten indigenen Sprachen Nordamerikas, die im Niedergang begriffen sind, wird Navajo noch immer von mehr als 100 000 Menschen gesprochen und in der Schule gelehrt. Die Navajo achten sehr darauf, ihre bedrohte Sprache zu bewahren, da sie wissen, dass ihre Identität, ihre Kultur und ihre Zukunft nicht zuletzt auf dieser Sprache beruhen. Anderswo auf der Welt, so schätzen Linguisten, könnten von etwa 6000 gesprochenen Sprachen 90 Prozent bis zum Ende dieses Jahrhunderts ausgestorben sein.

Tempel der Erde in Ayutthaya, Thailand

(14° 21' nördlicher Breite – 100° 34' östlicher Länge)

Das auf einer künstlichen Insel am Zusammenfluss des Chao Phraya mit den Flüssen Prasak und Lopburi gelegene Ayutthaya war über vier Jahrhunderte, von 1350 bis 1767, die Hauptstadt des Königreichs Siam. Seine Pracht und seine kulturelle und wirtschaftliche Dynamik erinnern an das Europa des 17. Jahrhunderts. Die Ausdehnung des Wat Phra Si Sanphet, seit 1491 königliches Heiligtum der Stadt, zeugt von diesem Glanz. Von der Tempelanlage sind nur drei *Chedis* unversehrt erhalten. Die Spitze dieser Monumente birgt heilige Reliquien, in denen sich die Asche von siamesischen Königen befindet, und symbolisiert die Stufen, die man durchlaufen muss, um das Nirwana zu erreichen. Der Buddhismus, der von 95 Prozent der Thailänder praktiziert wird, bildete die Grundlage für die Einheit des Landes, und die Tempel, einst Erziehungszentren, Hospize und Waisenhäuser, stehen immer noch im Zentrum des öffentlichen Lebens. Fast alle Thailänder treten zum einem bestimmten Zeitpunkt ihres Lebens vorübergehend in ein Kloster ein, manchmal für einige Wochen, häufig auch für drei Monate während der Zeit des Monsuns.

Vulkanlandschaft am See Ghubbet el Kharab, Dschibuti

(11° 41' nördlicher Breite – 42° 20' östlicher Länge)

Das Gebiet des Assalsees und des Ghubbetsees ist eine außergewöhnliche Region, denn hier entsteht allmählich der Eritreische Ozean. Am Südostrand des Assal-Grabenbruchs reißt die Erdkruste auf, wodurch sich Afrika immer weiter von der Arabischen Halbinsel entfernt. Die Kruste dehnt sich, wird dünner und reißt in unzählige Spalte auf. So senkt sich das Profil – der Assalsee liegt 155 Meter unter dem Meeresspiegel –, Lava steigt aus der Tiefe der Erde auf und bildet beim Abkühlen Vulkankegel, die als schwarze Plateaus eines Tages unter dem Wasser des künftigen Ozeans liegen werden. An dieser Stelle bildet die Erde eine neue Kruste. Da der Planet jedoch nicht dehnbar ist, verschwindet die Kruste an anderer Stelle wieder, und zwar in einigen Tausend Kilometer Entfernung an den so genannten Subduktionszonen. Hier taucht eine Platte unter eine andere und vermischt sich wieder mit den Materialien des Erdmantels.

Agro-Ökologie – eine Alternative für die Zukunft

Unsere Erde – wie viele von uns denken überhaupt über diese Kugel nach, auf deren Oberfläche wir unser ganzes Leben verbringen? Wer überwiegend in den asphaltierten Großstädten in Hochhäusern lebt, dem dürfte sie ohnehin noch fremder geworden sein.

Die Erde, unsere Nährmutter, ist eines der vier wichtigsten Elemente und das einzige Element, das nicht von Anbeginn an da war. Es dauerte viele Jahrtausende, bis sich die dünne, bebaubare Erdschicht bildete, der wir unser Leben verdanken. Dieser so genannte Boden ist ein lautloses, aber betriebsames und extrem komplexes Universum und wird von einer geheimnisvollen und allgegenwärtigen Intelligenz beherrscht. Man könnte diese Kraft auch als eine Art von Magen bezeichnen, denn in ihm entstehen Stoffe, die die Pflanzen ernähren und ihnen ermöglichen, zu gedeihen und sich zu vermehren; Pflanzen wiederum sind es, denen wir Menschen und Tiere das Leben verdanken. Deshalb ist es so wichtig zu begreifen, dass der Begriff »Mutter Erde« nicht bloß eine poetische Metapher, sondern eine objektive Tatsache ist.

Im Zeitalter der Biotechnologie, der Produktivität und der grenzenlosen Vermarktbarkeit sieht man die Erde und die Pflanzen nur noch als Quellen finanziellen Profits an. Selektiertes oder degeneriertes Saatgut, sterile Hybride, Dünger, Pestizide, Monokulturen, der maßlose Einsatz von Bewässerungssystemen, die Mechanisierung und vieles andere mehr machen deutlich, dass die Landwirtschaft heute in erster Linie gewinnorientiert ist. Im Namen der Marktwirtschaft und der Profitgier schädigt sie die nährende Mutter Erde schwer. Die wirtschaftlichen, ökologischen und sozialen Konsequenzen aber sind katastrophal: Die Humusschicht wird vielerorts zerstört, die Gewässer werden verschmutzt, die

Vielfalt von Haustier- und Nutzpflanzenarten nimmt permanent ab, überall geraten bäuerliche Arbeitstechniken und bäuerliche Kultur in Vergessenheit, die Wüsten wachsen, Pflanzen werden gentechnisch verändert oder gar von Firmen als Patent angemeldet.

Die Erde ist lebendig, und deshalb werden all diese Eingriffe schlimme Auswirkungen auf die Zukunft haben. Ganz abgesehen davon, erweist sich die derzeit übliche landwirtschaftliche Produktionsweise als die aufwendigste, störungsanfälligste und am wenigsten rentable aller Zeiten: 4000 Liter Wasser sind nötig, um ein Kilogramm Fleisch zu produzieren. Um eine Tonne Dünger herzustellen, benötigt man zwei bis drei Tonnen Erdöl. Zur Erzeugung einer einzigen Nahrungskalorie werden zwölf Kalorien Energie verbraucht. Seit Jahrzehnten ist die Landwirtschaft ausschließlich auf die Maximierung der Produktion ausgerichtet. Doch allmählich zeigen Überproduktion, Vergeudung und Lebensmittelskandale einerseits sowie Hungerkatastrophen andererseits ihre Grenzen auf. Das schöne englische Wort »Nutrition«, das nicht nur die Ernährung und das Essbare meint, sondern in dem auch symbolische und poetische Bedeutungen mitschwingen, musste dem Wort »Food« (Futter) Platz machen. Damit ist der Weg frei für Überflussproduktion, für Gepanschtes und Manipuliertes, das uns schon weit von den Gaben der Erde entfremdet hat. Wir erkennen ihre Geschenke nicht mehr, und auch nicht, dass sie nur von bestimmten Regionen und zu bestimmten Jahreszeiten hervorgebracht werden.

Nach und nach beginnt man freilich, die Zusammenhänge zu erkennen zwischen unserem heutigen Essen und den so genannten Zivilisationskrankheiten, die sich all unserem Wissen und unserer hoch entwickelten medizinischen Technologie zum Trotz immer weiter ausbreiten. Nahrung, Luft und Wasser, Grundbedingungen und Voraussetzungen des Lebens, werden allmählich zu Komplizen des Todes. Warum muss man heute ständig daran erinnern, dass man qualitativ hochwertige Nahrung nur erhalten kann, wenn man die Erde, die sie hervorbringt, versteht, achtet und pfleglich behandelt?

Die Bedürfnisse zu befriedigen, die unser Überleben sichern, und gleichzeitig das Leben in all seinen Aspekten zu achten – das ist zweifellos der beste Weg, und wenn wir nicht Hungersnöte von immer größeren Ausmaßen erleben wollen, sollten wir diesen Weg gehen. Deshalb ist es unserer Ansicht nach wichtig, dass die Agro-Ökologie, die wir seit Langem praktizieren und für die wir seit Jahren eintreten, in der ganzen Welt Verbreitung findet. Indem sie Methoden einsetzt, die sich natürliche Vorgänge zunutze machen, wie etwa die Kompostierung, den Einsatz von Naturdünger, die Vergesellschaftung bestimmter Pflanzen und vieles mehr, ermöglicht sie den Menschen, gesunde Nahrungsmittel zu erzeugen und gleichzeitig traditionelle Nutzpflanzen- und Haustierarten sowie die bäuerliche Kultur zu erhalten. Da die Agro-Ökologie auf dem Verständnis der biologischen Phänomene basiert, die die Biosphäre im Allgemeinen und den Boden im Besonderen beherrschen, ist sie universell einsetzbar. Agro-Ökologie bietet die Möglichkeit in sich, Böden wieder fruchtbar zu machen, die Ausbreitung der Wüsten zu bekämpfen, die Biodiversität der Erde zu erhalten und die Nutzung des Wassers zu optimieren.

Die Agro-Ökologie ist eine Alternative, die wenig Kosten verursacht und auch für die ärmsten Völker anwendbar ist. Indem sie natürliche und lokal verfügbare Ressourcen nutzt, befreit sie Bauern von ihrer Abhängigkeit von Chemikalien und macht die absurden Transporte überflüssig, auf denen täglich Waren, die auch vor Ort produziert werden könnten, Tausende von Kilometern weit gefahren oder geflogen werden und die in hohem Maße mitverantwortlich für die Umweltverschmutzung sind. Schließlich ermöglicht es die Agro-Ökologie, hochwertige Nahrungsmittel zu erzeugen, ohne der Erde, den Pflanzen, Tieren und dem Menschen dabei Schaden zuzufügen.

Darüber hinaus könnte eine richtig verstandene Agro-Ökologie auch zu sozialem Wandel beitragen. Als eine Ethik des Lebens verändert sie die Beziehung zwischen dem Menschen und der ihn ernährenden Umwelt und bereitet der Zerstörung der Erde ein Ende.

Agro-Ökologie ist deshalb mehr als nur eine alternative landwirtschaftliche Arbeitsmethode. Eng mit der Achtung vor dem Leben verbunden, gibt sie dem Menschen seine Verantwortung gegenüber den Lebewesen zurück. Sie ermöglicht ihm, sich von den oberflächlichen, niemals stillbaren, künstlich geschaffenen Bedürfnissen abzuwenden und die Gefühle jener frühen Menschen wieder zu entdecken, denen die Schöpfung, alle Lebewesen und die Erde vor allem anderen heilig waren.

Pierre Rabhi

Gründer des »Mouvement pour la terre et l'humanisme« (»Bewegung für die Erde und den Humanismus«)

Dorf zwischen Tahoua und dem Aïr-Massiv, Niger

(15° 03’ nördlicher Breite – 5° 12’ östlicher Länge)

Die aus einer Mischung von Lehm und Pflanzenfasern gebauten kubischen Häuser und eiförmigen Getreidespeicher des Dorfes, das in der Nähe von Tahoua im Südwesten Nigers liegt, sind ein typisches Beispiel für die Architektur der Haussa. Die Volksgruppe der Haussa stellt in Niger mit 55 Prozent die Bevölkerungsmehrheit. Obwohl überwiegend ein Volk von sesshaften Bauern, sind die Haussa wegen der Qualität ihrer handwerklichen Erzeugnisse und ihrer geschäftssinnigen Kaufleute berühmt. Jahrhundertelang waren ihre Städte im Norden Nigerias wichtige Handelszentren. Heute führt durch die Region von Tahoua eine Überlandstraße, die auch »Straße des Urans« genannt wird: Die Entdeckung von Uran unter dem Sultanat Aïr im Jahre 1965 führte zur Gründung der Minen von Arlit, aus denen jährlich ungefähr 1300 Tonnen Uran und damit 3,2 Prozent der gesamten weltweiten Fördermenge kommen. Dies macht Niger zum viertgrößten Uranproduzenten der Welt.

Boote auf dem schwimmenden Markt von Damnoen Saduak, Großraum Bangkok, Thailand

(13° 44' nördlicher Breite – 100° 30' östlicher Länge)

Zitronengras, Galgant, Knoblauch, Ingwer, Minze, Basilikum, Koriander und viele andere Kräuter und Gewürze von den zahllosen Märkten des Landes dürfen in der thailändischen Küche ebenso wenig fehlen wie frisches Gemüse. Unter anderem auch von indischen, chinesischen und europäischen Einflüssen inspiriert, entwickelten die Thailänder eine vorzügliche Küche, die Augen und Gaumen gleichermaßen erfreut. Die Kompositionen aus exotischen Früchten und Gemüse sowie duftenden Gewürzen erreichen durchaus künstlerisches Niveau. Doch die Gastronomie ist nur einer der zahlreichen Trümpfe des Landes, das als Reiseziel so beliebt ist, dass der Tourismus 12,2 Prozent des Bruttoinlandsprodukts erwirtschaftet und über zehn Prozent der Erwerbstätigen beschäftigt. Vor dem Tsunami im Dezember 2004 reisten jedes Jahr fünf bis zehn Millionen Urlauber in das »Land des Lächelns« und machten es so zu einem der am häufigsten besuchten Länder Asiens.

Der ehemalige Sitz der kommunistischen Partei Nordkoreas, Pocheon, Südkorea

(37° 05' nördlicher Breite – 127° 10' östlicher Länge)

Vor über 50 Jahren war dieses imposante Gebäude der Sitz der kommunistischen Partei der Demokratischen Volksrepublik Korea (Nordkorea). Es befindet sich in der Nähe des 38. Breitengrads, entlang dem 1945 die Halbinsel in zwei koreanische Staaten geteilt wurde. Als Ergebnis des Koreakriegs (1950–1953) verschob sich die Demarkationslinie weiter nach Norden, sodass das Bauwerk nunmehr auf dem Territorium der Republik Korea (Südkorea) steht. Die neue Grenze wird paradoxerweise DMZ genannt, »demilitarisierte Zone«, obwohl sich hier zwei Armeen gegenüberstehen. Dass die DMZ in Wirklichkeit eine Front ist, verdeutlicht die entlang der Grenze verlaufende, drei Meter hohe und von Stacheldraht gekrönte Mauer. Zu beiden Seiten dieser Mauer patrouillieren bewaffnete Soldaten. Seoul liegt nur 60 Kilometer von der DMZ entfernt. Auf der anderen Seite beschützen sieben aufeinanderfolgende Linien von Panzersperren und anderen Hindernissen den isolationistischen und totalitären Staat Nordkorea vor potenziellen Invasionen.

Der Tempel von Garni über der Schlucht des Azat, Provinz Kotajk, Armenien

(40° 06' nördlicher Breite – 44° 43' östlicher Länge)

Drei Viertel der Fläche dieses zwischen der Türkei und Iran eingekeilten Berglands werden von eindrucksvollen Gebirgszügen eingenommen, die zwischen 1000 und 2500 Meter hoch sind. Inmitten der durch Vulkantätigkeit entstandenen Bergkette Kegham, deren einst schroffe Kämme und Gipfel von der Erosion abgeschliffen wurden, erhebt sich der Tempel von Garni 300 Meter hoch über der Schlucht des Flusses Azat. Der Basalttempel entstand im ersten Jahrhundert n. Chr. unter König Thiridates und war vermutlich Mithras geweiht, dem König des Feuers und des Lichts. Obwohl der Tempel ein wenig so aussieht wie eine kleinere Kopie des Parthenon, spiegeln sich in ihm doch nicht nur hellenistische Einflüsse, sondern auch die Landeskultur wider. Die im vierten Jahrhundert christianisierten Armenier haben der Religion stets ihren eigenen Stempel aufgedrückt. Sie sind weder Katholiken noch Protestanten, sondern gehören der armenisch-apostolischen Kirche an.

Schüler in San Pedro, Bas-Sassandra, Côte d'Ivoire

(4° 44' nördlicher Breite – 6° 39' westlicher Länge)

In Côte d'Ivoire (Elfenbeinküste) besuchen nur 58 Prozent der Kinder Grundschulen, wobei die Mädchen deutlich stärker benachteiligt sind, denn bei ihnen sind es nur 53 Prozent gegenüber 62 Prozent bei den Jungen. Mädchen müssen bereits früh arbeiten, und sie heiraten jung, ein Drittel von ihnen schon vor dem 18. Lebensjahr. Die durch den Militärputsch von 1999 entstandene instabile politische Lage verschärfte die Situation. Die 2002 erfolgte Teilung des Landes in zwei Zonen beeinträchtigt das Schulsystem beträchtlich. Vor der Gewalt im von Rebellen kontrollierten Nordwesten des Landes flohen zahlreiche Lehrer in den weiterhin der Regierung unterstehenden Süden. Infolgedessen mussten im Norden viele Schulen schließen. Die Schüler der wenigen Schulen, die den Lehrbetrieb aufrechterhielten, werden seither nicht mehr zu den offiziellen staatlichen Prüfungen zugelassen. Obwohl provisorische Schulen für Flüchtlinge geschaffen wurden, sind die Bildungsinstitutionen im Süden überfüllt. Seit 2002 beraubte der in Côte d'Ivoire herrschende Bürgerkrieg ungefähr eine Million junger Ivorer ihres Rechts auf Bildung.

Getränkekästen bei Braunschweig, Deutschland

(52° 20' nördlicher Breite – 10° 20' östlicher Länge)

Unweit von Braunschweig stehen hoch aufgetürmt Kästen voller Mineralwasser, Fruchtsäften und Limonaden aller Arten. Spitzenreiter unter den abgefüllten Getränken ist das Mineralwasser. Vorwiegend in Plastikflaschen abgefüllt, wird das einfachste aller Getränke immer beliebter: Der weltweite Verbrauch steigt pro Jahr um zwölf Prozent. 1,5 Millionen Tonnen Plastik sind nötig, um Behälter für die 89 Milliarden Liter Mineralwasser herzustellen, die alljährlich vertrieben werden. In Europa wird am meisten Mineralwasser getrunken; Deutschland nimmt hier den vierten Platz ein. Während der Griff zur Flasche in Ländern Afrikas, Lateinamerikas und Asiens, in denen das Wasser Keime enthalten kann, durchaus vernünftig ist, gibt es in westlichen Ländern, in denen die Trinkwasserqualität laufend überwacht wird, keinen Grund, nicht das Wasser aus dem Hahn zu trinken. Die meisten der aus Erdöl hergestellten Plastikflaschen werden nicht recycelt und liegen nach Gebrauch einzeln oder in großen Haufen irgendwo auf unserem Planeten herum.

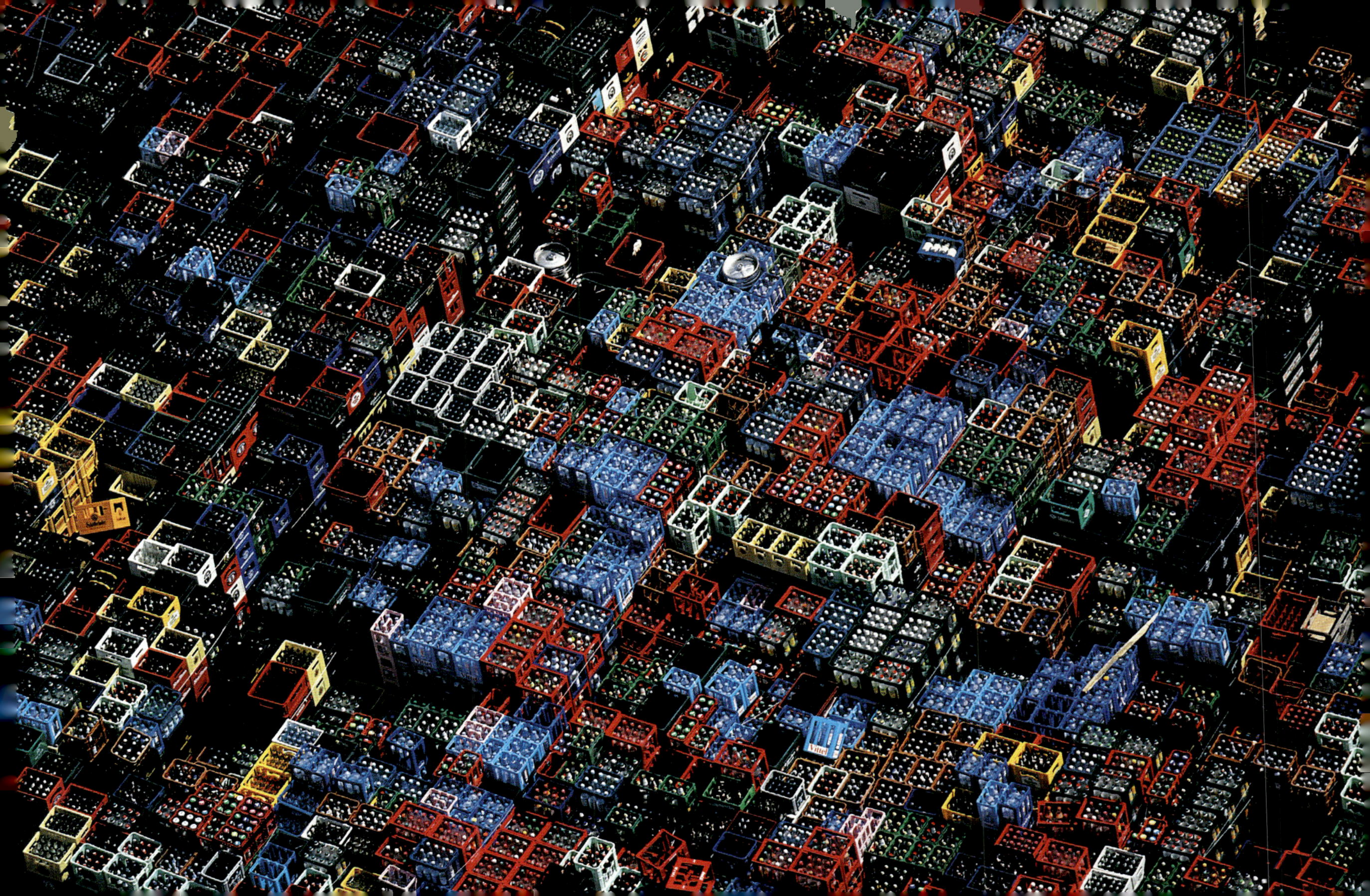
Vittel

Tsingy-Massiv bei Vilanandro, Region Mahajanga, Madagaskar

(16° 30’ südlicher Breite – 45° 25’ östlicher Länge)

Tsingy bedeutet auf Madagassisch »auf den Fußspitzen laufen«, und tatsächlich gibt es für Menschen in diesen undurchdringlichen Labyrinthen kaum Platz. Das Tsingy-Massiv im Nationalpark Namoroka südwestlich von Mahajanga bedeckt eine Fläche von 16 000 Hektar und entstand durch Erosion: Der Regen löste das Gestein des Kalkplateaus auf und schuf messerscharfe Grate. Für Biologen ist eine Erkundung dieses Terrains sicher lohnend, denn die Insel Madagaskar, die als 587 000 Quadratkilometer großes Bruchstück des früheren Urkontinents Gondwana seit 165 Millionen Jahren isoliert vor der ostafrikanischen Küste liegt, beherbergt eine artenreiche, einzigartige Tier- und Pflanzenwelt: 90 Prozent der bekannten 12 000 Pflanzenarten und 80 Prozent der Tierarten sind endemisch und kommen nur auf Madagaskar vor. Vor allem aufgrund der Abholzung der Wälder sind heute viele der Arten vom Aussterben bedroht.

Fuchs auf einer Pyramide bei Kairo, Ägypten

(29° 58' nördlicher Breite – 31° 07' östlicher Länge)

Obwohl dieses vor allem wegen seiner archäologischen Schätze bekannte Land zu 95 Prozent aus Wüsten besteht, besitzt es eine vielfältige Flora und Fauna. In den verschiedenen Ökosystemen, in denen jeweils ganz unterschiedliche Pflanzenarten dominieren, wie etwa Lotus, Papyrus, Akazien oder Mangroven, leben Tiere, die hervorragend an die klimatischen Bedingungen angepasst sind. Man kennt bislang 430 Vogelarten, rund 100 Säugerarten, darunter Dromedare, Esel und Gazellen, 34 Schlangenarten und mehrere Krokodilarten. Allerdings sind die großen Säugetiere, wie Leoparden, Oryxantilopen, Hyänen und Luchse, infolge starker Bejagung ausgestorben. Auf dem Gebiet des Umweltschutzes hinkt Ägypten den internationalen Standards etwas hinterher. Die 16 Millionen Einwohner von Kairo leiden unter starker Wasser- und Luftverschmutzung. Das häufig ohne vorherige Behandlung in den Nil geleitete Brauchwasser und die Abgase von Millionen technologisch veralteter und mit verbleitem Benzin betriebener Autos machen aus Kairo eine der ungesündesten Hauptstädte der Welt.

Sitz des Internationalen Komitees vom Roten Kreuz, Genf, Schweiz

(46° 12' nördlicher Breite – 6° 09' östlicher Länge)

Das Internationale Komitee vom Roten Kreuz (IKRK) ist eine unabhängige und neutrale Organisation, die danach strebt, unter Beachtung der international anerkannten Menschenrechte den Opfern von Kriegen, Waffengewalt und Naturkatastrophen Schutz und Unterstützung zu gewähren. 1863 gründete der Schweizer Henry Dunant aus Sorge um das Schicksal der Verwundeten der Schlacht von Solferino das Internationale Komitee der Hilfsgesellschaften für die Verwundetenpflege. Ursprünglich war das Rote Kreuz das einzige Symbol des IKRK, doch da es sich dabei um ein christliches Wahrzeichen handelte, das an die Wappen der Kreuzritter erinnerte, entschieden sich die Türken nach dem Krimkrieg für ein eigenes Symbol, den Roten Halbmond, der auch von anderen muslimischen Ländern übernommen und 1929 als weiteres Zeichen der Organisation anerkannt wurde. Auf Initiative von Schweizer Diplomaten und nach Abstimmung mit 183 nationalen Organisationen wurde im Dezember 2005 der Rote Kristall als zusätzliches Emblem anerkannt, da es weder politische noch religiöse oder kulturelle Nebenbedeutung hat.

UPSA

Ausflugsboote vor der Ostküste der Insel San Salvador, Galapagosarchipel, Ecuador

(0° 14' südlicher Breite – 90° 45' westlicher Länge)

Der über eine 7810 Quadratkilometer große Fläche des Pazifischen Ozeans verstreut liegende Galapagosarchipel besteht aus 13 Hauptinseln, die größer als fünf Quadratkilometer sind, und fast 50 deutlich kleineren Inselchen. Die Inseln sind vulkanischen Ursprungs und erinnern von ihrem Aussehen her an eine Mondlandschaft. Weil in dem Archipel, der 960 Kilometer von der nächsten Küste entfernt liegt, Trinkwasser und bebaubarer Boden fehlen, gibt es keine Ureinwohner. Heute bevölkern die Inseln rund 15 000 Einwohner, die überwiegend vom Fischfang und immer mehr auch vom Tourismus leben, ein Erwerbszweig, der für Ecuador zunehmend an Bedeutung gewinnt. Alljährlich kommen 70 000 Menschen, um den Naturpark zu besichtigen, doppelt so viele wie vor zehn Jahren. Damit ein Massenansturm ausbleibt, wurde der Preis für eine Besuchsgenehmigung auf 100 US-Dollar heraufgesetzt. Inzwischen umgibt dieses Naturschutzgebiet seit 1998 eine marine Schutzzone mit einer Fläche von 130 000 Quadratkilometern, die dazu dienen soll, die Artenvielfalt zu erhalten.

Agrarlandschaft, Idaho Falls, Idaho, USA

(43° 28’ nördlicher Breite – 112° 01’ westlicher Länge)

Als erstes Land der Welt genehmigten die USA 1996 den kommerziellen Anbau genetisch veränderter Organismen (GVO). Dabei handelt es sich um Pflanzen, deren genetischer Bauplan manipuliert wurde, indem man Gene anderer Arten einfügte, um neue, wünschenswerte Eigenschaften zu erlangen, wie etwa Resistenz gegen bestimmte Krankheiten oder Insekten oder aber eine stärkere Toleranz gegenüber einem Unkrautvertilgungsmittel. Heute, nach zehn Jahren, sind die USA immer noch die führenden Erzeuger von GVOs. 87 Prozent der angebauten Sojabohnen, 79 Prozent der Baumwollsträucher und 52 Prozent der Maispflanzen wurden genetisch verändert. 2005 kultivierten fünf Länder – die USA, Argentinien, Kanada, Brasilien und China – zusammen 95 Prozent der weltweit insgesamt 90 Millionen Hektar, auf denen genetisch veränderte Nutzpflanzen angebaut werden. Die Verwendung dieser Pflanzen ist weiterhin umstritten und findet unter Vertretern der Landwirtschaft, der Wissenschaft und der Wirtschaft gleichermaßen Befürworter wie Gegner.

Israelische Siedlung in palästinensischem Gebiet, Westjordanland

(32° 00' nördlicher Breite – 35° 15' östlicher Länge)

»Wenn bezüglich des Wassers keine Einigung erzielt wird, wird auch bezüglich Israels keine Einigung erzielt werden, denn Wasser ist wichtiger als Frieden.« Dieses Zitat von Itzhak Rabin macht deutlich, welche Rolle im israelisch-palästinensischen Konflikt dem Wasser zukommt. Bereits 1917, als die Balfour-Erklärung den Juden eine nationale Heimstätte in Palästina versprach, forderte der Präsident des Zionistischen Weltkongresses, die Nordgrenze weiter nördlich verlaufen zu lassen, damit das Land über genügend Trinkwasser verfüge. Heute kommen 40 Prozent des in Israel verbrauchten Wassers aus dem Jordan und dem Tiberiassee und 60 Prozent aus wasserführenden Schichten unter Westjordanien und dem Gazastreifen. Während die Israelis versuchen, mit der im Nahen Osten verbreiteten Wasserknappheit umzugehen, fühlen sich die Palästinenser ihrer Ressourcen beraubt. In der Tat kontrolliert Israel deren Umgang mit dem Wasser, indem es unter anderem das Bohren von Brunnen einschränkt und dazu nur die nationale Gesellschaft Mekorot autorisiert, die sich die Bohrungen teuer bezahlen lässt. Die Israelis verbrauchen etwa sieben- bis achtmal mehr Wasser als die Palästinenser; und dies, obwohl die Genfer Konvention vom 14. Mai 1997 ausdrücklich verlangt, dass Wasserläufe, die nicht der Schifffahrt dienen, für alle Anrainerstaaten in gleicher Weise für die Nutzung dieser Ressource zugänglich sein müssen.

Fischfarm bei Maspalomas, Kanarische Inseln, Spanien

(27° 45' nördlicher Breite – 15° 37' westlicher Länge)

Der Fischfang ist aus dem Mittelmeerraum nicht wegzudenken, stellt er doch für drei Millionen Menschen die Haupterwerbsquelle dar. Allerdings sind etwa in Spanien, dem in Europa führenden Weiterverarbeiter von Wildfisch, wie auch überall sonst auf der Welt über 70 Prozent der Bestände überfischt oder im Verschwinden begriffen. Vor diesem Hintergrund kann die Fischzucht (Aquakultur) eine vernünftige Alternative sein. Jedoch dürfen die Fischfarmen in seichten Gewässern nicht überhandnehmen, da sie die Küsten schädigen und große Mengen an Abfällen produzieren. Auch sollte der Einsatz von Medikamenten dringend kontrolliert werden. Hinzu kommt, dass sich die Aquakultur aufgrund der heute gebräuchlichen Produktionstechniken auf die Meeresbewohner nicht weniger schädigend auswirkt als die Überfischung: Für die Ernährung der oft fleischfressenden Zuchtfische werden große Mengen wild lebender Fische benötigt. Um also ein Kilogramm Lachs, Seebarsch oder Goldbrasse zu erzeugen, müssen vier Kilogramm Fischmehl aus Wildfischen (Hering, Sardine, Makrele) verfüttert werden, für ein Kilogramm Thunfisch sogar 15 Kilogramm. Für über eine Milliarde Menschen bildet Fisch die wichtigste Quelle tierischer Proteine, und der FAO zufolge könnten dank der Aquakultur bis 2030 rund 50 Prozent des Weltbedarfs an Fisch gedeckt werden. Nicht ins Kalkül genommen werden dabei aber die Auswirkungen auf die Wildfischbestände.

Dromedare an einem Brunnen zwischen Kidal und Timbuktu, Mali

(17° 36' nördlicher Breite – 0° 50' westlicher Länge)

Wasserstellen sind die neuralgischen Punkte auf den Weidegründen der Tuareg, denn an den Brunnen treffen sich ganze Stämme oder Klane, die sie kollektiv nutzen. Die Dromedare bilden das Rückgrat der Herden. Sie dienen als Milch- und Fleischlieferanten, aber auch als »Kapitalanlage«, die die Existenz der Züchter und ihrer Familien sichert. Weil Dromedare die Trockenheit besser verkraften als Wiederkäuer wie Schafe, Ziegen und Rinder, nimmt ihr Bestand laufend zu. Die furchtbaren Dürren der 1970er und 1980er Jahre hatten zur Folge, dass Züchter ihre Rinderherden zugunsten der Dromedare aufgaben. Es verblüfft in der Tat, wie gut das Dromedar an das Leben in heißen Wüsten angepasst ist: So ermöglicht es die besondere Form der roten Blutkörperchen dem Tier, unglaublich rasch Flüssigkeit aufzunehmen – ungefähr 100 Liter in zehn Minuten. Für jedes andere Tier wäre die Aufnahme einer derartig großen Flüssigkeitsmenge in so kurzer Zeit tödlich.

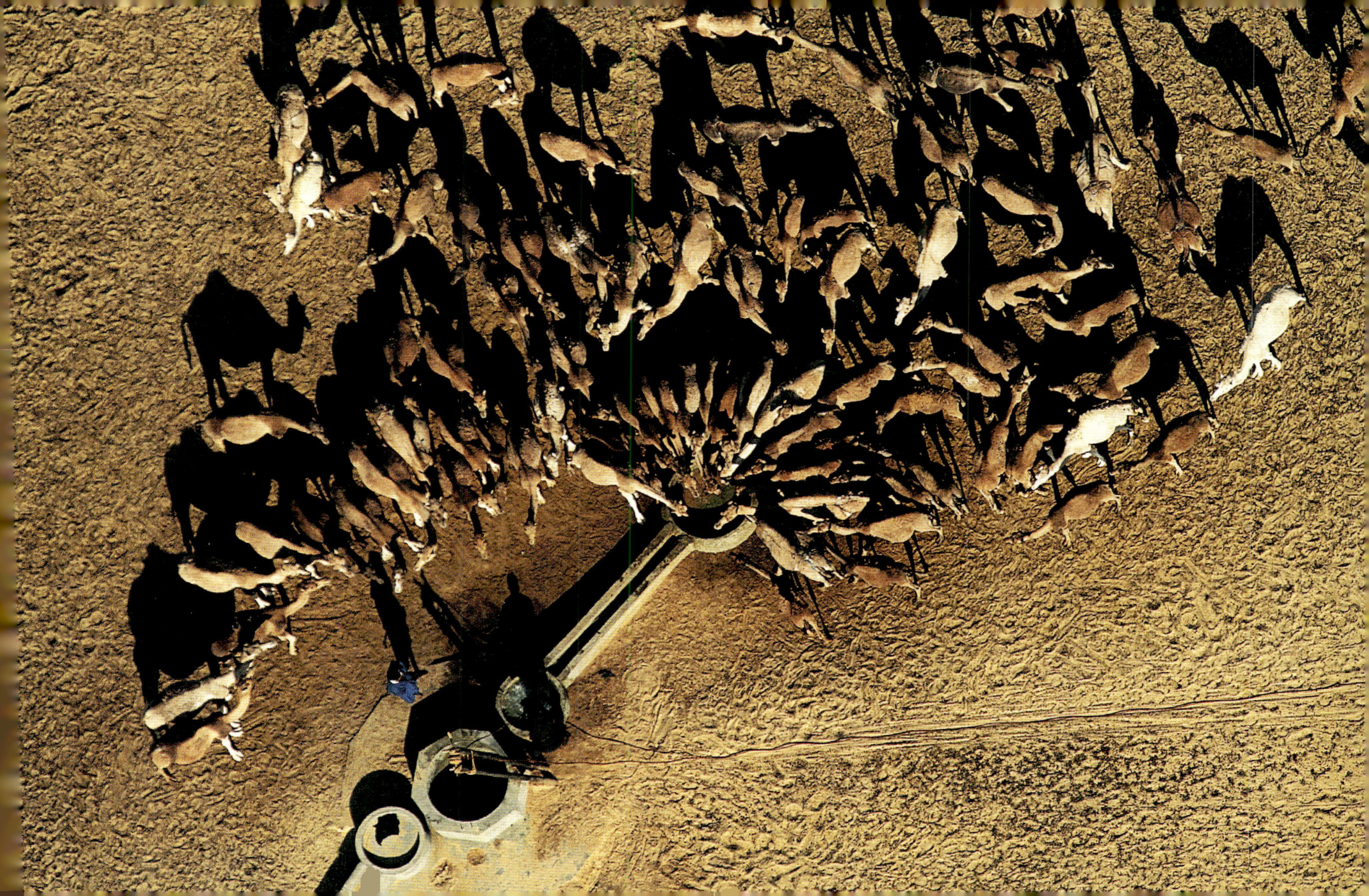

Feldmauern auf Inishmore, Araninseln, County Galway, Irland

(53° 07’ nördlicher Breite – 9° 45’ westlicher Länge)

Die der irischen Küste vorgelagerten Araninseln Inishmore, Inishmaan und Inisheer, deren Steilküsten bis zu 90 Meter hoch sind, schirmen die Bucht von Galway gegen Winde und die heftigen Strömungen des Atlantischen Ozeans ab. Inishmore, die mit 14,5 Kilometer Länge und vier Kilometer Breite größte Insel, hat auch die meisten Einwohner. Seit Jahrhunderten tragen die Menschen zur Fruchtbarkeit der Böden ihrer Insel bei, indem sie auf dem Boden regelmäßig eine Mischung aus Sand und Algen auftragen, um die dünne Humusschicht zu verstärken. Vor der Erosion schützen die Inselbewohner ihre Felder mit Mauern, die als Windfang dienen. Deren Netz hat eine Gesamtlänge von knapp 12 000 Kilometern und lässt die Insel aus der Luft wie ein riesiges Mosaik aussehen. Während die Haupteinnahmen der Bewohner der Araninseln aus dem Fischfang, dem Ackerbau und der Viehzucht stammen, nimmt der Tourismus allmählich an Bedeutung zu. Wichtigste Touristenattraktionen sind die beeindruckende Festung von Dun Aonghasa, die über der Atlantikküste thront, sowie Kirchen und Klöster aus der Zeit der christlichen Missionierung Irlands.

Bewaldete Felseninseln, Palau

(5° 00' nördlicher Breite – 137° 00' östlicher Länge)

Die grünen Palau-Inseln inmitten der Philippinensee, die aus der Vogelperspektive an ein farbenfrohes Mosaik erinnern, bedecken eine Fläche von 488 Quadratkilometern. Tourismus, Subsistenzwirtschaft und der Fang der mit den Thunfischen verwandten Bonitos stellen die wichtigsten Wirtschaftszweige des Landes dar. Der 1944 zum Protektorat der USA erklärte Inselstaat rief 1994 seine Unabhängigkeit aus, doch verdankt er immer noch 38 Prozent seiner Einkünfte US-amerikanischer Unterstützung. Heute sieht sich Palau durch die vom Klimawandel verursachte Erhöhung des Meeresspiegels bedroht und ratifizierte deshalb das Kyoto-Protokoll. Außerdem verpflichtete Palau sich, die Konvention der Vereinten Nationen zum internationalen Seerecht einzuhalten und die Artenvielfalt seiner Gewässer zu erforschen und zu erhalten. Wie durch ein Wunder blieb Palau, das Indonesien vorgelagert ist, von den Tsunamis von 2004 und 2006 verschont, die Teile Südostasiens verwüsteten.

Foto © Helen Hiscocks

Kolonie von Kaiserpinguinen, Beaufort-Insel, Antarktis

(72° 00' südlicher Breite – 167° 00' östlicher Länge)

Mit Temperaturen von bis zu –80 °C im Landesinneren ist die Antarktis der kälteste Kontinent der Welt. Und dennoch leben hier einige Arten, die die unwirtlichsten Monate entweder in wärmeren Gefilden verbringen oder sich in idealer Weise an die extremen Bedingungen angepasst haben. Die flugunfähigen Kaiserpinguine etwa können dank ihres sehr dichten, steifen und wasserundurchlässigen Gefieders, des darunterliegenden wolligen Flaums und einer dicken Fettschicht auch mitten im Winter eine Körpertemperatur von 38 °C aufrechthalten. Während der Paarungszeit versammeln sich die Riesen unter den Pinguinen nahe der Steilküsten zu riesigen Kolonien von Tausenden von Tieren, drehen den Rücken zum Wind und schmiegen sich eng aneinander, um sich gegenseitig zu wärmen. Doch seit 2000 ist der Fortpflanzungszyklus der Kaiserpinguine gestört: Große Eisberge, die aus dem Rossmeer herübertreiben, behindern ihren Zugang zum Meer und erschweren es ihnen dadurch, in dieser kritischen Phase Krill, Mollusken und Fische zu jagen.

Nureksee, Tadschikistan

(38° 22' nördlicher Breite – 69° 20' östlicher Länge)

Die Nurek-Talsperre, die den Fluss Wachsch aufstaut, ist mit 300 Metern derzeit die höchste der Welt. Mit dem Auffüllen des 70 Kilometer langen Sees wurde in den 1970er Jahren begonnen. Heute enthält er rund zehn Milliarden Kubikmeter Wasser. Das mit dem Staudamm verbundene Kraftwerk hat eine Kapazität von 2700 Megawatt. Rogun, ein weiteres, mit 325 Metern noch höheres Stauwerk, entsteht flussaufwärts am selben Fluss. Die Erzeugung von Strom durch Wasserkraft ist einer der wichtigsten Produktionszweige Tadschikistans. Die 15,4 Milliarden Kilowattstunden, die es im Jahr erzeugt, ermöglichen dem Land, seine große Schuldenlast abzutragen. Das Nachbarland Usbekistan sieht diese Anlagen nicht gern, da sie Tadschikistan die nahezu komplette Kontrolle über die Wassermassen des Amudarja ermöglichen. Kooperation scheint der einzige Weg zu sein, der sich abzeichnenden Gefahr eines Krieges um das Wasser zu begegnen, doch ist offenbar bislang keine der zentralasiatischen Republiken bereit, die Becken des Amudarja und des Syrdarja, die den Aralsee speisen, gemeinschaftlich zu verwalten.

Burg Trakai, Galvesee, Litauen

(54° 37' nördlicher Breite – 24° 56' östlicher Länge)

Bis zum 14. Jahrhundert, als Großherzog Gediminas seine Regierungsgeschäfte nach Vilnius verlegte, war Trakai die Hauptstadt Litauens. Gediminas' Sohn, der Herzog Kestutis, der die Stadt erbte, ließ die Burg Trakai auf einer der Inseln des Galvesees errichten. Mit vier Hektar Fläche und ursprünglich 14 Türmen zählte Trakai zu den bedeutendsten Festungen des Landes. 1430 wurde sie zu einem Gefängnis umgebaut, 1655 im Krieg mit Russland zerstört und im 20. Jahrhundert wieder aufgebaut. Von dem alten Bauwerk, das von Karäern, Tataren, Litauern, Russen und Polen errichtet und weiter ausgebaut wurde, sind heute nur noch einige Türme und ein Teil der Wehrmauer erhalten. Litauen gehört zu den zehn Staaten, die 2004 der Europäischen Union beitraten.

Schlachthof bei Agra, Uttar Pradesh, Indien

(27° 10' nördlicher Breite – 78° 00' östlicher Länge)

Obgleich der Vegetarismus in Indien religiös und philosophisch begründet ist, nimmt der Fleischkonsum auch dort immer stärker zu. Weltweit ernähren sich zwei Drittel der Bevölkerung überwiegend vegetarisch, während ein Drittel regelmäßig Fleisch zu sich nimmt. Für die Fleischproduktion werden wesentlich größere Flächen sowie Wasser- und Energiemengen benötigt als für die Produktion von Nahrungspflanzen. Deshalb wirkt sich eine Ernährungsweise mit hohem Fleischanteil auf nicht wiedergutzumachende Weise auf die Umwelt aus. Wenn der Fleischverbrauch nicht sinkt, werden kommende Generationen einschneidende Mängel hinnehmen müssen. Ernährungswissenschaftler bewiesen, dass übermäßiger Fleischkonsum die Entstehung von Herz- und Kreislauferkrankungen sowie bestimmter Formen von Krebs begünstigt. Die Hinwendung zu einer ausgewogeneren Ernährung mit mehr Obst und Gemüse und weniger Fleisch würde sowohl der Erde im Gesamten, als auch dem einzelnen Verbraucher zugutekommen.

Gesteinsformationen bei Jengish, Region von Ysyk-köl, Kirgisistan

(42° 00' nördlicher Breite – 80° 00' östlicher Länge)

Das im Herzen Zentralasiens gelegene Kirgisistan ist zu 95 Prozent seiner Fläche gebirgig und weist ein kontinentales und sehr raues Klima auf. Der Frost hält von Oktober bis Mai an, die Temperaturen erreichen im Winter –25 °C und im Sommer bis zu 30 °C. Das Gebirge Tienschan im Osten des Landes bildet die natürliche Grenze zu China und ist nach dem Himalaja das zweithöchste der Welt; sein höchster Gipfel, der Pik Pobedy, erreicht 7439 Meter. In breiten Tälern liegen die wichtigsten Städte des Landes. Das relativ junge Gebirge entstand durch die Kollision Indiens mit Eurasien, unter deren Spätfolgen Kirgisistan auch heute noch zu leiden hat. Zahlreiche Erdbeben lösen Lawinen und Erdrutsche aus und gefährden sowohl Bergdörfer als auch die Nomaden, die ihre Herden im Sommer auf die Almweiden treiben.

Dorf südwestlich von Antananarivo, Madagaskar

(18° 49' südlicher Breite – 47° 32' östlicher Länge)

Madagaskar gehört nicht nur zu den 20 ärmsten Ländern der Erde, sondern ist auch das Land mit dem niedrigsten Gesundheitsbudget ganz Afrikas: Pro Jahr und Einwohner gibt es nur 18 US-Dollar aus. Dennoch zählt Madagaskar zu den wenigen afrikanischen Ländern südlich der Sahara, deren Aidsrate sehr gering ist. Seit drei Jahrzehnten breitet sich diese Krankheit auf dem afrikanischen Kontinent in beunruhigendem Ausmaß aus: 2005 waren über 25 Millionen Menschen betroffen. Damit leben in Afrika 70 Prozent der weltweit mit HIV Infizierten, und 2,4 Millionen starben an der Krankheit; in Westeuropa waren es im gleichen Zeitraum 2252 Menschen. In vier Ländern des südlichen Afrika hat die Häufigkeit der Krankheit bei Erwachsenen einen furchterregenden Stand erreicht. 38,8 Prozent der Bevölkerung Swasilands, 37,3 Prozent der Bevölkerung Botsuanas, 28,9 Prozent der Bevölkerung Lesothos, und 24,6 Prozent der Bevölkerung Simbabwes sind betroffen. Der gravierende Verlust an Menschenleben und damit an Arbeitskräften wirkt sich mittlerweile auch auf die Wirtschaft des Kontinents aus, doch noch hat die Krise ihren Höhepunkt nicht erreicht. Bedauerlicherweise hat die internationale Gemeinschaft bisher immer noch nicht angemessen auf diese Katastrophe reagiert.

Mäander des Flusses Pisa, Polen

(53° 15' nördlicher Breite – 21° 52 östlicher Länge)

Polen bildet das Herzstück der großen Nordeuropäischen Tiefebene, die sich von Nordfrankreich bis zum Ural erstreckt. Im Süden begrenzen es die Karpaten, im Norden die Ostsee. Im Nordosten Polens wird die Ostsee von sanften Hügeln gesäumt, dem baltischen Landrücken, der von Seen und Wasserläufen durchzogen wird. In Masuren, wo die Pisa entspringt, erklärte Polen rund 2000 Hektar zu Biosphärenreservaten im Sinne der UNESCO oder zu Schutzzonen gemäß der Ramsar-Konvention, dem Übereinkommen über Feuchtgebiete von internationaler Bedeutung. Den Mäandern der Pisa, zwischen denen sich Wiesen erstrecken, sieht man an, dass dieser Fluss niemals begradigt, aufgestaut oder für den Schiffsverkehr erschlossen wurde. Es wäre gefährlich, allzu nahe an seinen Ufern zu bauen, da sich der Lauf eines naturbelassenen Flusses von Jahr zu Jahr verändert: Das Wasser, das im äußeren Bereich jeder Mäanderschlinge rascher fließt, erodiert die Böschungen und verbreitert so das Flussbett. Im inneren Bereich der Schlingen dagegen siegt die Erde über das Wasser: Das hier langsamer fließende Wasser lagert Sedimente ab, die das Flussbett auffüllen.

Foto © Tomasz Stepien

Pyramide von Pharao Snofru, Ägypten

(29° 47' nördlicher Breite – 31° 13' östlicher Länge)

Dieses rhombenförmige Bauwerk befindet sich einige Kilometer von Sakkara entfernt in der erst seit 1996 öffentlich zugänglichen Nekropole von Daschur. Seine ungewöhnliche Form soll die Folge eines Konstruktionsfehlers gewesen sein: Angeblich mussten die Ingenieure während des Baus die Pläne des Grabmals revidieren, um ein Einstürzen der ursprünglich senkrechten Wände zu verhindern. Anstatt sich durch diese Komplikationen entmutigen zu lassen, veranlasste der »gute König« Snofru den Bau eines zweiten Monuments, die Rote Pyramide, die als Vorläufer der Pyramiden von Gizeh gilt. Snofru, der erste Pharao der IV. Dynastie, wurde dafür bekannt, dass er das Amt des Wesirs einführte, dessen Aufgabe darin bestand, das Vieh des Pharaos zu zählen. Der von seinen Untertanen hoch geschätzte Herrscher leitete Expeditionen in den Sinai, nach Nubien, in den Libanon und nach Libyen. Im Sinai und in Daschur wurde er sogar als Gottheit verehrt. Seine »Knickpyramide« stellt ein Zwischenstadium zwischen der Stufenpyramide (Djoser) und der klassischen Pyramide auf quadratischer Basis (Cheops) dar.

Schrebergärten in der »Cité des Avanchets«, Genf, Schweiz

(46° 12' nördlicher Breite – 06° 09' östlicher Länge)

Die ersten Kleingartenanlagen für Arbeiterfamilien entstanden in Europa Ende des 19. Jahrhunderts; sie sollten zu einer Verbesserung der Ernährung beitragen. Die Schweiz übernahm dieses Modell ab dem Ersten Weltkrieg. Heute beanspruchen die rund 900 000 Schweizer Gartenparzellen etwa 50 000 Hektar und entsprechen damit ungefähr dem Platzbedarf von 3000 mittelgroßen bäuerlichen Betrieben. Weltweit leben in städtischen Ballungszentren 800 Millionen Menschen, die man als Hobby-Bauern bezeichnen könnte, und viele von ihnen, besonders in Südostasien sowie Mittel- und Südamerika, überleben nur dank ihrer Gärten. Auch in Europa ist diese Form der Subsistenzwirtschaft weit verbreitet: In Berlin gibt es etwa 70 000 »Laubenpieper«, und in Russland säen und ernten mehr als 72 Prozent der Haushalte auf ihrem Grundstück, ihrem Balkon oder sogar dem Dach. Das städtische Kleinbauerntum liegt also voll im Trend, und die Zahl seiner Anhänger könnte sich in weniger als 20 Jahren verdoppeln. Leider aber sind in der Schweiz wie anderswo auf der Erde gerade die Böden im Stadtbereich besonders belastet und beeinträchtigen die Qualität der »Feldfrüchte«, die sie hervorbringen.

Vom Wind geformtes Eis auf dem Gipfel des Mount Discovery, Antarktis

(78° 20' südlicher Breite – 165° 00' östlicher Länge)

Schnee und Eis im Gipfelbereich dieses 2681 Meter hohen erloschenen Vulkans wurden durch die eisigen Fallwinde geformt, die über das Transantarktische Gebirge hinwegfegen. Diese extrem kalten und heftigen Winde entstehen über der Eiskappe des Südpols und erreichen auf ihrem Weg von den Hochlagen der Gebirge bis hinab zu den Küsten über 300 Kilometer pro Stunde. Aufgrund der hier herrschenden klimatischen Bedingungen ist die Antarktis von einer 33 Millionen Kubikkilometer mächtigen, an manchen Stellen 4700 Meter dicken Eisschicht bedeckt. Das enorme Gewicht des Eises führte dazu, dass der Kontinent teilweise unter Meeresspiegelniveau sank. Zusammen mit dem Südpolarmeer, dessen Wassermassen aufgrund nordwärts führender Ströme sogar die Nordhalbkugel erreichen, bildet dieser Eispanzer ein für das Klima unseres Planeten wichtiges Kontrollsystem. Die Antarktis ist ein Erdteil der Gegensätze: Kein Land der Erde besitzt so viel Süßwasser (70 Prozent der weltweiten Reserven) wie sie, doch weil das Wasser in gefrorenem Zustand nicht verfügbar ist, gilt die Antarktis gleichzeitig als trockenste Wüste der Welt.

Strand von Mar del Plata, Provinz Buenos Aires, Argentinien

(37° 56' südlicher Breite – 57° 43' westlicher Länge)

Es ist nicht so leicht, an den Stränden von Mar del Plata Platz für seinen Sonnenschirm zu finden. Alljährlich, sobald der Zug der Bewohner von Buenos Aires zu diesem 400 Kilometer weiter südlich gelegenen Badeort begonnen hat, herrscht hier Hochbetrieb. Außer für weitläufige Sandstrände steht Mar del Plata, das auch das »argentinische Biarritz« genannt wird, für luxuriöse und malerische Villen der Belle Époque, denn im frühen 20. Jahrhundert war der Ort das beliebteste Reiseziel der »besseren Gesellschaft«. In den 1940er Jahren wurden die früher den Reichen vorbehaltenen Strände zum Symbol der ersten bezahlten Urlaube, die der damalige Arbeitsminister Juan Domingo Perón abgesegnet hatte. Mittlerweile findet hier Massentourismus statt, wobei die Urlauber mittleren Einkommensklassen angehören. Heute ist Mar del Plata Argentiniens bedeutendster Badeort. In der Sommersaison nimmt es vier bis sechs Millionen Gäste auf und verzehnfacht dadurch mitunter kurzfristig seine Einwohnerzahl. 2004 wurde der Tourismus zum wichtigsten Industriezweig der Welt und mit mehr als 100 Millionen Beschäftigten der größte Arbeitgeber.

»Friedhof« für Militärfahrzeuge, Libanonberg, Jbeil, Libanon

(34° 07' nördlicher Breite – 35° 39' östlicher Länge)

Jbeil liegt 50 Kilometer nördlich von Beirut und entstand an der Stelle der phönizischen Stadt Byblos. Die wie für eine Parade aufgereihten Panzerfahrzeuge erinnern jedoch nicht an die Antike, sondern an den aufgrund von religiösen und gesellschaftlichen Konflikten entbrannten Bürgerkrieg, der zwischen 1975 und 1990 mehr als 140 000 Menschenleben forderte und das 3,5 Millionen Einwohner zählende Land verwüstete. Anders als in Beirut blieb in Jbril selbst auf dem Höhepunkt des Bürgerkriegs das friedliche Miteinander der christlichen Maroniten – der stärksten Bevölkerungsgruppe – und der muslimischen Schiiten erhalten. Unweit von Jbril wurden während des »Bergkriegs« (1983–1985), in dem christliche libanesische Truppen gegen die der progressiven sozialistischen Partei angehörenden Drusen kämpften, zahlreiche Dörfer an den Hängen des Libanonbergs zerstört. 1989 beschloss die Vereinbarung von Taef die allgemeine Entwaffnung der Milizen und den Abzug der syrischen Truppen, die sich allerdings erst 2005 tatsächlich zurückzogen; auch die Entwaffnung der Milizen ist noch nicht abgeschlossen. Weltweit sind 90 Prozent der Kriegsopfer Zivilisten.

Fassade des Präsidentenpalasts von Dolmabahçe, Istanbul, Türkei

(41° 01' nördlicher Breite – 28° 58' östlicher Länge)

Im Oktober 2005 wurden die Verhandlungen über den EU-Beitritt der Türkei eröffnet. Die parlamentarische Republik mit 70 Millionen Einwohnern, die seit 1935 das Wahlrecht genießen, könnte zu einem interessanten Partner für Europa werden. Doch wenn das Land auch auf dem Gebiet der Marktwirtschaft und der Demokratie große Fortschritte gemacht hat – zwei für den EU-Beitritt sehr wichtige Kriterien –, entspricht die Situation hinsichtlich der Rechte der Frauen, der Religionsfreiheit, des Gewerkschaftsrechts und des Schutzes von Minderheiten noch nicht dem gewünschten Standard. Die Türkei, die den Genozid an den Armeniern immer noch nicht zugegeben hat, hält den Norden Zyperns besetzt, den sie für sich reklamiert, obgleich die Republik Zypern bereits Mitglied der Europäischen Union ist. Die Situation der Angehörigen von Minderheiten ist oft problematisch. Weltweit gehören insgesamt 900 Millionen Menschen Minderheiten an; 359 Millionen von ihnen werden aus religiösen Gründen diskriminiert. 370 Millionen Menschen in 70 Ländern sind Teil ethnischer Minderheiten.

Moorea-Atoll, Gesellschaftsinseln, Französisch-Polynesien

(17° 31' südlicher Breite – 149° 49' westlicher Länge)

Blauer Himmel, türkisblaues Wasser, weiße, von Kokospalmen gesäumte Sandstrände – den paradiesischen Landschaften der französischen Überseeterritorien sind wahre Schätze vorgelagert: zehn Prozent der Korallenriffe und 20 Prozent der Atolle der Erde. Dieser Reichtum bringt für Frankreich die Verpflichtung mit sich, diese Ökosysteme zu schützen. Denn obwohl die Korallenriffe weltweit nur ein Prozent des Meeresbodens bedecken, bilden sie den Lebensraum von rund 100 000 bekannten Tier- und Pflanzenarten. Experten vermuten sogar, dass über eine Million weiterer an und in den Riffen vorkommenden Arten noch gar nicht entdeckt sind. Abgesehen davon, ernähren die Riffe mit ihren Bewohnern 20 Prozent der Weltbevölkerung. Dennoch werden alljährlich nicht einmal 1000 Dollar pro Quadratkilometer Riffflâche in ihren Schutz investiert. Umweltverschmutzung, Tourismus und Überfischung haben bereits 60 Prozent aller Korallenriffe schwer geschädigt.

31. Juli

Touristen auf Dromedaren bei Sam, westlich von Jaisalmer, Rajasthan, Indien

(26° 49’ nördlicher Breite – 70° 30’ östlicher Länge)

Ebenso wie in Afrika ermöglichte das Dromedar *(Camelius dromedarius)* auch in Indien dem Menschen, die Wüste zu besiegen. Die Tierart, deren urzeitliche Vorfahren in Amerika lebten, wurde in Asien domestiziert, bevor sie sich auch in Arabien und der Sahara ausbreitete. Die Fähigkeit des Dromedars, Wasser im Magen zu speichern und größere Fettreserven im Höcker anzulegen, stellen perfekte Anpassungen an den trockenen Lebensraum dar. In Indien gibt es heute etwa 15 Millionen Dromedare und Kamele; die meisten von ihnen leben in der Wüstenregion von Rajasthan im Nordwesten des Landes. Die für Reisen durch die Wüste unentbehrlichen Tiere werden von den Indern auch wegen ihres Fleisches und ihrer Milch geschätzt. Die Touristen sehen sie als typische Requisiten der exotischen Umgebung an und nutzen sie gerne für Ausritte in die Dünen. Das mitten in Rajasthan gelegene Städtchen Pushkar veranstaltet alljährlich im November ein großes Fest zu Ehren der »Wüstenschiffe«: Hunderttausende von Nomaden und Touristen strömen herbei, um am größten Kamelmarkt der Welt teilzunehmen.

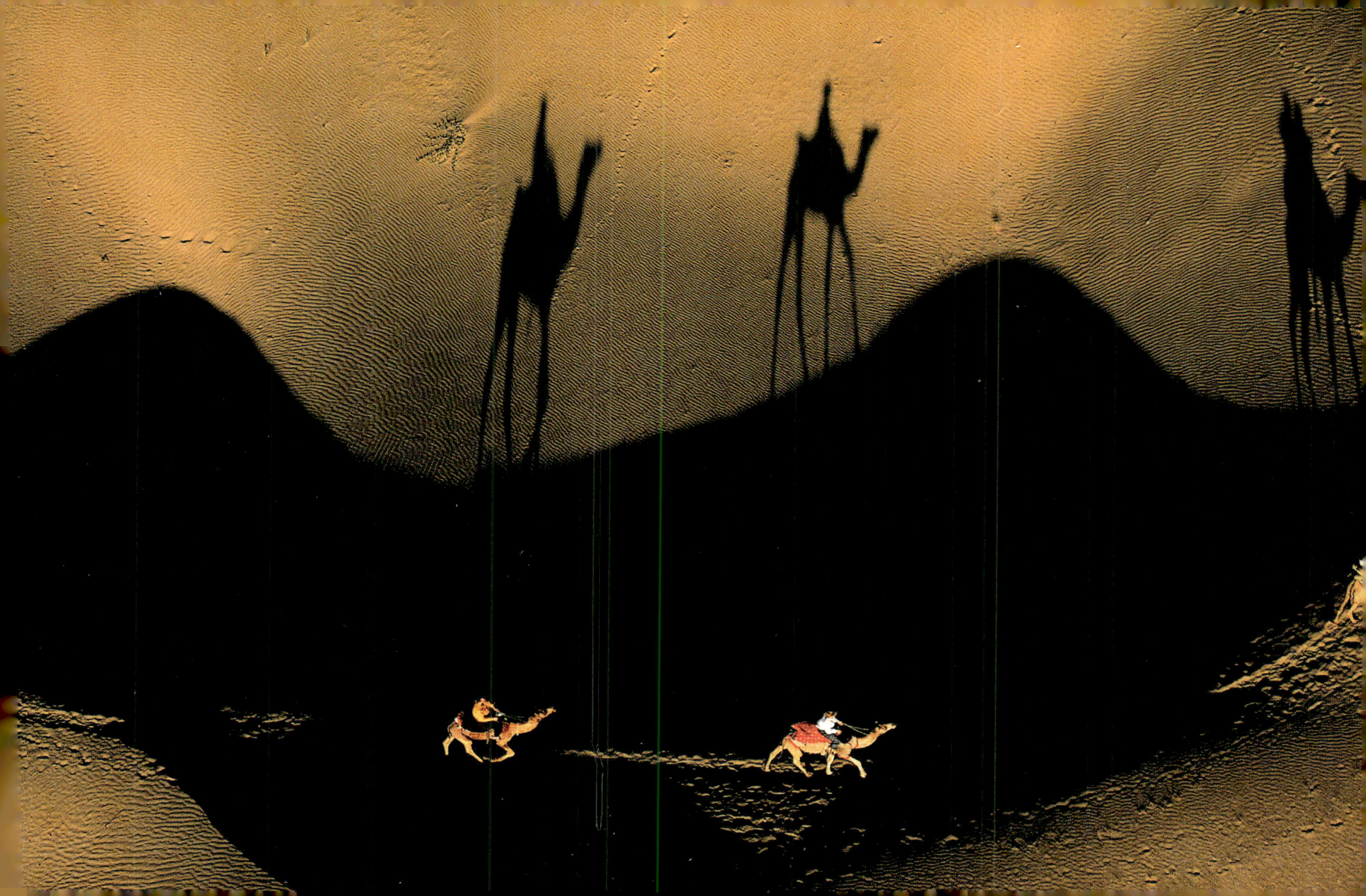

Erneuerbare Energieformen

Organisationen und Verbände, die sich mit Energiefragen beschäftigen, gehen davon aus, dass sich in Anbetracht des globalen Bevölkerungswachstums der Energieverbrauch zwischen 1990 und 2020 verdoppeln wird: 1990 entsprach der Energieverbrauch dem Wert von neun Milliarden Tonnen Öl, 2020 wird er voraussichtlich bei 18 Milliarden Tonnen liegen. Diese Entwicklung wirft einige Fragen auf, denn der weltweite Energieverbrauch wird immer noch zu 85 Prozent durch fossile Energieformen wie Erdöl, Erdgas oder Kohle abgedeckt. Die Ressourcen dieser fossilen Energieformen sind allerdings begrenzt, und ihre Nutzung setzt Treibhausgase frei.

Der massiv steigende Bedarf an fossiler Energie wird über kurz oder lang Versorgungsprobleme aufwerfen. Die Experten sind sich darüber einig, dass die fossilen Energieressourcen in wenigen Jahrzehnten aufgebraucht sind. Die Versorgungslage wird zunehmend schwieriger werden. Die politischen Spannungen nach den Ereignissen des 11. September 2001 und die US-amerikanischen Interventionen im Irak deuten das Problem bereits an. Der Zugang zu den Energievorkommen wird immer komplizierter werden, von den steigenden Förderkosten ganz zu schweigen.

Wasserstoff ist als Energieträger keine vernünftige Alternative. Er setzt zwar im Turbinenbetrieb keine umweltschädlichen Gase frei, verbraucht aber selbst sehr große Energiemengen, die wiederum nur über die Verbrennung fossiler Energieträger oder über die Kernkraft bereitgestellt werden können. Der Energieverschleiß ist also beträchtlich.

Daher müssen die Bemühungen der Politik und der Industrie auf dem Gebiet der erneuerbaren Energien intensiver werden. Schon heute müsste ein Finanzhaushalt erstellt werden, mit dessen Hilfe erneuerbare

Energieformen im großen Stil genutzt werden könnten. Dank eines starken politischen Willens und modernster Technologien kann die EU mittlerweile demonstrieren, dass der Anteil erneuerbarer Energien innerhalb der gesamten Energieproduktion durchaus zunehmen kann. Bis zum Jahr 2010 will die EU zwölf Prozent ihres Energieverbrauchs und 22,1 Prozent ihres Strombedarfs mit erneuerbaren Energieformen abdecken.

In Dänemark übernahm die Windkraft im Jahr 2001 bereits 13 Prozent des nationalen Strombedarfs, das entspricht dem Verbrauch von rund einer Million dänischer Haushalte. Nach Angaben der Danish Wind Energy Association konnte das Land dank der Windräder 3,5 Millionen Tonnen CO_2-Emissionen, an die 6450 Tonnen Schwefeldioxid-Emissionen und rund 6000 Tonnen Stickoxid-Emissionen vermeiden. Im Jahr 2002 ging in Horns Rev die größte Offshore-Windkraftanlage der Welt mit einer Leistung von 160 Megawatt ans Netz. Nur wenig später nahm dann in Rodstand eine vergleichbare Anlage ihren Betrieb auf. Seitdem deckt Dänemark 20 Prozent seines Strombedarfs allein über die Windkraft ab.

Die Fortschritte in Deutschland sind nicht weniger spektakulär. Obwohl die Zahl der deutschen Wasserkraftwerke relativ niedrig ist, konnte der Anteil des aus erneuerbarer Energie gewonnenen Stroms innerhalb von zehn Jahren verdoppelt werden: 1993 lag er noch bei vier Prozent, 2002 stieg er dank zahlreicher Windkraftanlagen und Elektrizitätswerke, die sich auf die Verwertung von Holz- und organischen Industrieabfällen spezialisiert haben, bereits auf über acht Prozent an. Für die Warmwasseraufbereitung wurden auf deutschen Dächern inzwischen rund fünf Millionen Quadratmeter Solarzellen installiert.

Auch in den übrigen EU-Ländern haben die erneuerbaren Energieformen inzwischen einen festen Platz innerhalb der nationalen Stromproduktion. Sie sind nicht als ein Gegensatz, sondern als eine Ergänzung zu den herkömmlichen Energieformen zu verstehen. Jedes Land hat seine eigenen industriellen und technologischen Besonderheiten, so wie auch die politischen Machtstrukturen von Land zu Land verschieden sind. In Finnland und Schweden beispielsweise bildet die Holzwirtschaft die Grundlage für die nationale Energieversorgung. Dänemark, Spanien und Deutschland hingegen sind Spitzenreiter in Sachen Windkraftanlagen. Frankreich wiederum ist führend bei den aus biologischen Quellen gewonnenen Treibstoffen, Italien in der Erdwärme und Großbritannien in Sachen Biogas. Allein diese Vielfalt macht deutlich, dass die EU – was die erneuerbaren Energieformen angeht – an der Spitze des technologischen Fortschritts steht.

Es gibt noch andere Energiegewinnungsmethoden, mit denen sich die Wissenschaftler zur Zeit beschäftigen. Die Nutzung heißer Felssteine beispielsweise scheint sehr vielversprechend. Auch die Stromproduktion mithilfe der Meeresströmung nimmt zu. Mit den Unterwasserturbinen hofft man, die immensen Energieressourcen der Meere nutzen können. Große Erwartungen setzt man auch in das aus Holzabfällen und diversen Biomassen gewonnene Biogas.

Die erneuerbaren Energien stehen heute an einem entscheidenden Punkt ihrer Entwicklung. Inwieweit sich die Entwicklungsländer ihnen öffnen, hängt stark davon ab, in welchem Maße es den Industrieländern gelingt, diese Energieformen in ihr Programm aufzunehmen. Auch in Asien gibt es Länder mit einem starken Wirtschaftswachstum, die sich mehr und mehr für die erneuerbaren Energien interessieren. Indien beispielsweise entwickelt im Augenblick eine eigene Industrie für moderne Windräder. Und China produziert weltweit die meisten thermischen Solarzellen. In diesen Ländern ist eine zentrale Energieversorgung, wie wir sie aus westlichen Industrieländern kennen, nicht ratsam. Es ist sinnvoller, dort den Aufbau von Einrichtungen zur Stromproduktion auf Ballungsräume zu beschränken und die Bewohner der dünner besiedelten Provinzen mit Fotovoltaikanlagen zu versorgen. Doch all diese Bemühungen machen wenig Sinn, wenn der Verbrauch von Primärenergie, insbesondere der von Kohlenwasserstoff, weiterhin zunimmt.

Wir sollten uns darüber im Klaren sein, dass wir mit den erneuerbaren Energieformen nur dann die Herausforderungen des 21. Jahrhunderts meistern, wenn wir gleichzeitig unseren gesamten Energieverbrauch zu kontrollieren lernen.

Alain Liébard

Präsident des Observatoire des énergies renouvelables

Joal-Fadiout, Senegal

(14° 10' nördlicher Breite – 16° 51' westlicher Länge)

Die Insel Fadiout ist durch zwei Brücken mit dem Festland verbunden und liegt etwa 100 Kilometer südlich von Dakar. Die 35 000 Bewohner von Joal-Fadiout genießen einen der höchsten Lebensstandards Senegals. Zahlreiche Touristen besuchen den Ort, an dem der Dichter Léopold Sédar Senghor, Vertreter der Négritude-Bewegung und erster Präsident des Landes, seine Kindheit verbrachte und auch bestattet ist. Außerdem ist Joal dank der fischreichen Küstengewässer, in denen Sardinen, Fingerfische, Makrelen, Zackenbarsche, Goldbrassen, Krabben und Langusten leben, der wichtigste Fischereihafen Senegals. Die Ergiebigkeit der Fanggründe führte zur Entwicklung einer fischverarbeitenden Industrie, in der überwiegend Frauen beschäftigt sind. Traditionsgemäß sammeln die Frauen außerdem Muscheln, mit deren Schalen sie die Straßen von Fadiout pflastern, das deshalb auch »Stadt der Muscheln« genannt wird. Wenn man über die blendend weißen Wege läuft, knirscht es bei jedem Schritt. Den alten Einwohnern zufolge besteht die ganze Insel nur aus Muscheln, die von den Bewohnern des Dorfes hier im Laufe der Zeit angehäuft wurden.

Zum Trocknen ausgelegte Peperoni, Bundesstaat Nayarit, Mexiko

(22° 00' nördlicher Breite – 105° 00' westlicher Länge)

Die vollreifen Peperoni breitet man zum Trocknen an der Luft am Boden aus. Zu Pulver zermahlen, stellen sie eine wichtige Zutat der mexikanischen Küche dar. Auch gewinnt man aus ihnen ein rotes Pigment, mit dem man Wurstwaren wie zum Beispiel Chorizos färbt. Geflügelzüchter mischen den Farbstoff unter das Futter, um schön gefärbte Eigelbe zu erhalten. Ebenso wie die Paprikasorten stammen auch die Peperoni von *Capsicum annuum* ab. Während man in Mexiko, dem Ursprungsland dieser Pflanzenart, die größte Anzahl von Paprikasorten anbaut, produziert China weltweit die größten Mengen. Die Türkei, Indien, Indonesien, Spanien, Nigeria und die USA sind ebenfalls bedeutende Erzeuger. In Mexiko werden die unterschiedlichen Paprikasorten auf 70 000 Hektar und damit auf einem Fünftel der gesamten Gemüseanbaufläche kultiviert.

Weidende Kühe im Pantanal, Brasilien

(17° 36' südlicher Breite – 57° 30' westlicher Länge)

Mit 140 000 Quadratkilometer Fläche bildet das Pantanal (»Sumpf« auf Portugiesisch) eines der größten zusammenhängenden Feuchtgebiete der Erde. Es bedeckt einen großen Teil des Nordwestens Brasiliens und reicht bis nach Bolivien und Paraguay hinein. In der Trockenzeit grasen Tausende von Rindern auf diesen üppig bewachsenen Weiden und trampeln dabei tiefe Furchen in die schwarze Erde. Doch leider hält das üppige Nahrungsangebot nicht lange vor. Von November bis März werden die Sümpfe vom Paraguay und seinen Nebenflüssen überschwemmt. Dann suchen die Rinder die wenigen Anhöhen auf, die wie Inseln aus den Fluten ragen, und überlassen die unter Wasser stehenden Flächen gut 650 Vogelarten, die sich von rund 250 Fischarten ernähren. Diesen einzigartigen Lebensraum, der eine regelrechte Arche Noah darstellt, bevölkern außerdem noch Jaguare, Kaimane, Tapire und Riesenottern. Das durch Überweidung bedrohte Ökosystem kam 2000 auf die UNESCO-Welterbeliste der Kultur- und Naturdenkmäler.

Eisschollen im Archipel von Turku, Finnland

(60° 15’ nördlicher Breite – 21° 51’ östlicher Länge)

Ein Viertel des finnischen Staatsterritoriums liegt jenseits des Polarkreises. So ist es kein Wunder, dass sich an sämtlichen Küsten des Landes im Winter Eis bildet. Um dieser klimatisch bedingten Behinderung der wirtschaftlichen Aktivitäten des Landes zu begegnen, entwickelte Finnland eine regelrechte Eisbrecherindustrie. Jedes Jahr patrouilliert mehrere Monate lang eine Flotte von Eisbrechern durch die Ostsee, um Schiffen zu Hilfe zu kommen, die im Eis stecken geblieben sind. Ebenso hält sie die meistbefahrenen Routen offen, darunter die Strecke Helsinki–Tallinn. Die Eisbrecher setzen die beträchtliche Kraft ihrer Motoren ein, um sich einen Weg zu bahnen, indem sie auf die Eisplatten auffahren und sie durch ihr Gewicht brechen. Anschließend schiebt der Bug die Schollen zur Seite. Allein zwischen 2004 und 2005 ging die arktische Eisschicht um 14 Prozent zurück.

Kreisender Kondor über dem Valle Encantado (»Verzaubertes Tal«), Provinz Neuquén, Argentinien

(39° 00' südlicher Breite – 70° 00' westlicher Länge)

Ein Andenkondor *(Vultur gryphus)* schwebt mit ausgebreiteten Schwingen scheinbar mühelos über den herbstlich gefärbten Laubwäldern Patagoniens. Der heilige Vogel der Inka und mit einer Spannweite von ungefähr drei Metern größte flugfähige Vogel der Welt ist nach wie vor das Wahrzeichen der Anden. Vor der Ankunft der Konquistadoren im 15. Jahrhundert waren diese Neuweltgeier überall in den Anden stark verbreitet, von Venezuela über die peruanische Küste bis nach Feuerland. Doch im Laufe der Zeit wurde der Kondor zum Opfer seines schlechten Rufs und verschwand aus vielen Andenregionen, insbesondere in Venezuela und Kolumbien. Diese beiden Länder versuchen den stattlichen Vogel mittlerweile wieder anzusiedeln, während sich Argentinien und Chile einer in manchen Gegenden sehr dichten Kondorpopulation rühmen können. Weltweit profitierten Greifvögel und Geier von wirksamen Schutzkampagnen, sodass sich vielerorts die Bestände erholen konnten. Leider gilt dies nicht für alle Vögel: Zwölf Prozent der Vogelarten der Erde sind vom Aussterben bedroht.

El Atteuf, Tal des M'zab, Algerien

(32° 27' nördlicher Breite – 3° 44' östlicher Länge)

Jenseits des Sahara-Atlas, in 600 Kilometer Entfernung von Algier, reihen sich an den Ufern des Flusses M'zab, der sich über die ersten Hochebenen des westlichen Großen Erg schlängelt, eine Anzahl von Städtchen. Zwischen den rosafarben verputzten Häusern winden sich schmale Gassen, die häufig überdacht sind. Hier ist es heiß und windig, und der Regen macht sich rar. Dennoch sind die von den Mozabiten im elften Jahrhundert gegründeten Städte wahre Kleinode, die selbst die Koryphäen unter den Architekten, darunter Le Corbusier, Ravereau oder Frank Lloyd Wright, in Erstaunen versetzten. Die einander ähnelnden Siedlungen wurden auf Anhöhen errichtet, wo sie vor den zwar selten, dafür aber umso heftiger auftretenden Überschwemmungen sicher sind. Gebaut wird von oben nach unten: Am höchsten Punkt entsteht die Moschee, dann kommen die Häuser und schließlich die Befestigungsmauern. Die umliegenden, von Palmen beschatteten Gärten liefern Früchte und Gemüse und spenden in den heißesten Monaten etwas Kühle. Die Zimmer der Häuser sind rings um einen Innenhof angeordnet, über dem das Dach eine quadratische Öffnung aufweist. Eine Treppe führt hinauf auf die Dachterrasse, die mitunter von kleinen Räumen umgeben ist, in denen die Familie im Winter schläft.

Agrarlandschaft bei Yangu, Provinz Gangwon, Südkorea

(38° 00' nördlicher Breite – 128° 15' östlicher Länge)

Südkorea, das sich in jüngerer Zeit zum Industrieland entwickelte und 2004 auf der Weltrangliste der wohlhabendsten Staaten den 16. Platz einnahm, erwirtschaftet etwa fünf Prozent seines Bruttoinlandsprodukts durch die Landwirtschaft. Bebaubare Böden nehmen nur 20 Prozent der Fläche dieses zu drei Vierteln gebirgigen Landes ein, und die Hälfte von ihnen wird für den Reisanbau genutzt. Dieses von steilen Hängen umgebene Becken macht da keine Ausnahme. Während die Furchen im Winter mit Schnee gefüllt sind, spiegelt sich im Sommer das Sonnenlicht in dem Wasser, das sie bedeckt, und verleiht diesem Teppich aus grünen und ockerfarbenen Tönen eine harmonische Note. Die Reisfelder werden sehr sorgfältig gepflegt. Um die Bodenqualität zu verbessern, wird die Erde von einer Maschine zusammengeschoben und angehäuft. Vor dem Einpflanzen des jungen Reises ersetzt man sie durch frische Erde. Um auf Nahrungsimporte verzichten zu können, machte sich Südkorea die Förderung des einheimischen Reisanbaus zum Anliegen. Und das mit Erfolg, denn 2004 mussten nur vier Prozent des Reisverbrauchs importiert werden. Zu diesem Zweck erschwerte der Staat den Import und subventionierte die Reisbauern. Seit 2005 zwingen jedoch die mit der Welthandelsorganisation eingegangenen Verpflichtungen Südkorea, den Protektionismus aufzugeben.

Aérogare 2, Flughafen Roissy–Charles de Gaulle, Val d'Oise, Frankreich

(49° 00' nördlicher Breite – 2° 31' östlicher Länge)

Die in Verbindung mit Flugschneisen auftretende Luftverschmutzung stellt für die Umwelt und die Gesundheit des Menschen ein nicht zu unterschätzendes Problem dar. Die rund eine Million Bewohner, die innerhalb eines Radius von fünf Kilometern rings um Roissy leben, leiden sowohl unter dem Lärm als auch unter den Abgasen der Flugzeuge. Der mit den Starts und Landungen einhergehende hohe Geräuschpegel belästigt die Anwohner, und der Stickstoffdioxidgehalt der Luft übersteigt die in der Pariser Innenstadt gemessenen Werte mitunter um mehr als 20 Prozent. Der internationale Flugverkehr erzeugt mehr Treibhausgase als ein Land von der Größe Frankreichs. So entsteht bei einem Hin- und Rückflug Paris–New York ungefähr eine Tonne Kohlendioxid (CO_2) pro Passagier. Für einen Flugreisenden rechnet man 140 Gramm CO_2 pro Kilometer, für einen Autofahrer 100 Gramm pro Kilometer. Während der Autofahrer dafür aber – sozusagen als Strafe – die auf den Treibstoff aufgeschlagene Steuer zahlen muss, wird der Flugverkehr mit keinerlei Sondersteuer belegt und unterliegt auch keinem internationalen Abkommen zur Reduzierung des Schadstoffausstoßes. Der Flugverkehr wurde vom Kyoto-Protokoll einfach »vergessen«. Das ist bedenklich, vor allem auch angesichts der Tatsache, dass der Flugverkehr alljährlich ungefähr um zehn Prozent zunimmt.

AIR FRANCE
JA708J

Bewässerungsfeldbau nahe der Oase El Oued, Algerien

(33° 22' nördlicher Breite – 6° 52' östlicher Länge)

Der 600 Kilometer von Algier entfernte Souf ist eine Oasengruppe am Rande der Wüste. Ihre Hauptstadt El Oued wurde durch die Datteln der Sorte Deglet Nour, die hier angebaut und nach Europa exportiert werden, nicht nur berühmt, sondern auch reich. Um die Erträge zu erhöhen, haben die Oasenbewohner bewässerte Felder angelegt, auf denen sie Obst und Gemüse kultivieren. Diese Produkte verkaufen sie auf den Märkten der großen Städte. Getreide, Grünfutter und Hülsenfrüchte werden auf den runden, bis zu 60 Hektar großen Flächen ebenfalls angebaut, die eine zentrale, sich um die eigene Achse drehende Anlage bewässert. Diese Maschinen senken die Produktionskosten beträchtlich. Dennoch kann man nicht behaupten, dass sie die Wüste zum Blühen gebracht hätten, ganz im Gegenteil: Die intensive Bewässerung und die Trinkwasserversorgung für die Stadt entnehmen zu viel Wasser aus tiefen Schichten. Das an die Oberfläche gepumpte und dort verteilte Wasser vermischt sich mit den Wasserreserven in weniger tiefen Schichten und lässt sie anschwellen, wodurch Wasser an vielen Stellen an die Oberfläche dringt. Die Folgen davon sind unter anderem, dass die Häuser feucht werden und sich im Wurzelbereich der Dattelpalmen Staunässe bildet, sodass die Pflanzen eingehen.

Christlicher und muslimischer Friedhof, britische Kronkolonie auf der Halbinsel Gibraltar, Gibraltar

(36° 08’ nördlicher Breite – 5° 21’ westlicher Länge)

Gibraltar, die Halbinsel im Süden Spaniens, ist der Punkt, an dem Europa und Afrika einander gegenüberstehen, Mittelmeer und Atlantischer Ozean sich vermischen und Islam und Christentum einander begegnen, sich bekämpfen und miteinander wetteifern. Seit undenklichen Zeiten ist dieses heute zu Großbritannien gehörende Gebiet ein Ort, an dem intensive Kontakte stattfinden und heftige Konflikte ausgetragen werden. Im achten Jahrhundert machte die strategisch wichtige Position aus Gibraltar den Brückenkopf der muslimischen Eroberung Spaniens. Der Fels verdankt seinen arabischen Namen Djebel al-Tarik (»Berg des Tarik«) dem muslimischen General Tariq Ibn Ziyad, der die Militärexpedition befehligte. Dort, wo früher Sklaven den Besitzer wechselten und Piraten ihr Unwesen trieben und wo seit jeher von Drogen über Waffen bis hin zu Prostituierten alles Erdenkliche geschmuggelt wird, verläuft heute eine Grenze der Europäischen Union, die für viele Einwanderer schicksalhafte Bedeutung hat. Doch wie dieses Foto des gleichzeitig muslimischen und christlichen Friedhofs beweist, war Gibraltar auch ein wichtiger Ort des Kulturaustausches zwischen der arabischen und der abendländischen Kultur.

11. August

Die Zitadelle Jaisalmer, Rajasthan, Indien

(26° 55' nördlicher Breite – 70° 54' östlicher Länge)

Rajputana, das heutige Rajasthan im Nordosten Indiens – das »Land der Königssöhne« –, setzte sich einst aus ungefähr 20 Fürstentümern zusammen. Die 1156 im Auftrag von Rao Jaisal, einem Rajputen-Herrscher und Gründer des Bhatti-Clans, erbaute Befestigungsanlage lag an der zwischen Zentralasien und Indien verlaufenden Gewürzstraße. Die zinnenbewehrten Mauern der Zitadelle erlebten die Kriege zwischen den Bhattis und den sie belagernden Muslimen des Sultanats von Delhi, ebenso wie die Tapferkeit der Rajputen und ihrer Frauen, die den *jauhar*, den gemeinsamen Flammentod, der Kapitulation vorzogen. Im 16. Jahrhundert widersetzten sich die Maharawal (Maharadschas) von Jaisalmer lange den Angriffen der Moguln, bis sie sich schließlich der kaiserlichen Macht unterwarfen. Danach erlebte die Stadt eine Blütezeit. Nun wurden die mit vergoldetem Sandstein verzierten Fassaden der prunkvollen *havalis*, der Häuser der Kaufleute der Unterstadt, mit schmiedeeisernen Gittern, gemeißelten Balkonbalustraden und anderem kunstvollen Zierrat geschmückt. Die zunehmende Beliebtheit der Seehandelswege im 19. Jahrhundert führte zum Niedergang von Jaisalmer, das sich noch heute nicht minder malerisch am Rande der Wüste Thar erhebt.

Gebirgslandschaft bei Maelifellssandur, Region von Myrdalsjökull, Island

(63° 51' nördlicher Breite – 19° 18' westlicher Länge)

Da sein ältestes Basaltgestein gerade einmal 20 Millionen Jahre alt ist, gilt Island im geologischen Sinne als noch sehr jung. Die Insel liegt auf dem Mittelatlantischen Rücken, der die Nahtstelle von Eurasischer und Nordamerikanischer Kontinentalplatte bildet. Hier an der Stelle, an der sich Island über die Meeresoberfläche erhebt, dringt anomal heißes Gestein aus dem Erdmantel an die Oberfläche und führt zu vulkanischen Aktivitäten, die einst die Insel begründeten und ihre Landschaften auch heute noch stark prägen. Wenn die Lava erst einmal erkaltet ist, wird sie nach und nach vom Leben erobert. Eis, Schnee und Wasser schaffen ebene Flächen und tiefe Schluchten. Dann bereiten Bakterien, Flechten und Pilze den Boden für die Pflanzen vor. Dies sind in erster Linie Moose, die sich an unwirtliche Lebensräume angepasst haben. Allmählich kolonisieren diese Pflanzen die für sie günstigsten Böden und bilden so ein neues Ökosystem.

Sandbank im Delta des Betsiboka bei Mahajanga, Madagaskar

(16° 03' südlicher Breite – 46° 36' östlicher Länge)

Wenn man alle weißen Sandstrände der Westküste und alle Steilküsten des Ostens sowie alle Seeufer zusammenrechnet, verfügt Madagaskar über 4500 Kilometer Ufer und Küsten. Der Betsiboka, einer der wichtigsten Flüsse der Insel, schlängelt sich 525 Kilometer lang durch das Land, bevor er sich nahe dem Industriehafen Mahajanga, dem wichtigsten Wirtschaftszentrum des Nordwestens, in den Indischen Ozean ergießt. An dieser Küste gibt es noch zahlreiche Mangrovenwälder, in denen Muscheln und Krebstiere, aber auch Seekühe, Meeresschildkröten und Meeresvögel leben. Die Abholzung zur Gewinnung von Brennmaterial und die Einrichtung von Krabbenfarmen gefährden die Mangrovenwälder zunehmend. Weltweit wurde innerhalb der letzten Jahrzehnte über ein Drittel der Mangrovenwälder vernichtet, und 50 Prozent der derzeitigen Bestände sind in Gefahr vor drohender Rodung. Ihre Zerstörung geht rascher vonstatten als die der tropischen Regenwälder. Dabei kommt den Mangrovenwäldern nicht nur innerhalb des ökologischen Gleichgewichts eine wichtige Rolle zu, sondern sie bilden auch einen Schutzwall gegen die tropischen Stürme. Madagaskar ist aufgrund seiner Lage besonders von diesen Naturphänomenen betroffen, die ungefähr alle drei oder vier Jahre schwere Überschwemmungen und Erosionen verursachen. Außerdem zerstören sie Städte und Dörfer.

14. August

Kap der Guten Hoffnung, Südafrika

(34° 21' südlicher Breite – 18° 29' östlicher Länge)

Das Kap der Guten Hoffnung am südlichsten Zipfel Afrikas ist ein mythischer Ort, an dem sich die Fluten des Indischen und des Atlantischen Ozeans miteinander vermischen. Das 1488 von dem portugiesischen Seefahrer Bartolomeu Diaz entdeckte Kap wurde 1497 erstmals von dessen Landsmann Vasco da Gama umfahren, der auf diese Weise den Seeweg nach Indien erschloss. Fünf Jahrhunderte nach seiner Entdeckung lehrt dieser Sporn aus Granit, der früher auch »Kap der Stürme« genannt wurde, die Seeleute durch die hier auftretenden gegenläufigen Strömungen immer noch das Fürchten. Hier trifft der kalte westliche Benguelastrom auf den warmen östlichen Agulhasstrom, was zur Entstehung eines einzigartigen Lebensraums beitrug, der das Kap und die gesamte sich anschließende Halbinsel umfasst. In dem 1998 zum Nationalpark erklärten Gebiet leben viele endemische Arten, darunter 250 Vogelarten sowie Schildkröten, Zebras und Antilopen. In den beiden einander hier begegnenden Ozeanen tummeln sich Wale, Robben, Delfine und Pinguine. Heute ist das Naturreservat Teil des 25 000 Hektar großen Table Mountain National Park, der sich entlang beider Küsten 80 Kilometer weit nach Norden erstreckt.

15. August

Trocknung von Getreide östlich von Pokhara, Nepal

(28° 12’ nördlicher Breite – 84° 05’ östlicher Länge)

Die Überbevölkerung sowie die Abholzung der Wälder, die Erosion und die Verschlechterung der Böden nach sich zieht, führen dazu, dass die landwirtschaftlich nutzbare Fläche Nepals von Jahr zu Jahr schrumpft. Mittlerweile kann nur auf 20 Prozent der Gesamtfläche Anbau betrieben werden. Dennoch leben die meisten Nepalesen, eines der ärmsten Völker der Welt, nahezu autark von den Erträgen ihrer kleinen Felder. Sie kaufen nur Grundnahrungsmittel wie Zucker, Salz und Tee sowie einfachste Haushaltsgeräte. Diese Dinge erhalten sie in den Städten, und wer einkaufen will, muss dazu oft auf steilen Bergpfaden Dutzende von Kilometern zu Fuß zurücklegen. 40 Prozent der Bevölkerung leben unterhalb der Armutsgrenze. Ein großer Teil der nepalesischen Wirtschaft – Schätzungen zufolge bis zu 70 Prozent – basiert auf dem Tauschhandel. So tauschen etwa die Bewohner der Dörfer im Vorgebirge des Himalaja Salz gegen Getreide ein, das in den zentralen Ebenen, wie zum Beispiel auf den Feldern um Pokhara, geerntet wurde.

Großer Basar von Istanbul, Türkei

(41° 00' nördlicher Breite – 28° 57' östlicher Länge)

In den Großen Basar von Istanbul geht man nicht nur, um etwas zu kaufen, sondern auch, um darum zu feilschen. Gerade das geschickte Verhandeln um den Preis macht den besonderen Reiz dieses riesigen Marktes aus, auf dem in einem Labyrinth von Gassen und Gässchen 4000 Händler ihre Waren anbieten. Anfangs gab es in dem Basar, der 1461 auf dem Standort eines älteren Marktes entstand und überwiegend aus Holz gebaut ist, nur Wolle und Seide. Im Laufe der Jahrhunderte wurde die »Stadt der Geschäfte« größer und moderner, doch in einigen Bereichen, etwa dem der Goldschmiede und der Leder- und Bekleidungsläden, blieb der ursprüngliche Charakter erhalten. Die Türkei, die heute zu den 20 führenden Wirtschaftsnationen zählt, fördert seit jeher den Handel zu beiden Seiten des Bosporus: zum einen, indem sie ihre Beziehungen mit der Europäischen Union ausbaut, zum anderen, indem sie den neu entstehenden Erdgas- und Erdölmarkt sowie den Zugang zu den im Kaukasus und in Zentralasien lagernden Bodenschätzen kontrolliert. Gleichzeitig pflegt die Türkei die linguistischen und historischen Beziehungen zu den ehemaligen sowjetischen Republiken der Region. Mehr denn je ist die Türkei heute zu einem Verbindungsglied zwischen Europa und Asien geworden.

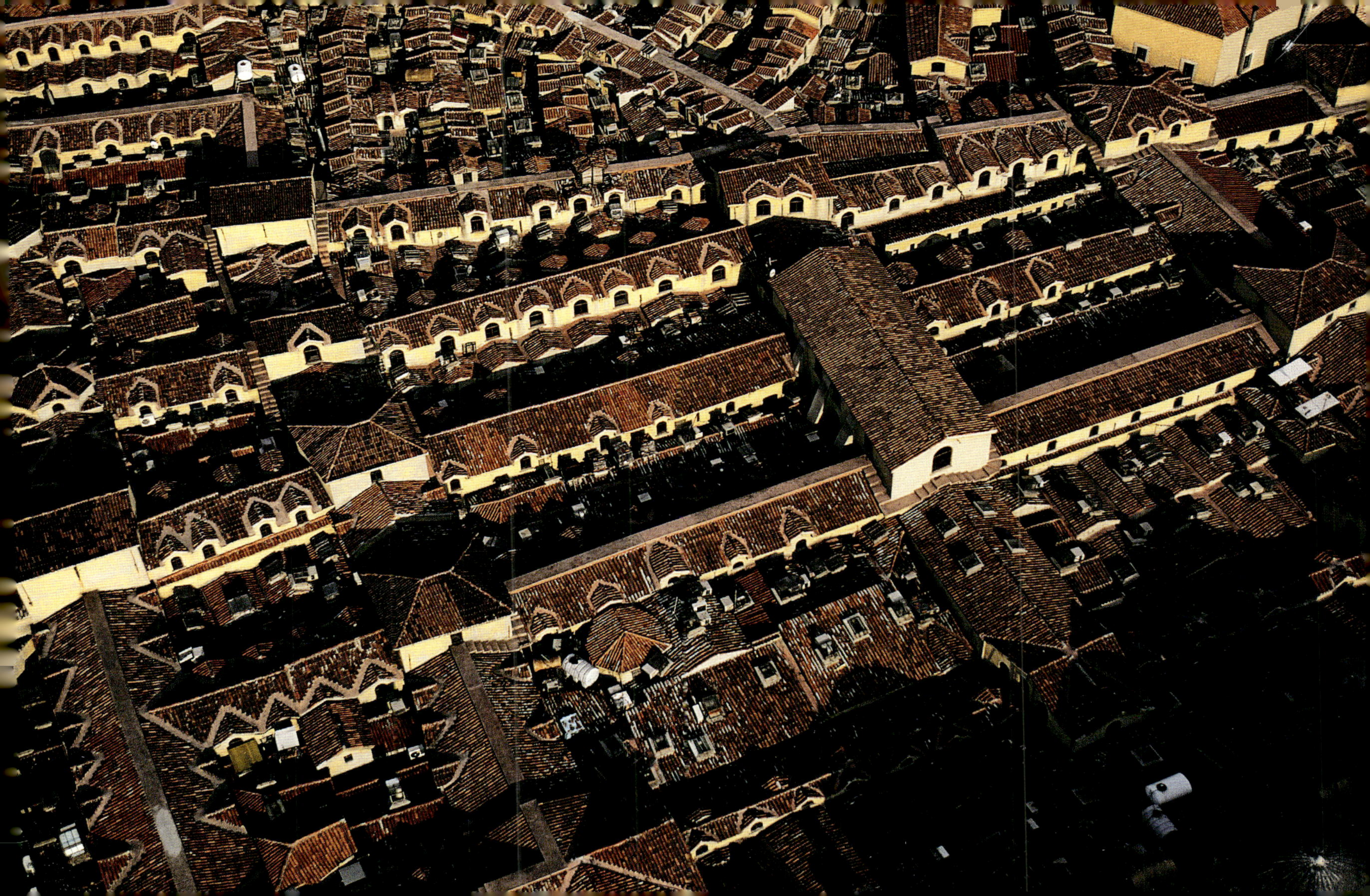

Fußgänger in den Straßen von Tokio, Honshu, Japan

(35° 42' nördlicher Breite – 139° 46' östlicher Länge)

Das frühere Edo, das 1868 von Kaiser Meiji in Tokio umbenannt wurde, ist heute mit 28 Millionen Einwohnern auf einem 140 Kilometer langen Küstenstreifen die größte Megalopolis der Welt. Unzählige Male von Bränden, Erdbeben und vor allem durch Bombenangriffe im Zweiten Weltkrieg zerstört, ist Tokio eine Stadt, die immer wieder neu errichtet und umgebaut wird, eine Stadt, in der kühnste architektonische Träume Wirklichkeit werden. Jenseits der wichtigen Verkehrsadern und des Gewirrs aus Straßenüberführungen, das den Himmel verdunkelt, gibt es jedoch auch noch ein Tokio der Einfamilienhäuser und der kleinen Gebäude, in dem Fußgänger und Radfahrer das Straßenbild beherrschen. Der für die Stadtbewohner tägliche Wechsel zwischen der anonymen Megalopolis und dem geselligen nachbarschaftlichen Leben in den Wohngebieten überrascht den Besucher immer wieder aufs Neue: Die Häuser haben keine Anschrift, die Kriminalitätsrate der Stadt ist eine der niedrigsten der Welt, und fast alles, was man in einem Geschäft, einem Zug oder der U-Bahn verliert, findet den Weg zu seinem Besitzer zurück.

PENTAX
PENTAX

Enceladus-Brunnen, Schloss Versailles, Yvelines, Frankreich

(48° 48' nördlicher Breite – 2° 05' östlicher Länge)

Die Giganten, so heißt es in den griechischen Mythen, lehnten sich gegen die Götter des Olymps auf und erklärten ihnen den Krieg. Der Gigant Enceladus türmte Stein auf Stein, um zu deren himmlischen Wohnsitz zu gelangen, doch Zeus stürzte ihn in die Tiefe hinab. Diese Statue, die den Tod des Giganten darstellt, war eine Warnung des Sonnenkönigs an alle, sich niemals mit ihm zu messen. Gleichzeitig ist sie jedoch auch ein zeitloses Kunstwerk, das sich als Symbol des Siegs der Kultur über primitive Kräfte deuten lässt. Doch dieser Sieg ist nie endgültig. Dies bewies einmal mehr das Unwetter von 1999: Der Sturm entwurzelte mehr als 10 000 Bäume und verwüstete den vom königlichen Gartengestalter André Le Nôtre angelegten Park. Um diesen Schatz des französischen Kulturerbes wiederherzustellen, adoptierten zahlreiche Freunde des Parks einzelne Bäume, indem sie jeweils 150 Euro für deren Pflanzung und Pflege spendeten. Die im Jahr 1999 aufgetretenen Unwetter zerstörten in Frankreich 500 000 Hektar Wald und damit ungefähr 300 Millionen Bäume. Sechs Jahre später haben sich die durch diese Katastrophe gewaltsam verjüngten Wälder wieder erholt.

Azat-Stausee, Provinz Ararat, Armenien

(39° 46’ nördlicher Breite – 44° 47’ östlicher Länge)

Das bereits in der Bibel erwähnte Armenien liegt mehr als 1000 Meter über dem Meeresspiegel und hat ein sehr trockenes Klima. Weil die Landwirtschaft stark auf Bewässerungssysteme angewiesen ist, war die Anlage von Stauseen, Kanälen und Wasserleitungen schon in den 1920er Jahren eines der wichtigsten Anliegen der Sowjetrepublik Armenien. Das System wird seither weiter ausgebaut, aber nicht ausreichend gewartet, sodass von den bewässerten Nutzflächen, die insgesamt 16 Prozent des Landes einnehmen, nur 220 000 Hektar effektiv bewirtschaftet werden könnten. Dennoch sind in der Landwirtschaft des kleinen Staates, der an die Türkei, den Iran, Aserbaidschan und Georgien grenzt, fast 40 Prozent der Bevölkerung im Agrarsektor beschäftigt, der 45 Prozent des Bruttoinlandsprodukts erwirtschaftet. 1990 privatisierte Armenien als erste ehemalige Sowjetrepublik die Anbauflächen. Diese Reform und die Fruchtbarkeit der vulkanischen Böden begünstigen die Produktion von Weizen, Gerste, Gemüse, Weintrauben, Beeren, Baumwolle, Zuckerrüben, Tabak und zahlreichen Obstsorten sowie die Schafzucht. Diese Fülle erinnert an den Garten Eden, der einigen Auslegungen der Genesis zufolge in Armenien gelegen haben soll.

20. August

Auf den Dächern eines Dorfes südlich von Bouna ausgebreitetes Getreide, Côte d'Ivoire

(9° 16' nördlicher Breite – 2° 59' westlicher Länge)

Nach der Ernte werden die Hirse und Sorghum sowie Maniokwurzeln in den Höfen oder auf den Dächern der Häuser zum Trocknen ausgebreitet. Einige Tage später kommen die Feldfrüchte in die leicht erhöht stehenden Speicher, in denen sie vor Termiten sicher sind. Traditionell werden diese Nutzpflanzen in dem von Savannen geprägten, trockeneren Süden angebaut, während in der Südhälfte des Landes tropische Regenwälder und Kautschukplantagen vorherrschen. Die geoklimatischen Unterschiede führten zur wirtschaftlichen Spaltung des Landes. Der Norden wurde in der Zeit zwischen der Erlangung der Unabhängigkeit (1960) und den 1980er Jahren zum Antriebsmoment der ivorischen Entwicklung, während der Süden der ärmere Verwandte blieb. Dieser Gegensatz spiegelt sich heute in der politischen Krise wider, die das Land seit 2002 destabilisiert und in zwei Zonen spaltet: den von Rebellen beherrschten Norden und den weiterhin von der Regierung kontrollierten Süden. Trotz zahlreicher diplomatischer Vermittlungsversuche kann die Krise nicht überwunden werden, und so wird das Land weiterhin von Konflikten erschüttert.

21. August

Arbeiten auf den Reisfeldern an den Ufern des Itasy-Sees, Region von Antananarivo, Madagaskar

(18° 55' südlicher Breite – 47° 31' östlicher Länge)

Im Laufe der beiden letzten Jahrhunderte wurde der Itasy-See in ein Reisanbaugebiet umgewandelt. Der Nassreisanbau ist eine sehr intensive Form des Feldbaus und wird hier von Großgrundbesitzern kontrolliert. Der Übergang vom Anbau vieler verschiedener Nutzpflanzen zur künstlich bewässerten Monokultur hatte zur Folge, dass sich auf den Hochebenen Madagaskars die Malaria ausbreitete. Die Wachstumsperiode der Reispflanzen fällt mit der Reproduktionsphase einer Mückenart zusammen, die diese Krankheit sehr häufig überträgt. Weltweit sterben alljährlich eine Million Menschen an Malaria, die meisten davon in armen Ländern. Die Weltgesundheitsorganisation (WHO) bemüht sich seit den 1950er Jahren, diese Krankheit auszurotten, erhält aber nicht genügend Gelder für Forschung und Behandlung. Auch um dagegen Abhilfe zu schaffen, gründete die UNO 2002 einen Weltgesundheitsfonds. Schätzungen zufolge wird mit 90 Prozent der weltweiten Ausgaben für medizinische Studien die Erforschung von nur zehn Prozent der Krankheiten, unter denen die Bewohner der Erde leiden, finanziert.

Altstadt mit der Kathedrale St. Peter, Genf, Schweiz

(46° 12' nördlicher Breite – 6° 08' östlicher Länge)

Genua, der lateinische Name der Stadt Genf, die später Geneva hieß, wurde schriftlich erstmals von Julius Cäsar erwähnt. Genf liegt am Kreuzungspunkt wichtiger Verkehrsadern, die den Mittelmeerraum mit Nordeuropa verbinden, und ist seit jeher eine Stadt des Waren- und Kulturaustausches. Trotz ihrer Internationalität gelang es der Stadt, die Lebensqualität ihrer knapp 200 000 Einwohner (von denen ungefähr 40 Prozent Ausländer sind) zu bewahren. Die wichtigsten Sehenswürdigkeiten sind die schöne Altstadt und der Genfer See, über dem der Montblanc emporragt. Allerdings wird die Lebensqualität der Genfer, die einst als eine der höchsten der Welt galt, inzwischen durch die Zunahme des Verkehrs beeinträchtigt. 50 Prozent aller Wege werden in Privatautos zurückgelegt, und das städtische Verkehrsaufkommen nimmt laufend zu. Der Ausbau des öffentlichen Nahverkehrs könnte zur Lösung dieses Problems beitragen.

Piroge auf dem Niger in der Region von Gao, Mali

(16° 12' nördlicher Breite – 0° 01' westlicher Länge)

Der Niger entspringt in Guinea und fließt durch Mali, Niger und Nigeria. Mit einer Länge von 4184 Kilometern ist er der drittlängste Fluss Afrikas und Malis Lebensader: Das gesamte Wirtschaftsleben des Landes spielt sich an seinen Ufern ab. 80 Prozent der Malier ernähren sich vom Bewässerungsfeldbau und Fischfang. Der Fluss gilt auch als wichtigste Verkehrsader für die 13 Millionen Bürger umfassende Bevölkerung. Abgesehen davon, dass er schon seit Längerem durch das Vordringen der Wüste gefährdet und von der Umweltverschmutzung betroffen ist, leidet der Niger unter einer weiteren Geißel – einer wunderschönen, aber verderblichen Blume: der Wasserhyazinthe. Das in diesen Teil Afrikas als Zierpflanze eingeführte Gewächs verbreitet sich so stark, dass es mittlerweile eine Gefahr für das Wirtschaftsleben der Flussregion darstellt. Weil die Wasserhyazinthe dem Wasser viel Sauerstoff entzieht, ersticken die Fische. Sie behindert überdies den Schiffsverkehr sowie die Turbinen der Wasserkraftwerke und verstopft die Kanäle der Bewässerungssysteme. Seit 1995 gibt Mali, eines der ärmsten Länder der Erde, alljährlich den Gegenwert von Hunderttausenden von Euro aus, um die grüne Pest zu bekämpfen.

24. August

Gletscherzunge nahe dem Gipfel Khan Tengry im Savy-Jaz-Massiv, Region von Ysyk-Köl, Kirgisistan

(42° 10' nördlicher Breite – 80° 00' östlicher Länge)

In Kirgisistan, einem der höchstgelegenen Länder der Erde, gibt es zahlreiche Gletscher. Diese Eismassen im Gipfelbereich der Gebirge zählen zu den Süßwasserspeichern des Planeten. Obwohl sie nur vier Prozent des Süßwassers binden, gewährleisten sie die Wasserversorgung der halben Weltbevölkerung. Sie regulieren die Verfügbarkeit des Süßwassers, indem sie in der kalten Jahreszeit Niederschläge in Form von Schnee speichern und im Frühjahr während der Schneeschmelze wieder freisetzen. Derzeit haben jedoch überall auf der Erde die Gletscher zu schmelzen begonnen. Man nimmt an, dass es selbst im Himalaja, dem höchsten Gebirge der Welt, bis 2050 keine Gletscher mehr geben wird. Die ersten Konsequenzen sind bereits spürbar: Zahlreiche Bergseen stehen kurz davor, über die Ufer zu treten und bewohnte Täler zu überschwemmen. In Nepal füllen sich die Bergseen so rasch, dass bis 2010 ungefähr 40 von ihnen überlaufen könnten. Wenn gegen die Erwärmung der Erdatmosphäre nicht endlich etwas unternommen wird, bleibt zu befürchten, dass auf diese Überschwemmungen hin in einigen Jahrzehnten ein Zeitalter der Dürren folgen wird. Denn Gletscher, die einmal geschmolzen sind, lassen sich nie wieder herstellen.

Vulkan im Aïr-Massiv, Niger

(18° 00' nördlicher Breite – 8° 30' östlicher Länge)

Dieser erloschene Krater, der mitten in der Sahara emporragt, ist einer der vulkanischen Berge des Aïr-Massivs, das eine Fläche von 77 000 Quadratkilometern bedeckt. In den durch eine 28 Millionen Jahre währende Vulkantätigkeit entstandenen Bergen entsprangen einst große Flüsse, von denen heute nur noch Versteinerungen zeugen oder die als *koris* (Sturzbäche) nur noch nach dem Regen Wasser führen. Außer in den Oasen an den *gueltas* (kleinen Seen) und *koris* gedeihen hier nur wenige Pflanzenarten. In den Tälern sammeln sich einige Meter tief unter dem Sand geringfügige Wasserreserven an. Dennoch birgt diese Landschaft zahlreiche Schätze, darunter neolithische Felsgravuren oder aber Fossilien, wie zum Beispiel die 1906 in Gadafawa entdeckten versteinerten Überreste von Dinosauriern. In enger Zusammenarbeit mit Frankreich und den USA untersuchen Wissenschaftler des Niger diese bemerkenswerten, 135 Millionen Jahre alten Fossilien.

Varanasi, die Ghats am Ganges, Uttar Pradesh, Indien

(25° 20' nördlicher Breite – 83° 00' östlicher Länge)

Der Ausdruck *Ghats* bezeichnet sowohl die gewaltigen natürlichen Terrassen, die vom Himalaja bis zum Ganges hinabführen, wie auch die am Ufer des Flusses angelegten Stufen. Hinduistische Pilger suchen die *Ghats* der heiligen Stadt Varanasi auf, um am Fluss zu beten und in seinem Wasser ein reinigendes, rituelles Bad zu nehmen. Manche lassen sich auch hier verbrennen. In dem 2000 Jahre alten indischen Kastensystem legt die Geburt den Platz des Einzelnen in der Gesellschaft fest. Beinahe 170 Millionen Inder, und damit einer von sechs, sind aus den vier großen Kasten der Priester, Krieger, Kaufleute und Diener ausgeschlossen. Obgleich die Verfassung jegliche Diskriminierung auf der Grundlage des Kastendenkens untersagt, haben diese Unberührbaren oder *Dalits* keinen Zugang zu Grundbesitz, müssen in eigenen, abgelegenen Vierteln wohnen, finden nur niedrigste Beschäftigungen und haben sich ständig damit abzufinden, dass selbst ihre elementarsten Rechte verletzt werden. 2005 schätzte die UNESCO den Anteil der Analphabeten bei den *Dalits* auf zwei Drittel. Man geht davon aus, dass nur sieben Prozent von ihnen Zugang zu Trinkwasser, Strom und Sanitäranlagen haben.

Lake Powell, Creek Bay, Arizona und Utah, USA

(37° 18' nördlicher Breite – 110° 45' westlicher Länge)

Der Colorado, dessen Quelle in den Rocky Mountains liegt, mündet nach 2300 Kilometern in den Golf von Kalifornien und durchquert auf seinem Weg dorthin einige der trockensten Gebiete Nordamerikas. Seit fast einem Jahrhundert begradigen die Amerikaner seinen Lauf, um Überschwemmungen zu verhindern und seine Wasserkraft zu nutzen. Dabei stauten sie den Fluss an zahlreichen Stellen auf. Einer der wichtigsten Dämme, der Staudamm von Glen Canyon, wurde 1963 vollendet. Es dauerte 17 Jahre, bis sich der Lake Powell auffüllte. Aufgrund mehrerer aufeinanderfolgender trockener Jahre sank der Wasserspiegel seit den 1990er Jahren jedoch um mehr als 40 Meter, wie man von den weißen Kalkrändern ablesen kann, die das Wasser auf dem roten Sandstein der Ufer hinterließ. Jedes Jahr gehen durch Verdunstung 2,5 Prozent der gespeicherten Wassermenge verloren. Wenn diese Situation weiter andauert, wird ab 2007 nicht mehr genügend Wasser vorhanden sein, um die Turbinen des Wasserkraftwerks anzutreiben. Die Hoffnungen, die zum Bau eines Staudamms führen, werden nicht immer erfüllt – vor allem dann nicht, wenn sich die Auswirkungen des Klimawandels verstärken.

28. August

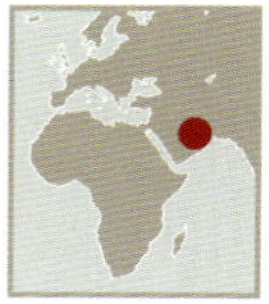

Reifenspuren auf einem Sportplatz, Umgebung von Doha, Katar

(25° 17' nördlicher Breite – 51° 32' östlicher Länge)

Motorradreifen zeichneten diese Arabesken auf dem Belag eines Sportplatzes in der Nähe von Doha, der Hauptstadt Katars. Dieses kleinen, auf einer Halbinsel gelegene Land entwickelte sich zu einem komplexen Völkermosaik: Mehr als drei Fünftel der 860 000 Einwohner haben einen Migrationshintergrund. Die einheimischen Katarer, die eine Minderheit bilden und streng über den Erhalt ihrer Traditionen wachen, leben mit einer arabischen und europäischen Elite zusammen, mit der sie sich auch die Schlüsselpositionen in der Wirtschaft teilen, sowie mit der großen Gruppe pakistanischer, indischer oder iranischer Gastarbeiter, die die größte Zahl von Erwerbstätigen stellt. Diese überwiegend männlichen Gastarbeiter machen die Hälfte der Bevölkerung aus, was auch dazu führt, dass in Katar doppelt so viele Männer wie Frauen leben.

Schloss Vaux-le-Vicomte, Maincy, Seine-et-Marne, Frankreich

(48° 34' nördlicher Breite – 2° 42' östlicher Länge)

In Schloss Vaux-le-Vicomte, einem Meisterwerk der barocken Architektur des 17. Jahrhunderts, wurden die Regeln der französischen Gartenbaukunst entwickelt. Nicolas Fouquet, der Schlossherr, war Finanzminister des jungen Ludwig XIV. und reichster Mann Frankreichs. Für sein Bauprojekt engagierte er drei Meister ihres Fachs: den Architekten Le Vau, den Maler und Innenausstatter Le Brun sowie den Gärtner und Gartenbauarchitekten Le Nôtre, dessen Gärten im frühen 20. Jahrhundert von dem Landschaftsarchitekten Achille Duchêne ergänzt wurden. Fouquet, der sich auch einen Namen als Mäzen machte, umgab sich mit den herausragendsten Geistern seiner Zeit: La Fontaine, Molière und Madame de Sévigné waren seine Gäste, und Vaux-le-Vicomte wurde zu einem Paradies der Künstler – bis die Herrlichkeit im August 1661 ein Ende fand. In jenem Monat gönnte sich Fouquet, der sich durch undurchsichtige Finanztransaktionen einen zweifelhaften Ruf eingehandelt hatte, ein derart aufwendiges Fest, dass Ludwig XIV. beschloss, dem untragbar gewordenen Minister die Privilegien zu entziehen. Voltaire beschrieb es so: »Am 17. August war Fouquet um sechs Uhr abends der König von Frankreich. Um zwei Uhr morgens war er niemand mehr.« Nachdem er sich auf diese Weise seiner Macht vergewissert hatte, verpflichtete Ludwig XIV. alle an der Entstehung von Vaux-le-Vicomte beteiligten Künstler für den Bau von Versailles.

Traditionelle Feldarbeit bei Zamora, Bundesstaat Michoacán, Mexiko

(19° 16' nördlicher Breite – 99° 06' westlicher Länge)

Nach der Revolution von 1910 führte Mexiko eine umfassende Agrarreform durch, in deren Rahmen die Ländereien der Großgrundbesitzer an *ejidos* genannte Bauerngemeinschaften übertragen wurden. Auf diese Weise wurden zwischen 1920 und 1984 ungefähr 70 Millionen Hektar (und damit über ein Drittel des Staatsterritoriums) neu verteilt. Die 28 000 *ejidos* sind die Eigentümer des Bodens; dem einzelnen Bauern gehört nur der Ertrag seiner Felder. Er darf die ihm zugeteilten Flächen weder verkaufen noch verpachten und ist verpflichtet, sie zu kultivieren. Die mexikanischen Bauern konnten auf diese Weise zwar überleben und sahen sich nicht, wie anderswo, gezwungen, in die Städte abzuwandern. Doch sie hatten nicht die Mittel, ihre Betriebe zu modernisieren und die häufig sehr niedrige Produktionsrate zu steigern. 2005 waren landesweit 16 Prozent der Erwerbstätigen im Agrarsektor beschäftigt (im Bundesstaat Michoacán 29 Prozent), erwirtschafteten insgesamt jedoch nur vier Prozent des Bruttosozialprodukts. Seit 1992 sind die Bauern Eigentümer ihrer Parzellen und dürfen sie verkaufen. Dennoch wechselten nur wenige Felder den Besitzer. Die Bauerngemeinschaften sind überwiegend gegen die Reform, die ihrer Ansicht nach Ungleichheiten verstärkt und zur Rückwendung zum Großgrundbesitz führen könnte.

Raiatea, Gesellschaftsinseln, Französisch-Polynesien

(16° 50' südlicher Breite – 151° 01' westlicher Länge)

Die 118 Inseln vulkanischen Ursprungs, die die Gesellschaftsinseln bilden, befinden sich in einer sehr abgelegenen Region des Pazifischen Ozeans: 5000 Kilometer trennen sie von Australien, dem ihnen am nächsten liegenden Kontinent. Sie bilden eine Miniaturwelt, in der endemische Pflanzenarten gedeihen, die nirgendwo sonst auf der Erde vorkommen. Die Pflanzen wurden zusammen mit Treibholz angespült, und ihre Samen wurden vom Wind ausgesät oder gelangten an den Schuhsohlen von Reisenden auf den Boden der Inseln. Hier gediehen sie prächtig und passten sich an das milde Klima an. Heute bilden sie ein Ökosystem, das einzigartig und ebenso wie die Vogelwelt der Inseln und die vorgelagerten Korallenriffe sehr empfindlich ist. Während der Fischfang und der Klimawandel die Korallen bedrohen, kann eine einzige fremde Pflanze das zerbrechliche Gleichgewicht zerstören. So ist etwa das aus Amerika eingeführte Ziergewächs *Miconia calvescens* dabei, sich auf Kosten der anderen Pflanzen immer stärker auf den Inseln auszubreiten. 13 Pflanzenarten, eine Schnecke und vier Vogelarten dürfen mittlerweile nicht mehr nach Polynesien mitgebracht werden, weil sie die lokale Biodiversität gefährden.

Globale Transportprobleme

Transport- und Reisemöglichkeiten haben einen großen Einfluss auf das Leben des Einzelnen. Dort, wo sie unzureichend sind oder ganz fehlen, wie in Afrika oder in Teilen Asiens – etwa in Bangladesch oder in manchen Regionen Indiens –, leidet die wirtschaftliche Entwicklung. Außerdem erschwert das Fehlen von Transportmöglichkeiten besonders das Leben der Frauen, die Wasser, Treibstoff und Feldfrüchte Hunderte von Kilometern weit tragen müssen. Anderswo auf der Welt hat das Überangebot an Transportmöglichkeiten schlimme Folgen: Staus von katastrophalen Ausmaßen, Umweltverschmutzung und dadurch verursachte Gesundheitsschäden bei Kindern sind die Folgen. Die Staus zum Beispiel, die regelmäßig in Kalifornien, in Südengland und im Großraum Frankfurt den Verkehr lahmlegen, kosten die Volkswirtschaft Milliarden von Dollar und beeinträchtigen das Alltagsleben. Die Verkehrsunfälle, die zurzeit täglich mindestens 3000 Menschenleben fordern, sind ein Problem für das Gesundheitswesen und gefährden die Sicherheit, nicht nur der Autofahrer, sondern auch von Fußgängern, Radfahrern und Benutzern öffentlicher Verkehrsmittel.

Mittlerweile ist hinreichend bekannt, dass der Straßenverkehr in Städten in vielerlei Hinsicht eine konstante Bedrohung darstellt. Der Weltgesundheitsorganisation WHO zufolge ist die Luftverschmutzung durch Auto- und Industrieabgase alljährlich weltweit am Tod von drei Millionen Menschen schuld. Diese Tendenz steigt parallel zur Zunahme der Zahl der Autos in den Metropolen Asiens, zumal die Stadtplanung hier die gleichen Fehler wie in den Vereinigten Staaten und in Australien macht: Es entstehen weitläufige Städte mit geringem Angebot an öffentlichen Verkehrsmitteln und einem laufend expandierenden Straßennetz. Die Entfernungen werden immer größer, Fußgänger, Radfahrer und öffentliche Verkehrsmittel seltener, und die Zahl der Autos steigt und steigt.

Auch wenn Verbesserungen der Treibstoffqualität und der Motoren dazu beitragen können, die Luftqualität zu verbessern, so sollte man dennoch in der Stadtentwicklung umdenken, indem man Wege verkürzt und weniger Autobahnen, Zubringer und andere aufwendige Konstruktionen baut; das würde auch erlauben, viel Geld zu sparen. Das ständige Ansteigen des »Mobilitätsniveaus« der Weltbevölkerung macht immer größere Investitionen in Straßen, Schienennetze und Flughäfen erforderlich. Diese Investitionen verschlingen einen beträchtlichen Teil der Steuereinnahmen eines Landes, sodass für Gesundheit, Renten und andere, immer notwendigere Sozialausgaben zu wenig Geld übrig bleibt und um den Haushaltsplan erbitterter gekämpft wird als je zuvor. Die steigende Nachfrage nach Reise- und Transportmöglichkeiten ist einer der wichtigsten für die Entstehung von Treibhausgasen und den Klimawandel verantwortlichen Faktoren. Trotz aller Diskussionen über öffentliche Verkehrsmittel oder »umweltfreundlichere« Fortbewegungsarten wie zu Fuß gehen oder Rad fahren nimmt das Verkehrsaufkommen unaufhaltsam zu. Von Jahr zu Jahr gewöhnen wir uns an, immer größere Entfernungen zurückzulegen, um die alltäglichsten Dinge zu erledigen; weil der Schulweg unserer Kinder oder der eigene Weg zur Arbeit immer länger wird, hebt sich die »Umweltfreundlichkeit« neuer Automodelle praktisch wieder auf. Je weiter wir reisen, je weiter wir die Sorge um den Umweltschutz hinter uns lassen, desto schlimmer der Treibhauseffekt.

Umweltprobleme entstehen außerdem durch die Erweiterung des Autobahnnetzes, das wiederum das Anwachsen des Verkehrsaufkommens fördert und dazu führt, dass die Menschen statt öffentlicher Verkehrsmittel eigene Fahrzeuge benutzen.

Neue Straßen verändern auch die Geografie eines Landes. Die Entstehung von Industriegebieten, Geschäftsvierteln und dünn besiedelten Wohngebieten in den USA, in Großbritannien, aber auch in Kalkutta ist eine Konsequenz der Investitionen in den Straßenbau.

Die britische Regierung bewies, dass der Großteil der Investitionen in das Verkehrswesen den Reichen nur nützt. Ausgaben für das Transportwesen fördern die soziale Ungleichheit, denn sie kommen allen, unabhängig vom jeweiligen Einkommen, zugute, und reiche Leute nutzen Flugzeug und Auto eben häufiger als arme. In Großbritannien finanziert der Steuerzahler den Flugverkehr – und damit all jene, die ihn nutzen – mit ungefähr zehn Milliarden Pfund im Jahr. Die Auswirkungen des Flugverkehrs auf die Umwelt, darunter die Luftverschmutzung und der Lärm, betreffen Arme mehr als Reiche.

Im Allgemeinen reagieren Regierungen auf schwere Verkehrs- und Transportprobleme, indem sie in neue Infrastrukturen investieren, etwa in Straßen, Flughäfen und Hochgeschwindigkeitszüge. In Entwicklungsländern wird trotz des sehr kleinen Budgets in diese »reichen« Sparten investiert, sodass für die bedürftige Landbevölkerung kaum Ressourcen übrig bleiben.

Die Stadtverwaltung von Bogotá zeigte, dass es auch anders geht. Enrique Peñalosa, der ehemalige Bürgermeister, setzte eine radikale Verkehrspolitik um. Sie ermöglichte eine Umschichtung des Haushalts, von der Menschen mit geringem Einkommen sowie all jene profitierten, deren Schule oder Arbeitsplatz im gleichen Viertel wie ihre Wohnung lag und die deshalb nur geringe Entfernungen zurückzulegen hatten. In Bogotá werden die großen Verkehrsadern am Sonntag sieben Stunden lang gesperrt, damit die Bürger auf ihnen Rad fahren, spazieren gehen, laufen oder sich einfach dort treffen können. Die Stadt investierte in über 300 Kilometer ausgewiesene Radwege und erreichte dadurch, dass die Zahl der Radfahrer beträchtlich anstieg. Eine Investition in Höhe von fünf Millionen Dollar pro Streckenkilometer, die dem Bus TransMilenio zugutekam, ermöglicht den Stadtbewohnern 540 000 Busfahrten am Tag.

Es ist durchaus möglich, gleichzeitig die Lebens- und Arbeitsbedingungen in den Städten und in den ärmsten ländlichen Regionen zu verbessern. Wir haben dabei nichts zu verlieren, aber viel zu gewinnen. Das Einzige, was uns davon abhält, ist politischer Konservativismus: Die Politiker befürchten, Wählerstimmen zu verlieren, wenn sie sich für die Umwelt und die soziale Gerechtigkeit starkmachen. Dabei wäre genau das der richtige Weg: Die Zeit ist reif für ein neues Transportparadigma, das den Radfahrer, den Fußgänger und den Benutzer öffentlicher Verkehrsmittel belohnt und die Autofahrer und Transportunternehmen für die Schäden zahlen lässt, die sie der Gesellschaft zufügen.

Eines ist klar: Wir besitzen das gesamte notwendige Wissen über das Verkehrswesen, wir begreifen die Probleme, und wir haben die Lösungen, die auf Dauer eine sozial gerechte und angenehme Zukunft für unsere Kinder ermöglichen würden. Alles, was uns fehlt, sind eine politische Vision und Politiker, die in der Lage sind, diese Ideen umzusetzen.

John Whitelegg und Gary Haq

Umweltinstitut Stockholm,

University of York, England

Weizenanbau, Polder von Mandi, Tschad

(13° 28’ nördlicher Breite – 14° 42’ östlicher Länge)

Die Bewohner der Tschadseeregion betreiben traditionell Ackerbau auf trockengelegtem Land oder auf Poldern. Auf den drainierten Poldern sind mehrere Ernten im Jahr möglich – ein großer Vorteil für ein Land, in dem nur ein Prozent der Gesamtfläche landwirtschaftlich nutzbar ist. Der vom Dorfoberhaupt ernannte »Herr der Erde« nimmt die Aufteilung des Polders in Parzellen vor, die den einzelnen Familien entsprechend ihrer Größe und ihres Beitrags zu den Gemeinschaftsarbeiten zugeteilt werden. Auf dem Polder von Mandi wurde der Weizenanbau zu einem rentablen Wirtschaftszweig, eine für die Tropen sehr ungewöhnliche Entwicklung. Das von Hand geerntete Getreide verträgt das trockene Klima verhältnismäßig gut und ernährt die Bewohner der Hauptstadt N’Djamena. Dennoch muss der Großteil des im Lande verbrauchten Weizens weiterhin eingeführt werden. Im Rahmen des Entwicklungsprogramms 1999 bis 2005 für die Tschadseeregion wurden 15 moderne Polder mit einer Gesamtfläche von ungefähr 12 000 Hektar angelegt. Schleusen, Wasseranschlüsse und Pumpstationen sollen eine vollständige Kontrolle über das Wasser ermöglichen – jedenfalls ist dies das erklärte Ziel des Projekts.

Kloster auf dem Berg Athos, Chalkidiki, Griechenland

(40° 09' nördlicher Breite – 24° 20' östlicher Länge)

Der Berg Athos, auch »Heiliger Berg« genannt, befindet sich auf dem östlichen, gleichnamigen Finger der griechischen Halbinsel Chalkidike. Seine steilen, bewaldeten Hänge ragen 2033 Meter hoch aus dem Ägäischen Meer empor. Seit dem zehnten Jahrhundert ist dieser abgelegene Ort Sitz einer orthodoxen Mönchsrepublik, die innerhalb Griechenlands einen autonomen Status genießt. Sie setzt sich aus 20 Klöstern zusammen, in denen heute zwischen 1000 und 2000 Athoniten oder Agioriten genannte Mönche leben. Die meisten von ihnen gehören Gemeinschaften an, doch in einigen schwer zugänglichen Eremitagen leben auch heute noch Anachoreten (Asketen) in völliger Einsamkeit. Griechisch ist auf dem Berg Athos die Amtssprache, doch gibt es hier auch russische, serbische, bulgarische und rumänische Gemeinschaften. In den Klöstern wird die bedeutendste Sammlung griechischer und byzantinischer Kunst aufbewahrt, darunter Fresken, Handschriften, Bücher, Ikonen und andere Objekte von unschätzbarem Wert. Der Zugang zu dieser Welt der Kontemplation ist stark eingeschränkt und Frauen streng untersagt. 1988 wurde der Berg Athos von der UNESCO zum Weltkulturerbe erklärt.

3. September

Am Strand von Saham ausgebreitete Fischernetze, Region Shinas, Oman

(63° 00’ nördlicher Breite – 24° 20’ östlicher Länge)

Das lange Schleppnetz ist wieder einsetzbar. Die Fischer haben es sorgfältig neben ihrem Boot zusammengelegt und müssen später, nachdem sie es im Meer ausgeworfen haben, nur noch an den Leinen ziehen, um ihren Fang einzuholen. Fischfang nach traditioneller Art hat an der omanischen Fischproduktion einen Anteil von 80 Prozent, doch das Sultanat würde diesen Sektor gern modernisieren. Im Bewusstsein dessen, dass die Erdölreserven beschränkt sind, möchte das kleine Land seine Wirtschaftsbereiche ausweiten. Die Ausbildung der Fischer steht dabei ganz oben auf seiner Prioritätenliste. Junge, wissenschaftlich ausgebildete Fachkräfte sollen helfen, die nationale Produktion zu steigern und die Fischbestände langfristig zu erhalten. Denn obgleich der Golf von Oman fischreich ist, sind einige Arten bereits bedroht. Das Problem der Überfischung betrifft den gesamten Planeten, denn die Fangmengen nehmen überall ab. Im Nordatlantik, einem stark genutzten Fischgrund, fielen sie seit 1970 um rund 25 Prozent.

4. September

Pflaster vor dem Palast von Changdeokgung, Südkorea

(37° 33' nördlicher Breite – 126° 58' östlicher Länge)

Im 14. Jahrhundert beschloss die Choson-Dynastie, ihre Hauptstadt nach Seoul zu verlegen. Der Palast von Changdeokgung, den die UNESCO 1997 in ihre Liste des Weltkulturerbes aufnahm, war 3000 Jahre lang die Machtzentrale der koreanischen Könige. Er wurde am Fuße der Berge am Nordufer des Flusses Han unter Berücksichtigung der Regeln der Geomantie errichtet, einer Wahrsagekunst, die aus der Beschaffenheit der Erdoberfläche das Vorhandensein positiver und negativer Energieströme abliest. Seoul dehnte sich erst 1949 südlich des Flusses aus. Die Altstadt bildet einen starken Kontrast zu den Silhouetten der Hochhäuser, den Symbolen von Südkoreas Eintritt in die Moderne. Obwohl Seoul im Laufe der letzten 30 Jahre den hektischen Lebensrhythmus des technisierten Zeitalters übernahm, bleibt es doch eng mit der Natur verbunden. Wiesen und Wälder nehmen über 40 Prozent der Stadtfläche ein, weitere fünf Prozent entfallen auf die Landwirtschaft. Auch heute noch werden die Prinzipien der Geomantie nach Möglichkeit beim Hausbau miteinbezogen. So wurden erst kürzlich das Nationalmuseum abgerissen und die Streckenführung des Hochgeschwindigkeitszuges abgeändert, um den Verlauf günstiger geomantischer Linien nicht zu stören.

Künstliche Bewässerung in der Bekaa-Ebene, Libanon

(34° 03' nördlicher Breite – 36° 08' östlicher Länge)

Die künstliche Bewässerung durch Sprengsysteme bei Tage ist in der Bekaa-Ebene, wo das Wasser sofort verdunstet, ein schwerer Fehler. Außerdem wird ein Viertel des Wassers aufgrund von Leitungsschäden nutzlos vergeudet. Der Libanon gehört zu den Mittelmeerländern, in denen Wasser ein knappes Gut darstellt. In den libanesischen Städten kommt es im Sommer immer mal wieder vor, dass kein Wasser mehr aus den Hähnen fließt, und für die Bewohner von Beirut ist es nicht ungewöhnlich, Wasser von einem Tanklaster kaufen zu müssen. Dennoch verfügt der Libanon über deutlich mehr Wasserressourcen als seine durstigen Nachbarn Israel und Syrien. Flüsse, Bäche und Quellen werden von den reichlichen winterlichen Niederschlägen und der Schneeschmelze im Frühjahr gespeist. Dank des von den Bergen kommenden Wassers und unterirdischer Wasservorkommen, die sich laufend erneuern, steht den Landwirten der Ebene von Bekaa genügend Wasser für ihre Felder zur Verfügung. Leider erzieht Überfluss nicht gerade zu sparsamem Umgang. In vielen Mittelmeerländern werden 75 bis 90 Prozent des verfügbaren Wassers in der Landwirtschaft verbraucht (der weltweite Durchschnitt liegt bei 70 Prozent). Durch eine besser durchdachte Bewässerungstechnik könnte man die Hälfte dieser Wassermenge einsparen.

Schwindender Schnee am Kilimandscharo, Tansania

(3° 04' südlicher Breite – 37° 22' östlicher Länge)

Der durch den Titel eines 1938 erschienenen Werkes Ernest Hemingways weltbekannte »ewige« Schnee des Kilimandscharo ist fast 12 000 Jahre nach seinem ersten Auftreten im Schwinden begriffen. Während die Ausdehnung des Gletschers auf dem höchsten Gipfel Afrikas im Jahre 1900 auf zwölf Quadratkilometer geschätzt wurde, bedeckt er heute nur noch zwei Quadratkilometer. Innerhalb eines Jahrhunderts schrumpfte er nicht nur um 80 Prozent seiner Fläche, sondern nahm auch an Stärke ab: an manchen Stellen bis zu einem Meter. Wenn er in gleichem Tempo weiterschmilzt, wird er Wissenschaftlern zufolge bis 2020 verschwunden sein. Das Abschmelzen des Schnees auf dem Kilimandscharo ist ebenso wie das Verschwinden zahlreicher anderer Gletscher auf der ganzen Erde eines der sichtbarsten Anzeichen für die Klimaerwärmung. Die Folgen für die Wasserversorgung der Weltbevölkerung und für die Ökosysteme sind katastrophal. Die Gletscher der kanadischen Rocky Mountains haben bereits 75 Prozent ihrer früheren Ausdehnung eingebüßt, die des Himalaja nehmen im Jahr im Durchschnitt um 15 Prozent ab, und die arktische Polkappe verlor im Laufe der letzten 30 Jahre 988 000 Quadratkilometer bzw. acht Prozent ihrer Ausdehnung; das entspricht der doppelten Fläche Frankreichs. Man befürchtet, dass sie noch vor dem Ende des Jahrhunderts den Sommer über ganz verschwinden könnte.

7. September

Bemalter Hof in einem Dorf westlich von Jodhpur, Rajasthan, Indien

(26° 21' nördlicher Breite – 72° 45' östlicher Länge)

Im indischen Bundesstaat Rajasthan sind Wände und Höfe der Häuser häufig mit Ornamenten verziert, die mit Kalk oder anderen mineralischen Farben aufgemalt werden. Diese 5000 Jahre alte Tradition ist besonders auf dem Land noch sehr lebendig. Zwei Typen von Ornamenten sind vertreten: die *mandana* genannten geometrischen Figuren und die *thapa*, Darstellungen von Menschen oder Tieren. Urheberinnen sind die Frauen, die sie anlässlich jedes Festes frisch auf die mit einer Mischung aus Erde und Kuhdung verputzten Wände und Böden malen. Die Ornamente schmücken die Häuser nicht nur und verleihen ihnen eine individuelle Note, sondern künden auch vom Wohlstand der Bewohner und sollen ihnen Glück und Zufriedenheit bescheren. Bei Trauerfällen in der Familie bleibt das Haus ein Jahr lang ungeschmückt.

Gondola Ridge und MacKay-Gletscher, Dry Valleys, Antarktis

(77° 02' südlicher Breite – 161° 50' östlicher Länge)

Auf der Erde gibt es einen Kontinent, der ebenso faszinierend und geheimnisvoll ist wie ein Lichtjahre entfernter Planet: die Antarktis, die *Terra australis incognita* der Entdeckungsreisenden des 17. bis 19. Jahrhunderts. Carsten Borchgrevink gelang es 1899 als Erstem, dort zu überwintern. Heute ist die Antarktis ein »dem Frieden und der Wissenschaft gewidmetes internationales Schutzgebiet«, das keinem Land gehört und gemäß des 1959 unterzeichneten und 1991 erweiterten Antarktisvertrags verwaltet wird. Angefangen von der Bioprospektion (der Erforschung unbekannter organischer Moleküle), bis hin zur Astronomie sind dort nahezu alle naturwissenschaftlichen Disziplinen mit Forschungsprojekten vertreten. Von der britischen Halley-Station aus entdeckte man in den 1980er Jahren das Loch in der Ozonschicht. Die Wissenschaftler der US-amerikanischen McMurdo-Station beschäftigen sich mit den fossilen Zeugnissen des Urknalls, jener gigantischen Explosion, die vor 15 Milliarden Jahren der Entstehung des Universums vorausgegangen sein soll. Die seit Zehntausenden von Jahren im Eis der Antarktis eingeschlossenen Luftblasen ermöglichen zuverlässige Rückschlüsse, wie sich das Klima in dieser Zeit entwickelt hat.

Das Dorf Monteriggioni mit seinen Wehrmauern, Toskana, Italien

(42° 23' nördlicher Breite – 11° 13' östlicher Länge)

Die 1213 von den Sienesen errichtete Zitadelle von Monteriggioni ist eine der zahlreichen *terre murate* (befestigte Ländereien) der Toskana, die zur Verteidigung der Region auf Hügelkuppen angelegt wurden. Die Zitadelle überwachte einst die Republik Florenz, Sienas Erzfeind im Mittelalter und der Renaissance. Monteriggionis Türme sind seit dem 14. Jahrhundert berühmt, denn Dante Alighieri ließ sich von ihnen für seine Beschreibung der Wächter des neunten und zehnten Kreises der Hölle inspirieren. Die mittelalterliche Wehranlage ist ausgezeichnet erhalten. Mit den elf Türmen und zwei Toren erinnert die über zehn Meter hohe Mauer an eine dem Hügel aufgesetzte Krone. Alljährlich besuchen 70 000 Menschen das historische Dorf.

Kleine Insel im Buyo-Stausee, Côte d'Ivoire

(06° 15' nördlicher Breite – 7° 02' westlicher Länge)

Seit dem Bau eines Wasserkraftwerks im Jahr 1980, das den Fluss Sassandra aufstaut, hat sich das Dorf Buyo sehr verändert. Die Entwässerung der im Herzen des äquatorialen Regenwalds gelegenen Sümpfe ermöglichte die Anlage von Kaffeeplantagen und machte Buyo zu einem Teil des Kaffeegürtels. Tausende von Menschen zogen hierher, um Land zu bebauen. Doch heute ist der Buyo-Stausee stark verschmutzt, und die Bauern leiden unter der schlechten Wasserqualität. Um ihre Produktion zu steigern, setzten sie stark toxische Pestizide wie DDT, Lindan, Aldrin und Heptachlor ein, die Krebs und Entwicklungsanomalien auslösen können. Da außerdem eine geeignete Infrastruktur fehlt, breiten sich durch die Nähe des Wassers begünstigte Krankheiten wie Malaria und Durchfallerkrankungen aus. Die progressive Verarmung erschwert es den Menschen, ihre Krankheiten behandeln zu lassen und deren Ursachen vorzubeugen. In dem Land, dem die 1996 einsetzende Kaffeekrise schwer zu schaffen machte, tobt seit 2002 ein Bürgerkrieg.

Kouri-Rinder, Tschadseegebiet, Tschad

(13° 15’ nördlicher Breite – 15° 12’ östlicher Länge)

In den Sümpfen und auf dem fruchtbaren Schwemmland rings um den Tschadsee grasen die Herden der Hirtennomaden, die den Völkern der Kanembu, der Fulbe und der auf den Inseln des Tschadsees lebenden Buduma angehören. Bei Einbruch der Dunkelheit zünden die Hirten Feuer an, wie hier in einem Lager am Ostufer. Die Herde sucht im Rauch instinktiv Schutz vor den Mücken, die in großen Schwärmen ihr Unwesen treiben und zahlreiche Krankheiten übertragen. Aber auch noch eine andere Gefahr bedroht die Kouri-Rinder, von denen es heute ungefähr noch 400 000 Stück gibt. Das Schicksal dieser optimal an das Leben am See angepassten Tiere, deren gewaltige hohle Hörner sie beim Schwimmen davor bewahren, unterzugehen, ist eng mit dem Gewässer verbunden. Dessen Fläche jedoch schrumpfte in den vergangenen 40 Jahren infolge menschlicher Einwirkung und des Klimawandels um 95 Prozent und ist heute zur Hälfte von Pflanzen überwuchert. Die angrenzenden Länder – Tschad, Niger, Nigeria und Kamerun – überlegen, einen Nebenfluss des Kongo umzuleiten, um den See zu retten, doch konnten sie sich noch zu keiner endgültigen Entscheidung durchringen.

Kasba von Algier, Algerien

(36° 45' nördlicher Breite – 3° 01' östlicher Länge)

Die an den Hängen des Bouzaréah-Massivs in Nordalgerien erbaute Kasba geht auf die Zitadelle zurück, die der türkische Korsar Kahir al-Din 1516 gründete. Mit ihren gewundenen, immer wieder von Treppen unterbrochenen Gässchen und mit ihren Häusern im türkischen und arabischen Stil stellt die Kasba von Algier eine ungewöhnliche Medina (muslimische Stadt) dar. Aus diesem Grund wurde sie 1992 von der UNESCO zum Weltkulturerbe erklärt. Im 16. und 17. Jahrhundert war sie das Wirtschaftszentrum Algeriens. Im Algerienkrieg bot sie den Widerständlern und in den 1990er Jahren den bewaffneten Islamistengruppen Unterschlupf: In der Kasba von Algier spielten sich zu allen Zeiten wichtige Momente der algerischen Geschichte ab. Bedauerlicherweise verfällt sie inzwischen, und das heftige Erdbeben, das am 21. Mai 2003 die algerische Küste erschütterte, trug zur Zerstörung der Gebäude dieses volkstümlichen Viertels bei, das durch seine Rolle in der Geschichte und den Gemeinschaftssinn seiner Bewohner berühmt wurde.

Enriquillo-See, Dominikanische Republik

(18° 30' nördlicher Breite – 71° 35' westlicher Länge)

Die Dominikanische Republik teilt sich den Enriquillo-See, den mit 265 Quadratkilometern größten Salzsee der Karibik, mit ihrem Nachbarn Haiti. Das in 40 Meter Höhe über dem Meeresspiegel gelegene Gewässer entstand in der Eiszeit. Durch das Absenken des Meeresspiegels wurde die Bucht, die die Insel teilte, zu einem großen Salzwasserbecken, das heute vom Karibischen Meer abgeschnitten ist. Als Erinnerung an diese ferne Zeit, in der er Teil des Meeres war, bewahrte sich der Enriquillo-See Korallen, die Schalen von Meeresbewohnern und einen Salzgehalt, der dreimal über dem des Meerwassers liegt. Heute ist er der Lebensraum einer einzigartigen Fauna: Hier finden rund 200 Spitzkrokodile ebenso Zuflucht wie der sehr ungewöhnlich aussehende Nashornleguan. Die mitten auf dem See gelegene Insel Cabritos ist ein Nationalpark, den mehrere Dutzend Arten von Zugvögeln aufsuchen, darunter auch die Rosaflamingos. Der See, der von der UNESCO als Naturdenkmal anerkannt und 2002 zum Biosphärenreservat erklärt wurde, soll in ein öko-touristisches Projekt integriert werden. Die Dominikanische Republik und Haiti, die sich lange um den See gestritten haben, beteiligen sich jetzt gemeinsam an dem Vorhaben.

Mülldeponie von Entressen, Bouches-du-Rhône, Frankreich

(43° 35’ nördlicher Breite – 4° 56’ östlicher Länge)

Mit 6000 wilden Deponien und 40 Müllverbrennungsanlagen, die nicht den Vorschriften entsprechen, macht Frankreich hinsichtlich der Abfallbeseitigung in Europa keine gute Figur. Die Mülldeponie von Entressen sorgt für heftige Dispute zwischen den Umweltschützern und der Stadtverwaltung von Marseille. Seit 90 Jahren werden dort alljährlich über 460000 Tonnen Müll abgeladen, die viele Hektar im Umkreis verschmutzen. Der Mistral, ein stürmischer Nordwestwind, zerreißt regelmäßig die Netze, mit denen die Deponie eingefasst ist, und weht Plastikbeutel und anderen Abfall auf die umliegenden Felder. Obwohl der Staat 1992 die Schließung dieses Typs von Deponie bis 2002 verfügte, wurde die Deponie von Entressen 1998 nachträglich genehmigt. Seit 2003 bietet Marseille an, sie durch eine Müllverbrennungsanlage in Fos-sur-Mer zu ersetzen. Doch die Bewohner der Region zeigen wenig Begeisterung, und die Umweltschützer protestieren, da sie befürchten, eine derartige Anlage produziere zu viel Dioxin. Wäre es nicht eine bessere Lösung, die Entstehung von Müll an der Wurzel zu bekämpfen? In Frankreich werden nur zwölf Prozent des Haushaltsmülls recycelt, in Deutschland sind es über 90 Prozent.

D7H

Delta des Betsiboka bei Mahajanga, Madagaskar

(15° 43' südlicher Breite – 46° 17' östlicher Länge)

Die Abholzung der Wälder ließ sie kahl zurück, die tropischen Regenfälle spülten sie fort: Die rote Erde Madagaskars setzt sich nun in den Flussbetten ab. Das ist mit ein Grund dafür, dass man Madagaskar auch die »große rote Insel« nennt. Jedes Jahr fallen der Erosion 1000 bis 2000 Hektar zum Opfer. Dies betrifft alle Regionen der Insel, von den landwirtschaftlich intensiv genutzten Hautes Terres bis hin zum Osten, der häufig von Zyklonen heimgesucht wird, die seine Seeufer und Küsten abtragen. Besonders gefährdet sind die eisenhaltigen Böden von Mahajanga im Westen des Landes. Dieses Gebiet, in dem auf 25 Prozent der Landesfläche 13 Prozent der Madagassen leben, ist sehr reich an Rohstoffen, doch der Bevölkerungsdruck treibt die Abholzung voran, die wiederum die Erosion verstärkt. Ein Teufelskreis in einem Land, dessen Einwohner im Durchschnitt jährlich nicht mehr als 200 US-Dollar verdienen. Ein umweltschonender Tourismus könnte dem Land beträchtliche Einnahmen bescheren, doch bisher lockte die Insel im Jahr nur 560 000 Ökotouristen an.

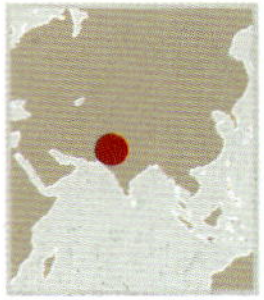

Berge und Häuser in der Umgebung von Bamiyan, Afghanistan

(34° 50’ nördlicher Breite – 67° 40’ östlicher Länge)

Die Provinz Bamiyan in der östlichen Mitte Afghanistans ist ein trockener Landstrich, dessen Bevölkerung ebenso wie insgesamt 85 Prozent der Afghanen von der Landwirtschaft lebt. Der Umweltschutz sollte für ein in derart starkem Maße von seinen natürlichen Ressourcen abhängiges Land oberste Priorität haben, doch andauernde Trockenheit, Abholzung der Wälder, Überweidung, 25 Jahre Krieg und das anschließende Fehlen einer Regierung führten zu einer starken Bodenerosion, die die Zukunft der Landwirtschaft fraglich erscheinen lässt. Weil Holz auf dem Schwarzmarkt verkauft werden kann, verschwinden die Wälder allmählich; die einzigen Nutznießer sind die Nachbarländer, die das Holz kaufen. Erste Opfer dieses Raubbaus sind wild lebende Tiere: der Nonnenkranich, der Schneeleopard und das Urial, ein Wildschaf, sind vom Aussterben bedroht. Möglicherweise gibt es diese Arten in Afghanistan auch gar nicht mehr, denn ihre Felle, ihre Hörner oder auch nur ihr Fleisch bringen wesentlich mehr ein als die mageren Ernten der nährstoffarmen Felder.

Weißrussische Grenze, von einem Hubschrauber der litauischen Grenzwache aus gesehen, Litauen

(54° 53' nördlicher Breite – 25° 49' östlicher Länge)

Die Grenze zwischen Litauen und Weißrussland hat sich vor Kurzem verändert: Zwar blieb der im Laufe des 20. Jahrhunderts mehrfach abgeänderte Verlauf gleich, doch bildet sie, seitdem Litauen am 1. Mai 2004 zu einem Mitglied der Europäischen Union wurde, die äußerste Grenze des »Europa der 25«. Dort, wo vor 15 Jahren das Reisen innerhalb der Union der Sozialistischen Sowjetrepubliken (UdSSR) problemlos möglich war, komplizieren heute die Polizei- und Zollkontrollen zwischen zwei unabhängigen Republiken den Grenzübertritt. Innerhalb Europas verzichten die Unterzeichnerstaaten des Schengen-Abkommens auf die Passkontrollen an den Grenzen, und der freie Personen- und Warenverkehr stellt eine beträchtliche Erleichterung des Austausches dar. Deshalb wurde es notwendig, die Kontrollen an den Außengrenzen Europas zu verschärfen.

Ziegelei bei Karal, Tschad

(12° 50' nördlicher Breite – 14° 45' östlicher Länge)

Im Tschad sind die meisten Häuser aus getrockneten Lehmziegeln erbaut. Dazu wird der Lehm aus den Sümpfen, der mit einem Ausdruck aus einer Manding-Sprache *banco* oder nach einem Vorort von Brazzaville *Poto-poto* genannt wird, mit den Füßen gestampft, mit gehäckseltem Stroh vermischt und in Formen gepresst. Die auf diese Weise hergestellten Ziegel trocknen in der Sonne. Lehmziegel sind eines der ältesten Baumaterialien der Welt und wurden erstmals vor 5000 Jahren in Ägypten und Mesopotamien verwendet. Lehm ist reichlich vorhanden und leicht einsetzbar, bietet aber auch noch zahlreiche andere Vorteile. Lehmbauten sind schallisolierend und weisen ein gutes Raumklima auf, in ihnen ist es in der heißen Jahreszeit kühl und in der kalten Jahreszeit warm. Außerdem sind Lehmbauten nicht brennbar und sehr umweltfreundlich: Die Lehmziegel werden niemals über große Entfernungen transportiert, und für ihre Trocknung braucht man keinen Brennstoff. Aus all diesen Gründen wurden die Lehmziegel in Industrieländern, in denen Nachfrage nach ökologisch gebauten Häusern herrscht, wiederentdeckt.

Agrarlandschaft in der Nähe von Idaho Falls, Idaho, USA

(43° 28' nördlicher Breite – 112° 01' westlicher Länge)

Die landwirtschaftlich genutzten Regionen der USA sind stark von Erosion betroffen. Schätzungen von Geologen zufolge nimmt die Dicke von Kontinenten auch ohne menschliche Einwirkung um etwa 20 Meter ab. Dieser Prozess wird durch die natürliche Regeneration des Bodens ausgeglichen. In den USA aber beträgt der Verlust an Boden im Zeitraum von einer Million Jahre 500 Meter und somit 25-mal mehr als bei natürlicher Erosion. Derartig schnell kann sich der Boden nicht regenerieren. Im Zeitraum 1982 bis 2001 konnten durch Maßnahmen wie der Erhaltung von Grasstreifen an den Ufern von Wasserläufen oder aber das Pflügen waagerecht entlang des Hangs 43 Prozent der von Erosion bedrohten Böden erhalten werden. Man nimmt an, dass in den letzten 40 Jahren weltweit ein Drittel der landwirtschaftlich nutzbaren Böden verloren ging. Jährlich sind ungefähr zehn Millionen Hektar von diesem Phänomen betroffen. Die Einwirkung des Menschen verzehnfacht die natürliche Erosion und führt dazu, dass viele Millionen Tonnen wertvolle Böden unwiederbringlich als Sediment auf dem Meeresgrund enden.

Markt im Nordosten von Abidjan, Banco-Nationalpark, Côte d'Ivoire

(5° 19' nördlicher Breite – 4° 02' westlicher Länge)

Auf den meisten afrikanischen Märkten werden auch Altkleider verkauft, und man findet dort die verschiedensten Kleidungsstücke aus zweiter Hand, die in Massen aus Europa und Amerika eingeführt werden. Während die aus Amerika oder Deutschland stammenden Sachen sehr begehrt, weil gut erhalten, sind, haben die französischen Textilien einen schlechten Ruf, denn sie sind oft bis zur Unbrauchbarkeit abgenutzt. Paradoxerweise lassen sich auf diesen Märkten die Konsumgewohnheiten der Industrieländer erforschen: Die Amerikaner erneuern häufig ihre Garderobe, die danach meist in Afrika landet. Das Stöbern auf Secondhandmärkten muss auch nicht unbedingt ein Zeichen von Armut sein. In der Großstadt Cotounou in der Republik Benin gibt es den größten Markt Westafrikas. Er gilt als schick, und Afrikaner aller sozialen Schichten halten hier gerne Ausschau nach modischen Sachen, wie etwa Jeans und T-Shirts der gerade angesagten Marken.

Überreste einer prähistorischen, *desert-kite* genannten Falle zwischen As Safawi und Qasr Burqu, Mafraq, Jordanien

(32° 28' nördlicher Breite – 37° 34' östlicher Länge)

Die ungefähr 700 bis 800, über den gesamten Nahen Osten verstreut liegenden *desert-kites* verdanken ihren Namen britischen Luftpostpiloten der 1920er Jahre. Jäger des Neolithikums legten diese »Wüsten-Drachen« an. Es sind Fallen für Antilopen, die aus zwei ein bis zwei Kilometer langen, aufeinander zulaufenden Mauern bestehen, an deren einem Ende sich eine Einzäunung von mehreren Hundert Meter Umfang befindet. Die Jäger trieben die Herden durch den trichterähnlichen Gang in die oft hinter einer Hügelkuppe verborgene Einzäunung, hinter deren Einfassung mit Speeren bewaffnete Männer lauerten. Zwischen dem Kaukasus und der Sinai-Halbinsel entdeckte man zahlreiche Ritzzeichnungen, die diese Jagdtechnik illustrieren. Bei den Felsgravuren bilden die Unebenheiten des Gesteins den Landschaftshintergrund, sodass sie wie Karten der *desert-kites* aussehen.

Moräne im McMurdo-Tal zwischen dem Debenham- und dem Miller-Gletscher, Antarktis

(77° 50' südlicher Breite – 165° 60' östlicher Länge)

Die Gletscher der Pole werden vom Inlandeis gebildet, großen, linsenförmigen Kappen, in denen so genanntes kaltes Eis überwiegt; das ist Eis, dessen Temperatur ganzjährig unter 0 °C bleibt. Die Zungen dieser Gletscher setzen sich aus »kaltem« und »temperiertem« Eis zusammen. Letzteres ist Eis, dessen Temperatur bei 0 °C liegt, sodass diese Ausläufer empfindlich auf Klimaveränderungen reagieren. Dies ist der Grund dafür, dass die Eisfront vorrückt oder sich zurückzieht und dabei wie ein Bulldozer Felsbrocken und Sediment vor sich herschiebt oder mit sich zurücknimmt, die dann an den Rändern der Zungen die Moränen bilden. Die abgebildete Moräne wurde wegen ihrer nahezu kreisrunden Form auf den Namen »The Ring« getauft. Die atemberaubenden Landschaften der Antarktis locken von Jahr zu Jahr mehr Besucher an: Während 1990 nur 4800 Touristen in die weiße Wüste kamen, waren es 2004 bereits 20 000. Gemäß des 1998 in Kraft getretenen Antarktisvertrags, in dem es nicht zuletzt auch um den Schutz der Umwelt geht, ist jede Nation für ihr Territorium verantwortlich und muss die dort stattfindenden Expeditionen überwachen.

Weinernte nördlich von Kapstadt, Südafrika

(33° 54' südlicher Breite – 18° 51' östlicher Länge)

Nach seiner Ankunft am Kap im Jahre 1652, wo er einen Handelsposten der Ostindischen Kompanie gründen wollte, pflanzte der Holländer Jan van Riebeeck ein paar Rebstöcke und begründete damit den ersten südafrikanischen Weingarten. Die Hugenotten, die nach Südafrika geflohen waren, um der Verfolgung in Frankreich zu entkommen, weiteten den Weinanbau im 18. Jahrhundert aus und führten neue Sorten ein. Heute wird in Südafrika auf mehr als 100 000 Hektar Wein angebaut. Das Land ist damit neuntgrößter Weinproduzent der Welt. Dank ihres Mittelmeerklimas eignet sich die Kapregion vorzüglich für den Anbau der anspruchsvollen Pflanze. Zu den bekanntesten südafrikanischen Herkunftsgebieten zählen Franschhoek (die »französische Ecke«), Stellenbosch, Constantia und Durbanville. Die Weingärten erstrecken sich bis an den Stadtrand von Kapstadt oder sind mittlerweile sogar von deren Außenbezirken umgeben. In Südafrika sind alle Weintypen vertreten, von trockenem Weißwein über traditionellen Rotwein und Schaumwein bis hin zu roten und weißen Dessertweinen.

Tiergarten, Berlin, Deutschland

(52° 30' nördlicher Breite – 13° 22' östlicher Länge)

Mit seinem Park und der Fußgängerzone ist der Tiergarten Berlins grüne Lunge. Die Stadtplaner von Berlin wie auch anderer europäischer Großstädte schränken den Autoverkehr im Innenstadtbereich zunehmend zugunsten der Fußgänger und Radfahrer ein. Innovative Einrichtungen erleichtern es den Bürgern, im Alltag ohne Auto auszukommen. Hoch im Kurs steht derzeit der Fahrradverleih. Die Anbieter, zu denen auch Stadtverwaltungen und die Deutsche Bahn zählen, ermöglichen es, das Fahrrad an einem Punkt der Stadt auszuleihen und an einem anderen wieder abzustellen, um den Weg gegebenenfalls zu Fuß oder mit einem öffentlichen Verkehrsmittel fortzusetzen. Im Grunde sind die europäischen Städte, die lange vor der Erfindung des Motorfahrzeugs entstanden, für den Autoverkehr schlecht geeignet, vom Lastwagenverkehr ganz zu schweigen. Inzwischen ist das Verkehrsaufkommen in London und Paris so dicht, dass ein Pkw dort nicht schneller vorankommt als eine Kutsche vor 100 Jahren. Außerdem nimmt man an, dass allein in Europa mehrere Hunderttausend Menschen, die meisten davon Städter, an Atemwegserkrankungen leiden, die durch Feinstaub aus Autoabgasen verursacht werden.

Montagnes Pelées (»Kahle Berge«), nördlich der Stadt Comendador an der Grenze zur Dominikanischen Republik, Haiti

(19° 08' nördlicher Breite – 71° 44' westlicher Länge)

Hispaniola, die »Perle der Antillen« in der Karibik, war die erste von Kolumbus 1492 gegründete Kolonie. Der fruchtbare Boden begünstigte die Einrichtung zahlreicher Plantagen, auf denen unter anderem Zucker, Kaffee, Indigo und Gewürze angebaut wurden; dennoch blieb der größte Teil der Insel von Wald bedeckt. Nach ihrer offiziellen Trennung im Jahre 1844 gingen die Dominikanische Republik und die Republik Haiti sehr unterschiedlichen Schicksalen entgegen. Infolge zahlreicher Staatsstreiche und einer Abfolge von Diktaturen dämmert Haiti in unvorstellbarer Armut dahin, die mit jeglichem Umweltschutzgedanken unvereinbar ist. Um sich mit Holzkohle als Brennstoff für den Herd zu versorgen, holzt die stark anwachsende Bevölkerung systematisch die Wälder ab, die ohnehin nur noch 1,4 Prozent des Staatsterritoriums bedecken. Schutzlos den heftigen tropischen Niederschlägen ausgesetzt, erodiert der Boden rasch. So entstand ein Teufelskreis, der nicht leicht zu durchbrechen ist: Armut und Bevölkerungsdruck sind gleichzeitig Ursachen und Folgen der hemmungslosen Abholzung.

Schnee im Schatten von Bäumen, Waterloo, Belgien

(50° 43' nördlicher Breite – 4° 23' östlicher Länge)

Auf dieser Wiese in Waterloo ist der Schnee im Schatten der Bäume noch nicht geschmolzen. Auch die Erinnerung an eine der großen europäischen Schlachten bleibt lebendig. Zahlreiche Hobbyhistoriker suchen das Schlachtfeld nach Knöpfen und Musketen ab. Wenn sie Glück haben, können sie dort sogar ein Medaillon oder ein Heiligenbildchen finden, das ein französischer, holländischer, russischer oder preußischer Soldat, der am 18. Juni 1815 auf dem Feld der Ehre fiel, mit in den Krieg genommen hatte. An jenem Tag stellte sich die 124 000 Mann starke französische Armee unter Napoleons Kommando den verbündeten Heeren Großbritanniens, der Niederlande, Preußens und Russlands entgegen, die den Eroberungsfeldzügen des französischen Kaisers ein Ende bereiten wollten. Von den britischen, holländischen und preußischen Truppen in die Zange genommen, wurden die französischen Soldaten am Abend besiegt. In der letzten Schlacht, bei der sich Frankreich und das übrige Europa gegenüberstanden, verlor Napoleon die Hälfte seiner Armee. Doch die Niederlage bei Waterloo führte zum Anbruch friedlicherer Zeiten. Allerdings sollte dies nicht der letzte imperialistische Konflikt auf europäischem Boden bleiben: Die jüngsten Versuche, über Europa zu herrschen, wurden von Hitler und Stalin unternommen. Mit der Gründung der EU scheinen die Staaten Europas alle Annexionsbestrebungen zugunsten der Vision eines vereinten Europas aufgegeben zu haben.

Tierspuren an einem Berghang, Bundesstaat Jalisco, Mexiko

(20° 20' nördlicher Breite – 103° 40' westlicher Länge)

In diesem mexikanischen Bundesstaat gibt es keine Wälder mehr. Das Vieh weidete das Gras der Berghänge ab und ließ nur Hufabdrücke zurück. Ein Teil der Biomasse verschwand, die Mikroorganismen im Boden starben, Nährstoffe gingen verloren. Von Jahr zu Jahr wächst hier weniger Gras. In der Regenzeit werden Sedimente und Steine hinweggespült und lagern sich als Schlamm und Geröll in den Flussbetten ab. 70 Prozent der mexikanischen Anbauflächen sind in unterschiedlichem Ausmaß von Versteppung bedroht. Ursachen dieser Entwicklung sind Abholzung, übermäßige landwirtschaftliche Nutzung und Überweidung. Auf diese Weise verliert das Land alljährlich 2250 Quadratkilometer landwirtschaftlich nutzbarer Fläche. Als Folge davon wandern jedes Jahr 700 000 bis 900 000 Menschen in die Städte ab oder versuchen, in die USA zu emigrieren. Überweidung ist ein globales Phänomen, das weltweit ungefähr 680 Millionen Hektar betrifft. Die 3,3 Milliarden Kühe, Schafe und Ziegen, die auf unserem Planeten gehalten werden, grasen überwiegend auf Flächen, die für den Anbau entweder zu trocken oder zu steil sind.

Das Dorf Ko Panyi in der Bucht von Phang Nga, Thailand

(8° 12' nördlicher Breite – 98° 35' östlicher Länge)

Entlang der Südwestküste Thailands an der Andamanensee reiht sich eine Bucht an die andere. Ihnen sind zahlreiche Inseln vorgelagert; eine davon ist das Touristenparadies Phuket. Die Bucht von Phang Nga entstand vor 18 000 Jahren durch das Abschmelzen des Eises am Ende der Eiszeit. Kahle Kalkberge wurden überflutet, bis nur noch ihre Gipfel aus dem Meer ragten, auf denen sich in der Folge eine üppige tropische Vegetation ausbreitete. In der paradiesischen, 1981 zum Küstenschutzgebiet erklärten Region liegt auch das schwimmende Dorf Ko Panyi, das vor zwei Jahrhunderten von muslimischen Fischern indonesischer Herkunft auf Pfählen errichtet wurde. Es ist bei Touristen heute so beliebt wie die Nachbarinsel Kao Ping Gan, die seit den Dreharbeiten für *Der Mann mit dem goldenen Colt* den Spitznamen James-Bond-Insel trägt. Infolge seines unebenen Profils litt der Grund der Bucht unter dem Tsunami vom 26. Dezember 2004 nicht so schwer wie benachbarte Biotope.

Ausbildung von Dromedaren, Al-Rayyan, Katar

(25° 17' nördlicher Breite – 51° 25' östlicher Länge)

In Katar und anderen Ländern der Arabischen Halbinsel sind Kamelrennen äußerst beliebt. Früher wurden Dromedare als Lasttiere eingesetzt oder wegen ihres Fleisches, der Milch und der Wolle gehalten. Für die nomadisch lebenden Beduinen waren sie unentbehrlich. Inzwischen sind Renndromedare ebenso wie Jagdfalken Prestigeobjekte, die aufs Sorgfältigste und nach modernsten Erkenntnissen gezüchtet, ernährt, gepflegt und trainiert werden. Renndromedare haben einen lang gestreckten Körperbau mit kleinem Höcker, schlankem Bauch und langen Gliedmaßen. Zu den Rennen strömen die Katarer in Massen in die »Kamelodrome«. Jeweils bis zu 300 Tiere treten bei einem Rennen über eine Strecke von fünf bis zehn Kilometern an, in dem es nicht nur um Schnelligkeit, sondern auch um Ausdauer geht. Schirmherr ist immer gemäß arabischer Tradition Scheich Hamad bin Khalifa al-Thani. Die Herrscherfamilie stiftet die Preise, die so großzügig bemessen sind, dass ein Sieg nicht nur eine große Ehre, sondern auch einen erheblichen finanziellen Gewinn darstellt.

Fluss in der Sumpflandschaft des Okavango-Beckens, Botswana

(18° 45' südlicher Breite – 22° 45' östlicher Länge)

Der Okavango, mit 1300 Kilometern drittlängster Fluss des südlichen Afrika, entspringt in Angola. In Botswana verbreitert er sich zu einem Binnendelta, das eine Fläche von ungefähr 15 000 Quadratkilometern bedeckt. Seine 18 Milliarden Kubikmeter Wasser werden zunehmend vom Sand der Kalahari aufgesogen oder verdunsten in der trockenen Luft. Durch Versickerung verliert sich der »Fluss, der nie zum Meer findet« in einem riesigen, sumpfigen, von einer erstaunlichen Vielzahl von Tierarten bevölkerten Labyrinth. Doch dieser Lebensraum ist bedroht, denn bei der Ausbeutung von Diamantenvorkommen in Botswana, dem weltweit größten Produzenten dieser Edelsteine, wird sehr viel Wasser verbraucht. Obwohl das Becken durch seinen Status als Naturreservat, aber auch durch die wachsamen San, die »Buschmänner«, geschützt wird, sinkt dennoch ringsherum der Grundwasserspiegel so stark, dass zu befürchten ist, die Grundwasserreserven könnten bis 2010 erschöpft sein.

Die Abschaffung der Armut

Unsere Epoche hat von dem vorausgegangenen Jahrhundert einen unvergleichlichen Aufschwung in Technologie und Wissenschaft geerbt, einen Quell der Hoffnung im Sieg gegen die Geißeln der Menschheit, wie Epidemien, Krankheiten, Dürreperioden, Überflutungen und Vernichtung der Ressourcen.

Ebenso haben wir das wertvolle Vermächtnis zweier bedingungsloser und zeitloser Ideale angetreten: die Achtung der Menschenrechte und die Anerkennung allgemeingültiger Werte.

Die Menschheit hat sich der Chancengleichheit verschrieben, daher ist ihr einziger möglicher Weg die völlige Beseitigung aller Ursachen von Ungerechtigkeit. Auf diese Weise ist es uns gelungen, das Sklaventum abzuschaffen, wir haben die Ursprünge der Diskriminierung von Frauen und Minderheiten angegriffen, die grausame Logik der Kolonisierung von Völkern durch andere Völker zerstört und die große noch verbliebene Schande unserer modernen Zeit besiegt – die Apartheid.

So viele Vorstöße künden von einer besseren Zukunft für unsere Welt. Dieser Wahrheit stehen jedoch andere beschämende Tatsachen gegenüber: eine galoppierende Armut, die die Menschen von den Errungenschaften unseres Wertesystems ausgrenzt und sie zu Opfern des arroganten Triumphs der Theorien der Wirtschaftlichkeit und der Gesetze des Marktes über die Menschenrechte macht.

Das menschliche Wesen, gleichzeitig Empfänger und Bote der Grundrechte, wird so zum Komplizen einer Logik, die seine eigene Existenz als Individuum und Bürger verleugnet und so sich selbst zu einem unbedeutenden Glied in der Kette der Wirtschaftlichkeit reduziert. Doch diese Wirtschaftlichkeit ist eine Utopie. Sie wird von den Anhängern der freien Marktwirtschaft vorgegeben und endet unausweichlich in der Vernichtung der Rohstoffe unseres Planeten und damit in unserer Selbstzerstörung.

So sehen wir unsere Hoffnungen, dem Individuum seine menschliche Würde zurückgeben zu können, in die Vorhölle des Vergessens entgleiten. Denn ist es nicht so, dass diejenigen, die unter unmenschlichen, elenden Bedingungen leben, die eigentlich vermeidbar wären (und das ist heutzutage jeder vierte Mensch), von der Menschlichkeit ausgeschlossen sind?

Wir gewöhnen uns an das Leid von mehreren Hundertmillionen Frauen, Alten und Kindern, Opfern von Gesundheitsschäden, Krankheiten, Gefahren und Tod. Unsere Welt mit dem Aushängeschild des Fortschritts ist vom Schicksal einiger verirrter Touristen tief betroffen und überlässt dabei schamlos eine Milliarde Menschen ihren unmenschlichen Bedingungen.

Im Jahre 2000 beschloss die internationale Gemeinschaft, die Zahl der Menschen mit einem Einkommen von weniger als einem Dollar pro Tag bis 2015 auf die Hälfte zu reduzieren. Dieses Kriterium wird zur Definition der »extremen« Armut herangezogen. Ein solches Ziel ist lobenswert. Man wird es aber nur erreichen, indem man große Anstrengungen und Systemveränderungen vornimmt. Allerdings würden selbst im Erfolgsfall noch einige Hundertmillionen Männer und Frauen in dieser extremen Armut leben müssen.

In der Arithmetik wird das wirkliche Drama deutlich: Die extreme Armut spiegelt die Verweigerung der Menschenrechte wider und verfestigt sie. Die internationale Konferenz hat dies in Wien im Jahre 1993 sehr richtig erkannt: Von den fünf Aspekten der Grundrechte – zivil, kulturell, wirtschaftlich, politisch und sozial –, die in der Erklärung der Menschenrechte allen zugesichert werden, verletzt die Armut in jedem Fall Letztere und häufig genug auch viele der anderen. Indem man ihnen ihre Rechte verweigert, werden die Armen in Armut gehalten.

Seit 1993 hat es viele ähnliche Appelle gegeben. Sie gleichen erstickten Alarmglocken und sind eine vergebliche Mahnung an die Rückkehr der Vernunft. Doch genau hier muss der Kampf gegen die Armut ansetzen. Denn eine Verletzung der Rechte kann man nicht »mildern«, man kann sie aber verhindern, und man sollte sich um Wiedergutmachung bemühen. Die Armut als Verletzung der Menschenrechte darf daher nicht gemildert, sondern muss völlig abgeschafft werden. Im Kern ist dieser Ansatz nicht zu bestreiten, und letztlich führt auch kein Weg daran vorbei.

Die Rechte der Armen zu sichern ist die Pflicht der Regierungen und anderer führender Institutionen der Welt, der Lenker der Weltwirtschaft und ganz einfach die Pflicht jedes Einzelnen. Diese Rechte sind gleichermaßen die Waffen, mit denen die Armen das einfordern können, was ihnen zusteht.

Wir müssen uns in die Pflicht nehmen lassen und den Forderungen endlich Folge leisten. Nur so kann die lang anhaltende strukturelle Misere des Massenelends überwunden werden.

Die Abschaffung der Armut bedeutet nicht etwa eine Gleichheit der Bedingungen. Dies ist eine Utopie, die in der Geschichte noch unfassbareres Elend hervorgebracht hat. Es geht einfach nur darum, für alle und jeden die tatsächliche Einhaltung der Menschrechte zu sichern.

Die Absicht, die Armut abzuschaffen, ist weniger realitätsfern, als es scheint: Sklaverei und Apartheid wurden besiegt, weil die öffentliche Meinung sich überzeugen ließ, dass ihre eigenen Werte verraten wurden. Doch zu unserer großen Schande besteht das Elend weiter, das die Schrecken von Sklaverei und Apartheid noch übertrifft. Das Recht hat einen außerordentlich mächtigen Hebel, sobald man es nur ein bisschen ernst nimmt: Es ist verbindlich. Seine Wirksamkeit hängt nur von den Einstellungen und der Umsetzung der Staaten und ihrer Bürger ab, deren Vertreter die

Regierungen sind. Wir machen uns selbst etwas vor, wenn wir länger bestreiten, dass es sich bei Armut auch um eine Verletzung der Menschenrechte handelt. Geben wir es endlich zu!

Das klare Eingeständnis zeigt erst, wie verlässlich unsere eigenen Rechte und Werte wirklich sind. Wer sich der Aufgabe stellt und den Unverbindlichkeiten und Leerformeln einer möglichst schmerzfreien Politik widersteht, trägt zu einer lebenswerten Zukunft für alle bei.

Sollte der Appell an die Einhaltung der Menschenrechte allein nicht ausreichen, um endlich wirksamere Handelsweisen einzuleiten, dann trägt vielleicht das Argument der Sicherheit. Denn durch nichts werden Krisen und Kriege so sehr gefördert wie durch Armut. Der Kampf um deren Abschaffung sollte deswegen das Anliegen aller sein, jedes Staates und jedes einzelnen Bürgers.

Dieser Kampf ist gerecht, und er setzt keinerlei Ideologie voraus. Wenn die Menschenrechte für alle Wirklichkeit geworden sind, sorgen Freiheit und Menschlichkeit für alles Übrige.

Wir müssen den Reichtum an menschlicher Vielfalt besser nutzen und auch für eine gerechtere Verteilung der Ressourcen der Erde sorgen. Auf dieser Grundlage lassen sich die Errungenschaften der Geschichte und die Vitalität der Gegenwart vereinen, um endlich eine gedeihlichere Fortentwicklung der Welt zu bewirken.

Pierre Sané

Untergeneraldirektor der UNESCO

für die Abteilung Sozialwissenschaften

Saint-Saphorin, Weinberg von Lavaux, Schweiz

(46° 29' nördlicher Breite – 6° 43' östlicher Länge)

Zwischen Lausanne und Vevey zieht sich das Weinanbaugebiet von Lavaux auf mehr als 14 Kilometer entlang des Genfer Sees. Die Reben von Saint-Saphorin bringen einen der edelsten Weine dieser seit mehr als 1000 Jahren bewirtschafteten Region hervor. Das besondere Mikroklima und die abwechslungsreiche Landschaft machen die Gegend zu einem der besten Weinanbaugebiete des Landes, in dem sich auch der fast ausschließlich in der Schweiz angebaute Chasselas Blanc entfaltet. Die Schweizer Weinberge mit ihren Steinmäuerchen und Terrassen erstrecken sich über 15 000 Hektar und erbringen jährlich über eine Million Hektoliter Wein, vor allem Weißwein. Die Gebiete sind oft sehr steil, unzugänglich für Maschinen und sehr mühselig zu bebauen. So ist es nicht ungewöhnlich, dort Hubschrauber beim Versprühen von Pflanzenschutzmitteln zu beobachten. Biologischer Weinbau, bei dem Pestizide durch Pflanzenextrakte und Tonmehle ersetzt werden, erfolgt in der Schweiz auf nur etwa zwei Prozent der Landesfläche (260 Hektar). Die größten europäischen Anbauflächen für Bioweine findet man in Italien (30 000 Hektar), Spanien, Frankreich und Deutschland.

Packeis an der Schärenküste vor Turku, Finnland

(60° 27' nördlicher Breite – 22° 00' östlicher Länge)

Wie ein zerbrochener Spiegel zersplittert das dünne Packeis der Ostsee in scharfkantige Schollen, die das schwache Licht des finnischen Winters reflektieren. Der Willkür von Wellen und Strömungen folgend, ist das Eis gegensätzlichen Bewegungen ausgesetzt, die es oft auseinandertreiben. Die Teile stoßen wieder zusammen und schieben sich übereinander, bis das Packeis Anfang April seine größte Dicke – im Durchschnitt 50 bis 65 Zentimeter – erreicht. Im Frühling schmilzt es schnell und gibt die zahlreichen Schären frei, die als kleine, rund geschliffene Felsinseln vor der Küste liegen. Obwohl das Gebiet um Turku auf dem gleichen Breitengrad wie Alaska und Grönland liegt, herrscht hier relativ gemäßigtes Klima vor, das vom Golfstrom beeinflusst wird. Diese große warme Meeresströmung, die den Atlantik durchquert und Westeuropa mit Wärme versorgt, könnte jedoch im Zuge des Klimawandels und des damit einhergehenden Abschmelzens der Polkappen verschwinden. Und dies wiederum könnte dazu führen, dass das europäische Klima dem kanadischen ähnlich würde.

Teeanbau in Posong, Provinz Cholla, Südkorea

(34° 47' nördlicher Breite – 127° 04' östlicher Länge)

Die terrassenförmig angelegten Teefelder liegen an der Südküste Koreas in der Region von Posong. Diese Art des Anbaus ist in dem bergigen Land notwendig, in dem Ebenen nur ein Fünftel der Gesamtfläche ausmachen. Das Gebiet um Posong ist bekannt für sein heißes Klima, reichlich Sonnenschein und würzige Seeluft, und so bietet es günstige Bedingungen für den Anbau von grünem Tee. Der Tee ist ein uraltes Element der koreanischen Kultur, die bereits bis 2300 Jahre vor unserer Zeit zurückreicht. Die ersten Teesamen wurden während der Tang-Dynastie, zwischen 600 und 57 v. Chr., aus China nach Korea importiert. Der grüne Tee hat nach und nach den *Paeksan* ersetzt, einen weißen Tee aus der Region des Berges Paektu-san, hergestellt aus den jungen Trieben eines Busches der Azaleenfamilie. Der berühmteste grüne Tee ist der »Mönchszungen-Tee«, so benannt nach der vielsagenden Form seiner Blätter.

Skärhamn an der Küste von Bohuslän, Västra Götaland, Schweden

(58° 00' nördlicher Breite – 11° 33' östlicher Länge)

Wie Austern an ihren felsigen Untergrund klammern sich die Fischerdörfer der schwedischen Westküste an ihre vegetationslosen Felseninseln. Die Provinz Västra Götaland, ein großes, inselreiches Gebiet, das sich von Göteborg bis an die norwegische Grenze erstreckt, ist nach Stockholm die bevölkerungsreichste Region Schwedens. Zahlreiche Dörfer, deren Bewohner vom Fischfang leben, sind mit dem Aufschwung der Heringsfischerei im 17. Jahrhundert entstanden. Die Heringe, kleine, proteinreiche Fische mit magerem Fleisch und von den Galliern als »Weizen des Meeres« bezeichnet, waren früher die am meisten gefangenen Fische Europas. Der Hering bewegt sich in dichten Schwärmen durch kalte Gewässer wie Atlantik oder Ostsee. Er lässt sich leicht fangen, aber schwer haltbar machen: Daher musste die Heringsindustrie Fabriken zur Weiterverarbeitung bauen, die zahlreichen kleinen Küstenstädtchen zu Reichtum verhalfen. Heute gehört der Hering noch immer zu den am intensivsten befischten Arten der Welt, ist aber im Gegensatz zu anderen Fischen, wie Atlantiklachs, Roter Thunfisch, Seehecht, Kabeljau und Seezunge, noch nicht vom Aussterben bedroht.

Schlossgarten von Sanssouci, Potsdam, Deutschland

(52° 17' nördlicher Breite – 13° 23' östlicher Länge)

Das »Vorzeigestück des deutschen Rokoko« wurde unter Friedrich II., dem Großen, in Potsdam erbaut. Wegen seiner großartigen, von raffiniert angelegten Gärten eingefassten Architektur wurde das Schloss Sanssouci oft mit Versailles verglichen und beherbergte den Hof, selbst nachdem Berlin zur offiziellen Hauptstadt Preußens ernannt worden war. Erst als Wilhelm II. 1918 abdankte, verlor Potsdam seinen Status als zweite Hauptstadt. Ein schweres Bombardement durch die Briten im April 1945 zerstörte das historische Zentrum, verschonte aber Sanssouci. Nur drei Monate später fand im Schloss Cecilienhof die Potsdamer Konferenz mit den höchsten Vertretern der Siegermächte – Stalin, Churchill und Truman – statt. In einem Abkommen wurde beschlossen, Deutschland zu entmilitarisieren und 20 Milliarden Dollar Reparationsleistungen zu verlangen, die Nationalsozialistische Partei abzuschaffen und die Kriegsverbrecher zu verurteilen.

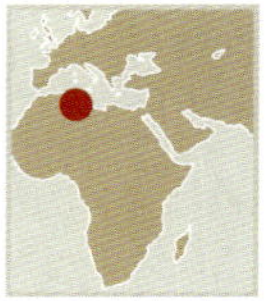

Markt in Kasserine, Tunesien

(35° 00' nördlicher Breite – 8° 45' östlicher Länge)

Auf dem städtischen Markt in Kasserine, das im mittleren Westen den Landes liegt, werden Kleidungsstücke und Stoffe verkauft. In Tunesien leben mehr als 200 000 Menschen direkt von der Stoffindustrie. Die meisten Rohstoffe werden importiert, allen voran die Baumwolle, die am meisten verwendete Textilfaser der Welt. Der Baumwollanbau (26 Millionen Tonnen in den Jahren 2004/2005) sichert 350 Millionen Menschen den Lebensunterhalt, schafft aber gravierende Probleme für Umwelt und Gesundheit. Immerhin ist er für 25 Prozent der jährlich weltweit in der Landwirtschaft verwendeten Pestizide verantwortlich, umfasst aber nur 2,5 Prozent aller bewirtschafteten Flächen. Der Wasserverbrauch zur Bewässerung der Baumwolle steht weltweit an dritter Stelle. Um diese Verschwendung zu verringern, sind mehrere Strategien möglich: Der Anbau von Biobaumwolle wird gesteigert, der Weltverbrauch wird gedrosselt. Wer Kleidungsstücke von hoher Qualität kauft, die haltbarer sind, wer Kleidung weitergibt, gebrauchte Kleidung kauft oder sie tauscht, wendet wirksame Mittel an, um die für die Umwelt schädlichen Auswirkungen des Baumwollanbaus zu verringern.

Holztransport auf dem Amazonas bei Manaus, Amazonas, Brasilien

(3° 03' südlicher Breite – 60° 06' westlicher Länge)

In Amazonien, wo die Vegetation so dicht steht und bewirtschaftete Flächen so schwer erreichbar sind, bleibt das Flößen von Baumstämmen das einzige rentable Mittel des Holztransports. Brasilien steht weltweit an fünfter Stelle der Holzproduktion, an zweiter Stelle bei tropischen Hölzern. Dieser große wirtschaftliche Gewinn findet auf Kosten des Regenwalds statt, der schon 16 Prozent seiner ursprünglichen Fläche eingebüßt hat. Auch wenn einige Forstunternehmen mittlerweile zu schonenderen Rodungsmethoden übergegangen sind, so steigt doch das Ausmaß der Abholzung weiter an – und Interessenskonflikte enden zeitweise sogar blutig. Die im Februar 2005 von skrupellosen Forstunternehmern beauftragten und von *pistoleiros* begangenen Morde führten dazu, dass die Regierung sofort eine fünf Millionen Hektar große Zone als geschützt deklarierte und den Holzeinschlag verbot. Dabei ist die Holzindustrie nicht die einzige Bedrohung der Wälder, denn die Rodungen hängen auch mit dem zunehmenden Sojaanbau zusammen. Soja wird als Viehfutter in Industrieländer exportiert, da es eine intensivere Viehaufzucht ermöglicht – die dann ihrerseits ebenfalls wieder der Umwelt schadet.

Caroní-Fluss im Nationalpark Canaima, Bolivar, Venezuela

(6° 00' nördlicher Breite – 62° 52' westlicher Länge)

In der Trockenzeit tauchen vorübergehend Inseln aus dem dunklen Flussbett des Caroní auf. Wie alle anderen Wasserläufe, die die Region um Guayana im Bundesstaat Bolivar durchqueren, weist auch das Wasser des Caroní eine hohe Konzentration an Alkaloiden und Tanninen auf, die als natürliche Abfallstoffe bei der Zersetzung der Pflanzen des dichten Regenwalds entstehen. Aus diesem Grund spricht man bei derartigen Flussläufen von Schwarzwasserflüssen – im Gegensatz zu Weißwasserflüssen, die in den Anden entspringen und auf ihrem Weg durch das Massiv zahlreiche Sedimente aufnehmen. Die bergbauliche Erschließung des Caroní-Tals, allen voran das Goldschürfen, vermindert die Qualität des Flusswassers. Das zur Goldgewinnung eingesetzte Quecksilber wird in die Flüsse abgeleitet und ruft unter anderem schwere Missbildungen bei Föten hervor. Außerdem bilden die zahlreichen Becken, in denen das Gold gewaschen wird, optimale Brutstätten für Mücken und führen zum Auftreten von Malaria in Gebieten, die vorher frei von Ansteckungen waren.

Oradour-sur-Glane, Haute-Vienne, Frankreich

(45° 56' nördlicher Breite – 1° 02' östlicher Länge)

»Oradour hat keine Gestalt/Oradour, keine Frauen, keine Männer/Oradour hat keine Kinder mehr/Oradour hat keine Blätter/Oradour hat keine Kirche.« Diese Zeilen des Dichters Jean Tardieu erinnern an das Martyrium des kleinen Dorfes im Limousin, das am 10. Juni 1944 auf grausamste Weise von der Karte verschwand. Vier Tage nach der Landung der Amerikaner in der Normandie zog die SS, behindert durch die Aktionen der Widerstandskämpfer, in Richtung Front und rächte sich dabei mit einem beispiellosen Blutbad. In Oradour-sur-Glane fand eine systematische Exekution statt. Die Männer wurden abgeführt und in den Scheunen eingesperrt, die Frauen und Kinder in die Kirche getrieben. Scheunen und Kirche wurden angezündet, wer zu fliehen versuchte, wurde erschlagen. Am Ende des Tages lag Oradour in Schutt und Asche, 642 Menschen waren ums Leben gekommen – Opfer des nationalsozialistischen Schreckens. Nur sechs Dorfbewohner entkamen dem Massaker. Seit jenem unheilvollen Tag sind die Ruinen dieses Dorfes unverändert geblieben und zu einem Ort des Gedenkens geworden. Oradour wird für immer klingen wie ein »Name des menschlichen Hasses/Name der menschlichen Schande«.

Dreschen von Getreide, Pamirgebirge, Tadschikistan

(38° 16' nördlicher Breite – 72° 31' östlicher Länge)

Die seit 1991 unabhängige Republik Tadschikistan zählt zu den ärmsten Ländern der ehemaligen Sowjetunion. Die 7,1 Millionen Einwohner leben vor allem von Landwirtschaft und Viehzucht (67 Prozent der Bevölkerung). Allerdings können in diesem gebirgigen Land nur sieben Prozent der Fläche bewirtschaftet werden, da die Hälfte des Territoriums in über 3000 Meter Höhe liegt. Zu den wichtigsten Anbauprodukten der Region zählen Baumwolle, Getreide, Früchte und Gemüse. Da Tadschikistan pro Einwohner weniger Getreide als die übrigen ehemaligen sowjetischen Staaten produziert, leidet diese zentralasiatische Republik regelmäßig unter Lebensmittelknappheit. Während des Bürgerkriegs (1992–1997) ging die landwirtschaftliche Produktion stark zurück, zum Teil wegen der Auflösung der kollektiven Höfe und des Rückgangs der Mechanisierung, aber vor allem wegen des Verfalls des Bewässerungssystems, von dem 62 Prozent der Ackerflächen des Landes abhängen.

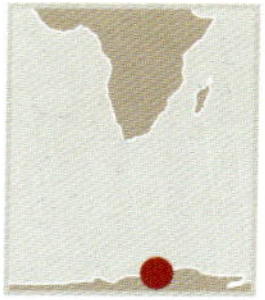

Zunge des Taylor-Gletschers im Beacontal, Dry Valleys, Antarktis

(77° 48' südlicher Breite – 160° 50' östlicher Länge)

Die Antarktis – der Kontinent am Südpol – stellt ein gewaltiges Stück gefrorener Erde dar, das eineinhalb Mal so groß ist wie Europa. Sie wird von der größten Eiskappe der Welt bedeckt, die 98 Prozent der Festlandsfläche überzieht und 70 Prozent des Süßwasservorkommens der Erde einschließt. Nahe der US-Forschungsstation McMurdo liegen die so genannten Dry Valleys oder Trockentäler, die wenigen nicht gefrorenen Stellen der Antarktis. Hier blasen die vom Landesinneren wehenden, trockenen Fallwinde so kalt und kräftig (bis zu 300 Kilometer pro Stunde), dass der Schnee sich nicht sammeln kann. Die blanken Felsen ragen aus dem Eis und lassen Schichten ockerfarbener Sedimente an die Oberfläche treten, die von schwarzem Basaltgestein vulkanischer Herkunft durchdrungen werden. In den Dry Valleys existieren einige primitive Lebensformen, die sich an diese extremen Bedingungen angepasst haben, darunter Bakterien, einzellige Algen, Flechten sowie Nematoden (Fadenwürmer). Letztere dorren aus und verfallen mit Beginn des Winters in eine Kältestarre, aus der sie erst wieder erwachen, wenn die Lebensbedingungen mit beginnendem Frühjahr milder werden.

Dorf bei Diafarabé, Region Mopti, Mali

(14° 10' nördlicher Breite – 5° 00' westlicher Länge)

In diesem Dorf scheinen die im Banco-Stil (mit Flusslehm und Stroh) erbauten Häuser und die Hauptmoschee unvermittelt aus dem Boden gewachsen zu sein. Nach der Ernte dienen die Terrassendächer dem Trocknen des Sorgho (rote Hirseart). Sorgho und Hirse allein bedecken 41 Prozent der Ackerfläche in Mali. Dennoch ist die Eigenversorgung mit Lebensmitteln kritisch, denn das Land ist gefangen im Schraubstock von Bevölkerungswachstum (fast drei Prozent pro Jahr) und zunehmender Verwüstung. Auf einer Länge von 2000 Kilometern dringt die Wüste heute jährlich um fünf Kilometer vor. Seit jedoch 1991 die Demokratie eingeführt wurde, beginnt sich die allgemeine Situation, vor allem im Bildungswesen, zu verbessern. Diese Vorstöße sind freilich noch zaghaft, da das Land lange Zeit durch seine Auslandsschulden erdrückt wurde, die 40 Prozent der Ausgaben des Staatshaushalts umfassten. 2005 wurden Mali, neben den 16 anderen ärmsten Ländern, die Schulden erlassen.

Nest von Höckerschwänen bei Panociai, Litauen

(54° 06' nördlicher Breite – 24° 44' östlicher Länge)

Der Höckerschwan *(Cygnus olor)* stammt wahrscheinlich aus Mittel- und Nordeuropa. Er wurde erstmals im zehnten Jahrhundert als Ziervogel durch den englischen Hof im restlichen Europa eingeführt. Noch heute findet in England Ende Juli eine jahrhundertealte Tradition statt: Der offizielle königliche Schreiber fährt in prunkvollem Gewand auf einem Boot die Themse hinab, um die Schwäne zu zählen und Ihrer Majestät Bericht zu erstatten. Sowohl in freier Natur als auch in Zuchtstationen nistet der Höckerschwan gewöhnlich in gut geschützten Buchten an Seen und Teichen, in der Nähe von Wasserläufen und Küstenstreifen oder in abgelegenen Sümpfen, wie hier nahe Panociai in Litauen. Jedes Paar benötigt ein großes Territorium von 1,5 bis fünf Hektar, das es eifersüchtig verteidigt. Seine legendäre Aggressivität hält häufig andere Vogelarten davon ab, sich in der Nähe von Höckerschwänen niederzulassen.

Ansiedlung im tropischen Regenwald bei Soudré, Sassandra, Côte d'Ivoire

(4° 58' nördlicher Breite – 6° 05' westlicher Länge)

Der äquatoriale Regenwald bedeckt nur noch die Südhälfte der Elfenbeinküste. Zwischen 1956 und 1996 hat sich seine Gesamtfläche auf ein Sechstel verringert, heute beträgt sie nur noch 30000 Quadratkilometer und beschränkt sich hauptsächlich auf die Nationalparks des Landes. Die Situation in Côte d'Ivoire stellt keinen Einzelfall dar, denn immerhin ist ganz Westafrika vom drastischen Rückgang der Waldflächen betroffen. Seit mehr als zehn Jahren schwinden jährlich rund 7000 Quadratkilometer Wald. Schuld daran sind die Auswirkungen der extensiven Landwirtschaft wie der Wanderfeldbau auf brandgerodeten Flächen, des erhöhten Brennholzbedarfs, des stark angestiegenen kommerziellen Anbaus (Ananas, Kautschuk, Kakao etc.) und der Ausbeutung durch die Holzindustrie. Afrika liefert jährlich 70 Millionen Kubikmeter Tropenholz, die hauptsächlich aus Gabun, Côte d'Ivoire und Ghana stammen.

Insel Burano in der Lagune von Venedig, Italien

(45° 28' nördlicher Breite – 12° 25' östlicher Länge)

Gelb, Blau, Rot oder Grün – die Insel Burano ist für ihre kräftig leuchtenden Farben bekannt, die durch die weiß umrandeten Fenster noch hervorgehoben werden. Der Sage nach haben die Frauen dieses kleinen Fischerdorfs strahlende Farben für die Fassaden ihrer Häuser verwendet, damit die Männer leichter nach Hause finden, trotz des Nebels – oder des Alkohols! Die Insel ist aber auch für ihre Spitze bekannt, die seit der Renaissance gefertigt wird. Die Adligen ganz Europas trugen Burano-Spitze, die mit der Handarbeit des französischen Hofes von Ludwig XIV. konkurrierte. 1665 ließ der französische Staatsmann Colbert, Begründer des Merkantilismus, diese italienische Handwerkskunst importieren und brachte sie vor allem in die Normandie, wo die berühmte Spitzenmanufaktur von Alençon (Nadelspitzen) entstand. Noch heute kann man auf den Inseln der Lagune von Venedig Produkte aus Spitze erwerben, die allerdings nur noch selten aus traditioneller Fertigung stammen.

Ölpalmenanbau in der Umgebung von Kuala Lumpur, Malaysia

(3° 14' nördlicher Breite – 101° 58' östlicher Länge)

In den 1970er Jahren wurden die aus Westafrika stammenden Ölpalmen in Malaysia eingeführt, um die auf Kautschuk ausgerichtete Landwirtschaft zu diversifizieren. Innerhalb von 30 Jahren verdrängten die Ölpalmen den Regenwald auf einer Fläche von über 33 000 Quadratkilometern – elf Prozent seines Territoriums. Malaysia gilt als wichtigstes Produktions- und Exportland für Palmöl; es liefert fast die Hälfte des Weltbedarfs. In den vergangenen zehn Jahren verdoppelten sich die Einkünfte aus dem Exportgeschäft. 2003 überschritten sie 5,2 Milliarden Dollar. Die wirtschaftlichen Interessen sind auf kurze Sicht so bedeutend, dass sie die ökologischen Sorgen, die mit dem Schwund des Regenwalds zusammenhängen, in den Hintergrund drängen. Nach Sojaöl steht Palmöl heute an zweiter Stelle der Pflanzenfettverbrauchs. Und so hat sich dessen weltweite Herstellung innerhalb von 20 Jahren vervierfacht.

Fischer in Pirogen im Golf von Guinea, Côte d'Ivoire

(4° 58' nördlicher Breite – 4° 27' westlicher Länge)

Jeden Tag nehmen die Fischer der Côte d'Ivoire ein großes Risiko auf sich, um »la barre« (die Schwelle) zu durchqueren, eine Zone, in der besonders gewaltige und gefährliche Wellen in kurzen Abständen anbranden. Dank ihrer Erfahrung können sie den Augenblick vorausberechnen, in dem die Wellen sich abschwächen, um dann ihre Pirogen ins offene Meer hinauszulenken. Dieses natürliche Hindernis, das im ganzen Golf von Guinea vorkommt, hat die Anrainerstaaten bis ins 19. Jahrhundert von der übrigen Welt isoliert. Heute hingegen ist der Golf kurz davor, einer der wichtigsten geostrategischen Schauplätze der Welt zu werden. Länder wie Nigeria (der größte Ölproduzent Afrikas) und Angola verfügen über große Erdölvorkommen, und so könnte die Region in ihrer Bedeutung schon bald höher eingestuft werden als der Nahe Osten. Es gibt bereits einige Abkommen mit internationalen Firmen, Erdöl zu fördern und zu exportieren. Als Vorreiter gilt hier insbesondere Gabun. Afrika liefert etwa elf Prozent der weltweiten Erdölproduktion und besitzt noch riesige Reserven.

Konzentrationslager Dachau, Bayern, Deutschland

(48° 15' nördlicher Breite – 11° 27' östlicher Länge)

Etwa 20 Kilometer nördlich von München liegt die kleine Stadt Dachau mit ihrem Schloss, in der bis 1933 gerne deutsche Maler und Schriftsteller ihren Urlaub verbrachten. Am 21. März jenen Jahres, noch in der Woche, in der sie an die Macht kam, gab die Nationalsozialistische Partei den Bau des ersten Konzentrationslagers bekannt, das KZ Dachau. Bereits wenige Monate später wurden die ersten Gefangenen gebracht: Regimegegner, Sozialisten, Kommunisten, Monarchisten, abtrünnige Nazis oder persönliche Feinde der neuen Machthaberklasse. Mit der Zeit kamen immer mehr Insassen hinzu – Juden, Zigeuner, Homosexuelle. Insgesamt zählte man in Dachau mehr als 200 000 Gefangene, die zur Zwangsarbeit verurteilt worden waren. 76 000 Menschen starben dort. In der heutigen Gedenkstätte sind die Umrisse von 32 der insgesamt 34 Baracken in Beton nachgegossen, während die Baracken selbst aufgrund ihres baufälligen Zustands abgerissen wurden. Selbst im vergangenen Jahrzehnt sind auf der ganzen Welt mehr als 3,6 Millionen Menschen Opfer innenpolitischer Konflikte geworden, weil sie eine andere Meinung vertraten oder einer anderen Ethnie angehörten.

Insel Philae mit dem Tempel der Isis, Ägypten

(24° 03' nördlicher Breite – 32° 48' östlicher Länge)

Die Insel Philae war das Reich der Göttin Isis, die dort die Einzelteile des Leichnams ihres Mannes Osiris wiederfand, sie zusammensetzte, um daraus die erste Mumie zu machen. Ironie des Schicksals: Der Tempel der weithin verehrten Muttergöttin, die verantwortlich war für die Nil-Hochwasser, welche Ägypten fruchtbar machten, war durch den Bau des Assuanstaudamms im Jahre 1978 vom Untergang bedroht. Um diesen heiligen Ort zu erhalten, wurde der Tempel in einer groß angelegten Rettungsaktion unter Federführung der UNESCO Stein für Stein auf die um 13 Meter höher liegende Nachbarinsel Agilkia versetzt – 300 Meter vom Ursprungsort entfernt. Der Naos des Tempels blieb erhalten, jenes Heiligtum, das die Statue der Gottheit birgt. Dass dieser Schatz die Jahrhunderte überstanden hat, gleicht einem Wunder und unterstreicht die Wichtigkeit dieser Stätte, die zu den bedeutendsten Heiligtümern Ägyptens und Nubiens zählte. Auch der Mythos der Isis blieb noch lange verbreitet. Nachdem Nubien im vierten Jahrhundert n. Chr. von Theodosius christianisiert wurde, versammelten sich in diesem Tempel bis ins sechste Jahrhundert hinein die letzten Anhänger der ägyptischen Religion.

Tabaktrocknung in der Gegend von Mexcaltitán, Nayarit, Mexiko

(21° 54' nördlicher Breite – 105° 28' westlicher Länge)

Nayarit ist Mexikos wichtigster Bundesstaat, was die Tabakproduktion angelangt. Am Ende der Trockenzeit kommen die Huichol-Indios aus den Bergen der Sierra Madre in die Küstenebene, um für die Tabakbauern zu arbeiten. Die Ernte der Blätter, die von Frauen und Kindern übernommen wird, ist sehr ermüdend und gefährlich, denn die Haut der Erntearbeiter nimmt die Pestizide von den feuchten Blättern auf. Auch der Nikotinsaft ruft Hautkrankheiten hervor. Überall laugt der Tabakanbau den Boden aus und ist durch die verwendeten Pestizide und Düngemittel Ursache schwerer Verunreinigungen. In zahlreichen Entwicklungsländern wird Holz zum Bau der Trockenvorrichtungen und vor allem als Brennstoff für die Trocknung der Blätter verwendet. Und diesem Zweck fallen Schätzungen zufolge alljährlich ungefähr 200 000 Hektar Wald zum Opfer. Wenn bekanntermaßen der Tabakkonsum starke Gesundheitsschäden hervorruft – laut Weltgesundheitsorganisation gibt es 1,3 Milliarden Raucher auf der Welt –, so gilt der Tabakanbau auch als Grund für die wachsende Armut. Der Kampf gegen den Tabak ist somit kein Luxus, der den reichen Ländern vorbehalten bleibt.

Schweinezucht in Brionne, Normandie, Frankreich

(49° 12’ nördlicher Breite – 0° 43’ östlicher Länge)

So sieht ein glückliches Schwein aus. Es hat viel Auslauf an der frischen Luft, kann sich hinlegen, in seiner Hütte verkriechen oder sich austoben. Nur wenige seiner Artgenossen genießen diese Freiheiten. Die Schweinezucht hat überwiegend industriellen Charakter, und das Schicksal der Ferkel verläuft in den Zuchtanstalten völlig anders. Kaum haben sie ihre »Kinderstube« verlassen, in der die Säue im Dunkeln ferkeln, kommen sie in Boxen, die auf Lattenrosten gebaut sind (ein löchriger Boden über einer Jauchegrube). Diese Verschläge werden sie nicht mehr verlassen. Anfangs können sie sich noch etwas bewegen, doch sobald sie erwachsen sind, bleiben sie eingezwängt zwischen den Wänden, werden durch die Mast immer dicker und sehen in ihrem ganzen Leben nicht einen einzigen Sonnenstrahl. Durch die Haltung vieler Tiere auf kleinster Fläche ist diese Art der industriellen Aufzucht ein steter Quell von Umweltverschmutzung. So bedeutet etwa die Herstellung von einem Kilogramm Schweinefleisch 23 Kilogramm Jauche. Auf den Feldern verteilt, setzt sie Stickstoff und Phosphor frei, die zum überwiegenden Teil in den Boden sickern und in die Flüsse fließen und dort zu einer nachhaltigen Wasserverunreinigung führen. In der Bretagne werden auf nur sieben Prozent der nationalen Agrarfläche die Hälfte der französischen Schweine gezüchtet; 60 Prozent aller Quellen sind hier verschmutzt.

Dokdo-Inseln (Liancourt-Felsen), Südkorea

(37° 14' nördlicher Breite – 131° 52' östlicher Länge)

Diese Inseln – nach einem französischen Walfänger, der sie 1849 entdeckte, Liancourt genannt – heißen auf Koreanisch Dokdo und auf Japanisch Takeshima. Sie sind unbewohnt und, wie die vielfältige Namensgebung zeigt, geopolitisch strittig. Sie liegen im Japanischen Meer, das in Korea auch als Ostmeer bezeichnet wird. Laut der am Ende des Zweiten Weltkriegs besiegelten Verträge steht diese Region unter südkoreanischer Verwaltung, doch Japan beansprucht sie für sich. Im Jahre 2003 legte es Unterlagen vor, die die Grausamkeiten der Annektierung koreanischer Gebiete (1910–1945) verschweigen und dafür belegen sollen, das Takeshima von Korea illegal besetzt wurde. Abgesehen von diesen geschichtlichen und besitzrechtlichen Fragen, geht es im Kern um die Aufteilung der Fischfangrechte und insbesondere um den Walfang. Ohne Rücksicht auf das internationale Moratorium von 1986, das die gewerbliche Waljagd verbietet, schlachtet Japan die Tiere ebenso wie Norwegen und Island weiterhin unter dem Vorwand, die Fänge dienten wissenschaftlichen Zwecken. Es droht sogar damit, die Quoten zu verdoppeln, was für das Jahr 2006 einen Anstieg von 440 auf 850 gefangene Exemplare bedeutet. Seit 1986 wurden weltweit mehr als 25 000 Wale getötet.

Hochhaus in Clichy-sous-Bois, Seine-Saint-Denis, Frankreich

(48° 55' nördlicher Breite – 2° 33' östlicher Länge)

Im Herbst 2005 waren die Pariser Vorstädte und andere französische Städte drei Wochen lang Schauplatz von Unruhen, nachdem zwei Jugendliche sich vor der Polizei in einem Trafohäuschen von Clichy-sous-Bois, Großraum Paris, versteckt hatten und dabei einen Stromschlag erlitten. Bei der anschließenden Revolte wurden Autos und öffentliche Gebäude in Brand gesteckt. Die Regierung rief den Ausnahmezustand aus, und die Polizei nahm zahlreiche Personen fest. Soziologen sehen die Gründe in der tief greifenden und über lange Jahre entstandenen sozialen Ausgrenzung der Bevölkerung in den Randgebieten der französischen Metropolen, die den Grundwerten von »Freiheit, Gleichheit, Brüderlichkeit« der Republik widerspricht. 752 Stadtviertel mit etwa fünf Millionen Einwohnern werden von der öffentlichen Hand im Rahmen der Stadtpolitik als »sensibler städtischer Bezirk« eingestuft. In diesen Vierteln ist die Arbeitslosigkeit doppelt so hoch (im Jahre 2004 lag sie im Durchschnitt bei 20,7 Prozent), es gibt nur halb so viele medizinische Einrichtungen, aber doppelt so viele jugendliche Schulabbrecher. Außerdem liegt das Einkommen der Bewohner dieser Vorstädte um durchschnittlich 42 Prozent unter dem Gesamteinkommen des Ballungsraums, zu dem sie gehören. Die Kluft zwischen den Einkommen in Paris und dem Großraum Paris ist in den vergangenen 20 Jahren stetig gewachsen.

Kloster in der Gegend von Dungov, Mongolei

(46° 00' nördlicher Breite – 105° 00' östlicher Länge)

Von den zahlreichen Tempeln, den Palästen religiöser Würdenträger und den klösterlichen Wohnbezirken blieben nur diese wenigen verstreuten Gebäude innerhalb des Rechtecks übrig, das einmal, wie alle Klosterkomplexe der Mongolei, ein Zentrum spirituellen, philosophischen und wissenschaftlichen Lebens war. Trotz der starken Prägung durch das Schamanentum, nach dessen Überzeugung in jedem Gegenstand ein Geist ruht, hat die Mongolei eine lange buddhistische Tradition, die auf die Konvertierung des mongolischen Prinzen Altan Khan im Jahre 1576 zurückgeht. Im 20. Jahrhundert brach das Land mit dem Kaisertum, wählte 1921 eine kommunistische Führung und wurde zur Mongolischen Volksrepublik, bis 1992 das Sowjetische Reich zusammenbrach. Diese Zeit hinterließ einige dunkle Schatten, allen voran die religiösen Verfolgungen, die 1937/1938 ihren Höhepunkt erreichten. In deren Verlauf wurde fast die Gesamtheit der 767 klösterlichen Zentren zerstört oder »von ihren Mönchen befreit«, wie das damalige mongolische Zentrum für religiöse Angelegenheiten erklärte. Seit dem 24. Dezember 1990 haben die Mongolen ihre Religionsfreiheit zurückerlangt.

Kartoffelernte bei El Arba, Algerien

(36° 34' nördlicher Breite – 3° 08' östlicher Länge)

Die Ebene von Mitidja legt sich über Hunderte von Kilometern kreisbogenförmig um die direkte Peripherie von Algier und steigt in sanften Hängen bis zu den Steilwänden des Blida-Atlas im Süden an. Während des 19. Jahrhunderts bemühten sich Generationen von Siedlern, dieses vormals sumpfige und von Malaria heimgesuchte Gebiet zu bebauen. Die Eroberung war mühselig, oft tödlich, doch heute zählt die Mitidja-Ebene zu den schönsten landwirtschaftlich genutzten Gegenden des Landes. Sie weist einen sehr fruchtbaren Boden auf, genießt ausreichend Niederschlag und eignet sich von ihrem Klima her für den Anbau zahlreicher Güter wie Kartoffeln, Reis, Wein und Zitrusfrüchte, die zu den wichtigsten Produkten gehören. In den 1990er Jahren gerieten das soziale und wirtschaftliche Leben in der Mitidja-Ebene durch gewalttätige Aktionen bewaffneter Islamisten durcheinander. Sie nutzten die Region als strategischen Korridor zwischen dem gebirgigen Buschwald und der Hauptstadt und zwangen so die Bewohner ins Exil. Inzwischen ist die Bevölkerung in ihre Gebiete zurückgekehrt, und die Landwirtschaft konnte von Neuem beginnen.

Wohnviertel im Nordwesten von New Orleans, nahe des Lake Pontchartrain, nach dem Hurrikan Katrina, Louisiana, USA

(30° 00' nördlicher Breite – 90° 05' westlicher Länge)

Die Dächer der Häuser ragen gerade noch aus dem Wasser heraus, das von Benzin und Chemikalien verunreinigt ist. Bei Temperaturen von mehr als 30 °C bietet die Brühe eine hervorragende Brutstätte für eine ganze Reihe von Bakterien. Am 29. August 2005 suchte der Hurrikan Katrina die amerikanische Küste am Golf von Mexiko heim. Er erreichte die Stärke vier auf der bis fünf reichenden Skala. Bei Windgeschwindigkeiten von mehr als 200 Kilometern pro Stunde brandeten die Meereswellen über die Schutzdeiche, die an zahlreichen Stellen einrissen. Dies führte dazu, dass über 80 Prozent der Stadt überschwemmt wurden. Mehrere 10 000 Menschen wurden von den Fluten eingeschlossen, vor allem die ärmeren Einwohner (30 Prozent der Bevölkerung), da viele von ihnen keine Möglichkeit hatten, die Region zu verlassen. Die Katastrophe wäre zu einem großen Teil vermeidbar gewesen, denn die Behörden waren schon lange zuvor über die Überalterung der Deiche und den schlechten Zustand der Evakuierungseinrichtungen informiert.

27. Oktober

Dorf bei Tom Maréfin, Tschad

(12° 30' nördlicher Breite – 14° 55' östlicher Länge)

Im Schatten des stattlichen grünen Baums in der Mitte des Dorfes versammeln sich die Dorfbewohner zum Plaudern und Diskutieren. Die Diskussionen der Erwachsenen drehen sich um alle Probleme der Gemeinschaft, sei es, um Streitigkeiten zu regeln oder gemeinsam zu beratschlagen. Die deutlich sichtbaren ausgetretenen Pfade zeigen, welche Wege die Bewohner und ihr Vieh täglich einschlagen, vor allem um zum Brunnen zu gelangen oder Holz zu sammeln. Dieses traditionelle Dorf liegt nahe der Hauptstadt N'Djamena im alten Königreich Baguirmi in der Region Chari-Baguirmi und ist im Kreis angeordnet. Die Hütten, rund oder rechteckig, sind mit Stroh bedeckt oder terrassenförmig gebaut. Zu den Häusern gehört ein eingezäuntes Stück Land, in dem die Haustiere – Hühner, Schafe, Ziegen – gehalten werden. Hier bestimmt das Hüten der Tiere das Leben der Menschen, während die Landwirtschaft nur eine sehr geringere Bedeutung hat.

Detail von Landmannaulaugar, Region Myrdalsjökull, Island

(63° 30' nördlicher Breite – 19° 06' westlicher Länge)

Die überwiegend vulkanische Erde Islands ist das Ergebnis der größten Ausbrüche historischer Zeit. Als wohl bedeutendster davon gilt der Ausbruch des Laki, eines Vulkans, der zum Myrdalsjökull-Massiv gehört. Am 8. Juni 1783 begann eine ganze Serie von Eruptionen, die bis zum 7. Februar 1784 anhielt. Dabei ergossen sich aus einer 25 Kilometer langen Erdspalte rund 15 Kubikkilometer Lava, die eine Fläche von 565 Quadratkilometern bedeckte. Neben flüssiger Magma wurden auch riesige Gas- und Aschewolken ausgestoßen, darunter rund 122 Millionen Tonnen Schwefel, vor allem in Form von Schwefeldioxid. Sie führten dazu, dass das Vieh erstickte und die Ernte durch den sauren Regen vernichtet wurde. Ein Viertel der isländischen Bevölkerung starb in den drei Jahren nach dem Ausbruch an Hunger. Im Sommer 1783 bemerkten zahlreiche Beobachter in England und Frankreich, dass die Sonne von einem bläulichen Dunst verschleiert wurde. In Europa folgte ein ausgesprochen kalter Winter. Man schätzt heute, dass die Wolke der in den oberen Luftschichten freigesetzten Aerosole (kleinste Festpartikel) auf der Nordhalbkugel einen Abfall der Durchschnittstemperatur um 1 °C bewirkt hat.

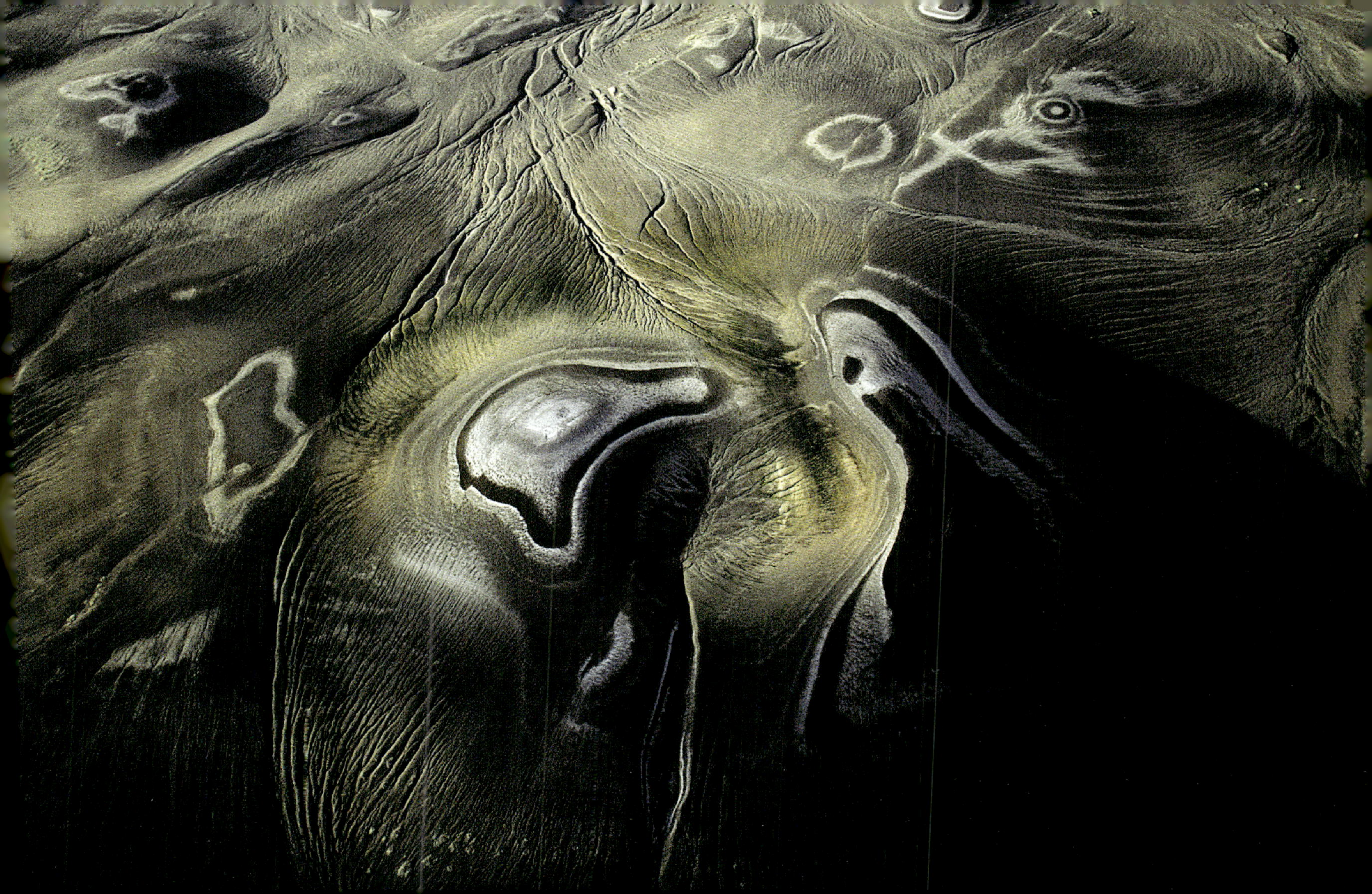

Autofriedhof, Saint-Brieuc, Côtes d'Armor, Bretagne, Frankreich

(48° 31' nördlicher Breite – 2° 46' westlicher Länge)

Gepresst und schließlich übereinandergestapelt, warten diese Autowracks darauf, möglicherweise eine erneute Verwendung zu finden. Bevor sie auf diesem Autofriedhof landen, werden die Autos am Ende ihres Lebens entkernt und gereinigt; alle noch verwertbaren Teile kommen auf den Gebrauchtwagenmarkt oder zum Recycling. Es gibt etwa 2000 Autoverwerter in Frankreich, aber nur 400 davon sind vom nationalen Komitee für Berufe der Autoindustrie offiziell für die Einhaltung der Sicherheits- und Umweltschutzregeln anerkannt. Als letztes Glied in der Kette der Automobilindustrie und erstes in der Kette der Wiederverwertung spielen diese Autoverwerter eine wichtige Rolle beim Umgang mit dem Müll, den der Automarkt hervorbringt. In Frankreich wandern jährlich 1,5 Millionen Fahrzeuge auf den Schrottplatz. Die europäische Richtlinie für die Verwertung von Altfahrzeugen verlangt von den Autoherstellern, 85 Prozent des Fahrzeuggewichts aus recycelbaren Materialien zu produzieren (ab 2015 sind es 95 Prozent). Dies ist ein erster Schritt zu einem verantwortungsvollen und wirtschaftlich dauerhaften Umgang in dieser Branche.

Ernte in der Gegend von Bøsnes, Tyrifjorden, Norwegen

(60° 04' nördlicher Breite – 10° 08' östlicher Länge)

Ein Viertel der Fläche Norwegens ist bewaldet. In der Gegend von Oslo, so wie hier an den Ufern des Tyrifjorden-Sees, wird der Boden für den Getreideanbau genutzt, der im gemäßigten Klima des südlich gelegenen Küstenstrichs gut gedeiht. Im norwegischen Königreich nimmt das landwirtschaftlich genutzte Areal nur drei Prozent der Landesfläche in Anspruch, die sonst überwiegend bergig, bewaldet oder von weitläufigen Gewässern bestimmt ist. Dennoch produziert Norwegen mehr als die Hälfte (zwischen 50 und 70 Prozent) des eigenen Getreidebedarfs selbst. Wie überall auf der Welt hat die Landwirtschaft auch hier im 20. Jahrhundert einen bedeutenden Wandel durchlaufen, um die Produktivität zu erhöhen – leider unter mangelnder Rücksichtnahme auf Umweltaspekte. Der Respekt vor der Natur ist jedoch ein grundlegender Bestandteil der norwegischen Identität, und tatsächlich haben die Bürger die Politiker dazu gebracht, einen Teil der Intensivlandwirtschaft in biologischen Anbau umzuwandeln. So wurden das Potenzial der Bodenressourcen und die Bedeutung des Umweltschutzes zu den Kriterien der wirtschaftlichen Effizienz hinzugefügt. Heute beträgt der biologische Anbau gerade einmal zwei Prozent der weltweiten Verkäufe aller Lebensmittel.

Gore-Insel, gegenüber Dakar, Senegal

(14° 38' nördlicher Breite – 17° 21' westlicher Länge)

Der Besuch des »Hauses der Sklaverei« auf Gore endet an einer Tür, die sich zum Ozean hin öffnet, zur »Reise ohne Wiederkehr«. Die Insel Gore war lange Zeit ein wichtiges Etappenziel der Sklavenschiffe, die die Kolonialplantagen auf den Antillen mit »Ebenholz« belieferten. Insgesamt wurden vom 16. bis zum 19. Jahrhundert rund 15 Millionen Afrikaner auf diese Art über den Atlantik deportiert. Auf Gore hielt man die Sklaven bis zu ihrer Einschiffung unter entsetzlichen Bedingungen. Erst die Abschaffung des Sklavenabkommens durch den Wiener Kongress im Jahre 1815 setzte diesem unmenschlichen Handel ein Ende. Heute ist die Insel eine wichtige Gedenkstätte des Sklavenhandels und ein Weltkulturerbe der UNESCO. Dies ist jedoch nicht mehr als nur eine symbolische Funktion, da in der Geschichte des afrikanischen Sklavenhandels andere Stätten wie Ouidah oder Benin von größerer Bedeutung sind. Aus diesem Grund greifen einige Historiker die symbolische Exklusivität Gores an. Trotz allem bleibt die Insel aber der meistbesuchte Ort Senegals. Man schätzt, dass es noch heute weltweit 200 Millionen Sklaven gibt, wenngleich diese Art des Menschenhandels – Ausbeutung von Arbeitskräften, Zwangsprostitution, Kindersoldaten, Schuldenknechtschaft – fast unbemerkt vom Auge der Öffentlichkeit stattfindet.

Hilfsaktionen und nachhaltige Entwicklung

Es gibt keine Naturkatastrophen. Das habe ich in 25 Jahren humanitärer Hilfe gelernt. Erdbeben, Vulkanausbrüche, Dürreperioden und Überschwemmungen sind Naturphänomene. Damit sie zu Katastrophen werden, müssen sie mit menschlichen Aktivitäten in Zusammenhang treten.

Die Bilanz des Tsunami vom Dezember 2004 wäre vor 2000 Jahren anders ausgefallen, als die Küsten noch fast menschenleer waren, als sich noch keine Touristen in den unmittelbar am Wasser erbauten Luxushotels drängten und als breite Mangrovengürtel eine Art Pufferzone entlang der Inselküsten bildeten.

Nehmen wir ein anderes Beispiel: Auf dem afrikanischen Kontinent hätte eine Dürreperiode völlig unterschiedliche Auswirkungen, je nachdem, welche Länder davon betroffen wären. Die durch die Dürre hervorgerufenen Dramen wären dann auch ebenso unterschiedlich ausgeprägt, je nachdem, ob das Land in erster Linie ländlich oder städtisch geprägt ist, je nachdem, welche Landwirtschaftspolitik die aktuelle Regierung betreibt, je nachdem, ob Krieg oder Frieden im Land herrscht.

Wenn man Hilfsaktionen ins Leben ruft, muss man all diese lokalen und menschlichen Gegebenheiten berücksichtigen. Zu viele Nothelfer, die zu Hilfsaktionen bei einer Katastrophe starten, vergessen, dass sie nicht auf dem Mond landen. Sie werden Völkern gegenüberstehen, die eine Geschichte haben, Rivalitäten, Strategien, ein kulturelles Erbe. Sie werden feststellen – und das ist manchmal schmerzhaft –, dass diese Katastrophen einen vollkommen menschlichen Hintergrund haben. Und wenn das betroffene Gebiet, wie so häufig, Schauplatz ziviler Auseinandersetzungen ist, dann finden sich Nothelfer, die zum Beispiel bei einer

Dürrekatastrophe helfen wollten, oftmals plötzlich unter Beschuss derjenigen, die aus ganz besonders menschlichen und politischen Gründen kämpfen. Die Hilfsaktionen in Sri Lanka haben mit den dort kürzlich wieder ausgebrochenen Kämpfen eine derartige Entwicklung genommen. Am Ende treffen so genannte Naturkatastrophen und Katastrophen politischen Ursprungs wieder aufeinander. Man kann dies bedauern. Ich bin jedoch der Meinung, dass man diese Zusammenhänge durchaus auch positiv bewerten kann.

Die Fantasievorstellung einer reinen Humanität, die von jedem politischen Einfluss losgelöst ist, ist nicht nur falsch, sondern sogar gefährlich. Menschen tragen die Verantwortung für ihr Schicksal auch bei Katastrophen. Es wird nicht oft genug gesagt: Nothilfe allein löst keine Konflikte. Die Hilfen unterstützen die Bevölkerung lediglich darin, eine schwierige Klippe zu nehmen – was für sich genommen natürlich sehr hilfreich ist. Aber die spektakuläre und in den Medien dargestellte Seite sollte uns nicht täuschen. Die richtige Art zu handeln ist eine andere. Sie konzentriert sich nicht nur auf die akute Seite des Dramas, sondern auf seine Ursachen.

Stellen wir uns zum Beispiel vor, dass der Vesuv in den nächsten Tagen ausbrechen wird. Man müsste, das ist klar, den Opfern helfen und sofort mit einer Evakuierung der Gefahrenzone um den Vulkan beginnen. Die wirkungsvollste Maßnahme aber hätte schon lange vor der Katastrophe stattfinden können. Der angekündigte Ausbruch wäre weniger dramatisch, hätte man im Vorfeld die Bebauung des Hanges in der Gefahrenzone erst gar nicht zugelassen. Hilforganisationen haben die Wahl: Entweder sind sie damit zufrieden, wie Betäubungsmittel zu wirken und die Ängste der Fernsehzuschauer beim Anblick der Katastrophen zu beruhigen – oder sie handeln stimulierend und regen das Entstehen von Grundsatzdebatten zur gegenwärtigen Situation und zur Zukunft des Planeten an. Interpretiert man Katastrophen richtig, können sie ein hervorragender Impulsgeber für neue Entwicklungen sein.

Das Erdbeben von Lissabon im Jahre 1755 hat, unter anderem auch dank Voltaire, in Europa Debatten über Grundsatzthemen ausgelöst: über das Menschsein, die Freiheit, die göttliche Vorsehung, die Unterwerfung unter die Herrschaft Gottes und seiner Vertreter auf Erden, den Klerus und die Monarchie.

Es ist wohl nicht übertrieben zu behaupten, dass das Gedankengut, das sich nach der Katastrophe von Lissabon verbeitete und aus Entrüstung über den Tod unschuldiger, betender Kinder entstand, die von den Trümmern einer Kirche erschlagen worden waren, letztlich der Französischen Revolution den Weg ebnete.

Wenn man damit aufhören würde, aktuelle Katastrophen als naturgegeben anzusehen, könnten sie einen ebenso weitreichenden Einfluss gewinnen wie das Erdbeben von 1755. Man denke beispielsweise an die in den USA entstandene Debatte nach dem Hurrikan, der New Orleans verwüstete: Welche trockene Reportage, welche wissenschaftliche Analyse hätte die dramatischen Konsequenzen der städtischen Gettoisierung in Übersee deutlicher machen können als diese Katastrophe?

Unsere Pflicht als Zeugen und Handelnde in diesen Dramen ist, sie jedes Mal auf ihre menschlichen Ursachen zurückzuführen. Katastrophen verdeutlichen besser als jede Rede oder Schrift die gefährliche Entwicklung der Menschheit, die tragischen Verzerrungen des Fortschritts und die Verwundbarkeit der Natur.

Die französische Organisation »Action contre la faim« (»Aktion gegen den Hunger«) hat im vergangenen Jahr eine umfangreiche Studie ins Leben gerufen, die sich mit einem solchen brennenden Thema auseinandersetzt, dessen Gefahr wir heute schon im Vorfeld abschätzen können: die Stadtentwicklung in armen Ländern. Seit dem Ende des Kalten Kriegs müssen wir immer öfter in Städten intervenieren, in denen Krieg und Mangel herrscht, wie beispielsweise in Sarajevo, Kabul, Monrovia, Kigali, Mogadischu usw. Wir sind der Ansicht, dass wir erst am Anfang dieser Entwicklung stehen. Auf dieser Erde befinden sich 19 von 23 Millionenstädten in den Entwicklungsländern. Sollen wir darauf warten, dass sich vielleicht morgen in einem dieser städtischen Moloche eine Katastrophe ereignet, um erst dann darüber nachzudenken, welche Probleme und Gefahren sie darstellen?

Jean-Christophe Rufin

Präsident der humanitären Gesellschaft

»Action contre la faim« (Aktion gegen den Hunger).

1. November

Baseballstadion im Norden von Boca Chica, Dominikanische Republik

(18° 27' nördlicher Breite – 69° 36' westlicher Länge)

Baseball (*pelota* genannt) ist ein wahrer Nationalsport in der Dominikanischen Republik. Selbst die verstecktesten Dörfer haben ihr *play* (Spielfeld), und die Jugendlichen träumen davon, wie die bekannten, in den USA wohnenden dominikanischen Spieler durch eine Sportlerkarriere der Armut zu entkommen. Tatsächlich profitiert seit einigen Jahren die professionelle amerikanische Erstliga (Major League Baseball) von Talenten aus dem Ausland. Mit mehr als 500 festen Spielern, darunter so berühmte wie Pedro Martinez und Sammy Sosa, ist die Dominikanische Republik ihr »Hauptzulieferer«. Ein Drittel der Spieler stammt aus San Pedro der Macorís, der örtlichen Baseball-Hauptstadt, und lässt sich dort luxuriöse Wohnsitze bauen, um den sozialen und finanziellen Erfolg zur Schau zu stellen. Als Paradebeispiel des kleinen Schuhputzers, der dank seines Talents aus der Armut aufstieg, gilt Sammy Sosa, der 1998 zum Nationalhelden wurde, weil er den Rekord des Schlägers im amerikanischen Baseball-Wettbewerb brach. Für die Dominikaner ist er heute das, was Pelé für die Brasilianer war: ein Gott.

Fähre vor der Insel Houtsala, Schärenküste von Turku, Finnland

(60° 15' nördlicher Breite – 21° 50' östlicher Länge)

Die Schärenküste von Turku im Südwesten Finnlands ist mit ihren 22 000 Inseln aus grauem und rotem Granit eine Welt für sich. Die wärmste Region dieses Landes im hohen Norden ist von Buchenwäldern bewachsen, während der Rest des Staatsgebiets gleichmäßig von Nadelbäumen bedeckt ist. Diese sprachlich und kulturell eher schwedisch geprägten Inseln stellen auch in ihrer Entwicklung eine Besonderheit dar. Im 12. und 17. Jahrhundert waren sie schwedischer Stützpunkt während der Eroberung Finnlands, und lange Zeit stritten die beiden Länder um die Zugehörigkeit dieses Inselgebiets. Bis heute haben die Bewohner der finnischen Schärenküste vor Turku ihre traditionelle Lebensweise erhalten können, sie leben von Fischfang und Ackerbau. Im Winter werden sie regelmäßig durch Schiffe versorgt, die von Eisbrechern begleitet werden. Diese Gegend, in der die Menschen in Einklang mit ihrer Umwelt leben, wurde 1984 von der UNESCO zum Biosphärenreservat erklärt.

Lumpensammlerdorf in Kairo, Ägypten

(30° 02' nördlicher Breite – 31° 12' östlicher Länge)

In den Zabbaleen (arabische Bezeichnung für Lumpensammler), den Elendsvierteln von Ezbet-el-Nakhl, Mokattam und Meadi Tora inmitten der größten afrikanischen Stadt leben Menschen von Müll. Seit Anfang der 1940er Jahre sind diese ehemaligen Landarbeiter aus dem ägyptischen Süden die Einzigen, die sich mit dem Sammeln, Sortieren und Wiederverwerten der Abfälle beschäftigt haben. In einem zu 90 Prozent von Muslimen bewohnten Land gehören die »Müllmenschen« der Minderheit der orthodoxen Kopten an und züchten somit als einzige Schweine, die sie mit den organischen Müllresten füttern. Die Hauptakteure des Wirtschaftszweigs, der von der Müllwiederverwertung lebt, teilen sich inzwischen das Sammeln mit der Privatwirtschaft. Zahlreiche Laienorganisationen oder konfessionelle Einrichtungen unterstützen sie tagtäglich, so wie die in den Medien bekannt gewordene Sœur Emmanuelle, eine französische Geistliche. Sie lebte 22 Jahre mit den Müllsammlern und schrieb das Buch »Wofür es sich zu leben lohnt. Schwester Emmanuelle, die Mutter der Müllmenschen von Kairo«. Sie erhielt im Jahre 2002 den Orden der französischen Ehrenlegion.

Dorf mit kleiner Kaffeeplantage, Man, Côte d'Ivoire

(7° 24' nördlicher Breite – 7° 32' westlicher Länge)

Im 19. Jahrhundert wurden Kaffee und Kakaobäume im äußersten Südwesten des Landes von europäischen Siedlern eingeführt. Inzwischen sind sie bis in den Norden vorgedrungen und bilden einen breiten Gürtel spezialisierter Plantagen von Sassandra bis Man. Von 1960 bis 1979 entstand das Wirtschaftswunder von Côte d'Ivoire durch den Ausbau dieser Exportgüter. Die Kaffee-Kakao-Sparte war bis zum Kursrutsch in den 1980er Jahren die Lunge der nationalen Wirtschaft. Nachdem der Staat vergeblich um den Preiserhalt gekämpft hatte, begann er sich im Anschluss von diesem Wirtschaftszweig zu lösen, der 1998 vollständig privatisiert wurde. Als weltweit größter Kakaoproduzent und zehntgrößter Kaffeeproduzent (weit hinter Brasilien und Vietnam) unterliegt Côte d'Ivoire jedes Jahr aufs Neue den Kursschwankungen dieser spekulationsabhängigen Produkte. Der auch durch die wirtschaftliche Krise genährte Bürgerkrieg, der das Land seit 2002 teilt, hat die Produktion erneut desorganisiert, und die Demarkationslinie zwischen Norden und Süden verläuft stellenweise genau durch den »Kaffeegürtel«. In Westafrika erstrecken sich die Plantagen (Kakao, Kaffee, Gummibaum usw.) auf Kosten des Äquatorialregenwalds: Mehr als 100 000 Quadratkilometer seiner Fläche hat dieser seit 1900 bereits eingebüßt.

Al-Khiran, Kuwait

(28° 39' nördlicher Breite – 48° 23' östlicher Länge)

Die Stadt wurde 1986 als Antwort auf das starke Bevölkerungswachstum (seit 1985 um 43 Prozent) errichtet und ist Teil eines riesigen Städtebauprogramms im Süden Kuwaits. Sie lebt hauptsächlich von Tourismus und Dienstleistungen. In diesem kargen Land (die Temperaturen steigen im Sommer auf 51 °C) sind die Bewohner dem geringsten Ungleichgewicht ausgeliefert. Die in der Wüste geschaffene Infrastruktur und der Verkehr führen vermehrt zu Sand- und Staubstürmen in der Stadt. Diese charakteristische Luftverschmutzung, die als *toz* bezeichnet wird, gibt es im Durchschnitt an 63 Tagen im Jahr; sie verursacht Lungenkrankheiten und vielfache materielle Schäden. Mit finanzieller staatlicher Unterstützung führt die KEPIS (Kuwaitische Umweltschutzorganisation) Kampagnen zur Sensibilisierung für die Umwelt durch. Aber wie alle Anrainerstaaten muss auch Kuwait den Respekt vor der Natur mit seinen wirtschaftlichen Zwängen in Einklang bringen, die durch die Förderung von Erdöl entstehen.

Schafzuchtbetrieb bei Aradipou, Zypern

(34° 57' nördlicher Breite – 33° 34' östlicher Länge)

In der Mittelmeerregion wird weltweit die Hälfte der Schafsmilch hergestellt. Gemeinsam mit Wein- und Olivenanbau ist die Schafsmilch einer der kulturellen Pfeiler der lokalen Ernährung. Aber die kleinen Familienbetriebe tauchen nach und nach unter und werden durch große Farmen ersetzt, die intensive Schafzucht betreiben. Auf Zypern sind bereits drei Viertel der kleinen Höfe verschwunden, davon profitiert haben Unternehmen mit über 100 Mitarbeitern. Diese Entwicklung findet vor den Toren der Städte statt, denn 40 Prozent der neuen Industriegebäude entstehen in unmittelbarer Nähe bewohnter Gebiete. Die Schafzucht ist bereits seit etwa 30 Jahren stark zurückgegangen, darüber hinaus hängt sie sehr von der Getreideeinfuhr ab, die das Tierfutter liefert. Das größte Risiko dieser schnellen Industrialisierung ist eine Vereinheitlichung der Tierrassen, die ein Mithalten mit der Globalisierung der Landwirtschaft garantieren könnte. Diese Entwicklung findet allerdings immer auf Kosten der heimischen Rassen statt, die sich langsam und über Jahrhunderte an die Umgebung angepasst haben. Durch das Begünstigen von Tierarten aus intensiver Aufzucht, deren Produkte dem Standard entsprechen und sich gut exportieren lassen, wird weltweit das genetische Erbgut verarmen.

Touristen in der Nähe des Spitzkoppe-Massivs, Damaraland, Namibia

(22° 03' südlicher Breite – 17° 02' östlicher Länge)

In der wilden und wüstenähnlichen Region Damaraland, nordwestlich von Namibia, recken sich die Große Spitzkoppe (1728 Meter) und die Kleine Spitzkoppe (1584 Meter) in den Himmel. Im Verlauf von 120 Millionen Jahren sind diese Granitfelsen durch Wind, Regen und Erosion von den oberen Sedimentschichten der Ebene freigelegt worden. Neben diesen Gipfeln wartet Namibia mit weiteren großartigen Landschaften auf und verfügt über einige der schönsten Naturreservate Afrikas. Trotz des herben Klimas kommen jährlich etwa 200 000 Touristen, um die Nationalparks und die Wildtiere zu entdecken; seit 15 Jahren steigen die Besucherzahlen stetig an. Dieser außergewöhnliche Schatz der Natur wird durch die namibische Verfassung bewahrt, die weltweit als eine der ersten den Naturschutz im Gesetz aufnahm.

Feldarbeit westlich von Jaisalmer, Rajasthan, Indien

(26° 51' nördlicher Breite – 70° 51' östlicher Länge)

Indien ist Hauptproduzent für Cashewnüsse, Hirse, Erdnüsse, Tee, Sesam und Gewürze (Kardamom, Ingwer, Pfeffer und Kurkuma). Das Land liefert die Hälfte der Weltproduktion von Mangos und ist führend im Anbau von Reis, Weizen, Hülsenfrüchten, Baumwolle und in der Milcherzeugung. So ist es bereits heute einer der führenden Lebensmittelproduzenten der Erde. Und doch zählt Indien auch zu den Ländern mit der größten Fehl- und Unterernährung in der Bevölkerung: 300 Millionen Inder leben in vollkommener Mittellosigkeit und haben Schwierigkeiten, das Lebensnotwendigste zu beschaffen. Das Ungleichgewicht innerhalb des Landes wächst, denn parallel dazu verzeichnet die indische Mittelklasse mit 80 Millionen Haushalten (400 Millionen Personen) eine stark wachsende Kaufkraft. Diese Haushalte verändern ihre Gewohnheiten und ahmen die des Westens nach. Im Jahre 2030 könnte es 1,4 Milliarden Inder geben, die Nachfrage nach Fleisch, Eiern und Fisch würde sich verdreifachen.

Waldrodung in Amazonien, Mato Grosso, Brasilien

(12° 38' südlicher Breite – 60° 12' westlicher Länge)

Jedes Jahr werden etwa zwei Millionen Hektar des Amazonasregenwalds abgeholzt. Von der stetig ansteigenden Rodung profitiert die Bevölkerung vor Ort kaum. Es geht vor allem um die Gewinnung landwirtschaftlicher Flächen für einen billigen Anbau von Getreide (vor allem Soja), das als Futter zur Tierzucht in die Industrieländer verkauft wird. Ein solcher Exportanbau bringt ausländische Devisen, und die großen Landwirte zögern nicht, für die Vergrößerung ihrer Anbauflächen regelmäßig neue Urwaldparzellen nutzbar zu machen. Sie vertreiben damit die Kleinbauern von ihren Ackerflächen und zwingen diese, sich immer weiter in die bewaldeten Gebiete zurückzuziehen. Weltweit vernichten die Ausdehnung der Ackerflächen, die Holzindustrie und der Straßenbau jährlich fast 13 Millionen Hektar Primärregenwald, das entspricht einer Fläche von der Größe der Niederlande, Belgiens, der Schweiz und Dänemarks zusammengenommen, oder der Größe Floridas.

Zelt am Flussufer nahe Rawdat Sabt, Provinz Al-Rayyan, Katar

(25° 19' nördlicher Breite – 51° 21' östlicher Länge)

Schwimmbäder und Luxushotels mit gewagter Architektur, klimatisierte Einkaufszentren, Vergnügungsparks und erstaunliche Museen, überfüllte Jachthäfen, grüne Golfplätze, künstliche Inseln mit Grandhotels und Villen – Katar ist eines der reichsten Länder und verwehrt sich nichts. Um die Wirtschaft zu diversifizieren, die hauptsächlich auf der Erdgasförderung beruht (Katar besitzt das drittgrößte Erdgasvorkommen der Welt), hat sich das Emirat ähnlich wie sein Nachbar Dubai eine Tourismusindustrie geschaffen, die ebenso üppig wie künstlich ist und die jährlich 500 000 Touristen anlockt. Besuchern, die Natur und Abenteuer suchen, bietet das Land Safaris in Geländefahrzeugen durch die Sanddünen, Tauchabenteuer in den warmen Gewässern des Arabisch-Persischen Golfes und Übernachtungsmöglichkeiten in Beduinenzelten. Der Kontrast zwischen der durchgestylten, rastlosen Stadt Doha und der Wüste könnte kaum größer sein, wenngleich diese Wüste nicht unbedingt den Versprechungen der Reiseprospekte von unberührter Natur entspricht. Vielleicht empfinden aber einige Touristen den nächtlichen Lichterzauber der Raffinerien oder den beständigen Geruch von Erdöl als romantisch.

Abwrackwerft, Chittagong, Bangladesch

(22° 20' nördlicher Breite – 91° 49' östlicher Länge)

In Chittagong, am Golf von Bengalen, beenden Frachtschiffe aus der ganzen Welt ihre Fahrt über die Ozeane. Dieser Industriehafen im Süden Bangladeschs ist nach Alanga (Indien) zum weltweit zweitgrößten Standort für Schiffsverschrottung geworden. Seit Ende der 1960er Jahre hat sich dort eine richtiggehende Abwrackindustrie entwickelt, die das Land heute mit 60 Prozent seines Stahlbedarfs versorgt. Jährlich werden dort 70 Schiffswracks bis auf den allerletzten Bolzen auseinandermontiert und recycelt. Über 30000 Arbeiter sichern mit einem Lohn von zwei Dollar am Tag den Lebensunterhalt ihrer Familien: Insgesamt leben mehrere Hunderttausend Bangladeschis von dieser Demontage. Die Arbeiter haben keinerlei Schutzkleidung, nicht einmal Handschuhe, obwohl sie den hochgradig giftigen und leicht entflammbaren Rückständen (Asbest, Quecksilber, Erdölsubstanzen) der Schiffe ausgesetzt und häufig von Explosionen bedroht sind. So hat Greenpeace in den vergangenen 15 Jahren 300 Tote und über 6600 Schwerverletzte gezählt. Auf der ganzen Welt werden jährlich 500 bis 700 Schiffe ausgemustert und zur Verschrottung verschifft. Es scheint eine unverzichtbare Maßnahme zu sein, vorher eine Dekontaminierung der Schiffe vorzuschreiben.

Agrarlandschaft, nahe Pullman, Staat Washington, USA

(46° 44' nördlicher Breite – 117° 100' westlicher Länge)

Die Landwirtschaft in den Vereinigten Staaten ist ohne Zweifel eine der am meisten mechanisierten und industrialisierten der Welt. In diesem Land beträgt die zur Lebensmittelproduktion benötigte Energie 17 Prozent der verbrauchten fossilen Energie, das entspricht der in ganz Frankreich jährlich genutzten Energie. Die Zubereitung und das Kühlen der Nahrung in den Haushalten sind die größten Energiefresser. Es folgen die Energieverbraucher der landwirtschaftlichen Produktion in abnehmender Reihenfolge: die Herstellung von chemischem Dünger und Pestiziden, der Treibstoffverbrauch der Erntemaschinen, der Transport der Ernte, die Bewässerung, der Verbrauch für die Viehzucht (besonders das Heizen der Gebäude), das Trocknen der Ernte etc. Wissenschaftler haben errechnet, dass eine amerikanische Farm mittlerer Größe drei Kalorien fossiler Energie verbraucht, um eine Lebensmittelkalorie herzustellen. In Frankreich haben statistische Berechnungen ergeben, dass die Landwirtschaft im Jahre 2004 für 26 Prozent der Treibhausgase verantwortlich war. Wenn man den Transport und die industrielle Verarbeitung der Nahrungsmittel hinzurechnet, dann ist die Ernährung Ursache für ein Drittel aller Treibhausgasemissionen Frankreichs.

Große Tümmler auf offener See vor der Landspitze Saint-François, Korsika, Frankreich

(42° 35' nördlicher Breite – 8° 45' östlicher Länge)

Rund 200 Große Tümmler *(Tursiops truncatus)* leben vor der Küste Korsikas, wo ihnen die Menschen mehr oder weniger freundlich begegnen. Die Touristen sind begeistert, wenn die Tiere die Schiffe begleiten. Aber für die verzweifelten Fischer gelten die Delfine als ungeliebte Konkurrenten, die sich von denselben Fischschwärmen ernähren und darüber hinaus die Fangnetze zerstören. Um das Zusammenleben zwischen Fischern und Tümmlern entlang dem schmalen Küstenstreifen zu verbessern, haben örtliche, nationale und europäische Initiativen (darunter das Korsische Umweltamt) im Jahre 2003 ein Programm namens LINDA ins Leben gerufen. Seitdem werden die Tümmler gezählt und beobachtet, sodass man die Häufigkeit ihrer Angriffe auf Fischernetze feststellen kann. Parallel dazu sind die Fischer aufgefordert, Strategien zu entwickeln, um die Tiere zu meiden. Dank seines milden Klimas und seines Planktonreichtums leben heute im Mittelmeer knapp 25 000 Zahnwale (zu denen alle Delfine und auch die im Mittelmeer heimischen Pottwale zählen) sowie 300 Bartenwale (im Mittelmeer Finn- und Buckelwale). Die Meeressäuger sind auf 87 500 Quadratkilometern des Seeterritoriums zwischen Hyères und der Toskana geschützt. Diese 1992 geschaffene »maritime Schutzzone des Mittelmeeres« wird von Frankreich, Monaco und Italien gemeinsam verwaltet.

Tempel von Abu Simbel, Nassersee, Ägypten

(22° 21' nördlicher Breite – 31° 37' östlicher Länge)

Die Rettung dieser Ausgrabungsstätte der unter Ramses II. (1298–1213 v. Chr.) erbauten Anlagen war die erste aufwendige Aktion, die die UNESCO kurz nach ihrer Gründung leitete. Etwa 50 Nationen entschieden im Jahre 1954 angesichts des drohenden Untergangs dieser Region Nubiens in den Fluten des Assuanstausees, den Tempel Stein um Stein zu versetzen. Dieser internationale Plan zur Rettung dieser Kulturgüter war ein Meilenstein für die Anerkennung einer gemeinsamen Verantwortung gegenüber dem Welterbe der Menschheit. Zwischen 1963 und 1967 zerlegten 900 Arbeiter die Tempel in mehr als 1000 Blöcke, um sie 60 Meter höher auf einem künstlichen, durch ein Betongewölbe gestützten Felsen genau so wieder aufzubauen. Das Projekt kostete über 40 Millionen Dollar. Der Tempel von Abu Simbel steht seit 1979 auf der UNESCO-Liste der Weltkulturgüter und ist eine der beeindruckendsten Anlagen ihrer Art.

Baumschule in Pillnitz, südöstlich von Dresden, Sachsen, Deutschland

(51° 00' nördlicher Breite – 13° 52' östlicher Länge)

Ursprünglich wurde Gartenbau in großen Flusstälern mit eher mildem Klima betrieben, inzwischen ist diese Sparte der Landbewirtschaftung überall zu finden, darunter auch in nordeuropäischen Ländern ohne Gartenbautradition. Deutschland ist heute nach den Niederlanden der zweitgrößte europäische Blumenlieferant. Früher passte sich die Gärtnerei dem Rhythmus der Jahreszeiten an: Zwiebel- und Knollenpflanzen im Frühjahr, Geranien oder Petunien im Sommer und Heidekrautgewächse im Herbst. Die Blumenproduzenten sind davon heute dank Gewächshäusern und erdelosem Anbau ebenso wenig abhängig wie von Klima oder Bodenqualität. Auch die Entwicklungsländer exportieren ihre Blumenproduktion weltweit. Allerdings werden die Arbeiter dort häufig ausgenutzt, und ihre Gesundheit ist durch die zahlreichen verwendeten Pestizide gefährdet. 1990 hat Deutschland eine »Blumen-Kampagne« ins Leben gerufen, die 1997 zur Verabschiedung internationaler Richtlinien für die Pflanzenproduktionen führte und auf den Konventionen der internationalen Arbeitsorganisation und des Naturschutzes beruht. Das FLP-Etikett (Flower Label Programm »Fair Flowers«) garantiert die Einhaltung ethischer und ökologischer Bedingungen beim Blumenanbau in den Ursprungsländern.

Golfplatz auf Sand in Dukhan, Provinz Al-Jemailiya, Katar

(25° 25' nördlicher Breite – 50° 47' östlicher Länge)

Die inmitten eines Ölfeldes gelegenen Greens des Golfplatzes von Dukhan verdienen ihren Namen eigentlich nicht. Man müsste sie eher »Browns« nennen. Die direkt auf dem bloßen Boden markierten Bahnen des Parcours brauchen keinerlei Pflege und vor allem keinerlei Bewässerung. Diese Browns sind umweltfreundlich und vollkommen an das trockene Klima des Landes angepasst, in dem es sechs Monate lang nicht regnet und in dem das Süßwasser aus Meerwasserentsalzungsanlagen gewonnen wird. Aber da die Autoritäten des Emirats darum bemüht sind, einen hochklassigen Tourismus zu entwickeln, haben sie offenbar die Grundidee des Browns vergessen. So ist der neue Golfplatz von Doha, der Hauptstadt von Katar, die Antithese des Parcours von Dukhan. Auf seinen 150 Hektar mussten acht Wasserteiche mit Süß- bzw. Salzwasser angelegt werden, 10 000 Palmen wurden gepflanzt und Riesenkakteen aus den Vereinigten Staaten importiert. Um den internationalen Standards gerecht zu werden, sind die ununterbrochen bewässerten Rasenflächen satt grün. Wann werden die Verantwortlichen im Golfsport verstehen, dass dieser von schottischen Hirten zur Zerstreuung erfundene Sport entsprechend seiner Ursprünge auf natürlichem Gelände gespielt werden sollte, ohne Dünger und ohne Bewässerung?

Dorf am Tschadsee, Tschad

(13° 23’ nördlicher Breite – 14° 05’ östlicher Länge)

Auf den Inseln im Tschadsee trocknen die Fischer Barsche, Welse und Karpfen, um sie anschließend nach traditioneller Art zu räuchern. Früher reichte die Wasserfläche des Sees bis über die Grenzen von Tschad, Kamerun, Nigeria und Niger hinaus; in den vergangenen drei Jahrzehnten hat der See 80 Prozent seiner Oberfläche eingebüßt. Diese Austrocknung stellt ein großes gesundheitliches und ökologisches Problem dar und hat seine Ursache in erster Linie in den geringeren Niederschlägen und in zwei schlimmen Dürreperioden. Verschärft wird diese Lage durch Bewässerungsfeldbau und Umleitung von Wasser. Landwirte, Viehzüchter und Fischer leiden unter der Wasserknappheit, die Ernten sind dürftig, das Vieh stirbt, die Fischgründe gehen kaputt, und die Böden versalzen, sodass die Armut zunimmt. Die Situation ist explosiv, denn sie betrifft 20 Millionen Menschen in den vier Anrainerstaaten und führt zu politischen Problemen zwischen den Ländern, die besonders mit der Landflucht zusammenhängen. Bis zum Jahr 2050 könnten mehr als 150 Millionen Menschen dazu gezwungen sein, ihre Heimat am Tschadsee zu verlassen.

18. November

Banda Aceh, Moschee von Lhok Nga nach dem Tsunami vom 26. Dezember 2004, Sumatra, Indonesien

(5° 33' nördlicher Breite – 95° 18' östlicher Länge)

Am 26. Dezember 2004 verursachte ein Seebeben der Stärke neun auf der Richterskala eine furchtbare Flutwelle: 166 000 Indonesier fanden durch sie den Tod. Die Provinz Aceh im Norden von Sumatra bot ein Bild des Grauens. In dem Ort Lhok Nga blieb nur die Moschee stehen. Das eingestürzte Minarett und ihre aufgerissene Fassade erinnern daran, dass Indonesien mit seinen 200 Millionen Einwohnern die meisten Muslime der Welt (87 Prozent der Staatsbürger) hat. Auch wenn hier alle Religionen vertreten sind, so läuft nicht alles friedlich ab: Die Insel Timor, deren Bewohner dem christlichen Glauben anhängen, ist seit 2002 unabhängig, und doch werden die christlichen und chinesischen Minderheiten auf den Molukken verfolgt. Die Provinz Banda Aceh auf Sumatra hat sogar sezessionistische Anwandlungen. Wegen des Tsunami schlossen die Krieger des GAM (Gerakan Aceh Merdeka oder »Für ein freies Aceh«) und die indonesische Armee einen vorübergehenden Waffenstillstand, der im Juli 2005 in einen Friedensvertrag mündete.

Tal des Wadi El Abiod, Algerien

(35° 05' nördlicher Breite – 6° 10' östlicher Länge)

Das Massiv von Aures im Nordosten Algeriens ist für seine außerordentlich schönen Landschaften bekannt. Es bildet lange parallele Ausläufer, die enge, von den anderen abgeriegelte Täler voneinander trennen. Das Wadi Abdi und das Wadi El Abiod liegen seitlich des Massivs und treffen bei Biskra wieder aufeinander, bevor ihr Wasser im Sand der Sahara versickert. Im Süden des Bergmassivs ist es trocken und glühend heiß, das Leben hat sich tief in die Täler zurückgezogen. So klammern sich die Dörfer in der Schlucht des Wadi El Abiod an die Felswände, während die vom Wasser des Wadi berieselte Vegetation den Grund der Schlucht bedeckt. Im Algerienkrieg (1954–1962) war dieses von der Außenwelt buchstäblich abgeriegelte Tal im Kampf gegen die französischen Kolonialtruppen eine uneinnehmbare Bastion der FLN (Nationale Befreiungsfront) und ihrer bewaffneten Truppe, der ALN (Nationale Befreiungsarmee). Heute ziehen es viele Jugendliche vor, das abgeschiedene Gebiet zu verlassen und ihr Glück anderswo zu suchen, in den Städten der Provinz Constantine etwa und manchmal auch in Europa. Die Arbeitslosigkeit von 30 Prozent bei jungen Algeriern gibt dem Traum vom Exil ständig neue Nahrung.

Obst- und Gemüsemarkt bei Man, Côte d'Ivoire

(7° 30' nördlicher Breite – 7° 29' westlicher Länge)

Ananas, Mangos, Kokosnüsse, Zwiebeln, Tomaten, Yams, Kochbananen – all diese Produkte verkaufen die Bauern aus der Region von Man regelmäßig in der Stadt. In den Randgebieten der afrikanischen Städte findet sich heutzutage eine sehr intensive Landwirtschaft. Viele Bauern würden lieber für den Eigenbedarf arbeiten und auf den intensiven Anbau verzichten, der zwar Devisen ins Land bringt, aber auch wirtschaftliche Abhängigkeit erzeugt. Tatsächlich fließt der Überschuss des Lebensmittelanbaus in die Städte, denn dort finden die Bauern einen hervorragenden Absatzmarkt. Die Produkte werden dem Wunsch der Städter angepasst. So bieten die Bauern der Côte d'Ivoire Brei Maniokfrucht *(attiéké)* in Grießform an, um dem Geschmack der städtischen Verbraucher gerecht zu werden.

Insel Janitzio im Patzcuaro-See, Michoacán, Mexiko

(19° 35’ nördlicher Breite – 101° 35’ westlicher Länge)

Janitzio ist die größte der fünf Inseln des Patzcuaro-Sees, eines großen, von Bergen gesäumten Sees im Bundesstaat von Michoacán. Sie wird von Fischern bewohnt. Auf dem Gipfel der Insel steht seit den 1930er Jahren eine Statue von José Maria Morelos, einem der Helden im Unabhängigkeitskampf Mexikos. Nach seiner Gefangennahme wurde er am 22. Dezember 1815 von spanischen Truppen erschossen und konnte so nicht mehr das Ende des Unabhängigkeitskrieges (1810–1821) miterleben. Im Innern dieser 40 Meter hohen Statue kann man nach oben klettern, in ihrer erhobenen Faust ist eine Aussichtsplattform eingerichtet. Besondere Bedeutung für die Dorfbewohner von Janitzio haben die Feierlichkeiten zu Allerseelen (31. Oktober bis 2. November). Nachts gehen sie mit Kerzen, Sträußen der Tagetesblume und Nahrungsmitteln auf den Friedhof. Während der gesamten Nacht wachen die Familien über die zu diesem Anlass geschmückten Gräber, um durch Gesang und Gebet die Seelen der Verstorbenen zu erreichen. Durch Werbekampagnen und Reiseführer angelockt, kommen immer mehr Touristen und besuchen den kleinen Friedhof von Janitzio – auch auf die Gefahr hin, dass dieser Brauch zur inhaltsleeren Touristenattraktion verkommen könnte.

22. November

Getreidespeicher eines Dorfes bei Goz Beïda, Tschad

(12° 13’ nördlicher Breite – 21° 24’ östlicher Länge)

In der Sahelzone, wo Ackerbau und Viehzucht das Überleben der Bevölkerung sichern, werden die Getreideernten (zumeist verschiedene Hirsesorten) sowie Erdnüsse während der langen Trockenperiode in Speichern aufbewahrt. Die in der kurzen Regenzeit angebauten Nahrungsmittel werden dann vor Ort verzehrt. Obwohl der Anblick dieser Körnerspeicher beruhigend erscheinen kann, so drückt sich darin auch die Angst der 800 000 Bewohner der Provinzen Ouaddaï und Biltine im Osten des Tschad aus, die häufig Hunger leiden. In einem Land mit 34 Prozent Unterernährung weiß man, wie unsicher die Nahrungsversorgung sein kann. Der Regen ist nicht planbar, der größte Teil der Böden ausgelaugt und die landwirtschaftliche Produktion schwach. In manchen Jahren herrscht viele Monate lang Hungersnot. Verstärkt hat sich der Nahrungsmittelengpass noch einmal durch den Zustrom hungriger Flüchtlinge (200 000 seit dem Jahr 2003), die dem Krieg in Darfour, einer angrenzenden sudanesischen Provinz, entfliehen. Auch wenn der Hunger in der Welt insgesamt abnimmt, so betrifft er noch immer rund 800 Millionen Menschen. Zwei Milliarden Menschen sind chronisch unterernährt, vor allem in Indien und in Afrika südlich der Sahara.

Steinbruch auf einer Insel im Archipel von Ieshima, am Seto-Binnenmeer, Japan

(34° 40' nördlicher Breite – 134° 31' östlicher Länge)

Im Seto-Binnenmeer zwischen Honshu und Shikoku – zwei der vier japanischen Hauptinseln – liegen mehr als 1000 Inseln. Dazu gehört auch der Archipel von Ieshima (20 Quadratkilometer), der aus 40 Inseln besteht und sich etwa 20 Kilometer vor der Küste von Honshu befindet. Der Archipel ist nach Ieshima, der größten seiner Inseln, benannt, die etwa 5000 Bewohner hat. Zu dieser Inselgruppe zählen auch Tangoshima und Nishishima, die seit mehr als einem Jahrhundert als Steinbruch genutzt werden und deren Areal bereits zu über einem Drittel abgebaut wurde. Diese Verkleinerung der Fläche könnte schließlich zu ihrem völligen Verschwinden führen. Seit den 1950er Jahren erschöpft die steigende Nachfrage des Menschen nach begrenzt vorhandenen natürlichen Ressourcen die verschiedenen Ökosysteme des Planeten. Dieser Verbrauch übersteigt bei Weitem den Rhythmus ihrer natürlichen Selbsterneuerung und stellt die Versorgung der nachfolgenden Generationen infrage.

Mandelernte, Mallorca, Balearen, Spanien

(39° 36' nördlicher Breite – 3° 02' östlicher Länge)

Der ursprünglich aus Zentralasien stammende Mandelanbau hat sich im Mittelmeerraum unter dem Einfluss der Griechen und Phönizier verbreitet. Die Römer nannten die Mandel auch »die griechische Nuss«. Auf den Balearen ist der Mandelanbau ebenso Tradition wie der Wein- oder Olivenanbau. Die Ernte der Früchte erfolgt mittels einer besonderen Technik: Die Äste werden mit Stöcken geschlagen, und so geschüttelt, fallen die Früchte auf die unter dem Baum ausgebreitete Planen. Die geringe Produktivität der Mandelbäume (zwei bis fünf Kilogramm Früchte pro Baum) wurde durch große Anbauflächen kompensiert, die allerdings sehr geschrumpft sind, weil die alten Bäume kaum ersetzt wurden. Mit einer Produktion von 200 000 Tonnen im Jahre 2005 ist Spanien trotzdem weltweit an zweiter Stelle der Mandelerzeuger, weit hinter den Vereinigten Staaten, die über 70 Prozent der Welternte – das heißt 670 000 Tonnen im Jahr 2005 – liefern. Die spanischen Mandeln werden auf dem europäischen Markt mehr und mehr im Bereich der Konditorei und Bäckerei (getrocknete süße Mandeln), als Aromastoff (Bittermandelessenz) und in der Kosmetikindustrie (Süßmandelöl) verwendet.

Gazelle in einem Feld in Israel

(31° 30' nördlicher Breite – 35° 00' östlicher Länge)

Fröhlich springen die Gazellen zwischen den Grenzen Israels und der besetzten Gebiete hin und her. Sie gehören zu den zahlreichen geschützten Tierarten des Landes, unbeachtet der Schäden, die sie manchmal auf den Feldern anrichten. Wie Nubische Steinböcke, Leoparden, Streifenhyänen und Meeresschildkröten, sind auch die Gazellen in Israel geschützt, während sie in den Nachbarländern gejagt werden. Mehr als 500 Millionen Zugvogelarten, und damit etwa drei Viertel der europäischen Zugvögel – darunter Pelikane, Kormorane und Stare – machen zweimal im Jahr auf ihrer Flugroute zwischen Europa und der südlichen Erdhalbkugel in Israel Rast. In diesem Land gibt es heute 150 Reservate und 65 Nationalparks, die zusammengenommen eine Fläche von rund 1000 Quadratkilometern einnehmen. Die Natur zu schützen ist zwingende Notwendigkeit, selbst in Zeiten des Krieges. Wildtiere, Wasser, Wälder und Luft müssen tatsächlich als Gemeingut der Menschheit betrachtet werden und bedürfen entsprechender Schutzmaßnahmen, weil sonst das Gleichgewicht eines Landes und sogar einer ganzen Region bedroht sein könnte.

26. November

Archäologische Ausgrabungsstätte in Delphi, Region Sterea Ellada, Griechenland

(38° 36’ nördlicher Breite – 22° 59’ östlicher Länge)

Am Fuß des Berges Parnass in Delphi befand sich in der Antike ein heiliger Ort, den man als das Zentrum der Erde betrachtete: der Omphalos (Nabel der Welt). Der Legende nach führte die Schlange Python dort eine Schreckensherrschaft, bevor sie von Apolls Pfeilen durchbohrt wurde. Er war der Gott des Lichtes und der Musik und verhalf so der Harmonie zum Sieg über die irdischen Kräfte. Delphi stand fortan unter Apolls Schutz. Da er auch Gott der Wahrheit war, teilte er sich den Menschen durch ein Orakel mit, das im gesamten Mittelmeerraum bekannt war. Sein Medium, die Pythia, war eine Frau, die in einer Krypta durch Schwefeldämpfe und das Zerkauen wohlriechender Lorbeerblätter in Trance verfiel und den Pilgern die göttlichen Antworten übermittelte. Das Orakel wurde bis ins vierte Jahrhundert n. Chr. hinein befragt. Unterhalb der Ruinen des Heiligtums des Apoll und des Tempels der Pythia befinden sich die Ruinen des Heiligtums der Athene, von denen der Tholos am besten erhalten ist. Die drei rekonstruierten dorischen Säulen vermitteln einen Eindruck des ehemals eleganten marmornen Rundbaus, dessen Funktion bis heute nicht bekannt ist. Griechenland hat ein sagenhaftes archäologisches Kulturerbe, und der Tourismus stellt heute die Hauptquelle seiner Wirtschaft dar: Elf Prozent der Bevölkerung arbeiten im touristischen Bereich, der elf Prozent des Bruttoinlandsprodukts ausmacht.

27. November

Schafzucht am Lake Coleridge, Canterbury, Südinsel, Neuseeland

(43° 22' südlicher Breite – 171° 31' östlicher Länge)

Neuseeland mit 270 534 Quadratkilometer Fläche zählt 40 Millionen Schafe und nur vier Millionen Einwohner! Auf der Südinsel ist die Schafzucht der Hauptzweig der Landwirtschaft. Die Tiere sind das ganze Jahr über auf riesigen, von Elektrozäunen eingegrenzten Weidegebieten im Freien und werden lediglich für die Schur oder für den Transport zum Schlachthaus zusammengetrieben. Die neuseeländische Schafzucht lebt vom Export des Fleisches und der Wolle. Insgesamt ist der Bestand der erwachsenen Schafe zurückgegangen, während die Lammzucht stabil geblieben ist – rund 25 Millionen Tiere pro Jahr, 85 Prozent davon werden exportiert. Die Schafzucht bleibt für die Umwelt nicht ohne Folgen: Wiederkäuer sind nicht zu verachtende Produzenten von Methan, einem Gas, das nach Kohlendioxid und FCKW für die klimatischen Veränderungen verantwortlich gemacht wird. In Neuseeland übersteigt der Methanausstoß bereits um mehr als 50 Prozent die landesweiten Gasemissionen, die Einfluss auf den Treibhauseffekt haben. Auf weltweiter Ebene produziert das Vieh 15 Prozent der Methanemissionen, der Rest entsteht im Ackerbau (vor allem auf Reisfeldern) und bei der Gärung der Abfälle auf Müllhalden (Biogas). Sicherlich gibt es viel weniger Methangas in der Atmosphäre als Kohlendioxid, aber der Methanausstoß nimmt schneller zu.

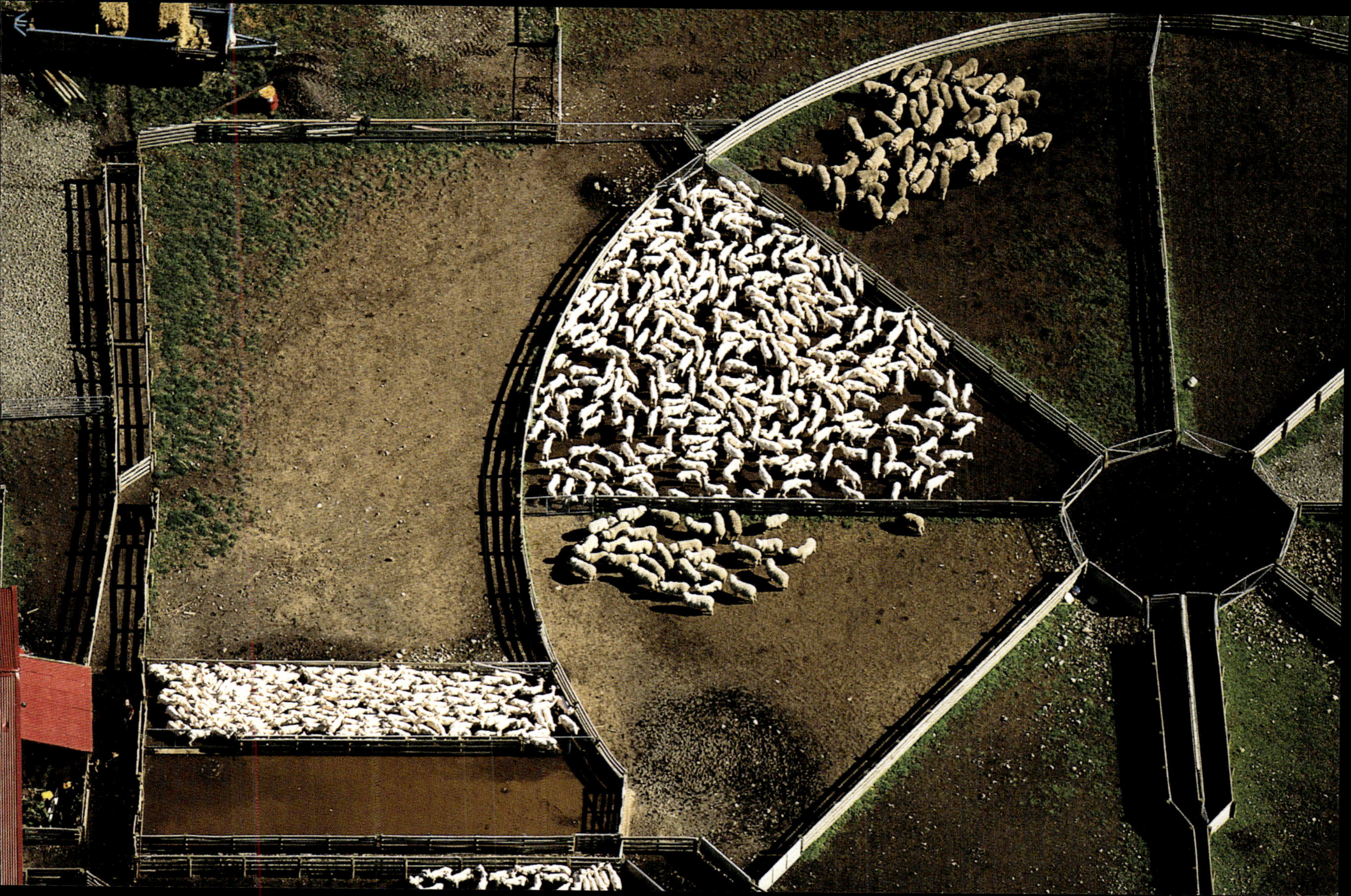

Felder in der Gegend von Aïn Touta, Aurès, Algerien

(35° 22’ nördlicher Breite – 5° 52’ östlicher Länge)

Das ehemalige Siedlerdorf Aïn Touta, das 1872 etwa 35 Kilometer von Batna entfernt gegründet wurde, hat sich heute zu einem landwirtschaftlichen Gebiet mit 34 000 Einwohnern entwickelt. Die Algerier haben von jeher eine enge Beziehung zum Ackerbau gehabt. Während der französischen Kolonialzeit wurde fast die Hälfte der 7,5 Millionen Hektar landwirtschaftlicher Fläche den Besitzern weggenommen und den französischen Siedlern übergeben. Nach der Unabhängigkeit führte die Agrarreform zu einer Krise des Bauernstandes und zu einer Massenflucht in die Städte. Seit Anfang des 21. Jahrhunderts stieg die Landwirtschaft erneut zum Wachstumsmotor des Landes auf. Sie beschäftigt etwa 25 Prozent der Bevölkerung und beträgt zwölf Prozent des Bruttoinlandsprodukts. Das reicht allerdings nicht aus, sodass Algerien noch Lebensmittel importieren muss, darunter Getreide, Milch und Milchprodukte, Öle und Fette, Zucker und Süßwaren sowie Mehlprodukte.

Datscha am Ufer des Galve-Sees, Gegend von Trakai, Litauen

(54° 39' nördlicher Breite – 24° 56' östlicher Länge)

Von Flandern bis zur großen russischen Ebene verfügt Europa über riesige flache Landschaften, die in der letzten Eiszeit entstanden sind. Dort bildeten sich unzählige Gewässer, und die Flüsse fließen gemächlich dahin. Wie die übrigen Anrainerstaaten der Ostsee ist auch die Landschaft in Litauen von Wäldern, Seen, Sumpfgebieten und Hochmooren geprägt, in denen lange Zeit die letzten Herden der Auerochsen (vor vier Jahrhunderten ausgestorbene Rinder) überlebt haben. Heute sind dort wieder Europäische Wisente anzutreffen. Im Laufe der Jahrhunderte hat die Landwirtschaft stetig auf die ehemals bewaldeten Gebiete übergegriffen, heute sind aber elf Prozent des Territoriums geschützt. Im Land gibt es fünf Feuchtgebiete von internationaler Bedeutung, 290 Reservate, davon sechs unter besonderem Schutz, 30 Regional- und fünf Nationalparks, wie dieser in der Region Trakai, nahe der Hauptstadt Wilna. Im Rahmen der Erweiterung der Europäischen Union haben die neuen Mitglieder finanzielle Unterstützung für den Umweltschutz erhalten. In Litauen dürften die Kosten für die Umsetzung der europäischen Rechtsprechung in nationale Gesetze im Umweltbereich (Naturschutz, aber auch Wasser- und Luftschutz sowie Bekämpfung der industriellen Verschmutzung) etwa eine Milliarde Euro betragen.

Totenstadt im Süden von El-Minya, Ägypten

(28° 05' nördlicher Breite – 30° 45' östlicher Länge)

Diese Ansiedlung muslimischer und ägyptischer Kuppeln ist einer der größten Friedhöfe der Welt. Auf einer Länge von vier Kilometern finden sich in Zaouiyet el-Mayitin (»Ort der Toten«), der Nekropole von El-Minya, zeitgenössische Gräber und antike Grabstätten, wie das Grab von Nefersekherou (18. Dynastie). Im alten Ägypten sollte die Sakralisierung das Leben ehren, daher wurde den Bestattungsriten besonderer Wert beigemessen. Eingerichtet als Bleibe für die Ewigkeit, geben sie alltägliche Szenen wieder, in denen der Verstorbene seine Existenz im Jenseits fortführt. Daher bringt seine Familie im Grab auch die gewohnten Gegenstände des Toten unter. Nach der Einbalsamierung des Körpers wird die Seele des Verstorbenen, von den Organen befreit (außer dem Herzen), eine Reihe von Initiationsriten durchlaufen, bevor sie vor dem göttlichen Tribunal unter dem Vorsitz der Göttin Osiris beurteilt wird. Die islamistischen Gruppen, deren gewalttätige Aktionen den Terror in der Region der Provinzhauptstadt säen, haben in den letzten Jahren sicherlich diese Grundlagen ihrer Kultur vergessen.

Für einen fairen Handel

Von der eigenen Arbeit existieren zu können ist oft alles andere als selbstverständlich. Auf der Südhalbkugel sind 50 Prozent aller Menschen unmittelbar von der Landwirtschaft und dem Export landwirtschaftlicher Produkte abhängig, um überleben zu können. In diesen Ländern beruhen Wirtschaft und Gesellschaft häufig noch auf traditionellen Anbauweisen. Eine Milliarde der etwa 1,3 Milliarden in der Landwirtschaft beschäftigten Menschen arbeitet heute noch mit der Hand, ohne Zugtiere und ohne Maschinen.

Allerdings befinden sich auf dem internationalen Markt, ebenso wie auf den heimischen Märkten, die traditionellen Bewirtschaftungsformen in direkter Konkurrenz zur überindustrialisierten unternehmerischen Landwirtschaft entwickelter Länder. Und diese setzt vergleichsweise wenig Handarbeit ein.

Es sind die Akteure der Länder des Nordens, die in dieser Branche die internationalen Regeln vorgeben. So kontrollieren heute beispielsweise vier multinationale Konzerne rund 40 Prozent des weltweiten Reishandels, sieben Gesellschaften kontrollieren 85 Prozent des Kakaohandels, vier Unternehmen haben 60 Prozent des Welt-Kaffeemarktes unter ihrer Kontrolle.

Kleinproduzenten, die diese konventionelle Landwirtschaftsindustrie beliefern, sind meist die großen Verlierer in der Aufteilung von Mehrwert und Reichtum, der entlang der Handelskette abfällt.

Auch die international zunehmende Liberalisierung des Warenaustausches – ein Ergebnis der seit 1995 stattfindenden Verhandlungsrunden der WTO (Welthandelsorganisation) – führt zu einer Polarisierung und einer Beschleunigung der direkten und der ungerechten Konkurrenz zwischen herkömmlicher und industrieller Landwirtschaft. Die Kleinproduzenten haben in diesen Gremien keine Vertreter.

In einer globalisierten Wirtschaft können Rohstoffspekulationen oder Subventionen in reichen Ländern schnell zu rasanten Kursstürzen führen. Durch sie verliert die Arbeit der Kleinproduzenten an Wert – und das hat wiederum das Anwachsen der Elendsviertel in den Großstädten des Südens oder die Emigration der Menschen, die auf Suche nach Arbeit sind, zur Folge.
Die unbedachte Öffnung der Märkte führt dazu, dass der mit der Hacke arbeitende Bauer aus Mali in direkter Konkurrenz zum Landwirt eines reichen Landes steht und zudem noch wettbewerbsfähig sein soll.
Eine Lösung der Misere besteht in einer gerechteren internationalen Regelung. Unumgänglich ist dabei eine Änderung der gängigen Handelspraktiken.
Der Anspruch der Länder des Südens, ihre eigene dauerhafte Wachstumspolitik führen zu können, muss dringend anerkannt werden. Das aber bedeutet eine Politik, die den Fortbestand der heimischen Wirtschaft und die Stabilität der Gesellschaft in diesen Ländern sichert. Dazu müssen die Länder befähigt werden, ihre Landwirtschaft zu schützen, und sie müssen dazu ermutigt werden, Modelle landwirtschaftlicher Organisation zu stärken, die die politischen, wirtschaftlichen, sozialen und kulturellen Rechte ihrer Produzenten und Arbeiter wahren.
Während diese Forderungen erst noch von Instanzen wie WTO, IWF (Internationaler Währungsfonds) oder Weltbank anerkannt werden müssen, bieten die Initiativen des fairen Handels mittlerweile bereits einer Million Herstellern und ihren Familien – das sind sechs Millionen Menschen auf der Erde – die Möglichkeit, von ihrer Arbeit zu leben und eine Zukunft zu planen.
Die Schweizer »Max-Havelaar-Stiftung« sieht in Produzenten und Konsumenten die Pfeiler der Wirtschaft. Die Herausforderung besteht darin, die bestehenden Regeln von Wirtschaft und Konsum grundlegend zu verändern. Die wesentliche Voraussetzung für eine menschlichere Wirtschaft ist, dass beide gemeinsam

ein wirtschaftliches System festlegen, in dem sie sich entwickeln. Das Ziel des fairen Handels besteht daher in der Schaffung einer internationalen demokratischen Struktur, in der die Wirtschaft nicht mehr einem angeblichen »Naturgesetz« unterliegt, sondern in dem sie Regeln folgt, auf die sich alle Teilnehmer (Produzenten, Arbeiter, Fabrikanten, Händler und Konsumenten) gemeinsam einigen. Diese Regeln betreffen nicht nur den Preis, sie müssen auch eine landwirtschaftliche Produktionsform vertreten, die die Rechte der Produzenten und der Arbeiter schützt.

Die Werkzeuge des fairen Handels sind zuallererst die Garantie eines Mindestlohns, aber auch die Einführung einer Entwicklungsprämie, die zusätzlich zum Preis bezahlt wird und von der die Produzenten und Arbeiter Schulen bauen, Brunnen bohren, Produktionswerkzeuge kaufen oder Ausbildungsplätze anbieten können. Die Arbeiterorganisationen, die zu mehr Demokratie angeleitet werden, passen sich damit ebenfalls einer besseren und umweltfreundlicheren Produktion an. Das Zertifikat »fair« spielt so auch eine wichtige Rolle in der Strukturierung der Lebensumwelt. Es führt zu einer richtiggehenden Dynamik hin zu einem dauerhaften Wachstum.

Für den Konsumenten besteht heute die Möglichkeit, sich im Sinne des fairen Handels zu verhalten. Auf internationaler Ebene ist dies auch der Beweis dafür, dass es möglich ist, einen Handel zu betreiben, der die dauerhafte Entwicklung der besonders benachteiligten Produzenten ermöglicht.

Weltweit gibt es etwa 15 Sparten: Baumwolle, Blumen, Kosmetikprodukte, Kaffee, Tee, Schokolade, Gewürze, Obst, Obstsäfte, Quinoa, Reis usw. Der Umsatz der zertifizierten Produkte ist zwischen 2004 und 2005 von 70 auf 120 Millionen Euro gestiegen.

Soloba Mady Keita, der Präsident der Baumwollproduzenten-Vereinigung von Kita in Mali, gibt ein konkretes Beispiel für die positiven Auswirkungen dieser neuen

Handelsart: »In der kommenden Winterperiode brauchen wir keine Hungersnot mehr zu befürchten, weil wir uns mit der Entwicklungsprämie als Allererstes ein Lagerhaus gebaut haben. Etwas im eigenen Speicher zu sammeln ist vorrangig. Das stärkt die Autorität des Familienoberhaupts und bremst die Stadtflucht – und so bleiben kräftige Arme im Dorf. Dann haben wir in den Dörfern Schulen gebaut, und der Schulbesuch beträgt 100 Prozent. Schließlich sind die Frauen in den Verwaltungsrat der Produzentenvereinigung eingebunden worden. Das hat das Bild der Frau verbessert, die traditionell immer im Hintergrund blieb.«

Wer Produkte aus fairem Handel kauft, hilft den Produzenten, von ihrer Arbeit zu leben.

Victor Ferreira

Leiter von Max Havelaar, Frankreich

Saressee im Pamir-Gebirge, Tadschikistan

(38° 15' nördlicher Breite – 72° 37' östlicher Länge)

Im Jahr 1911 verursachte ein Erdbeben der Stärke 7,4 im Pamir-Gebirge einen riesigen Erdrutsch, der über 500 Meter tiefer zu liegen kam und das Tal des Murgab-Flusses versperrte. In einer Höhe von 3300 Metern entstand durch diesen natürlichen Damm mit der Zeit ein enormer See. Er hat eine Länge von 60 Kilometern und enthält rund 17 000 Kubikmeter Wasser. Nach mehreren Erdbeben in den 1990er Jahren tritt an verschiedenen Stellen Sickerwasser aus, sodass Experten schon befürchten, der Damm könnte plötzlich brechen – ein Katastrophenszenario, das allerdings als nicht sehr wahrscheinlich gilt – oder es könnte zu einem neuen Erdrutsch kommen, der ins Innere des Sees stürzen und dabei zu hohen Wellen und einem Überspülen des Deiches führen würde. Ein solches Risiko ist sehr ernst zu nehmen, da in dieser Gegend häufig starke Erdbeben vorkommen. Das Überlaufen des Sees würde eine 100 Meter hohe Welle und Zerstörungen auf einer Länge von über 1000 Kilometern talabwärts verursachen, die außer Tadschikistan auch die Anrainerländer Afghanistan, Usbekistan und Turkmenistan, also fünf Millionen Menschen, beträfen. Um diesem Risiko begegnen zu können, hat die Weltbank ein Beobachtungs- und Frühwarnsystem für die Region finanziert.

Seehunde in der Somme-Bucht, Somme, Frankreich

(50° 14' nördlicher Breite – 1° 33' östlicher Länge)

Entlang des Ärmelkanals verschmelzen Land und Wasser auf mehr als 70 Kilometer Länge zu einem riesigen feuchten Küstenstreifen, der Wattlandschaft der Picardie, die für ihren Vogelreichtum berühmt ist. Etwa 340 Vogelarten nisten oder rasten dort auf ihrem Herbst- und Frühjahrszug, wenn sie nach Afrika oder Asien fliegen oder von dort kommen. Hier lebt auch Frankreichs größte Kolonie von Seehunden *(Phoca vitulina)* mit mehr als 70 Tieren. Im Sommer werden die Robbenbabys geboren. Bei Ebbe suchen die Weibchen mit ihren Jungen die vom ablaufenden Wasser freigelegten Sandbänke zum Schlafen auf. Sie brauchen absolute Ruhe. Werden sie gestört, flüchten sie ins Meer, was eine große Gefahr für die noch nicht entwöhnten Jungtiere darstellt. Denn leicht verlieren die Jungen im allgemeinen Durcheinander ihre Mütter und riskieren damit ihr Leben. Die Meeresregion der Picardie gehört zu den größten natürlichen Feuchtgebieten Frankreichs. Diese empfindlichen Ökosysteme gelten als die produktivsten der Erde, trotz ihrer im Verhältnis geringen Größe. Sie zählen aber auch zu den am meisten gefährdeten. In den vergangenen 30 Jahren ist die Hälfte der französischen Feuchtgebiete verschwunden oder stark in Mitleidenschaft gezogen worden.

3. Dezember

Kanal von Korinth, Sterea Ellada, Griechenland

(37° 55' nördlicher Breite – 22° 59' östlicher Länge)

Die Landenge von Korinth verbindet die Halbinsel des Peloponnes mit dem griechischen Festland und trennt an dieser Stelle den Golf von Korinth und den Saronischen Golf voneinander. Lange Zeit war sie ein Hindernis für die Schifffahrt: Um von der Ägäis ins Ionische Meer oder umgekehrt zu gelangen, mussten die Schiffe den Peloponnes umfahren und mit einigen schwierigen Passagen rechnen. Da man eine Verbindung zwischen beiden Meeren schaffen wollte, legten die Korinther schließlich im siebten Jahrhundert v. Chr. von einer Seite der Landenge zur anderen einen gepflasterten Weg an, den so genannten Diolkos. Auf diesem wurden die Schiffe auf Karren transportiert. Später träumten einige römische Kaiser davon, einen Kanal zu graben. Im Jahre 67 n. Chr. setzte Nero das Projekt in die Tat um und machte mit einer Schaufel aus Gold den ersten Spatenstich. Nach seinem Tod wurden die Arbeiten als zu teuer angesehen und eingestellt. Dennoch folgten Ende des 19. Jahrhunderts die Ingenieure beim Graben des aktuellen Kanals den alten Spuren. Heute nutzen jährlich etwa 11 000 Schiffe diese 6343 Meter lange und 21 Meter breite Strecke, um vor allem Touristen zu befördern.

Dorf Al-Hajarayn, Tal des Wadi Doan, Jemen

(15° 04’ nördlicher Breite – 43° 42’ östlicher Länge)

Das Wadi Doan ist eines der zahlreichen Wadis entlang der vereinzelten grünen Oasen, die sich vom bergigen Zentrum Jemens bis zum Roten Meer schlängeln. Dieses von hohen Felswänden gesäumte Tal war bis ins achte Jahrhundert die bevorzugte Route der Seiden- und Weihrauchkarawanen auf ihrem Weg von der Küstenregion Dhofars im Oman in Richtung Ägypten. Noch heute klammern sich ein Dutzend Dörfer an die schroffen Steilwände des Wadi Doan. Den Eingang seines Vorgebirges beherrscht das Bergdorf Al-Hajarayn, dessen Name »die zwei Felsen« bedeutet. Seine hohen Häuser aus Stampflehm, einer in der Sonne getrockneten Mischung aus Stroh, Wasser und Lehm, scheinen das Gleichgewicht herausfordern zu wollen. Unterhalb der Siedlung dehnen sich die Hirsefelder aus. Dank seiner isolierten Lage hat das Dorf eine gewisse Eigenständigkeit bewahren können, vor allem dank der Unterstützung einiger nach Saudi-Arabien ausgewanderter Mäzene. Der Jemen ist das ärmste Land auf der Arabischen Halbinsel, und seine Wirtschaft beruht in großen Teilen auf den Geld-überweisungen seiner Diaspora. Dies ist die zweite Devisenquelle des Jemen, nach dem Öl (0,46 Millionen Tonnen pro Tag und 90 Prozent der Exporteinnahmen) und vor der Landwirtschaft (von deren Erträgen allerdings der Qat-Anbau, einer Pflanze mit halluzinogenen Eigenschaften, ein Drittel ausmacht).

Trocknung der Yamswurzeln im Norden Bondoukous, Côte d'Ivoire

(8° 43' nördlicher Breite – 2° 39' westlicher Länge)

Nach traditioneller Anbauart wird der Yams unter kleinen Erdhügeln vergraben, und wie in den meisten tropischen Ländern bauen die Ivorer ihn für den Eigengebrauch an. In Afrika ist diese stärke- und proteinreiche Wurzel von Côte d'Ivoire bis Kamerun besonders in den Trockenregionen nördlich der Waldgrenze zu finden. Die afrikanische Küche, ob auf dem Land oder in der Stadt, verwendet die stärkehaltige Pflanze häufig, sie ist der Hauptbestandteil eines für die ivorische Küche typischen Gerichtes, des *Fufu* (auch *Foutou*), eine Art fester Brei. Die Elfenbeinküste bleibt drittgrößtes Yamswurzel-Anbauland Afrikas (nach Nigeria, das 70 Prozent des afrikanischen Anbaus bestreitet, und Ghana). Etwa 55 Prozent der erwerbstätigen afrikanischen Bevölkerung sind heute in der Landwirtschaft beschäftigt, doch ihre Zahl sinkt ständig.

Tempel von Bulguksa, Südkorea

(35° 55’ nördlicher Breite – 8° 50’ östlicher Länge)

Dieser Tempel wurde im achten Jahrhundert nahe der Stadt Kyongju, Bulguksa, erbaut. Er liegt mitten in der Natur und ist einer der schönsten buddhistischen Tempel Südkoreas. Seit 1995 steht er auf der UNESCO-Liste des Weltkulturerbes. 47 Prozent der Südkoreaner gehören dem Buddhismus an. Sein religiöses Symbol ist die Swastika, ein gegenläufiges Hakenkreuz. Man sieht es häufig in den Straßen buddhistischer Länder, in denen es auf religiöse Stätten hinweist. Es gilt als eines der ältesten Symbole der Menschheit, das man in unterschiedlicher Form in den meisten zivilisierten Gesellschaften der Erde wiederfindet. Die ersten bekannten Swastiken fand man auf den Töpfereien der Vinca-Kultur in Transsylvanien, die aus dem fünften Jahrtausend v. Chr. stammen. Dieses Symbol wurde später von den Buddhisten aufgenommen und als kosmisches Zeichen verwendet. Es stellt den ewigen Kreislauf um einen festen Punkt herum dar, jenen Punkt des Universums, um den sich Evolution und Transzendenz drehen. Seit seiner Verwendung durch die Nazis ist die Swastika – selbst in gegenläufiger Form – in weiten Teilen der Welt ein tabuisiertes Symbol geworden.

Urlauber schwimmen mit Delfinen, Puerto Vallarta, Jalisco, Mexiko

(20° 37' nördlicher Breite – 105° 15' westlicher Länge)

An der pazifischen Westküste liegt die Stadt Puerto Vallarta, deren Strände an der Banderas-Bucht sie in den vergangenen Jahrzehnten zu einem der bedeutendsten Seebäder Mexikos gemacht haben. In einem der Vergnügungsparks der Stadt baden die Urlauber inmitten einer Schar von Delfinen. Dieses so besondere Vergnügen wird von verschiedenen Tierschutzorganisationen, vor allem der Gesellschaft zum Schutz der Meeressäuger, hart verurteilt. Der ständige Wechsel der Besucher und die engen Kontakte mit den Tieren erhöhen das Risiko der Krankheitsübertragungen zwischen Delfinen und Menschen. In diesen Parks, in denen man Delfine füttern und anfassen kann, hat man beobachtet, dass die Tiere allgemein sehr gestresst, fettleibig und häufig verletzt sind. Die Sicherheit der Besucher ist nicht immer gewährleistet, denn sie können kleine Bisse oder ungewollte Schläge mit Brust- oder Schwanzflosse erhalten. Die Organisationen fordern regelmäßig die Schließung dieser »Streichelschwimmbecken«, die allerdings eine besondere Touristenattraktion darstellen.

Feldanbau bei Kiffa, Mauretanien

(16° 35' nördlicher Breite – 11° 25' westlicher Länge)

In diesem zu drei Vierteln aus Wüste bestehenden Land, dessen Grundwasser langsam zur Neige geht, ist das bäuerliche Leben durch die chronische Trockenheit stark bedroht. Die Bauern machen 45 Prozent der Bevölkerung aus, stellen aber gleichzeitig 80 Prozent der Armen des Landes. Ganz im Süden Mauretaniens, in der Nähe der Stadt Kiffa sowie entlang des Senegal-Flusses decken Getreideanbau (Hirse, Mais, Weizen) und Dattelplantagen nur 20 Prozent des Nahrungsbedarfs der örtlichen Bevölkerung. Nach und nach zerstört der Wassermangel die kleinen inselähnlichen Anbauflächen für Lebensmittel und zwingt die Bewohner, in die Städte zu ziehen, vor allem in die Hauptstadt Nouakchott, deren Bevölkerung sich in den vergangenen 30 Jahren verzwanzigfacht hat. Die Landflucht dieser Benachteiligten und ihre erzwungene Sesshaftigkeit steigern die Misere in den Städten und die Umweltverschmutzung. In den 1960er Jahren waren nur fünf Prozent der Mauretanier Städter, heute sind es 55 Prozent. Die Hälfte der Weltbevölkerung lebt heutzutage in Städten, im Jahre 2050 könnten es bereits 70 Prozent sein.

Vulkansee Vui, Ambae-Insel, Vanuatu

(15° 25' südlicher Breite – 167° 50' östlicher Länge)

Die mitten im Korallenmeer y-förmig angeordneten zwölf Inseln und 83 Inselchen des Archipels Vanuatu gehören zu einer Kette aktiver Vulkane. Unter ihnen ist der Vulkan Lombenben mit dem exponierten Berg Manaro und seinen zwei sehr großen Kratern auf 1496 Metern über dem Meeresspiegel. Der Vui-See liegt im inneren Krater, in dessen Mitte sich nach einem Ausbruch im Dezember 2005 ein Lavadom geformt hat. Im Juni 2006 färbte sich das blassblaue Wasser des Sees innerhalb von nur zehn Tagen durch Eisenoxidausschwemmungen purpurrot. Dieses äußerst seltene Phänomen kannte man bis dahin nur aus Indonesien, einem Land, das ebenfalls auf dem so genannten Feuergürtel liegt, ebenso wie 90 Prozent aller erfassten 500 aktiven Vulkane der Erde. Das Leben der mehr als 200 000 Einwohner der Republik Vanuatu ist daher geprägt von der vulkanischen Aktivität und den häufig vorkommenden Erdbeben, beides Hinweise auf die Instabilität des Meeresbodens am Melanesischen Bogen.

Felder an einem Berghang bei Cuzco, Peru

(13° 31' südlicher Breite – 71° 59' westlicher Länge)

Mitten in der Gebirgskette der Anden liegt auf 3400 Meter Höhe die Stadt Cuzco, eingebettet in eine aus dem jüngsten Erdzeitalter stammende fruchtbare Talsenke. Das dort vorherrschende Klima ist sehr günstig für die Landwirtschaft. Mehr als ein Viertel der erwerbstätigen peruanischen Bevölkerung ist in der Landwirtschaft beschäftigt, überwiegend wird der Anbau von Lebensmitteln zur Existenzsicherung betrieben. Mit der Entdeckung der Ruinenstadt Machu Picchu im Jahre 1911 wurde Cuzco plötzlich aus der Vergessenheit gerissen und entwickelte sich zu einem touristischen Zentrum mit mehr als 250 000 Einwohnern. Die außergewöhnliche Mischung aus Inkakultur und kolonialen Einflüssen führte zu einer beeindruckenden Ansammlung archäologischer Relikte. Seit etwa 15 Jahren muss jedoch das architektonische Erbe von Cuzcos historischem Zentrum neuen Hotelanlagen und Geschäftsgebäuden weichen. Jedes Jahr werden etwa 50 historische Häuser zerstört oder umgebaut, eine Tendenz, die sich aufgrund der tourismusfreundlichen staatlichen Politik noch zu verstärken scheint. Und das, obwohl es durchaus möglich ist, Umweltschutz und Tourismus miteinander in Einklang zu bringen: Dies ist das erklärte Ziel des Ökotourismus, der weltweit einen jährlichen Zuwachs von 20 Prozent verzeichnet.

Kuchi-Nomaden im Norden Kabuls, Afghanistan

(34° 40’ nördlicher Breite – 69° 10’ östlicher Länge)

Afghanistan liegt an einem der wichtigsten Kreuzungspunkte der alten Seidenstraßen und hat seit jeher im Rhythmus der Karawanen gelebt. Das Nomadentum ist heute noch die Lebensart eines Teils der Bevölkerung, denn ihr Lebensraum in Halbwüste oder Gebirgsland ist zu unwirtlich, um dort dauerhaft zu wohnen. Früher waren die Herden der Nomaden – Schafe, Ziegen, Pferde, Kamele, Rinder – Zeichen für Wohlstand, und der Dung der Tiere nährte den kargen Boden. Heute gelten die Nomaden als armes Volk, dessen Wanderungen durch die allgemeine politische Unsicherheit und die Landminen stark eingeschränkt sind. Die Dürreperiode in den Jahren 1998 bis 1999 zwang viele von ihnen dazu, sesshaft zu werden. Zurzeit ist eine Volkszählung in Vorbereitung, die nach 25 Jahren Krieg eine Vorstellung von der Bevölkerungsstruktur geben soll, aber es scheint, dass Afghanistan nur noch eine Million nomadisch lebender Einwohner (bei insgesamt etwa 28 Millionen Einwohnern) hat, die unter der Bezeichnung Kuchi-Nomaden zusammengefasst werden. Die Vereinten Nationen schätzen die Zahl der Nomaden auf der ganzen Welt auf etwa 80 Millionen.

Festung Bahla, Jabal-al-Achdar-Gebirge, Oman

(22° 58' nördlicher Breite – 57° 18' östlicher Länge)

Im Norden Omans, am Fuß des Jabal-al-Achdar-Gebirges mit einer Höhe von 3018 Metern, schmiegt sich nahe der Oase Bahla mit ihren 46 Dörfern eine gleichnamige Festung an den Hang. Die aus Backstein gebaute Festung Bahla zeugt vom Reichtum der Banu Nabhan, die vom zwölften bis 15. Jahrhundert die Herrschaft über die anderen Gemeinschaften ausübten. Lange Zeit war sie dem Verfall preisgegeben, ihre Mauern stürzten mit dem Regen jedes Jahr mehr ein. Um die vollkommene Zerstörung des Bauwerks zu verhindern, wurde die Festung 1987 auf die UNESCO-Liste des Weltkulturerbes gesetzt und 1988 auf die Liste der bedrohten Kulturgüter, da in der Gegend Entwicklungsprojekte geplant waren, die wenig Rücksicht auf diese Stätte nahmen. Die Entscheidung der Behörden im Oman, auf die Verwendung moderner Materialien und Techniken in der Umgebung der Festung Bahla zu verzichten, erlaubte es, diese wieder von der Liste der bedrohten Denkmäler zu streichen. Überall auf der Welt helfen die Anerkennung und der Schutz der Weltkulturgüter, das Erbe der Vergangenheit für zukünftige Generationen zu erhalten. 2006 wurden 812 historische Stätten in die Listen der UNESCO aufgenommen.

13. Dezember

Reistrocknung in einem Dorf bei Ihosy, Region von Fianarantsoa, Madagaskar

(22° 25’ südlicher Breite – 46° 08’ östlicher Länge)

Die Landwirtschaft ist Madagaskars Haupterwerbszweig. Die große Insel verfügt über eine Anbaufläche von 36 Millionen Hektar, auf der vor allem Reis und Getreide gepflanzt werden. Aber die, wie die Stadt Fianarantsoa, überwiegend auf den Hochebenen Zentralmadagaskars gelegenen Felder müssen bewässert werden. Das bedeutet, dass vor allem wegen des Wassermangels lediglich 31 Prozent der Anbauflächen genutzt werden. Weltweit werden 20 Prozent der bewirtschafteten Äcker oder 40 Prozent der Lebensmittelproduktion bewässert. Aufgrund der Wasserknappheit, die zahlreiche Länder betrifft, muss die weltweite Sicherung der Lebensmittel durch eine Verbesserung der Bewässerungstechniken erreicht werden. Beispiele dafür sind Systeme, die das Wasser Tropfen für Tropfen abgeben und dadurch bis zu 70 Prozent sparen, sowie die Auswahl von Pflanzen, die dem jeweiligen Klima angepasst sind und nicht zu viel Wasser benötigen sowie einen starken Mehrwert haben.

Wasserstelle bei Koulayyou, im Mak'arrasou-Gebirge, Dschibuti

(11° 55' nördlicher Breite – 42° 24' östlicher Länge)

Die Republik Dschibuti ist ein armes Land mit etwa einer halben Million Einwohner und einem Mangel an Lebensmitteln. Sie war ebenso wie die anderen Länder am Horn von Afrika in den letzten vier Jahren aufgrund zu geringer Regenfälle von regelmäßigen dramatischen Dürreperioden betroffen. Der zu geringe oder zu unregelmäßige Niederschlag reichte nicht aus, um die Wasserstellen zu füllen oder das Weideland zu regenerieren. Im Nordwesten und Südosten dieser ehemals französischen Kolonie sind alle oder fast alle Wasserstellen trocken. Die Nomaden aus dem Landesinneren, aber auch aus den Grenzgebieten zu Somalia, Äthiopien und Eritrea, mussten mit ihren Schafen, Ziegen und Dromedaren in die Küstenregion Dschibutis ziehen. Allerdings hat die große Menge Vieh die wenigen verbliebenen Weidegründe schnell erschöpft. Die Schäfer verlieren oft viele Tiere, manchmal sogar ihre ganze Herde. Die Hungersnot hat sich breitgemacht, und selbst das Trinkwasser für die Menschen fehlt. Mehr und mehr Nomaden, die früher ein Viertel der Bevölkerung ausmachten, geben wegen der ungünstigen klimatischen Bedingungen und der Einschränkungen ihrer Routen über die Grenzen der einzelnen Länder hinweg ihre traditionelle Lebensweise auf. 85 Prozent von ihnen leben fortan als Sesshafte. Meist ohne Einkommen, sind sie deswegen abhängig von heimischen oder internationalen Lebensmittelhilfen.

Hütte im Nationalpark Los Haitises, Dominikanische Republik

(19° 03' nördlicher Breite – 69° 36' westlicher Länge)

Der dichte Mangroven- und Lianenwald, in dem auch Bambus, Orchideen und baumartige Farne wachsen, macht aus Los Haitises ein fast undurchdringbares pflanzliches Labyrinth. Die Hügel wechseln sich mit Höhlen ab, deren unterirdisches System noch unbekannt ist. Unzählige kleine Inselchen (Mogotes) aus Kalkstein mit dichter Vegetation tauchen in der Bucht von Samana, am Rande des Parks, aus dem Wasser auf. In der »Ha-Long-Bucht der Karibik« tummeln sich Wale, Manatis (Seekühe), Meeresschildkröten und mehr als 110 Vogelarten. Aber die Dominikanische Republik hat zahlreiche Probleme, die ihre Entwicklung auf lange Sicht bedrohen: Das Bevölkerungswachstum, der Mangel an Trinkwasser und Ackerland sowie die Notwendigkeit, Einkommensquellen zu schaffen, gefährden das Ökosystem. Aus wertvollen ökologischen Schutzgebieten wurden bereits Touristenzentren. Hier, wie überall auf der Welt, ist die Artenvielfalt in Gefahr. Innerhalb von 30 Jahren hat die Erde rund 30 Prozent seiner Biodiversität verloren: So gingen die gemäßigten und tropischen Waldgebiete um zwölf Prozent zurück, die marinen Arten um 35 Prozent und die Süßwasser lebenden Arten um mehr als 50 Prozent.

Salinenarbeiter im Salzgarten von Guérande, Loire-Atlantique, Frankreich

(47° 20' nördlicher Breite – 2° 25' westlicher Länge)

Die Guérande, auf Bretonisch Gwen Ran, das »weiße Land«, ist seit über 1000 Jahren die Region des Salzes. Im Laufe der Jahrhunderte haben die »Menschen des Salzgartens«, die *paludiers* (Salinenarbeiter), die sumpfigen Küstenstreifen zu Salzgewinnungsgebieten gewandelt. Dies ist eine sehr ökologische Nutzung, da aus den natürlichen Elementen Profit geschlagen wird: aus Sonne und Meer. So stellen die 5000 Hektar Salzgarten der Guérande heute eine Art grüne Lunge dar, die der fortschreitenden Betonierung der Atlantikküste gegenübersteht. Verschiedene Schutzgebietskategorien, darunter Landschaftsschutzgebiet und International bedeutendes Feuchtgebiet, machen aus den Salzgewinnungsfeldern einen Hort der Ruhe für zahlreiche Vögel. Etwa 180 Vogelarten finden hier Zuflucht, davon sechs geschützte Arten: Seidenreiher, Löffler, Rohrweihe, Säbelschnäbler, Flussseeschwalbe und Blaukehlchen. Diese Verbindung zwischen extensiver Nutzung durch den Menschen und der Schönheit der Natur hat aus dieser Küstenregion weit mehr als ein übliches Rohstoffgewinnungsgebiet gemacht; hier ist eine bemerkenswerte kulturelle Landschaft entstanden.

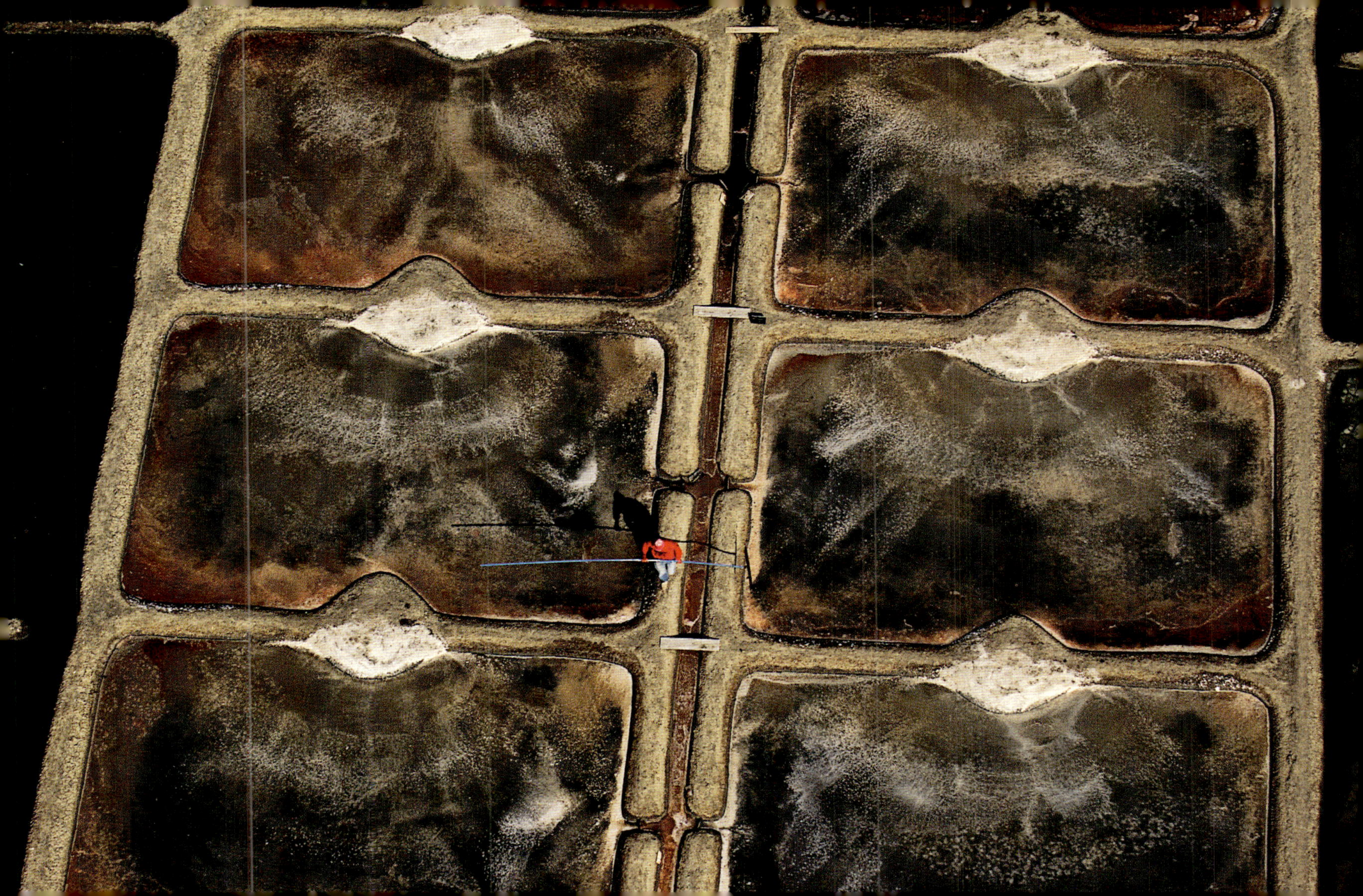

Feld an der Grenze zwischen der Dominikanischen Republik und Port-au-Prince, Haiti

(18° 31' nördlicher Breite – 72° 06' westlicher Länge)

Kakao, Baumwolle, Indigopflanzen, Sisal und Zuckerrohr in den Ebenen, Kaffee in den Bergen: Diese Anbauarten, die ganze Waldgebiete verschlungen haben, sind Grundlage der haitianischen Landwirtschaft. Dennoch sichert die Landwirtschaft nicht genügend Einkünfte, und die Versorgung der Haitianer mit Lebensmitteln erregt noch immer die Besorgnis der humanitären Organisationen. Auf dieser Antilleninsel, die gleichzeitig von Trockenheit und Wirbelstürmen betroffen ist, werden die Böden einer harten Prüfung unterzogen. Die ländliche Überbevölkerung (74 Prozent der acht Millionen Einwohner leben auf dem Land) beschleunigt das Auslaugen der Böden, und die Erosion ist beträchtlich. Dieses Phänomen ist überall auf der Erde anzutreffen: Das Urbarmachen neuer Waldgebiete für landwirtschaftliche Zwecke bedroht heute 20 Prozent der Baumbestände. Aber wie soll man anders die hungrige Bevölkerung ernähren? In den Entwicklungsländern leiden 800 Millionen Menschen an Hunger.

18. Dezember

Litschi-Antilopen im Okavango-Delta, Botswana

(18° 45' südlicher Breite – 22° 45' östlicher Länge)

Vor zwei Millionen Jahren floss der Okavango in den Limpopo, um sich gemeinsam mit dessen Fluten in den Indischen Ozean zu ergießen. Doch die durch starke tektonische Aktivität entstandenen Verwerfungen haben ihn von seinem ursprünglichen Verlauf abgeleitet. Der »Fluss, der niemals das Meer findet« beendet seinen Weg deshalb in Botswana, in einem riesigen Binnendelta von 15 000 Quadratkilometer Ausdehnung, direkt am Rand der Kalahariwüste. Dieses sumpfige Labyrinth, das berühmte Okavango-Delta, bietet über 400 Vogelarten, 95 Reptilien- und Amphibienarten, 70 Fischarten sowie 40 Großsäugerarten einen idealen Lebensraum. Zu den typischen Bewohnern afrikanischer Feuchtgebiete gehören auch Litschi-Antilopen, die das Okavango-Delta in großen Herden bevölkern. Auf mit Vegetation bewachsenen Inseln finden sie Nahrung sowie Schutz vor Raubtieren. Seit 1996 unterliegt das Delta der RAMSAR-Konvention, die den Schutz international bedeutender Feuchtgebiete steuert. Inzwischen unterliegen weltweit insgesamt 1629 Feuchtgebiete der RAMSAR-Konvention, in deren man versucht, dauerhaft soziale und wirtschaftliche Aktivitäten mit den Bedürfnissen der Natur in Einklang zu bringen.

Verladen von Baumwolle im Osten von Odienné, Côte d'Ivoire

(9° 31' nördlicher Breite – 7° 33' westlicher Länge)

Die ursprünglich von den Britischen Antillen stammende und weltweit am weitesten verbreitete Baumwollpflanze *Gossypium hirsutum* wurde im 19. Jahrhundert in Westafrika eingeführt. Im darauffolgenden Jahrhundert betrieben die Kolonialmächte den afrikanischen Baumwollanbau sehr intensiv, um die Monopolstellung der amerikanischen und ägyptischen Baumwolle zu brechen. Dieser Rohstoff machte damals 80 Prozent des Weltmarkts der Textilbranche aus. Heute sind es aufgrund der Entwicklung synthetischer Stoffe 48 Prozent. In Produktion und Konfektionierung von Baumwollkleidung arbeiten auf der ganzen Welt etwa eine Milliarde Menschen. Der seit 1995 anhaltende Kursverfall hat einige Länder, vor allem in Westafrika, in eine große Notlage gebracht. Wegen der Unsicherheit der Arbeitsplätze und der hohen Kosten für chemische Mittel, die im Baumwollanbau in großem Maße eingesetzt werden, regen einige Regierungen dazu an, die Menge der verwendeten Pestizide zu reduzieren und Baumwollanbau nach dem Prinzip des fairen Handels zu betreiben. Nur so sind eine höhere Entlohnung der Arbeiter und Arbeitsbedingungen nach internationalem Standard möglich. Der Baumwollanbau verbraucht heute ein Viertel der weltweit verwendeten Pestizide.

West Beacon, Taylor-Tal, Dry Valleys, Antarktis

(61° 5' südlicher Breite – 161° 00' östlicher Länge)

Die ausgedehntesten schnee- und eisfreien Landschaften auf dem »weißen Kontinent« sind die Dry Valleys (Trockentäler) in Victorialand. Hier wehen katabatischen Fallwinde aus dem Landesinneren so kalt und kräftig mit bis zu 300 Kilometern pro Stunde, dass sich Schnee und Eis weder an den Berghängen noch auf den Ebenen ansammeln kann. Die Winde blasen sogar so stark, dass sie die Felsen abtragen und Sedimentschichten freilegen. Dies bezeugt eindrucksvoll das West-Beacon-Massiv, das den Eisstrom des Taylor-Gletschers überragt. Besonders ins Auge stechen hier die schwarzen Basaltschichten vulkanischen Ursprungs, die durchsetzt werden von ockerfarbenen Sedimentschichten, die einst in Flüssen und Seen abgelagert wurden. Karg und eisig, zählt die Kältewüste der Dry Valleys mit ihrer Ausdehnung von 15 000 Quadratkilometern zu den ungastlichsten Regionen der Erde. Dennoch gibt es auch hier primitive Lebensformen, darunter Bakterien oder einzellige Algen, die an diese Bedingungen angepasst sind. Das weltweit einzigartige Gebiet eignet sich hervorragend dafür, Forschungen über die Erdgeschichte und die Anpassungen der Lebensformen zu betreiben; daher wurde es 2004 per Statut zur Antarctic Specially Managed Area (ASMA) bestimmt. Amerikaner und Neuseeländer, deren wissenschaftliche Stationen in der Region von McMurdo liegen, sind für die Verwaltung gemeinsam verantwortlich.

21. Dezember

Tulpenfelder von Lisse, bei Amsterdam, Niederlande

(52° 15’ nördlicher Breite – 4° 37’ östlicher Länge)

Jedes Jahr im Frühling legt Holland sein vielfarbiges Kleid an. Seit der ersten Blüte im Jahr 1594 – entstanden aus den Zwiebeln, die der österreichische Botschafter aus dem Osmanischen Reich mitgebracht hatte – haben vier Jahrhunderte Auswahl und Züchtung rund 800 Tulpensorten hervorgebracht. In der Gegend von Lisse kultivert man Tulpen und verkauft deren Zwiebeln. Auf über 23 500 Hektar bauen die Niederlande 65 Prozent der Weltproduktion an, das sind zehn Milliarden Blumenzwiebeln. Aber dieser immense Ertrag wurde auf Kosten der Umwelt erreicht. In den 1990er Jahren war der Pestizidverbrauch für den holländischen Blumenanbau der höchste in ganz Europa. Die öffentliche Hand und die Unternehmen schlossen daraufhin Abkommen über die Verwendung chemischer Produkte, über Abfallprodukte und Energieverbrauch. Daraufhin begannen die Landwirte, auf natürliche Mittel zurückzugreifen, um ihre Züchtungen zu schützen. Rund um den Globus findet ein solches Umdenken statt: so zum Beispiel in mehreren Städten Kanadas oder in Rennes, Frankreich, wo die Stadtverwaltungen die Verwendung chemischer Produkte in öffentlichen Parkanlagen verboten haben.

Landwirtschaft auf der Anta-Hochebene, Cuzco, Peru

(13° 29' südlicher Breite – 72° 09' westlicher Länge)

Aufgrund seiner günstigen Lage in einem Tal des Hochgebirges zählt Cuzco zu den wenigen Andenregionen, in denen Landwirtschaft möglich ist. Der Ackerbau zur Eigenversorgung beschränkt sich auf kleine Flächen, auf »Minifundios« mit einer Größe von etwa zwei Hektar. In einem Land, in dem die Hälfte der Bevölkerung arm ist, lebt nur ein Drittel der Menschen von der Landwirtschaft. Mit einem Preis von etwa 2,80 Dollar pro Kilogramm ist Coca die einträglichste Pflanze, und etwa 300 000 Familien bestreiten damit ihren Lebensunterhalt. Lange Zeit wurde es nur für den traditionellen Gebrauch angebaut, seit dem Anstieg des Kokainbedarfs in den USA in den 1970er Jahren hat der Anbau der Blätter stark zugenommen. Peru ist zu einem der führenden Anbaustaaten der Welt geworden: 2005 betrug die Cocaproduktion zehn Prozent des peruanischen Daueranbaus, das heißt, etwa 60 000 Hektar oder 80 Prozent der Ernte (52 500 Tonnen im Jahr 2004) versorgen den Drogenhandel. Da es schwer ist, Anbauprodukte zu finden, die ein vergleichbares Einkommen garantieren, müssen bedeutende finanzielle Mittel zur Verminderung dieser unerlaubten Anpflanzungen aufgebracht werden.

Schule in Clichy-sous-Bois, Seine-Saint-Denis, Frankreich

(48° 55' nördlicher Breite – 2° 33' östlicher Länge)

Ein Himmel-und-Hölle-Spiel und bunte Straßenmalereien: Die Fröhlichkeit dieses Schulhofs lässt die triste Umgebung vergessen. Sie liegt in einem so genannten bildungspolitischen Prioritätsgebiet, eine Einteilung, mit der die französische Regierung dem Chancenungleichgewicht begegnen will, das sich aus dem Wohnbezirk der Kinder ergibt. Im ganzen Land lässt sich eine Gettoisierung der bedürftigsten Bevölkerungsschichten beobachten, die in Zusammenhang mit den Mieten steht. Um dieser Tendenz entgegenzuwirken, schreiben seit dem Jahre 2000 nationale Programme zu sozialer Koedukation in jeder Stadt ein Soll von 20 Prozent Sozialwohnungen vor, bis 2005 wurde allerdings in 200 Städten noch nichts unternommen. Bei der Geburtenrate steht Frankreich europaweit auf Platz eins, demgegenüber erreichten die Bildungsausgaben im Jahre 2003 den zwölften Platz aller europäischen Länder, lediglich 5,6 Prozent des französischen Bruttoinlandsprodukts werden dafür aufgewendet. Und dies dürfte sich kaum verbessern: 2006 gab die Regierung bekannt, dass aufgrund von Haushaltskürzungen 8500 Stellen in Grund-, Mittel- und Oberschulen abgebaut würden, da dies Einsparungen von 500 bis 600 Millionen Euro bedeute. Gleichzeitig wurden 800 Millionen Euro zusätzlich für den Verteidigungshaushalt genehmigt.

Masada, Wüste von Judäa, Israel

(31° 18' nördlicher Breite – 35° 20' östlicher Länge)

Zwischen 37 und 31 v. Chr. ließ Herodes an der Westgrenze der Wüste von Judäa die Masada errichten, auf Hebräisch bedeutet ihr Name »Festung«. Die einzige schriftliche Quelle, die über diese Stätte existiert, ist das Werk »Der jüdische Krieg« des Historikers Flavius Josephus. Im Jahre 66 unserer Zeitrechnung nimmt Flavius am nationalen Aufstand der Juden gegen die Römer teil. Einige Jahre später, nachdem er sich ergeben hat, erzählt er vom Aufstand und beschreibt die Festung als einen mystischen Ort. Während Jerusalem im Jahre 70 n. Chr. fällt, hält Masada stand. Um die 967 belagerten Zeloten zu besiegen, sind mehr als 10000 römische Legionäre nötig. Als den Rebellen die bevorstehende Niederlage klar wird, wählen sie zwischen Ehre oder Leben. Die letzten Verteidiger der Zitadelle losen zehn aus ihren Reihen aus, die die anderen töten, bevor sie Selbstmord begehen. Erst vor Kurzem haben die archäologischen Grabungen diesen Bericht in seinen großen Zügen bestätigt. »Masada wird nie wieder fallen«, dieses Gebet sprechen heute die jungen Kadetten der Panzergarnisonen, denn jener hoch gelegene Ort ist zu einem Symbol des jüdischen Widerstands geworden.

25. Dezember

Flusspferde im Naivasha-See, Kenia

(0° 44' südlicher Breite – 36° 22' östlicher Länge)

Hippopotamus amphibius, das Flusspferd, gilt als gefährlichstes und unberechenbarstes Tier Afrikas. Sein Zusammenleben mit dem Menschen führt immer wieder zu Problemen, da der imposante Wasserbewohner nicht davor zurückschreckt, selbst Fischerboote anzugreifen, wenn er sich an seinem Ruheplatz im Wasser gestört fühlt. Inzwischen haben jedoch Jäger, insbesondere Wilderer, die Zahl der Flusspferde stark dezimiert, meist um ihr Fleisch zu essen oder das Elfenbein ihrer Zähne zu verkaufen. Vor allem in der Republik Kongo sind seit 1994 die Bestände zu 95 Prozent ausgerottet worden. Seit 2006 steht diese für Afrika symbolträchtige Tierart daher auf der Roten Liste der bedrohten Tiere und Pflanzen – neben Eisbär, Damagazelle, verschiedene Haiarten, Süßwasserfische oder mediterraner Pflanzen. Von den insgesamt rund 40 000 von der IUCN (Weltnaturschutzunion) gelisteten Tier- und Pflanzenarten gelten 784 offiziell als ausgerottet, 65 Arten existieren nur noch in Gefangenschaft oder in Zuchtstationen, und 16 120 sind vom Aussterben bedroht: jede dritte Amphibienart, ein Viertel aller Nadelhölzer, ein Viertel der Säugetiere und jede achte Vogelart. 99 Prozent dieser bedrohten Lebewesen haben nur den Menschen zum Feind.

Dorf auf dem Land bei Buk Peong, Südkorea

(34° 40’ nördlicher Breite – 126° 50’ östlicher Länge)

Rund um die farbigen Dächer des Dorfes Buk Peong reihen sich Gewächshäuser aneinander. In diesem hoch gelegenen Land – es ist zu 95 Prozent gebirgig – werden die meisten Nahrungspflanzen in Gewächshäusern angebaut. Wie die gesamte südkoreanische Wirtschaft wurde auch die Landwirtschaft nach dem Zweiten Weltkrieg stark modernisiert. In den 1970er Jahren war das Bruttoinlandsprodukt pro Einwohner vergleichbar mit dem der ärmsten Länder Afrikas und Asiens. Heute hat Südkorea, gemessen am Bruttoinlandsprodukt, die zehntgrößte Volkswirtschaft. Allerdings verlor die Landwirtschaft im Laufe der Jahre an Bedeutung und existiert heute nur dank staatlicher Unterstützung. Die Bauern sind die Opfer der Globalisierung und des Wirtschaftswachstums; sie verlassen die ländlichen Regionen und sorgen für ein Anwachsen der Elendsviertel rund um die Großstädte.

Teeanbau in der Region von Kericho, Kenia

(0° 20' südlicher Breite – 35° 15' östlicher Länge)

Im Jahre 2004 erreichte die weltweite Teeproduktion laut Welternährungsoranisation eine Rekordmenge von 3,3 Millionen Tonnen. In Kenia wurden davon 295 000 Tonnen produziert. Das ist zwar weniger als in Indien (850 500 Tonnen) oder China (855 192 Tonnen), aber im Gegensatz zu diesen beiden Ländern werden in Kenia selbst nur fünf Prozent des angebauten Tees getrunken, der Rest wird exportiert. Mit 21 Prozent Marktanteil war Kenia 2004 weltweit das führende Teeexportland, noch vor Sri Lanka und China. Die Europäische Union ist der erste Importeur in dieser Sparte mit 215 000 Tonnen; davon sind 156 000 Tonnen allein für Großbritannien bestimmt. Sie übertrifft damit Russland (172 000 Tonnen), Pakistan (140 000 Tonnen), die Vereinigten Staaten (99 000 Tonnen) und Japan (56 000 Tonnen). Während der Teeverbrauch in den Herstellungsländern stagniert, steigt er in den Nichtanbauländern stetig an, wo Werbekampagnen die besonders gute Wirkung des Tees für die Gesundheit hervorheben. Dies ist der Hauptgrund dafür, dass der Tee einer der Rohstoffe aus landwirtschaftlicher Produktion ist, dessen Wert am wenigsten gefallen ist: Zwischen 1993 und 2003 ging er nur um zwei Prozent zurück, während der Kakao im gleichen Zeitraum 39 Prozent, der Kaffee 38 Prozent an Wert verloren hat.

»Friedenszelte«: Projekt der Künstlerin Clara Halter in Jerusalem, Israel

(31° 46’ nördlicher Breite – 35° 14’ östlicher Länge)

Nicht weit entfernt von der Trennmauer, die Israel im Westjordanland errichtet hat, wurden vom 17. bis 25. Mai 2006 Tücher in einer Gesamtgröße von 11 200 Quadratmetern auf dem Felsen des Berges Abu Tor angebracht. Auf den Zeltplanen, die Jerusalem gegenüber aufgespannt wurden, jener Stadt, die im Zentrum des israelisch-palästinensischen Konfliktes liegt, steht in verschiedenen Schriften und übersetzt in zehn Sprachen das Wort »Frieden« geschrieben. Seit die Hamas am 26. Januar 2006 im palästinensischen Parlament die Mehrheit erlangt hat, verschlechtert sich die Situation vor Ort immer mehr. Der Staat Israel und die Palästinensische Autonomiebehörde verweigern sich gegenseitig die Anerkennung. Die israelische Armee bombardiert weiterhin den Gazastreifen, während bewaffnete palästinensische Gruppen absichtlich israelische Zivilisten angreifen, häufig durch Selbstmordattentate. Durch Annektierungen, Konflikte und Friedensverträge wurden die Grenzen innerhalb dieser Region des Nahen Ostens seit der UNO-Abstimmung über den Teilungsplan im Jahr 1947 ständig modifiziert.

paix
שלום
peace
سلام
Мир
和平
frieden
paz
barış

Markierung eines Maisfeldes mit gentechnisch veränderten Pflanzen in Grézet-Cavagnan, Lot et Garonne, Frankreich

(44° 23' nördlicher Breite – 0° 07' östlicher Länge)

Bis zur Ernte ist dieses Maisfeld deutlich mit einem Kreuzsymbol gekennzeichnet, das gentechnisch veränderte Organismen (GVO) anzeigt. Am 27. Juli 2006 versahen militante Mitglieder der Organisation Greenpeace das Feld mit dieser aus der Luft sichtbaren Markierung, um gegen die Entscheidung der französischen Justiz zu protestieren, die ihnen die Veröffentlichung der Lage gentechnisch veränderter Maisfelder auf einer Internetseite verbot: Wenn der Hinweis auf einer Karte nicht mehr möglich war, dann doch immer noch auf dem Acker selbst. Diese Aktion soll daran erinnern, dass Städte durch die Regelung der Europäischen Union zur Transparenz gentechnisch veränderter Organismen dazu verpflichtet sind, diese auf ihrem Gebiet zu kennzeichnen. Das Kreuz erinnert auch daran, dass laut einer 2006 durchgeführten Umfrage mehr als 70 Prozent der Franzosen sowohl ein vorübergehendes Verbot für GVO wünschen, um deren Auswirkungen auf Gesundheit und Umwelt besser einschätzen zu können, als auch ein Referendum zu ihrer Reglementierung. Von 2003 bis 2004 sind die für den Anbau gentechnisch veränderter Organismen verwendeten Flächen um 20 Prozent gestiegen und erreichten weltweit 81 Millionen Hektar (zweimal so viel wie die Staatsfläche der Niederlande). Heute sind 56 Prozent der Soja-, 28 Prozent der Baumwoll-, 19 Prozent der Raps- und 14 Prozent der Maisprodukte weltweit gentechnisch verändert.

Frau in einem Feld, Tunesien

(34° 00' nördlicher Breite – 9° 00' östlicher Länge)

In Tunesien arbeitet ein Drittel der erwerbsfähigen Bevölkerung in der Landwirtschaft. Der jährliche Getreideertrag beträgt mehr als 510 000 Tonnen und stellt somit den Hauptanteil der Anbauprodukte; Weizen liegt dabei an erster Stelle. Er sichert etwa 50 Prozent der Nahrungsmittel des Landes, doch der eigene Anbau reicht nicht aus, um den Bedarf der Tunesier zu decken. Die Bevölkerung hat sich in 25 Jahren verdoppelt, während die Ackerfläche parallel dazu abgenommen hat, verdrängt durch den Städtebau. Darüber hinaus wird der Ausbau der Getreideproduktion durch die Wasserknappheit gebremst. Die Bewässerung, die 1956 noch 65 000 Hektar der Anbauflächen betraf und heute für 345 000 Hektar verwendet wird, reicht nicht aus: Etwa 40 Prozent der Flächen leiden unter Wassermangel, und das Land muss die Nahrungsmittel importieren, die es selbst nicht produzieren kann. Innerhalb von 30 Jahren haben sich die Einfuhren von Anbauprodukten fast verdoppelt, vor allem von Soja- und Maisöl. Aus wirtschaftlicher Sicht ist die Landwirtschaft ein Verlustgeschäft geworden: Das Bruttoinlandsprodukt ist zwischen 2000 und 2003 um 30 Prozent gefallen, und das Defizit erreichte 496 Millionen Dollar.

31. Dezember

Nachricht neben einem Hubschrauberlandeplatz in New York, Vereinigte Staaten

(40° 42' nördlicher Breite – 74° 00' westlicher Länge)

Uxmal ist eine archäologische Ausgrabungsstätte in Yucatán, Mexiko. Zweifellos stammt der Schreiber dieses originellen Heiratsantrags auf einem New Yorker Dach aus diesem Land. Die Vereinigten Staaten stehen mit einer Bevölkerungszahl von 300 Millionen Menschen im Jahre 2006 an dritter Stelle der bevölkerungsreichsten Staaten dieses Planeten, gleich nach China und Indien. Während die Bevölkerung Frankreichs zwischen 1990 und 2000 um 3,4 Prozent gewachsen ist, hat sie im gleichen Zeitraum in den USA um 13,1 Prozent zugenommen. Anfang des 21. Jahrhunderts sind die Vereinigten Staaten noch immer das wichtigste Immigrationsland der Erde, mit einer durchschnittlichen Migration von 3,5 Einwanderern auf 1000 Einwohner. Im Jahre 2002 sind beispielsweise 220 000 Mexikaner legal in die USA eingereist. Neben dieser legalen Zahl gibt es, so sagt man, jedes Jahr einen illegalen Zustrom von mindestens 250 000 Personen. Laut dem Pew Hispanic Center beträgt die Zahl der illegalen Immigranten zwischen 11,5 und zwölf Millionen, drei Viertel von ihnen stammen aus Lateinamerika.

MELISSA
WILL YOU
MARRY
ME?
UXMAL

Register

Danksagung

Jetzt, da wir diese Seiten abschließen, die sehr schöne Erinnerungen an die unterschiedlichsten Ecken der Welt wachgerufen haben, beschleicht uns die Furcht, einige von all jenen vergessen zu haben, die uns geholfen haben, dieses Projekt zu realisieren. Wir bedauern es zutiefst und bedanken uns an dieser Stelle herzlichst. Ebenso danken wir allen »Anonymen«, die abseits des Rampenlichts zur Verwirklichung unseres wahnwitzigen Unternehmens beitrugen.

UNESCO: Federico Mayor, Generaldirektor; Pierre Lasserre, Direktor der Abteilung für Umweltwissenschaften; Mireille Jardin, Jane Robertson, Josette Gainche und Malcolm Hadley, Hélène Gosselin, Carlos Marquès, Herrn Oudatchine, Abteilung für Öffentlichkeitsarbeit; Francesco di Castri und Jeanne Barbière, Koordinationsstelle für Umweltschutz; Gérard Huber, der unser Projekt freundlicherweise bei dieser Organisation unterstützte.

FUJIFILM: Masayuki Muneyuki, Präsident; Toshiyuki »Todd« Hirai, Minoru »Mick« Uranaka von der Fujifilm-Zentrale in Tokio; Peter Samwell von der Fujifilm-Niederlassung Europa; Doris Goertz, Frau Develey, Marc Héraud, François Rychelewski, Bruno Baudry, Hervé Chanaud, Franck Portelance, Piotr Fedorowicz, Françoise Moumaneix und Anissa Auger von der Fujifilm-Niederlassung Frankreich.

AIR FRANCE: François Brousse, Christine Micouleau, Dominique Gimet, Mireille Queillé, Bodo Ravoninjatovo.

EUROCOPTER: Jean-François Bigay Xavier Poupardin, Serge Durand ebenso wie Guislaine Cambournac.

AFGHANISTAN: Der französischen Botschaft und Oberst Daniel Chambon; bei der ISAF: General Ethem Erdagi, Kommandeur der ISAF in Afghanistan; Major Ozkan, Befehlshaber der türkischen Hubschrauberstaffel der ISAF; Major Volkan, Befehlshaber der Luftoperationen der ISAF; Daniel Massat-Bourrat vom CCF und Helmand, Sultan Ahamad Bahee; den Piloten der afghanischen Luftwaffe: General Amir Djan, General Dawran, Herrn Loudin, Hamid Karzaï und Jaoued Loudin, Zaher Mohammed Azimi.

ÄGYPTEN: Bernard Seguy, dem Veranstalter der Pharaonen-Rallye »Fenouil« und den beiden Piloten Michel Beaujard und Christian Thévenet; den Mannschaften von Paris-Dakar 2003; Étienne Lavigne von der ASO.

ALBANIEN: ECPA – Oberstleutnant Aussavy; DICOD – Oberst Baptiste, Kapitän Maranzana und Kapitän Saint Léger; SIRPA – Charles-Philippe d'Orléans; DETALAT – Kapitän Ludovic Janot; den Piloten der französischen Luftwaffe Étienne Hoff, Cyril Vasquèz, Olivier Ouakel, José Trouille, Frédéric Le Mouillour, François Dughin, Christian Abgral, Patrice Comerier, Guillaume Maury und Franck Novak.

ALGERIEN: Dem Präsidenten der Republik Abdel Aziz Bouteflika; im Ministerium für Raumplanung und Umweltschutz: Minister Chérif Rahmani, Mohamed Si Youcef, Lylia Harchaoui, Farid Nezzar; den Mitarbeitern der Wilayas, der Walis und den Leitern der Umweltschutzämter; in der französischen Botschaft in Algier: Anis Nacrour, Michel Pierre; bei Tassili Airlines: Mohamed Boucebci, Rachid Nouar und dem Piloten Samir Rekibi.

ANTARKTIS: Gérard Jugie vom Institut Français pour la Recherche et la Technologie Polaire; Hauptmann Gérard R. Daudon und Hauptmann Alain Gaston von Astrolabe; dem Piloten Bruno Ficrese von der Heli Union France; den Herren Augusto Leri und Mario Zucchelli vom Progetto Antartida der Italie Terra Nova; Elaine Hood, Karen Yusko und Melba Gabriel von der amerikanischen McMurdo-Station, Raytheon; Guy Guthridge von der National Science Foundation; den Piloten Dustin und Scott; den Verantwortlichen für die Hubschrauberoperationen Monika und Patrick; den Mechanikern Bob, Ron, und Steve; Wendy, der Verantwortlichen für die Versorgung der Hubschrauber.

ARGENTINIEN: Jean-Louis Larivière von den Ediciones Larivière; Mémé und Marina Larivière sowie Felipe C. Larivière; Frau Dudú von Thielman; Virginia Taylor von Fernández Beschtedt; Major Sergio Copertari, Pilot; den Kopiloten Emilio Yañez und Pedro Diamante; dem Mechaniker Eduardo Benítez; Kommissar Norberto Edgardo von der Flugstaffel der Bundespolizei; Gaudiero Capt. Roberto A. Ulloa, ehemaliger Gouverneur der Provinz Salta; Major Daniel D. Pérez von der Gendarmerie von Orán, Provinz Salta; dem Militärischen Geografischen Institut; Kommissar Rodolfo E. Pantanali; den Aerolíneas Argentinas.

ARMENIEN: Michel Pazoumian; Léon Bagdassarian von SABERATOURS; der armenischen Botschaft in Frankreich, insbesondere S. Exz. Edward Nalbandian und Ruben Kharazian; der französischen Botschaft in Armenien, dem Botschafter Henri Cuny und dem Entwicklungsattaché Gérard Martin; der Armenian Development Agency und Arthur Babayan; dem armenischen Außenministerium, besonders Shahen Avakian und Hamlet Gasparian; Christophe Kebabdjian und Max Sivaslian.

AUSTRALIEN: Helen Hiscocks; Kate Kenward, Gemma Tisdell und Paul Gauger von der Australian Tourism Commission; Jairow Helicopters; Simon Eders von Heliwork; Thai Airways und Pascale Baret; den Club-Med-Niederlassungen von Lindeman Island und Byron Bay Beach.

BAHAMAS: Den Club-Med-Niederlassungen von Eleuthera, Paradise Island und Columbus Isle.

BANGLADESCH: Hossain Kommol und Salahuddin Akbar von der Abteilung für Öffentlichkeitsarbeit des Außenministeriums; dem akkreditierten Botschafter von Bangladesch in Paris Tufail K. Haider; Chowdhury Ikthiar, Staatssekretär; Renée Veyret, französische Botschafterin in Dacca; Mohamed Ali und Amjad Hussain von den Biman Bangladesh Airlines sowie Vishawjeet; Herrn Nakada von der Fujifilm-Niederlassung in Singapur; Herrn Ezaher vom Fujifilm-Labor in Dacca; Mizanur Rahman, Direktor; Rune Karlsson, Pilot; J. Eldon. Gamble, Techniker; MAF Air Support; Frau Muhiuddin Rashida vom Sheraton Hotel Dacca; Herrn Minto.

BELGIEN: Thierry Soumagne, Wim Robberechts, Daniel Maniquet und dem Piloten Bernard Séguy.

BOTSWANA: Maas Müller, Chobe Helicopter.

BRASILIEN: Den Regierungen der brasilianischen Bundesstaaten Mato Grosso und Mato Grosso do Sul; Erasmo Machado Filho von der Funcação Pantanal; Emmanuel Thévenin und Jean-Luc Sadorge von den Parcs Naturels Régionaux de France; Fernando Lemos; Herrn Pedreira, dem brasilianischen Botschafter bei der UNESCO; Dr. Iracema Alencar aus Queiros vom Instituto de Proteção Ambiental do Amazonas und seinem Sohn Alexandro; dem Fremdenverkehrsamt von Brasilia; Luis Carlos Burti vom Verlag Burti; Carlos Marquès von der OPI-Abteilung der UNESCO; Ethel Leon von Anthea Communication; TV Globo; Golden Cross, José Augusto Wanderley und Juliana Marquès. Hotel Tropical in Manaus; VARIG.

CHILE: Véronica Besnier, Luis Weinstein, Jean-Edouard Drouault von Eurocopter Chile; Capitán Fernando Perez von der »Aviación del Ejército de Chile«; Capitán Carlos Lopez, Pilot; Capitán Patricio Gallo, Leiter von Eurocopter Chile; Capitán Carlos Ruiz, Pilot; Capitán Gonzalo Maturana, Kopilot; Capitán Yerko Woldarski, Pilot; Capitán Hernán Soruco, Kopilot, sowie Korporal David Espinoza.

CHINA: Herrn Iskaros vom Fremdenverkehrsamt von Hongkong; Herrn Caifangbo und Frau Li Beifen von der chinesischen Botschaft in Paris; dem akkreditierten französischen Botschafter in Peking Pierre Morel; Herrn Shi Guangeng vom Außenministerium; Serge Nègre, Papierdrachen-Akrobat; Yann Layma.

CÔTE D'IVOIRE: Vitrail & Architecture; Pierre Fakhoury; Hugues Moreau und den Piloten Jean-Pierre Artifoni und Philippe Nallet von Ivoire Hélicoptères; Patricia Kriton und Herrn Kesada von der Air Afrique.

DÄNEMARK: Der gesamten Mannschaft der »Over Europe«-Produktion von Weldon Owen Publishing; Stine Norden.

DEUTSCHLAND: Peter Becker, der Pilotin Ruth Eichhorn, Geneviève Teegler und dem ganzen Redaktionsteam von GEO Deutschland; Wolfgang

Mueller-Pietralla für die Autostadt; Frank Müller-May und Tom Jacobi vom *stern*.

DOMINIKANISCHE REPUBLIK: Dem französischen Botschafter Jean-Claude Moyret; dem Kulturattaché Dominique Dollone; Marianne de Tolentino; Nestor Acosta, Pilot.

DSCHIBUTI: Dem Staatspräsidenten Ismaïl Omar Guelleh; Osman Ahmed Moussa, Ministerium für Präsidentschaftsangelegenheiten; Fathi Ahmed Houssein, Ggeneralmajor; Hassan Said Khaireh, Vorsitzender des Militärkabinetts; Mouna Musong, Beraterin des Präsidenten; dem Fremdenverkehrsamt von Dschibuti; dem Präsidenten von Marill und Piloten Thierry Marrill.

ECUADOR: Loup Langton und Pablo Corral Vega von Descubriendo Ecuador; Claude Lara vom ecuadorianischen Außenministerium; Herrn Galarza, Konsul von Ecuador in Frankreich; Eliecer Cruz, Diego Bouilla und Robert Bensted-Smith vom Parc Nacional Galápagos; Patrizia Schrank und Jennifer Stone von »European Friends of Galapagos«; Danilo Matamoros, Jaime und Cesar, Taxi Aero Inter Islas M.T.B.; Étienne Moine, Latitude 0°; Abdon Guerrero vom Flughafen von San Cristobal.

FINNLAND: Satu Kahila, Stine Norden, dem Piloten Dick Lindholm.

FRANKREICH: Dominique Voynet, Ministerin für Raumplanung und Umwelt; Philippe Massoni und Frau Seltzer, Verteidigungsministerium/SIRPA Polizeipräfektur von Paris; den beiden Piloten Franck Arrestier und Alexandre Antunes von Montblanc Hélicoptères; Xavier Olivieri vom korsischen Fremdenverkehrsamt; Cécile da Costa, Comité Départemental du Tourisme d' Auvergne: Charles Josselin und Gilles Pellan, Conseil Général des Côtes d'Armor; Jean-Marc Eysserick, Conseil Général de Savoie; Georges Pacquetet und Laurent Guette, Conseil Général de Haute-Savoie; Sylvie Grosgojeat und Cécile Alziary, Conseil Général des Alpes-Maritimes; Präsident Franck Borotra, Christine Boutin, Pascal Angenault und Odile Roussillon, Conseil Général des Yvelines; Remy Martin, Dominique Hériard-Dubreuil, Nicole Bru, Jacqueline Alexandre, Comité Départemental du Tourisme de la Loire; dem Art Director Philippe Pierrelee, Editions du Chêne; Jean Arcache, Hachette; Jean Berchon und Philippe des Roys du Roure, Moët und Chandon/Rallye GTO; Marie-Thérèse Perrin, Printemps de Cahors; Philippe van Montagu und Willy Gouere, Pilot SAF Hélicoptères, Christophe Rosset, Héli-france, Héli-Union, Europe Hélicoptère Bretagne, Héli Bretagne, Héli-Océan, Héli Rhône-Alpes, Hélicos Légers Services, Figari Aviation, Aéro service, Héli air Monaco, Héli Perpignan, Ponair, Héli-inter, Héli Est; La Réunion: René Barrieu und Michèle Bernard, Fremdenverkehrsamt La Réunion; Jean-Marie Lavèvre, Pilot, Hélicoptères Helilagon; Neukaledonien: Charles de Montesquieu und Daniel Pelleau, Héliocéan; Bruno Civet, Héli Tourisme; Antillen: Niederlassungen vom Club Med in Boucaniers und la Caravelle; Alain Fanchette, Pilot; Polynesien: Niederlassung vom Club Med in Moorea; Haute-Garonne: Carole Schiff; Lyon und Umgebung: Beatrice Shawann, Christophe Schereich, Daniel Pujol (Pilot während der Saône-Überschwemmung, Taponas); Pyrénées-atlantiques: DICOD und SIRPA; Korsika: Jacques Guillard (Verleger), Marie-Joseph Arrighi-Landini (Journalistin), Jean Harixçalde (Fotograf), Gilbert Giacometti (Pilot); Toulon: Admiral Jean-Louis Battet, Stabschef der Marine; Région maritime Méditerranée, Bureau de Communication Régionale: Korvettenkapitän Antoine Goulley; La préfecture maritime de Méditerranée: Geschwader-Vizeadmiral Jean-Marie Huffel, Maître David Hourrier; Enseigne de Vaisseau Rousselet Direction générale de l'armement, Centre d'essais des Landes et de la Méditerranée: Pierre Lusseyran, Jacques Pertois, Cristina und Jean-Charles de Vogüé, Yann Negro, Kabinettsdirektor der Präfektur von Meurthe-et-Moselle; François Charritat, Direction des opérations aéroportuaires de Paris/Roissy und Louis Hirribaren, Chef du contrôle du service circulation; Patrick Gaulois, Bürgermeister von Mont-Saint-Michel; Jean-Philippe Setbon, Unterpräfekt von Saint-Malo; Bernadette Malgorn, Präfektin der Region Bretagne; Véronique Nael, Bureau des libertés publiques et des réglementations de la préfecture de la Manche; Philippe Martel, Commissaire à l'aménagement du domaine de Chambord; Herrn Petitjean, Conservateur du Château de Chenonceau; Claude Dilain, Bürgermeister von Clichy-sous-Bois; Jérôme Bouvier, Leiter von »Clichy sans clichés«; den Hubschrauberpiloten Richard Sarrazy, Alexandre Antunès, Antoine de Marsily, Francis Coz, Bernard Séguy, Gustave Nicolas, Michel Beaujard, Dominique Cortesi, Alain Morlat, Serge Rosset, Michel Anglade, Daniel Manoury, Thierry Debruyère, Gilbert Giacometti, Raphaël Leservot, Jean Roussot und Jean-Luc Scaillierez.

GIBRALTAR: David Durie, Gouverneur von Gibraltar; John Woodruffe vom Gouverneursbüro; Oberst Purdom; Leutnant Brian Phillips; Béatrice Quentin; Peggy Pere; Franck Arrestier, Pilot; Jérôme Marx, Mechaniker.

GRIECHENLAND: Dem griechischen Kultusministerium; Eleni Methodiou von der griechischen UNESCO-Delegation; dem griechischen Fremdenverkehrsamt; den Niederlassungen vom Club Med in Korfu Ipsos, Gregolimano, Helios Korfu, Kos und Olympia; Olympic Airways; den beiden Piloten Dimitrios Prokopis und Konstantinos Tsigkas sowie Kimon Daniilidis, Interjet; dem Meteo Center in Athen.

GROSSBRITANNIEN: England: Aeromega und Mike Burns, Pilot; David Linley; Philippe Achache; Bob Davidson und David Palmer, Environment Agency; Press Office of Buckingham Palace; Schottland: Paula O'Farrel und Doug Allsop, Total Oil Marine Aberdeen; Iain Grindlay und Rod de Lothian, Helicopters Ltd Edinburgh.

GUATEMALA & HONDURAS: Dem Direktor Giovanni Herrera und dem Piloten Carlos Llarena, Aerofoto Guatemala City; Rafael Sagastume, STP villas Guatemala City.

GUYANA: Dem Innenminister Nicolas Sarkozy und seinem Kabinettschef Laurent Solly; Didier Aubry, Pilot bei HDS Guyane.

HAITI: Jean-Claude Moyret, französischer Botschafter in Santo Domingo, Marianne de Tolentino von der französischen Botschaft in Santo Domingo.

INDIEN: Dem in Paris akkreditierten indischen Botschafter Kanwal Sibal; Rahul Chhabra, Staatssekretär; General Sofat von der Luftbrigade; Herrn Lal, Herrn Kadyan und Frau Vivianne Tourtet; Teki E. Prasad und Manjish Grover vom Außenministerium; Herrn Singh vom Büro des Premierministers; Herrn Chidambaram, Parlamentsmitglied; den Herren Kumaran und Pande, Air Headquarters; Atul Jaidka, Mandoza Air Charters; Kapitän Sangha Pritvipalh, Indian International Airways; der französischen Botschaft in Neu Delhi; Claude Blanchemaison, französischer Botschafter in Neu Delhi; François Xavier Reymond, Staatssekretär.

INDONESIEN: Ananda Idris und Ilha Sutrisno, Total Balikpapan; Herrn und Frau Didier Millet; Französische Marinestreitkräfte: Admiral Jean-Louis Battet, Stabschef der Marine; Anne Culler, Fregattenkapitän; der Besatzung des Hubschrauberträgers La Jeanne d'Arc und dem Schiffskapitän Marc de Briançon; den Piloten der l'ALAT (Aviation Légère de l'Armée de Terre).

IRLAND: Aer Lingus; dem staatlichen Fremdenverkehrsamt von Irland; Kapitän David Courtney, Irish Rescue Helicopters; David Hayes, Westair Aviation.

ISLAND: Bergur Gislasson und Gisli Guestsson, Icephoto Thyrluthjonustan Helicopters; Peter Samwell vom staatlichen Fremdenverkehrsamt in Paris.

ISRAEL: Edna Degon, Orly Shavit, Raphael Brin und dem Piloten Boaz Peleg.

ITALIEN: Michel Benard vom Pressedienst der französischen Botschaft in Rom; Greco Gianfranco, Fanzin Stefano und Godicio Pierino von Heli Frioula; Diego Cammarata, Bürgermeister von Palermo.

JAPAN: Eu Japan Festival, Shuji Kogi und Robert Delpir; Masako Sakata von IPJ; NHK TV; Japan Broadcasting Corp.; Teizo Umezu, Pressegruppe Asahi Shimbun.

JEMEN: Khadija Al Salami von der Botschaft des Jemen in Frankreich; Al Shater, Verantwortlicher für die Öffentlichkeitsarbeit der Armee; Bachir Al Mohallel, Touristenführer und Dolmetscher.
JORDANIEN: Frau Sharaf und den Herren Anis Mouasher, Khaled Irani und Khaldoun Kiwan, Royal Society for Conservation of Nature; Royal Airforces; Riad Sawalha vom Royal Jordanian Regency Palace Hotel; I. E. Dina Kawar, jordanische Botschafterin in Frankreich; den Piloten Samir und Saadi.
KAMERUN: dem französischen Botschafter im Tschad Jacques Courbin; Yann Apert, Kulturbeauftragter; Sandra Chevalier-Lecadre sowie dem Personal der französischen Botschaft im Tschad; Lael Weyenberg und »A Day in the Life of Africa«; Thierry Miaillier, RJM Aviation; Jean-Marie Six und der Aviation Sans Frontières; den Piloten Bruno Callabat und Guy Bardet; Gérard Roso.
KANADA: Anne Zobenbuhler von der kanadischen Botschaft und dem kanadischen Fremdenverkehrsbüro in Paris; Barbara di Stefano und Laurent Beunier, Destination Québec; Cherry Kemp Kinnear vom Fremdenverkehrsamt in Nunavut; Huguette Parent und Chrystiane Galland von der Air France; First Air; Vacances Air Transat; André Buteau, Pilot; Essor Helicopters; Louis Drapeau, Canadian Helicopters; Canadian Airlines.
KASACHSTAN: Dem in Paris akkreditierten kasachstanischen Botschafter Nourlan Danenov; dem in Almaty akkreditierten französischen Botschafter Alain Richard; Josette Floch; Prof. René Letolle; Heli Asia Air und dem Piloten Anouar.
KATAR: Saeed Salem Al-Eida von der Qatar Fondation; den Piloten von Gulf Helicopters.
KENIA: Patrix Duffar, Universal Safari Tours Nairobi; Irvin Rozental, Transsafari; Canon Europe: Ian Lopez, (Manager von Canon Europe's Pro Imaging Department), Andrew Boag (Kommunikationsdirektor von Canon Europe), Adelina Marghidan.
KIRGISISTAN: René Cagnat, Jacqueline Ripart.
KROATIEN: Franck Arrestier, Pilot.
KUWAIT: Prof. Abdullah Al Ghunaim und Dr. Youssef, Kuwait Centre for Research & Studies; Sulaiman Al Onaizi, Kuwait National Commission for UNESCO; Dr. Al Salem und Al Baghly, kuwaitische Delegation bei der UNESCO; Major Hussein Al-Mane, Staffel 32 von den Kuwait Airforces; Kapitän Emad Al-Momen, Kuwait Airways; Herrn Al Nafisy.
LIBANON: Lucien George, Georges Salem und der libanesischen Armee.
LITAUEN: Der litauischen Grenzwache; Frau Neria; Herrn Alguis von Lejay Heli Flights.
LUXEMBURG: Bernard Seguy, Pilot.
MADAGASKAR: Riaz Barday und Normand Dicaire, Pilot der Aéromarine; Sonja und Thierry Ranarivelo, Yersin Racerlyn, Pilot der Madagascar Hélicoptère; Jeff Guidez und Lisbeth.
MALAYSIA: Der Niederlassung vom Club Med in Cherating.
MALEDIVEN: Der Niederlassung vom Club Med in Faru.
MALI: Hubert Auriol, TSO – Rallye Paris-Dakar; Daniel Legrand von Arpèges Conseil; dem Cessna-Piloten Daniel Bouet.
MAROKKO: General El Kadire und Oberst Hamid Laanigri, Gendarmerie Royale Marocaine; François de Grossouvre.
MAURETANIEN: Hubert Auriol, TSO – Rallye Paris-Dakar; Daniel Legrand von Arpèges Conseil; dem Cessna-Piloten Daniel Bouet; Sidi Ould Kleib.
MEXIKO: Den Niederlassungen vom Club Med in Cancun, Sonora Bay, Huatulco und Ixtapa.
MONACO: Prinz Albert von Monaco; Oberst Lambe in; Oberst Jouan; Catherine Alestchenkoff vom Grimaldi-Forum; Patrick Lainé, Pilot.
MONGOLEI: Dem in der Mongolei akkreditierten französischen Botschafter Jacques-Olivier Manent; dem in Frankreich akkreditierten mongolischen Botschafter Louzan Gotovddorjiin; Tuya von Mongolie Voyages; der mongolischen Armee.
NAMIBIA: Dem Fischereiministerium; Jean-Pierre Lahaye von der Französischen Mission für Zusammenarbeit; Nicole Weill, Laurent Billet und Jean Paul Namibian; Almut Steinmester von Tourist Friend.
NEPAL: Der nepalesischen Botschaft in Paris; Patrick Oudin, Terres d'Aventure; Ashok Basnyet, Great Himalayan Adventures; Herrn J. B. Rana von den Royal Nepal Airways; Jerôme Edou, Mandala Trekking; Bhudda Air; Patricia Tartour-Jonathan (Direktorin), Colette Vaquier und Fabienne Leriche, Maison de la Chine; Marina Tymen und Miranda Ford von Cathay Pacific.
NIEDERLANDE: Paris-Match; Franck Arrestier, Pilot.
NIGER: Hubert Auriol, TSO – Rallye Paris-Dakar; Daniel Legrand von Arpèges Conseil; dem Cessna-Piloten Daniel Bouet.
NORWEGEN: Ted Juliussen, Pilot; Henry Hogi, Arvid Auganaes und Nils Myklebust, Airlift A.S.
OMAN: Dem Sultan Quabous ben Saïd al-Saïd; John Miller vom Verteidigungsministerium; William Perkins und Isabelle de Larrocha, Villa d'Alésia.
ÖSTERREICH: Hans Ostler, Pilot.
PERU: Dr. Maria Reiche und Anna Maria Cogorno-Reiche Außenministerium; Juan Manuel Tirado; Policia Nacional del Perú; Cecilia Raffo und Alfredo Barnechea, Faucett Airline; Eduardo Corrales, Aero Condor.
PHILIPPINEN: Filipino Airforces; Jill Laidlaw, *Seven Days in the Philippines*, erschienen bei den Editions Millet.
PORTUGAL: Club-Med-Niederlassung in Da Balaia; Ana Pessoa und der ICEP; Magarida Simplício und HeliPortugal; IPPAR.
RUSSLAND: Yuri Vorobiov, stellv. Minister; Herrn Brachnikov, Emerkom; Nicolai Alexiy Timochenko, Emerkom in Kamtschatka; Valery Blatov, russische Delegation bei der UNESCO.
SAINT-VINCENT UND DIE GRENADINEN: Paul Gravel, SVG Air; Jeanette Cadet, The Mustique Company; David Linley; Ali Medjahed, Bäcker; Alain Fanchette.
SCHWEDEN: Stine Norden.
SCHWEIZ: Thierry Lombard, Lombard Odier Darier Hentsch, Anne-Marie Koermoeller, Linda Kamal, den Piloten Patrick Arluna und Thierry Fauet.
SENEGAL: Hubert Auriol, TSO – Rallye Paris-Dakar; Daniel Legrand von Arpèges Conseil; dem Cessna-Piloten Daniel Bouet; den Club-Med-Niederlassungen Almadies und Cap Skirring; Jean-Claude Gérin, Präsident von Aviation Sans Frontières.
SINGAPUR: Der französischen Armee; Eurocopter Singapour; Dider Millet, Antoine Monod, Nigel Tan.
SOMALIA: Dem Scheich Saud Al-Thani aus Katar; Majdi Bustami, E. A. Paulson und Osama, S.A.R.-Büro von Scheich Saud Al-Thani; Fred Viljoen, Pilot; Rachid J. Hussein, UNESCO-Peer Hargeisa, Somalia; Nureldin Satti, UNESCO-Peer Nairobi, Kenia; Shadia Clot, Korrespondentin des Scheichs in Frankreich; Waheed, Reisebüro Al Sadd, Katar; Cécile und Karl, Emirates Airlines, Paris.
SPANIEN: Jesus Ezquerra, spanischer Botschafter bei der UNESCO; den Niederlassungen vom Club Med in Don Miguel, Cadaquès, Porto Petro und Ibiza; Kanaren: Tomás Azcárate y Bang, dem stellvertretenden Beauftragten für Umweltfragen Fernando Clavijo, Protección Civil de las Islas Canarias; Jean-Pierre Sauvage und Gérard de Bercegol, Iberia; Elena Valdés und Marie Mar vom spanischen Fremdenverkehrsamt; Baskenland: Zuperia Bingen, Direktor des baskischen Regierungspräsidiums; Concha Dorronsoro und Nerea Antia von der Presseabteilung des baskischen Regierungspräsidiums; Juan Carlos Aguirre, Bilbao, Chef der Hubschraubereinheit der baskischen Polizei (Ertzaintza) la corrida; Joséfina Mariné vom katalanischen Fremdenverkehrsamt in Paris.
SÜDAFRIKA: SATOUR – Frau Salomone von den South African Airways; Jean-Philippe de Ravel und Victoria Junction vom Victoria Junction Hotel.
SÜDKOREA: Miok Hong Hyung, Joon Jean-Luc, Oh Mi-Sun Park; bei der koreanischen Armee: Mooyeol, Kim Jongsun, Park Jean-Luc Maslin, Kooperations- und Kulturberater an der französischen Botschaft in Seoul; Estelle Berruyer, Kulturattachée an der französischen Botschaft in Seoul, Oberst Loïc Frouard, Verteidigungsattaché an der französischen Botschaft in Seoul; Seong-

woo, Yoon Chankgsik, Kim Kevin, W. Madden, Oberst der US-Armee; Yoo Jay Kun, Präsident der Verteidigungskommission.
TADSCHIKISTAN: Dem französischen Botschafter Pierre Andrieu; Hakim Feresta, Repräsentant des Aga Khan in Tadschikistan.
TAIWAN: Helene Lai, Abteilung zivile Luftfahrt des taiwanesischen Transportministeriums.
THAILAND: Viroj Pimanrojnagool, Pramote Kasemsap, Tawee Nootong und Amon Achapet, Royal Forest Department; Ruhn Phiama, NTC Intergroup Ltd.; Pascale Baret, Thai Airways; Juthaporn Rerngronasa und Watcharee, Lucien Blacher, Satit Nilwong und Busatit Palacheewa, thailändisches Fremdenverkehrsamt; Herrn Supoj von der Fujifilm-Niederlassung Bangkok; Club Med Niederlassung Phuket.
TSCHAD: Jacques Courbin, im Tschad akkreditierter französischer Botschafter; Yann Apert, Kulturbeauftragter; Sandra Chevalier-Lecadre und dem Personal der französischen Botschaft im Tschad; Lael Weyenberg und »A Day in the Life of Africa«; Thierry Miaillier, RJM Aviation; Jean-Marie Six, Aviation Sans Frontières; den beiden Piloten Bruno Callabat und Guy Bardet; Gérard Roso; Oberst Kalibou; Aviation Sans Frontières: Jean-Claude Gérin, Bruno Callabat, Thierry Miaillier; COOPI: Giacomo Franceschini.
TUNESIEN: Dem Staatspräsidenten Zine Abdine Ben Ali; Abdelwahad Abdallah und Haj Ali; Oberst Mustafa Hermi von der Luftwaffenbasis Laouina; dem in Paris akkreditierten tunesischen Botschafter Bousnina und Mohamed Fendri; Raouf Jomni und Mamoud Khaznadar, tunesisches Fremdenverkehrsamt; Mohamed und Karim Ben Smail, Editions Cérès; Jean-Pierre Auriol, Hotel The Residence; Laurent Chauvin, Basma-Hotel Club Paladien; Mohammed Allouche, Wetteramt Tunis.
TÜRKEI: Bulent Demirçi und Nasan Erol, Turkish Airlines; Ali Izmet, Öztürk und Seçal Sahin, Karatas Gulsah, Mach'Air Helicopters; Vedat Seyhan und Pilot Faruk, General Aviation; den Niederlassungen vom Club Med in Bodrum, Kusadasi, Palmiye, Kemer, Foça.
UKRAINE: Alexandre Demianyuk, UNESCO-Generalsekretär; A. v. Grebenyuk, Verwaltungsdirektor der Tschernobyl-Sperrzone; Rima Kiselitza, Attachée bei Chernobylinterinform; Marie-Renée Tisné, Amt zum Schutz gegen ionisierende Strahlungen.
UNGARN: Den Angestellten der französischen Botschaft in Budapest; dem Bürgermeister von Budapest; dem Institut Français in Budapest.
USA: Wyoming: Marsha Karle und Stacey Churchwell vom Yellowstone National Park; Utah: Classic Helicopters; Montana: Mike Carisch, Carisch Helicopters; Kalifornien: Robin Petgrave und den Piloten Akiko K. Jones und Dennis Smith, Bravo Helicopters Los Angeles; Fred London, Cornerstone Elementary School; Nevada: John Sullivan und den Piloten Aaron Wainman und Matt Evans, Sundance Helicopters Las Vegas; Louisiana: Southwest Helicopters und Steve Eckhardt; Arizona: Southwest Helicopters und Jim McPhail; New York: Liberty Helicopters und Daniel Veranazza; Mike Renz, Analar Helicopters, John Tauranac; Florida: Rick Cook, Everglades National Park; Rick und Todd, Bulldog Helicopters Orlando; Chuck und Diana, Biscayne Helicopters Miami; der Club-Med-Niederlassung in Sand Piper; Alaska: Philippe Bourseiller; Yves Carmagnole, Pilot; Denver: Elaine Hood von der Raytheon Polar Services Company und Karen Wattenmaker; New Orleans: den Hubschrauberpiloten der USS IWO JIMA.
USBEKISTAN: (nicht überflogen) Dem in Paris akkreditierten usbekischen Botschafter Mamagonov; Djoura Dekhanov, usbekischer Staatssekretär; dem in Usbekistan akkreditierten französischen Botschafter Jean Claude Richard; Jean Pierre Messiant, französischer Staatssekretär; René Cagnat und Natascha; Vincent Fourniau und Bruno Chauvel, Institut Français d'Etudes sur l'Asie Centrale (IFEAC).
VENEZUELA: Nelson Prato Barbosa, Centro de Estudios y Desarrollo; sowie den Hotels Intercontinental, Ultramar Express, Lagoven und Imparques; Herrn Luis Gonzales, Icaro.
ZYPERN: Sylvie Hartmann, Michel Morisseau, La Cyprus Police: Mario Mbouras, Pilot.

Wir danken auch folgenden Unternehmen, die uns durch Aufträge oder Informationsaustausch geholfen haben:
AÉROSPATIALE: Patrice Kreis, Roger Benguigui und Cotinaud.
AOM: Françoise Dubois-Siegmund, Felicia Boisne-Noc und Christophe Cachera.
CANON: Guy Bourreau, Pascal Briard, Service Pro, Jean-Pierre Colly, Guy d'Assonville, Jean-Claude Brouard, Philippe Joachim, Raphael Rimoux, Bernard Thomas und natürlich Daniel Quint und Annie Remy, die uns während des gesamten Projekts unzählige Male geholfen haben.
CLUB MED: Philippe Bourguignon, Henri de Bodinat, Sylvie Bourgeois, Preben Vestdam und Christian Thevenet.
CITE DE L'IMAGE: Stéphane Ledoux, Richard Ruchon, Yann Guerlesquin, Anne-Sophie Deimat und Olivier Jeanin.
CRIE: Jérôme Lepert und der gesamten Mannschaft von Courrier Express Mondial.
DIA SERVICES: Bernard Crepin.
FONDATION TOTAL: Yves le Goffet und seiner Assistentin Nathalie Guillerme.
JANJAC: Jacques und Olivier Bigot, Jean-François Bardy und Eric Massé.
KONICA: Dominique Brugière.
MÉTÉO FRANCE: Herrn Foidart, Marie-Claire Rullière, Alain Mazoyer und allen Meteorologen.
RUSH LABO: Denis Cuisy und allen unseren Freunden vom Labo.
WORLD ECONOMIC FORUM DAVOS: Dr. Klaus Schwab, Maryse Zwick und Agnes Stüder.

Das Team »Die Erde von oben«:
Agence Altitude:
Fotoassistenten: Franck Charel, Françoise Jacquot, Sibylle d'Orgeval, Erwan Sourget, die am gesamten Projekt teilnahmen, und Thomas Sorrentino, der erst kürzlich zu uns kam; aber auch allen, die während dieser Jahre der Flüge bei uns waren: Ambre Mayen, Denis Lardat, Frédéric Lenoir, Arnaud Prade, Tristan Carné, Christophe Daguet, Stefan Christiansen, Pierre Cornevin, Olivier Jardon, Marc Lavaud, Franck Lechenet, Olivier Looren, Antonio López Palazuelo.
Pilot des Colibri EC 120 Eurocopter: Wilfrid Gouère, genannt Willy.
Koordinationsbüro: Produktionskoordination: Hélène de Bonis (1994 bis 1999) und Françoise Le Roch'-Briquet.
Lektorat und Texte der Bildunterschriften: Anne Jankeliowitch (2000 bis 2002), Isabelle Delannoy (2002 bis 2006), Pascale d'Erm (erstes Halbjahr 2006), Olivier Milhomme (seit Juli 2006).
Koordination der Ausstellungen: Catherine Arthus-Bertrand und Agathe Moulonguet-Malègue, Marie Charvet (2003 bis Juni 2006), Tiphanie Babinet und Jean Poderos (2002 und 2003).
Produktionsbeauftragte: Antoine Verdet, Catherine Quilichini; für Russland: Gloria-Céleste Raad.
Redaktion: Danielle Laruelle, Judith Klein, Hugues Demeude, Marion Grizbec und PRODIG, Laboratoire de Géographie, Marie-Françoise Courel und Lydie Goeldner, Frédéric Bertrand.
Bilddokumentation: Isabelle Bruneau, Isabelle Lechenet, Florence Frutoso, Claire Portaluppi.
Sämtliche Fotografien dieses Buches wurden mit Fuji-Velvia-Filmen (50 ISO) aufgenommen. Yann Arthus-Bertrand arbeitete überwiegend mit Kameras vom Typ CANON EOS 1N und CANON-Objektiven der Serie L. Einige Fotos wurden digital mit einer EOS-1 Ds Mark II mit einer Brennweite von 24 mm bis 200 mm aufgenommen, andere mit einer PENTAX 645N und mit einer Panoramakamera FUJI GX 617.

Bildnachweis

Alle Fotos, die dazu anregen sollen, 365 Tage lang über unsere Erde nachzudenken, stammen von Yann Arthus-Bertrand, bis auf die folgenden:
11. Februar © Hans Blossey
6. März © Joakim Berglund
16. Juli © Helen Hiscocks
23. Juli © Tomasz Stepien
9. Dezember © Philippe Métois

Titel der Originalausgabe: *»365 jours pour réfléchir à la notre terre«*
Erschienen bei Éditions de La Martinière SA, Paris 2006

Deutsche Erstausgabe

Ein Unternehmen der La Martinière Groupe

Bibliografische Information Der Deutschen Bibliothek
Die Deutsche Bibliothek verzeichnet diese Publikation in der Deutschen Nationalbibliografie; detaillierte bibliografische Daten sind im Internet über http://dnb.ddb.de abrufbar.

Projektleitung Bildlegenden: Isabelle Delannoy und Pascale d'Erm
Textbeiträge von: Nathalie Chahine, François Chartier, Aurélie Dubois, Victor Ferreira, Peter H. Gleick, Clémence Hébert, Jean-Marc Jancovici, François Letourneux, Alain Liébard, Olivier Milhomme, Pierre Rabhi, Maximilien Rouer, J.-C. Ruffin, Anne-Marie Sacquet, Pierre Sané, Alan Simcock, Florian Thévenot, Laurence Tubiana, John Whitelegg und Gary Haq

Alle Abbildungen werden von der Agentur Altitude, Paris, vertrieben.
www.altitude-photo.com

Dieses Buch wurde auf umweltfreundlichem FSC-Papier gedruckt.

Umschlaggestaltung: Fabian Arnet
Aus dem Englischen von Birgit Lamerz-Beckschäfer, Ute Mauer, Dr. Cornelia Panzacchi, Andrea Unseld
Satz und Redaktion: bookwise medienproduktion gmbH, München
Druck: Canale, Turin
Printed in Italy

ISBN 978-3-89660-416-3

www.knesebeck-verlag.de

GoodPlanet.org

Von 1990 bis heute hat Yann Arthus-Bertrand wohl an die 100 Länder überflogen. Seine Luftaufnahmen und ihre Begleittexte rufen eindringlich dazu auf, über die Entwicklungen auf unserem Planeten und die Zukunft der Menschheit nachzudenken.
In nur 50 Jahren hat der Mensch seine Umwelt tiefgreifender verändert als in den Jahrtausenden davor. Das Ökosystem Erde ist aus dem Gleichgewicht geraten, und dies wirkt sich auf alle Aspekte des Lebens aus: Flüsse und Seen, Meere, Wälder, Luft, Klima, landwirtschaftlich genutzte Gebiete und das, was wir unter »freier Natur« verstehen.
Wir leben in einem entscheidenden Augenblick, in dem eine weitsichtige Umweltpolitik Veränderungen auszulösen vermag, die »gegenwärtige Bedürfnisse befriedigen könnten, ohne kommenden Generationen die Möglichkeit zu nehmen, ihre Bedürfnisse ebenfalls zu befriedigen«. Bilder und Worte erinnern uns daran, dass wir alle für die Zukunft unserer Erde verantwortlich sind. Jeder Einzelne zählt, denn jeder hat die Möglichkeit und auch die Pflicht, zu handeln und etwas zu unternehmen. Deshalb gründete Yann Arthus-Bertrand am 1. Juli 2005 die Organisation GoodPlanet.org. GoodPlanet.org ist eine gemeinnützige Vereinigung mit dem Ziel, eine nachhaltige Entwicklung zu fördern, damit jeder Einfluss nehmen kann auf die Zukunft des Planeten, die ja auch unsere ist.

IHRE ZIELE SIND:

- Durch geeignete Projekte möglichst viele Menschen für die globalen Probleme zu sensibilisieren; dazu zählen kulturelle und didaktische Veranstaltungen, Ausstellungen, Filme, Fotos und Bücher.
- Führende Persönlichkeiten aus Wirtschaft und Politik zu sensibilisieren, sie in die Aktivitäten der Vereinigung einzubinden und sie so in die Lage zu versetzen, sich aktiv für eine nachhaltige Entwicklung zu engagieren.
- Programme zu entwickeln, die konkrete Lösungen für die Probleme bieten, die die Erde bedrohen.

DIE ERSTEN VON GOODPLANET.ORG DURCHGEFÜHRTEN PROJEKTE SEIT DER GRÜNDUNG:

- »Le développement durable, pourquoi?« (Wozu eine nachhaltige Entwicklung?): Eine didaktische Ausstellung mit 22 Plakaten zu den großen ökologischen und sozialen Problemen unserer Zeit, die allen französischen Schulen kostenlos zur Verfügung steht. (In Zusammenarbeit mit den französischen Ministerien für Bildung, Ökologie und nachhaltige Entwicklung)
- »Vivants« (Lebewesen): Eine kostenlose Ausstellung über die Lebewesen auf unserer Erde, bestehend aus 90 Tier- und Naturfotografien sowie 90 Tafeln mit Texten zur Einwirkung des Menschen auf seine Umwelt. Nachdem sie im Bois de Boulogne von Juni bis Oktober zu besichtigen war, geht sie auf eine weltweite Tournee. (In Zusammenarbeit mit dem WWF und der Mairie de Paris)
- »6 milliards d'autres« (Sechs Milliarden andere): Dieses Projekt versucht, ein einfühlsames und menschliches Porträt des Menschen zu zeichnen. Im Rahmen des Projekts bereisen Videofilmer die Welt, um Tausende von Dokumenten zu sammeln. Mittlerweile wurden rund 3000 Interviews aufgenommen. Dabei geht es um Themen, die die Grenzen zwischen Epochen und Kulturen überschreiten: Familie, Schicksalsschläge, Glück und Zufriedenheit, Krieg, Freude, Ängste, Lachen und Weinen.
- »Action Carbone«: ERSATZ FÜR CO_2 FINDEN, UM DEN EINFLUSS DIESES GASES AUF DEN KLIMAWANDEL ZU VERRINGERN. Um die Auswirkungen von Kohlendioxid auf die Atmosphäre abzuschwächen, rief Yann Arthus-Bertrand die »Action Carbone« ins Leben. Sie fördert erneuerbare Energieträger, effizientere Energienutzung und Aufforstungsprojekte, die der Zunahme der Treibhausgase entgegenwirken sollen.
Mittlerweile hilft dieses Programm auch Unternehmen, Institutionen und Privatpersonen, ihren Ausstoß an Treibhausgasen zu reduzieren, indem es Projekte in den Bereichen Forstwirtschaft, Steigerung der effizienten Energienutzung und erneuerbare Energien finanziert, um gemeinsam mit ihnen gegen den Klimawandel zu kämpfen. Um möglichst wirksam zu arbeiten und seine Aktivitäten gleichzeitig transparenter zu gestalten, suchte sich »Action Carbone« erfahrene, kompetente Partner (ADEME, Caisse des dépôts, Fondation Nicolas Hulot, FFEM, WWF).

www.yannarthusbertrand.org www. goodplanet.org.